U0068425

國立臺灣師範大學　專刊（40）

歷　史　學　系

根本與世僕

清朝旗人的法律地位

鹿智鈞　著

本書承蒙
郭廷以先生獎學金補助出版
特此致謝

謹以此書獻給敬愛的外公

² 正黃旗	¹ 鑲黃旗
³ 正白旗	⁵ 鑲白旗
⁴ 正紅旗	⁶ 鑲紅旗
⁷ 正藍旗	⁸ 鑲藍旗

所謂的「八旗」，是由正黃旗、鑲黃旗、正白旗、鑲白旗、正紅旗、鑲紅旗、正藍旗、鑲藍旗所組成。值得一提的是，除了鑲紅旗鑲有「白邊」外，鑲黃旗、鑲白旗與鑲藍旗均是鑲「紅邊」。

八旗可再細分為上三旗與下五旗，並逐漸出現一種固定排序：鑲黃旗、正黃旗、正白旗、正紅旗、鑲白旗、鑲紅旗、正藍旗、鑲藍旗。在此定制出現以前，清初八旗排序已歷經多次變化，每次調整的背後確切原因，應與當時政治局勢有關。

▲〔清〕張為邦、姚文瀚等，〈合畫冰嬉圖〉卷
（《石渠寶笈》著錄作〈合筆冰嬉圖〉）縱36.5 cm，橫563 cm；絹本，設色。
▼〔清〕金昆、程志道、福隆安等，〈冰嬉圖〉卷
縱35 cm，橫578.8 cm；絹本，設色。

〈冰嬉圖〉全圖說明

此處為兩種版本的〈冰嬉圖〉，本書封面圖片取材自張版〈冰嬉圖〉。「冰嬉」又名「冰戲」，為清朝重要的官方典制。清高宗曾表示：「冰嬉為國制所重」、「國俗有冰嬉之技」，由此可見「冰嬉」的特殊意義。每年十月間，八旗的每旗各挑兩百餘名「善走冰者」，準備參與冰嬉大典。該典禮一般於冬至過後舉行，八旗兵丁會在結凍的太液池上表演與競技，皇帝與文武大臣則在一旁觀賞，圖中的華麗「冰床」即皇帝所在位置。著名連續劇《甄嬛傳》亦曾嘗試重現冰嬉大典之盛況。

〈冰嬉圖〉局部說明

比較這兩種版本的〈冰嬉圖〉，可以發現畫中人物的動作不盡相同，八旗旗幟的數量呈現也不一樣。張版僅出現鑲黃旗、正黃旗、正白旗、正紅旗、鑲白旗、鑲紅旗等六旗，金版則有完整八旗。不過即使有此差異，這兩張圖中冰上八旗隊伍的行進順序，均與前頁所言之排序定制相符。局部截圖紅圈處為冰上八旗隊伍的最末端，張版畫的是鑲紅旗，金版畫的則是鑲藍旗。

▲〔清〕張版，局部放大
▼〔清〕金版，局部放大

犯罪免發遣

凡旗人犯罪笞杖各照數鞭責軍流徒免發遣分

別枷號徒一年者枷號二十日每等遞加五日

總徒准徒亦遞加五日流二千里者枷號五十

日每等亦遞加五日充軍附近者枷號七十日

近邊者七十五日邊遠沿海邊外者八十日極

邊烟瘴者九十日

條例

欽定四庫全書　　大清律例卷四

《大清律例》卷四，〈犯罪免發遣〉律文
（收錄於《欽定四庫全書》史部·政書類）

《大清律例》中的〈犯罪免發遣〉律，可說是旗人擁有特殊法律地位的重要象徵，本書將從這條律文的分析揭開序幕。

▌出版緣起

　　本系出版「國立臺灣師範大學歷史研究所專刊」，迄今已有三十七種。一九七七年二月，張朋園教授接掌所務，為鼓勵研究生撰寫優良史學論文，特擬訂學位論文出版計畫。當時，亦將本系碩士論文榮獲「嘉新水泥文化基金會」、「中國學術著作獎助委員會」等機構獎助出版者列入，即「專刊」第（1）、第（3）、第（5）等三種。迨「郭廷以先生獎學金」成立，由獎學金監督委員會研議辦法，作為補助出版學位論文之用，「專刊」遂得持續出版。

　　郭廷以先生，字量宇，一九〇四年生，一九二六年畢業於東南大學文理科歷史系，曾在國內、外知名大學講學；自一九四九年起，至本系執教。一九五五年至一九七一年，擔任中央研究院近代史研究所籌備處主任及所長，並於一九五九年至一九六二年，兼任本校文學院院長。一九六八年，當選中央研究院院士，是深具國際學術影響力的學者。

　　一九七五年九月，　先生在美病逝。李國祁教授感念　先生的學術貢獻，邀集本校史地系系友籌組基金，在本系設置「郭廷以先生獎學金」，於一九七七年十月開始頒授獎學金。獎學金設監督委員會，由中央研究院近代史研究所研究員和本系教師共同組成，每年遴選優秀學位論文，補助印製「專刊」經費。三十多年來，本系研究生無不以獲得「郭廷以先生獎學金」獎勵，並以「專刊」名義出版畢業論文，為最高榮譽。

「專刊」向由本系刊行，寄贈國內、外學術機構和圖書館，頗受學界肯定，惟印刷數量有限，坊間不易得見，殊為可惜。經本屆獎學金監督委員會議決，商請秀威資訊科技公司印製發行，以廣流傳，期能為促進學術交流略盡棉薄之力。

　　今年，適值郭廷以先生逝世四十周年，「專刊」以新的型態再出發，可謂別具意義。謹識緣起，以資紀念。

國立臺灣師範大學歷史學系

二〇一五年九月

▌序

　　「八旗」滿文讀如「jakūn gūsai niru」，意即「八固山牛彔」。所謂固山牛彔組織，是在氏族狩獵生產組織的基礎上發展而成。萬曆四十四年（1616），清太祖努爾哈齊將其部眾全數編入固山牛彔，確立了固山牛彔制度。固山乃女真社會軍事編制的最大單位，以旗為標幟，按旗色行軍戰鬥。最初僅設一固山，之後則因戰爭隊形需要，陸續擴增為二、四、八固山。每固山皆設有領旗貝勒，掌管一固山的軍、政、刑等事務，固山牛彔制度遂成為女真的國家制度。在清太祖父子的努力下，滿洲政權日益壯盛，最終得以入主中原一統天下。八旗制度於清朝入關後持續存在，常被視為清朝的重要特色，受到眾多研究者矚目。

　　雖然八旗制度研究至今已成果豐碩，但從法律面向深入綜論者仍較少見，作者能在前人基礎上另闢蹊徑實屬難能可貴。本書有兩大特色，其一為作者力求強化研究層次之企圖。本書不僅嘗試與中國諸「非漢民族」政權的發展脈絡相結合，亦將中國法律史甚至現代法學的許多概念納入分析，儘量透過比較展現研究主題的特殊處。此舉可說是頗具挑戰性，足見作者不畏艱難的進取態度。

　　其次，縱然本書整體架構看似宏觀，作者筆法細緻的一面卻不可輕忽。清朝的官方檔案留存甚多，始終被視為清史研究的重要資源。相較於其他類型的史料，檔案資料保存許多細微歷史情境，本書蒐羅宮中檔、軍機處奏摺錄副和明清內閣大庫檔中的各類司法

案件，有效呈現制度運作的動態實況。此外，本書妥善利用檔案之舉，亦大幅增加本書的可讀性。讀者不妨多留意書中列舉的小故事，或能對旗人群體有更深刻的理解。

作者就讀碩士班期間，曾修習本人開設的滿文與清史研究課程。作者原本即對中國法律史產生興趣，日後亦在本人建議下，展開與旗人相關的法律制度研究。作者資質雖屬一般，但態度積極勤奮好學，課餘時間常前往故宮等處查閱檔案，其專注於研究的精神值得嘉許。本書原稿為作者的碩士論文，作者歷經不少挑戰終能令該書正式問世，身為作者的指導教授深感欣喜。本書為作者初出茅廬之作，內容想必難以盡善盡美，尚祈學者專家不吝指正，也期勉作者日後在學術之途上持續精進努力。

莊吉發

2017年6月

目次 contents

表次

第一章
緒論

第一節　研究動機與目的

十六世紀末的中國東北，一股以女真為主體的滿洲勢力正逐漸崛起。在清太祖等統治者的領導下，他們迅速地席捲整個東北地區，日後甚至成功入主中原，建立一個長達268年的王朝。對於清朝皇帝而言，滿洲政權之所以能從蕞爾小邦轉變為領土廣大的多民族帝國，實與「八旗」密不可分。[1]

所謂「八旗」創立於萬曆四十三年（1615），為融合軍事、行政與經濟等職能於一體的制度。自明代初期以來，女真社會始終呈現諸部林立狀態，這些部落的維繫與運作，大多依靠傳統的社會組織。[2]

---

[1] 《清仁宗睿皇帝實錄》（北京：中華書局，1986），卷281，頁843，嘉慶十八年十二月丁巳條：「我朝龍興東海，定鼎燕京，八旗勁旅，一可當百」、《清宣宗成皇帝實錄》（北京：中華書局，1986），卷25，頁445，道光元年十月辛丑條：「我朝開創之初，八旗軍鋒所指，無不克敵制勝」。

[2] 女真諸部傳統社會組織，大致可分為三種：其一為血緣組織，同一男性祖先的子孫常聚居為哈拉（hala，姓），其成員嚴禁彼此通婚，隨著人口大量繁衍，哈拉開始分裂並遷徙至不同地方，這些子哈拉又被稱為穆昆（mukūn，氏）。除了哈拉與穆昆外，另有規模更小的烏克孫（uksun，族）與包（boo，家）。其二為地域組織，主要以噶柵（gašan，村屯）和法爾噶（falga，黨、甲）為主。最後一種則為生產組織，即因採集、狩獵而生的臨時生產組織。最小單位為塔坦（tatan，窩鋪），大約由三到四人組成，若干塔坦再組成一更大的牛彔（niru，箭矢），塔坦與牛彔的領導者均來自眾人推舉。關於這方面的介紹，詳可參見劉小萌，《滿族從部落到國家的發展》（北京：中國社會科學出版社，2007），頁17-51。

不過在諸部「群雄蜂起」下，[3]各部間的征討與兼併日益頻繁，原有的管理制度逐漸顯得不合時宜。[4]當清太祖以「恩威並行，順者以德服，逆者以兵臨」之法陸續平定周圍各部後，[5]如何有效管理激增的人口與土地，自然成為一個新課題。因此，清太祖分別在萬曆二十九年（1601）和萬曆四十三年間，改造傳統的牛彔（niru，大箭）、塔坦（tatan，窩鋪）組織，創建軍政合一的固山（gūsa，旗分）牛彔制度，此即人們習知的八旗制度。[6]

　　八旗制度雖是從女真傳統的生產組織演變而來，但其成員並非僅限於女真人。早在八旗制度出現之初，編入八旗者除了女真人外，已包括一些蒙古人與漢人，[7]日後則因蒙古人與漢人的歸附者日益增多，清太宗分別在天聰九年（1635）與崇德七年（1642）將他們從八旗中析出，另編八旗蒙古與八旗漢軍，[8]從此「外八旗各有滿

[3]　《清太祖高皇帝實錄》（北京：中華書局，1986），卷1，頁25：「時諸國紛亂，滿洲國之蘇克蘇滸河部、渾河部、王甲部、董鄂部、哲陳部；長白山之訥殷部、鴨綠江部；東海之渥集部、瓦爾喀部、庫爾喀部；扈倫國之烏喇部、哈達部、葉赫部、輝發部。群雄蜂起，稱王號，爭為雄長，各主其地，互相攻戰。甚者兄弟自殘，強陵弱，眾暴寡，爭奪無已時。」

[4]　清太祖起兵後許多穆昆為其併吞，其穆昆因而迅速擴大。清太祖有鑑於穆昆過於龐大乃分裂穆昆，交由弟弟舒爾哈齊與長子褚英協助管理。值得注意的是，這些被清太祖併吞的穆昆並未完全瓦解，他們在祭祀、婚姻方面仍有約束力，但主要的社會活動（例如狩獵、戰爭），則必須在清太祖的穆昆中進行。當時可能已出現一個得以統治其他穆昆的穆昆集團，穆昆組織中許多原有特質均消失殆盡。詳可參見王戎生主編，《清代全史‧第1卷》（瀋陽：遼寧人民出版社，1995），頁77-83。

[5]　《滿洲實錄》（北京：中華書局，1986），卷1，頁21，「滿洲源流」。

[6]　由於八旗制度建立過程的相關史料存留不多，部分記載甚至有所矛盾，導致這方面的討論始終沒有共識。許多論者認為清太祖早在萬曆二十九年前已初編牛彔，故應將八旗制度的創建時間向前調整。關於八旗制度創立時間的各種討論，詳可參見鹿智鈞，〈近二十年來（1989-2009）八旗制度研究的回顧與討論〉，《史耘》，14（臺北，2010.06），頁130-132。

[7]　傅克東、陳佳華，〈八旗制度中的滿漢蒙關係〉，《民族研究》，1980：6（北京，1980.11），頁25。

[8]　關於八旗蒙古與八旗漢軍的成立過程，詳可參見趙琦，〈試論後金時期蒙古八旗的形成〉，《內蒙古大學學報（人文社會科學版）》，1997：3（呼和浩特，1997.07），頁3-11、趙綺娜，〈清初八旗漢軍研究〉，《故宮文獻》，4：2（臺北，1973.03），頁55-66、黃一農，〈紅夷大炮與皇太極創立的八旗漢軍〉，《歷史研究》，2004：4（北京，2004.08），頁74-105。

洲、蒙古、漢軍，實二十四旗也」。[9]八旗制度的特色之一，乃組織成員富有多元性，該現象於入關後更為顯著。[10]

自從八旗制度建立後，「一國之眾，以八旗而分隸之」。[11]統治者藉此不僅能團結部眾增加戰鬥力，亦可強化自身權威，由此可見八旗制度確實是日後滿洲政權得以壯大的重要原因。相較於滿洲政權的日趨強盛，明朝的國勢卻每下愈況。明思宗雖然力圖振作，但在流寇與滿洲的相繼騷擾下，[12]終究只是強弩之末。順治元年（1644）三月間，闖王李自成攻入北京，伴隨著明思宗的自縊殉國，明朝可說是大勢已去。不過由於當時長期鎮守東北對抗滿洲的遼東總兵吳三桂，在腹背受敵的局勢下選擇與滿洲政權合作，導致新興的大順政權並未維持太久。[13]是年五月初二日，多爾袞率領大

9　〔清〕福格著，汪北平點校，《聽雨叢談》（北京：中華書局，2007），卷1，〈滿蒙漢旗分〉，頁5-6：「外八旗各有滿洲、蒙古、漢軍，實二十四旗也。吉林、寧古塔舊部，及天命、天聰年來歸之遼金、完顏、棟鄂等國人為舊滿洲，後收遼金散處各部為新滿洲。蒙古乃蒙部人民。漢軍乃遼東、三韓、三衛人民，國初稱曰烏真超哈，亦稱遼人。」然福格所提的「實二十四旗也」，可能亦不甚精確，因為當時雖有二十四位固山額真（gūsai ejen），但主旗貝勒（gūsa ejelehe beile）僅有八人。關於主旗貝勒與固山額真之別，詳可參見張晉藩、郭成康，《清入關前國家法律制度史》（瀋陽：遼寧人民出版社，1988），頁159-187。

10　除了滿、蒙、漢三大主要族群外，八旗中還有少量的西藏、俄羅斯、朝鮮、維吾爾等族群，他們多在清朝入關後才入旗。參見〔清〕福格，汪北平點校，《聽雨叢談》，卷1，〈滿蒙漢旗分〉，頁6：「鑲黃旗滿洲內，有俄羅斯佐領一缺，原命俄羅斯人伍朗各里管理，後隸滿洲官員領之。……按《滿洲姓氏通譜》內，謂之滿洲旗分內漢姓人，高麗佐領下人曰索羅豁（solho）滿洲，仕進與滿洲同。又有回子佐領，由內三旗人員補放，佐領下人准作五品以下武職，不得為文官，其食餉兵丁，亦另有額數，以示區別也。」根據福格所言，這些少數民族入旗者，只有俄羅斯屬於「外八旗」，其餘的朝鮮、維吾爾族則為「內三旗」，狀況並非完全相同。除了上述族群外，八旗中還有少數藏族，他們甚至歷經先隸於「內三旗」後轉屬「外八旗」的過程，參見李洵等點校，《欽定八旗通志》（長春：吉林文史出版社，2002），卷5，〈旗分志・八旗佐領五・正黃旗滿洲佐領下〉，頁81：「新增佐領，係乾隆四十一年平定兩金川投順人丁，合十三年舊駐京之番子共為一佐領。初隸內務府屬，後於乾隆四十二年五月，奉旨改隸本旗第四參領屬。」

11　《清太祖高皇帝實錄》，卷10，頁141，天命十一年七月乙亥條。

12　李光濤曾指出流賊實因「東事」而蜂起，「東事」亦緣流賊而不救，明兵僅有可用者一股，顧左失右，援東西弊，此其所以亡也。詳可參見李光濤，〈論建州與流賊相因亡明〉，《中央研究院歷史語言研究所集刊》，12（臺北，1947.04），頁193-236。

13　明亡後的吳三桂因身無所屬，為求自保只能選擇投靠滿洲政權或李自成。吳三桂長期以來對滿洲政權並無好感，原本可能打算投降李自成，然而大順政權的迅速腐

軍抵達北京，[14]滿洲政權終於一償宿願入主中原。[15]

　　清朝入關前曾經歷一段從部落到國家的發展過程，其轉型關鍵應為清太宗仿效明制。[16]不過在這段過程中，清太宗未將所有漢制照單全收，而是在實施漢制的同時，保留部分女真舊俗與傳統，此舉即所謂的「參漢酌金」。該策略不僅促使國政有效運作，又不會喪失民族主體性，實為一成功統治方針。[17]若以法律制度為例，滿洲政權雖早在天聰五年（1631）已設置刑部，[18]但在刑罰與訴訟程序上依然帶有濃厚的滿洲遺風，甚至直到入關前夕仍未有成文法典，部落習慣法始終具有一席之地。[19]由此可知，滿洲政權雖因吸

化，又令吳三桂感到恐懼，乃決定征討流賊。為避免陷入兩面作戰的困境，吳三桂不得不向滿洲求援，但他並未輕言投降，僅強調是為明朝報仇而與之合作。吳三桂本想為自己預留退路，沒想到多爾袞入關擊退流賊後，馬上藉由加封平西王塑造吳三桂歸附的事實，此時吳三桂即使不願降亦不得不降。相關討論詳可參見葉高樹，《降清明將研究（1618-1683）》（臺北：國立臺灣師範大學歷史學系，1993），頁80-81。

14　《清世祖章皇帝實錄》（北京：中華書局，1985），卷5，頁57，順治元年五月己丑條：「師至燕京，故明文武官員，出迎五里外，攝政和碩睿親王進朝陽門，老幼焚香跪迎，內監以故明鹵簿御輦，陳皇城外，跪迎路左，啟王乘輦。」

15　關外時期的滿洲政權在勢力日益穩固後，最晚可能自清太宗朝已有問鼎中原的企圖，以下例證或可略為說明。洪承疇於崇德七年兵敗投降後，受到清太宗高度禮遇，此舉卻引起滿洲諸將的不滿。清太宗問諸將曰：「吾儕所以櫛風沐雨者，究欲何為？」眾將答稱：「欲得中原耳。」清太宗笑曰：「譬諸行者，君等皆瞽目，今獲一引路者，吾安得不樂也？」。上述內容參見〔清〕昭槤著，何英芳點校，《嘯亭雜錄》（北京：中華書局，2006），卷1，〈用洪文襄〉，頁2-3。

16　清太宗繼位之初，國政主要交由八王議政會議處理，清太宗「雖有一汗虛名，實無異整黃旗一貝勒也。」然清太宗逐漸利用改革議政會議結構，以及仿明制設立六部等方法，打擊八旗諸王勢力，進一步將權力中央集權化。關於這方面的討論，詳可參見姚念慈，《清初政治史探微》（瀋陽：遼寧民族出版社，2008），〈第四章・向君主集權制過渡中的滿族國家〉，頁177-236。

17　有關清太宗「參漢酌金」的討論，詳可參見陳捷先，〈從清初中央建置看滿洲漢化〉，收錄於氏著，《清史論集》（臺北：東大圖書公司，1997），頁119-135、葉高樹，〈「參漢酌金」：清朝統治中國成功原因的再思考〉，《臺灣師大歷史學報》，36（臺北，2006.12），頁153-192。

18　自天聰五年起，清太宗陸續建立六部二院（吏、戶、禮、兵、刑、工六部與都察、理藩兩院）。各部院成立的時間不一：六部建立於天聰五年，都察院建立於崇德元年；理藩院的前身為蒙古衙門，建立於天聰八年，後於崇德三年更名為理藩院。詳可參見張晉藩、郭成康，《清入關前國家法律制度史》，頁50-79。

19　那思陸認為清朝的司法制度可分為四階段，其中天命元年至崇德八年為習慣法時代，參見那思陸，《清代中央司法審判制度》（北京：北京大學出版社，2004），頁6-7。

取部分明制而略有國家規模，卻尚未完全脫胎換骨。

滿洲政權入主中原後，如何整頓當時混亂局勢無疑為當務之急，但面對這些新增的廣土眾民，關外制度似乎難以直接挪用。多爾袞甫入關之際，曾下令「各衙門應責人犯，悉遵本朝鞭責舊制，不許用杖」，[20]然這道承襲滿洲舊制之令，似乎難以被漢官接受：

> 民值亂離之後，心志徬徨，鼎革以來，政教未敷，蠢然之民，莫知所守，姦惡之輩，靡所顧忌。蓋聞帝王弼教，不廢五刑，恐鞭責不足以威眾，明罰乃所以救法。宜速定律令，頒示中外，俾民不敢犯，而禍亂自清矣。[21]

所謂五刑為「笞、杖、徒、流、死」，確立於隋、唐時期並延續至明朝。[22]順天巡按柳寅東認為五刑具有難以取代的重要性，惟依此「速定律令」才能促使「禍亂自清」。多爾袞得知此建議後並未予以駁斥，反而下令各官府「自後問刑，准依明律」，[23]不再以滿洲舊制作為懲處罪犯的依據。

滿洲政權入主中原後，勢必得面對不同文化與制度相遇的困境，對於非漢民族的「征服者」而言，該透過何種法律維持社會秩序實屬棘手難題。多爾袞的「准依明律」命令，象徵清政府願意尊重漢地的法律傳統，而非強勢地以滿洲舊制進行統治，其背後原因應與避免激起漢人反感有關。不過這決定即使立意甚佳，成效卻不盡理想，例如刑部右侍郎提橋曾指出「我朝法制，罪應死者，俱用

---

[20] 《清世祖章皇帝實錄》，卷5，頁61，順治元年六月乙丑條。清朝關外時期的刑罰較為簡單，主要以鞭責與死刑為主，參見清史稿校註編纂小組，《清史稿校註》（臺北：臺灣商務印書館，1999），卷150，〈志125・刑法二〉，頁3977：「清太祖、太宗之治遼東，刑制尚簡，重則斬，輕則鞭扑而已。」

[21] 《清世祖章皇帝實錄》，卷5，頁62，順治元年六月甲戌條。

[22] 郭建等著，《中國法制史》（上海：上海人民出版社，2006），頁264。

[23] 《清世祖章皇帝實錄》，卷5，頁62，順治元年六月甲戌條。

斬刑」，[24]刑科都給事中李士焜則強調「今者律例未定，止有杖、決二法，重者畸重，輕者畸輕」，[25]福建道試監察御史姜金允更直言「我朝刑書未備，止用鞭、辟」。[26]這些觀察多少指出「准依明律」之令，似乎未被徹底執行。[27]

　　清政府沿用明律政策看在當時漢官們眼裡，終究只是權宜之計。他們大多認為惟有盡速頒布新律，才能徹底解決法律運作紊亂的問題，此外對新王朝而言，此舉亦有宣示正統的重要意義。[28]早於順治元年八月間，刑科給事中孫襄已指出頒布新律的重要性。[29]漢官普遍認為新律的編修越快越好，[30]其過程不需「過於鄭重」，惟將明律「訂其同異，刪其冗繁」，「即足以憲百王而垂後世」，[31]由此當可理解漢官希望新律仍以傳統中國法律精要為主軸的立場。《大清律集解附例》最終在諸多官員的倡議下宣告完成，正式於順治四年（1647）頒行中外。[32]細究這部《大清律集解

24　《清世祖章皇帝實錄》，卷8，頁86，順治元年九月丙申條。
25　《清世祖章皇帝實錄》，卷14，頁126，順治二年二月己未條。
26　《清世祖章皇帝實錄》，卷16，頁143，順治二年五月戊子條。
27　當時西方傳教士的觀察亦能提供一些佐證，西班牙傳教士帕萊福曾指出：「至於法律和政策、刑事訴訟、司法官員，以及對犯罪案件、債務糾紛的審訊，還有打官司雙方權利的審查，都按韃靼人制定的律令處理。我們還沒有得到有關的詳情，我們只大概知道這些律令不同於中國人的。」參見帕萊福（Juan de Palafox y Mendoza）等著，何高濟等譯，《韃靼征服中國史‧韃靼中國史‧韃靼戰紀》（北京：中華書局，2008），頁179。
28　《清世祖章皇帝實錄》，卷22，頁196，順治二年十二月癸卯條：「江南道御史楊四重奏言：『一代之興，必有一代之制。今皇上大統既集，而一切諸務，尚仍明舊，不聞有創制立法，見諸施行者，恐非所以答天下仰望之心也。』」
29　《清世祖章皇帝實錄》，卷7，頁74-75，順治元年八月丙辰條：「刑科給事中孫襄，條陳刑法四事：『一曰定刑書。刑之有律，猶物之有規矩準繩也。今法司所遵，乃故明律令，就中科條繁簡，情法輕重，當稽往嵗。合時宜，斟酌損益，刊定成書，布告中外，俾知畫一遵守，庶奸慝不形，風俗移易。』……攝政和碩睿親王諭：『令法司官會同廷臣，詳繹明律，參酌時宜，集議允當，以便裁定成書，頒行天下。』」
30　《清世祖章皇帝實錄》，卷16，頁143，順治二年五月戊子條：「今修律之旨久下，未即頒行，非所以大豳皇仁也，請敕部速行定律，以垂永久。」
31　《清世祖章皇帝實錄》，卷16，頁146，順治二年五月己亥條。
32　《大清律集解附例》於順治三年大致完成，隔年正式頒布天下，參見鄭秦，〈順治三年律考〉，收錄於氏著，《清代法律制度研究》（北京：中國政法大學出版社，2000），頁3。又滿文大清律則於順治十二年十二月頒布，參見《清世祖章皇帝實

附例》，其內容實與明律大同小異，[33]可見滿洲政權接受了漢官建議，選擇在明律的基礎上制定新律。[34]

　　若清朝頒定的新律與明律差異不大，為滿洲政權立下汗馬功勞的旗人群體又該如何自處，不禁令人有些好奇。魏復古（Karl A. Wittfogel）在其著名的「征服王朝」（dynasties of conquest）理論中曾指出，中國歷史上非漢民族建立的王朝，基於維持本民族特色的考量，皆展現出「社會、文化二元性」的特徵。[35]除此之外，管東貴藉由「漢化」觀點討論滿洲政權時，亦表示清朝的一大特色，為「民族提供武力、武力鞏固政權、政權保護民族」的「民族──武力──政權」三環相依關係。[36]儘管魏復古與管東貴二人的立論基礎不盡相同，其背後精神仍有相通處，[37]雙方不約而同強調在清朝皇帝心中，旗人確實扮演極為重要的角色。根據魏復古與管東貴的見解，有兩個與清朝法律史相關的問題格外值得留意，其一為這些

────────────

錄》，卷96，頁752，順治十二年十二月乙丑條。

[33] 〔清〕談遷著，汪北平點校，《北游錄》（北京：中華書局，2006），未分卷，〈紀聞下・大清律〉，頁378：「大清律即大明律改名也。雖剛林奏定，實出胥吏手。如內云依大誥減等，蓋明初頒大誥，各布政司刊行，犯者呈大誥一本服罪，故減一等。其後不復納，但引大誥，溺其旨矣。今清朝未嘗作大誥，輒引之，何也？」另劉景輝比較清律與明律後，認為除了「隱匿滿洲逃亡及新舊家人」、「邊境申索軍需」與「邊遠充軍」諸條外，兩者幾乎完全相同，參見劉景輝，《滿洲法律及制度之演變》（臺北：嘉新水泥公司文化基金會，1968），頁60。

[34] 在《大清律集解附例》出現後，另有與此一脈相承的《大清律集解》、《大清律例》，後兩者分別為雍正、乾隆兩朝的清律名稱。詳可參見鄭秦，〈雍正三年律考〉，收錄於氏著，《清代法律制度研究》，頁34-47、鄭秦，〈乾隆五年律考〉，收錄於氏著，《清代法律制度研究》，頁48-72。

[35] 關於「征服王朝」理論的介紹，詳可參見魏復古（Karl A. Wittfogel）著，蘇國良等譯，〈中國遼代社會史（907-1125）總述〉，收錄於鄭欽仁、李明仁等編譯，《征服王朝論文集》（臺北：稻鄉出版社，2002），頁1-69。

[36] 管東貴，〈滿族入關前的文化發展對他們後來漢化的影響〉，《中央研究院歷史語言研究所集刊》，40本上冊（臺北，1968.10），頁275。

[37] 學界探討非漢民族統治中國的切入點，基本上可概分為「漢化」觀點與「征服王朝」理論兩大模式。管東貴屬於持「漢化」觀點者，並不認同魏復古等人提出的「文化性質」及其衍生的「文化抗阻力」前提。惟所謂「民族──武力──政權」結構體系，其終極目標為維護本民族與文化的生存空間，若將「征服王朝」理論的焦點集中於「社會文化二元性」特徵上，則二者的精神亦有相通之處。詳可參見葉高樹，《清朝前期的文化政策》（臺北：稻鄉出版社，2002），頁7-12。

被視為「國家根本」[38]的旗人「從龍入關」後,[39]過往約束他們的關外舊俗發生何種變化?其二是統治者又將採取何種方法,透過法律制度「保護」旗人?

本書為解決上述問題,打算以清朝旗人的「法律地位」為題,全面探討旗人在法律上的特殊性,及其背後的意義與影響。所謂「法律地位」(legal status),即主體在法律上所處的地位,該地位決定其在特定情況下的權利與義務;「法律地位」這一專業術語,有時也用於說明某人居於特殊職位、享有特殊資格或執行特殊任務時,才享有的特殊權利或義務。[40]該定義雖來自現代法學,仍有助於我們分析清朝旗人在法律上的特殊性,進而細究這一特殊「身分」之全貌。

相較於另個非漢民族所建立的元朝,清朝在民族關係的處理上普遍被認為較為溫和,[41]法律設計上也沒有明顯的民族區隔。[42]然而不可忽略的是,旗、民分治始終為清朝的重要國策。[43]清朝在「保護」旗人特殊性的同時,亦能兼顧帝國秩序的穩定,足見其統治策略的靈活與高明。本書除了具體呈現旗人在清律中的特殊地位

---

[38] 清聖祖曾表示「八旗甲兵,國家根本」,清高宗亦指出「八旗為國家根本」,參見《清代起居注冊·康熙朝(臺北版)·第2冊》(臺北:聯經出版公司,2009),頁645,康熙三十年二月十七日條、中國第一歷史檔案館編,《乾隆朝上諭檔·第1冊》(北京:檔案出版社,1989),頁45,乾隆元年四月二十二日條。

[39] 《清世宗憲皇帝實錄》(北京:中華書局,1985),卷119,頁576,雍正十年閏五月甲午條。

[40] 相關內容主要參見周振想主編,《法學大辭典》(北京:團結出版社,1994),頁911,「法律地位條」、沃克(David M. Walker)著,北京社會與科技發展研究所組織譯,《牛津法律大辭典》(北京:光明日報出版社,1988),頁855-856,「法律地位條」。

[41] 蕭啓慶認為元朝族群關係的緊張,是元朝覆亡的重要因素,參見蕭啓慶,〈內北國而外中國:元朝的族群政策與族群關係〉,收錄於氏著,《內北國而外中國:蒙元史研究》(北京:中華書局,2007),頁473-474。

[42] 柏清韻(Bettine Birge)著,蔡京玉譯,〈遼金元法律及其對中國法律傳統的影響〉,收錄於柳立言主編,《中國史新論·法律史分冊》(臺北:聯經出版公司,2008),頁174。

[43] 清朝皇帝統治中國時,主要採取旗、民分治政策。孟森曾指出:「清一代自認為滿洲國,而滿洲人又自別為旗人,蓋即以滿為清之本國,滿人無不在旗,則國之中容一八旗,即中國之中涵一滿洲國,未嘗一日與混合也。」參見孟森,〈八旗制度考實〉,收錄於氏著,《清史講義》(北京:中華書局,2008),頁20。

外，或許還能對滿洲政權得以在中國長期統治的原因，提供一些不同的思考方向。

第二節　研究成果的回顧

　　自1940年代孟森撰有〈八旗制度考實〉一文以來，原本「已為清歷代帝王所隱蔽」的八旗制度，[44]始成為治清史者積極探索的焦點，近年來在「新清史」浪潮的影響下，關於八旗制度的研究顯得更為蓬勃。[45]對於研究者而言，八旗制度不僅為清朝軍隊的核心，也是滿洲政權軍、政合一的社會組織與管理機構，具有難以言喻的重要性。[46]有些論者甚至強調惟有理解八旗制度，才有可能完整認識清帝國的統治結構。[47]由於八旗制度的相關研究非常豐富，許多學者對此已有綜評，[48]以下研究回顧將配合本書旨趣，以討論與八旗相關之法律制度和旗、民關係者為主，探究目前學界這方面的研究進展。

　　當滿洲統治者以「征服者」之姿入主中原後，如何保持民族特色鞏固政權，當為刻不容緩的重要任務。吳志鏗〈清代前期滿洲本

---

[44] 孟森，〈八旗制度考實〉，頁20。

[45] 關於新清史的介紹，詳可參見歐立德（Mark C. Elliot）著，李仁淵譯，〈滿文檔案與新清史〉，《故宮學術季刊》，24：2（臺北，2006冬），頁1-18。

[46] 劉小萌，〈清朝史中的八旗研究〉，《清史研究》，2010：2（北京，2010.05），頁1。

[47] 杉山清彥著，陳仲丹譯，〈作為滿人王國的清帝國：八旗制的統治結構〉，收錄於國家清史編纂委員會編譯組主編，《清史譯叢・第8輯》（北京：中國人民大學出版社，2010），頁19。

[48] 較早期的八旗制度研究回顧可參見陳佳華，〈八旗制度研究述略〉，《社會科學輯刊》，1984：5（瀋陽，1984.09），頁109-116、陳佳華，〈八旗制度研究述略（續）〉，《社會科學輯刊》，1984：6（瀋陽，1984.11），頁113-120。近幾年來亦有幾篇研究回顧可一併參看：劉小萌，〈近年來日本的八旗問題研究綜述〉，收錄於支運亭主編，《八旗制度與滿族文化》（瀋陽：遼寧民族出版社，2002），頁57-73、定宜庄，〈美國與臺灣學者近年來對滿族史與八旗制度史的研究簡述〉，收錄於支運亭主編，《八旗制度與滿族文化》，頁51-56、鹿智鈞，〈近二十年來（1989-2009）八旗制度研究的回顧與討論〉，頁125-175。

位政策的擬定調整〉指出清初一些法律修訂或政令推行，大多和清朝皇帝的自我考量有關，導致清初國策充滿濃厚滿洲本位色彩，身為「國家根本」的旗人群體，自然也與滿洲統治集團分享利益。隨著國勢日益穩固，清政府對漢人的防範逐漸減少，統治者有鑑於滿洲本位政策不利滿、漢關係發展，開始調整滿洲本位政策，旗人所享的特權亦陸續消失。政策調整後的結果，除了促使旗人日益「齊民化」外，國家法令也趨於普遍化與一致化。[49]吳志鏗進一步強調，維持滿洲本位與避免失去漢人民心為皇帝的兩難，皇帝常審慎情勢調整滿洲本位政策，展現相當靈活的統治手腕。

清朝入關後基於滿洲本位政策，創建人們耳熟能詳的「旗、民分治」。賴惠敏〈從法律看清朝的旗籍政策〉透過部分法條的梳理，探討旗籍政策的實際運作。清政府為確實掌握旗人戶籍，每三年清查一次戶口，嚴禁旗人隨意出旗或漢人擅自入籍，違反禁令者多遭懲處。由於旗人身分特殊，國家多積極維護他們的旗籍，但自乾隆二十七年（1762）一則條例頒布後，旗人若被認定「寡廉鮮恥，有玷旗籍」，就會被銷除旗檔失去旗籍。[50]賴惠敏採取規範與案例並重的分析方式，生動呈現旗籍政策的內涵。

除了在戶籍制度獨樹一格外，旗人在法律上的特殊性，亦表現於刑罰方式與審判制度兩方面。林乾〈清代旗、民法律關係的調整──以「犯罪免發遣」律為核心〉[51]和蘇欽〈民族法規考〉[52]兩

49　吳志鏗，〈清代前期滿洲本位政策的擬定調整〉，《臺灣師範大學歷史學報》，22（臺北，1994.06），頁85-117。

50　賴惠敏，〈從法律看清朝的旗籍政策〉，《清史研究》，2011：1（北京，2011.02），頁39-52。關於八旗戶籍中戶口名色的討論，另可參見傅克東，〈八旗戶籍制度初探〉，《民族研究》，1983：6（北京，1983.11），頁34-43、劉小萌，〈關於清代八旗中「開戶人」的身分問題〉，《社會科學戰線》，1987：2（長春，1987.02），176-181。

51　林乾，〈清代旗、民法律關係的調整──以「犯罪免發遣」律為核心〉，《清史研究》，2004：1（北京，2004.02），頁39-50。

52　本文分為兩部分，其一為旗人的「犯罪免發遣」，其二則為「苗例」考析，關於旗人的部分參見蘇欽，〈民族法規考〉，收錄於楊一凡主編，《中國法制史考證・甲

文，均指出身為「國家根本」的旗人，若因罪發遣外地恐有削弱國家武力之虞，清政府遂准許犯罪旗人以枷號刑取代徒、流刑。順治十八年（1661）「犯罪免發遣」先以條例形式出現，至雍正三年（1725）正式成為律文，置於清律的〈名例律〉篇。「犯罪免發遣」並非一成不變，乾隆朝以降皇帝常透過增修條例調整其內涵。

有別於上述研究，鄭秦〈清代旗人的司法審判制度〉旨在分析旗人審判制度的特殊性，該文根據旗人的居住地，分為駐防、北京、東北三區域加以討論。外省駐防旗人若涉及民事案件，直接交由地方州、縣官審理；刑事案件則交由州、縣官與專辦旗人事務的理事廳員會審，不過僅有後者擁有責罰旗人之權。在京旗人民事與笞、杖罪以下的刑事案件，皆交由五城和步軍統領衙門審理，徒刑以上的刑事案件則移送刑部。盛京地區較為特別，此處未設理事廳，旗人案件均由地方州、縣官處理，地方州、縣官可自行完結旗人民事與輕微刑案，重大刑案則須呈送盛京刑部。有別於一般旗人，皇族旗人若涉及民、刑案件，應交由宗人府會同戶部或刑部審辦。[53]定宜庄在鄭秦研究的基礎上，進一步探討理事同知的設置與意義。理事同知主要設置於八旗駐防地區，其任務為處理旗、民間的衝突。理事同知既為地方屬員又屬滿缺，在司法審判中具有調解地方民官與駐防旗員的功能。理事同知雖然僅有五品，在轄地卻擁有崇高地位，一些中央官員多出身於此。[54]

有別於前述研究，胡祥雨《清代法律的常規化：族群與等級》一書，[55]則更為細緻地描繪旗人漸趨「齊民化」的情形。胡祥雨認

編‧第7卷》（北京：中國社會科學出版社，2003），頁285-309。
[53] 鄭秦，〈清代旗人的司法審判制度〉，《清史研究通訊》，1989：1（北京，1989.03），頁21-25。此文修改後收入氏著，《清代法律制度研究》，頁304-313。
[54] 定宜庄，〈清代理事同知考略〉，收錄於慶祝王鍾翰先生八十壽辰學術論文集編輯委員會編，《慶祝王鍾翰先生八十壽辰學術論文集》（瀋陽：遼寧大學出版社，1993），頁263-274。
[55] 胡祥雨，《清代法律的常規化：族群與等級》（北京：社會科學文獻出版社，

為清朝入關後，日益降低或廢除法律上基於族群或等級的差異，讓來自不同族群或等級之人，逐漸遵循一樣的法律標準，此即法律的「常規化」（normalization）。皇帝秉持著既維護亦不停削弱旗人司法特權的態度，一旦旗人在法律上的特殊性無法符合社會現實，多會適時調整以減少旗、民間的不平等。

　　在眾多與旗人相關的法律史研究中，賴惠敏的一些作品顯得頗有新意。〈從清代檔案看旗人的家庭糾紛（1644-1795）〉一文主要討論中下層旗人的各類家庭糾紛。因有許多案件作為佐證，法律條文的執行過程得以鮮明呈現，透過檔案中的細節內容，亦可分析旗人的家戶結構、婦女習氣與寡婦再嫁等問題，促使該文無論在史料運用還是研究方法上皆有所突破。[56]

　　賴惠敏討論家庭糾紛時，格外重視旗人婦女行為及其扮演的角色。〈清代旗人婦女財產權之淺析〉企圖呼應傳統中國婦女財產權這一重要問題，乃透過法律、契約與訴訟案件三類資料，指出旗人婦女在立嗣、嫁妝和繼承等權利上均多於漢人婦女。[57]〈婦女無知？──清代內務府旗婦的法律地位〉則聚焦於內務府旗婦，分析她們在家內各種角色中擁有的權利與義務。本文除了主張內務府旗婦的特殊性來自文化影響外，亦強調部分制度性因素。內務府處理司法事務的機構為慎刑司，該署官員數量較一般州、縣衙門來得多，即使民事糾紛仍仔細處理，而非直接交由當事人協調。此舉導致婦女擁有更多運作空間，而非完全居於劣勢。[58]上述這兩篇研究藉由經濟糾紛突顯旗、民婦女間的差異，為相關討論提供更多思考方向。

2016）。

56　賴惠敏，《但問旗民：清代的法律與社會》（臺北：五南圖書出版公司，2007），〈第三章・從清代檔案看旗人的家庭糾紛（1644-1795）〉，頁83-115。

57　賴惠敏，《但問旗民：清代的法律與社會》，〈第二章・清代旗人婦女財產權之淺析〉，頁51-82。

58　賴惠敏，《但問旗民：清代的法律與社會》，〈第四章・婦女無知？──清代內務府旗婦的法律地位〉，頁117-159。

根據賴惠敏的研究不難發現，法律史研究除了刑事規範外，一些民事糾紛亦值得留意。關於旗人民法層面的討論，主要以旗地最為豐富。滿洲政權入關後為保障旗人生活無虞，將北京一帶的民地圈為旗地，並依關外時期的「計丁授田」慣例，按丁發放五晌（三十畝）地。[59]清初圈地政策延續了一段時間，順治初年與康熙初年分別為兩次圈地高潮，直到康熙中葉才逐漸結束。[60]由於旗地為國家統一分配並嚴禁買賣，旗人僅擁有旗地使用權而非所有權。[61]不過隨著時間演進，旗地私有化的傾向日益顯著，受到買賣禁令尚未完全開放的影響，許多糾紛自然容易產生。

　　劉小萌對北京旗地交易的探究著力甚深，他根據大量契約文書撰有以下三篇文章。〈從房契文書看清代北京城中的旗民交產〉認為清代北京的旗人與民人雖分居內、外城中，但其分居情勢並不穩定。自康熙初年開始，已有許多旗人購買外城民人房產，並逐漸得到政府許可；民人亦於乾隆朝以降進入內城購買旗地、旗產，他們常利用「典」的方式規避旗地買賣禁令。旗人在旗地、旗產的迅速流失下不僅生計深受影響，更因旗、民普遍混居而逐漸漢化。[62]〈乾、嘉年間京畿旗人的土地交易──根據土地契書進行的考察〉有別於上文，特別關注旗人間的土地交易行為。清初旗地不准買賣的禁令，隨著時間逐漸發生變化，康熙九年（1670）先允許旗地在

<hr>

59　〔清〕姚文爕，《無異堂文集》，收錄於四庫未收書輯刊編纂委員會編，《四庫未收書輯刊・第8輯第23冊》（北京：北京出版社，2000），卷7，〈圈佔記〉，頁13a：「本朝八旗禁旅，帶甲數百萬，制於近畿四百里內，圈地以代餉。……凡圈民地，請旨戶部，遣滿官同有司，率筆帖式、撥什庫、甲丁等員役，所至村庄，相度畎畝，兩騎前後，牽部頒繩索，以記週四圍而總積之。每圈共得幾百十晌，每壯丁分給五晌，晌六畝。晌者，折一繩之方廣，其法捷於弓丈。」
60　趙令志，《清前期八旗土地制度研究》（北京：民族出版社，2001），頁102-115。此處主要是指京畿地區的旗地，八旗駐防的圈地多在駐防設立時同步進行，時間並不一致，參見趙令志，《清前期八旗土地制度研究》，頁185。
61　趙令志，《清前期八旗土地制度研究》，頁302-306。
62　劉小萌，〈從房契文書看清代北京城中的旗民交產〉，《歷史檔案》，1996：3（北京，1996.08），頁83-90。

旗內買賣，乾隆二十三年（1758）進一步開放越旗交易。禁令的陸續開放，顯示旗地兼併行為難以阻擋，旗人間的貧富差距也隨之擴大。[63]〈清前期北京旗人滿文房契研究〉則透過十件滿文房契呈現滿、漢房契之別，常為白契的滿文房契內容較不完整並且多屬同旗交易。清中葉以後的滿文房契已非常少見，如實反映當時旗人大多漢化的趨勢。[64]

除了劉小萌之外，賴惠敏亦曾利用契約文書討論旗地交易。〈從契約文書看清前期的旗地政策與典賣（1644-1820）〉指出，清政府管理旗地的政策本有缺失，官方對不需納稅的旗地始終未有詳盡丈量資料，導致旗地發生糾紛時難以查核。另一方面，旗人大多將旗地交給旗下奴僕耕種，許多奴僕眼見有機可趁便將旗地占為己有。旗地的流失未必皆為旗人自身問題，其中還存有一定制度性因素。[65]同樣是利用契約文書，劉小萌較留意旗地交易的過程與影響，賴惠敏則是進一步分析旗地糾紛的深層原因，雙方可說是各有側重。

旗人由於身屬國家仰賴的重要力量，清政府除了給予土地協助維持生計外，還提供許多政治參與的機會。在國家的刻意保障下，旗人有別於漢人擁有更寬廣的入仕途徑，受皇帝重用出相入將者不乏其人。[66]除了入仕機會較多外，旗人發生行政疏失時的懲處亦與漢人不盡相同。孟姝芳指出在清朝軍制中，八旗、綠營分屬兩大系

---

[63] 劉小萌，〈乾、嘉年間京畿旗人的土地交易——根據土地契書進行的考察〉，《清史研究》，1992：4（北京，1992.12），頁40-48+39。

[64] 劉小萌，〈清前期北京旗人滿文房契研究〉，《民族研究》，2001：4（北京，2001.07），頁84-94。

[65] 賴惠敏，〈從契約文書看清前期的旗地政策與典賣（1644-1820）〉，《中央研究院近代史研究所集刊》，32（臺北，1999.12），頁127-163。

[66] 旗人除了科舉外，還可透過官學、翻譯科考、挑選侍衛與拜唐阿（baitangga，衙門中無品級的雜役、執事人）等方式入仕，他們入仕後的陞轉速度往往也較漢人來得快。這方面的研究詳可參見杜家驥，《八旗與清朝政治論稿》（北京：人民出版社，2008），〈第十二章・旗人之任官制度與其政治影響〉，頁413-434。

統，若以官員處分的角度觀之，其中存有處分法規、承擔責任和處分類屬之別。透過旗人官員的處分特殊性，即能證明清朝重八旗輕綠營的傾向。[67]孟姝芳留意到八旗與漢人官員的行政處分差別，有效彌補前人之不足，然孟姝芳的討論僅限乾隆朝，難以呈現制度的演變全貌，此外只將旗人視為武官進行討論，似乎也忽略旗人「文武互用」頻繁之情形。[68]關於八旗官員的行政處分制度，仍有許多待開發的空間。

　　清朝在鞏固政權和保護旗人的雙重考量下，不僅給予旗人身入廟堂的多種途徑，也讓他們擁有披甲當差的機會，此舉既可維持八旗武力的穩定，旗人亦能領有固定餉銀維持生計。對大部分旗人而言，這份披甲錢糧是他們賴以維生的重要收入。[69]然而這些廣受皇恩的旗人，似乎令皇帝越來越失望。葉高樹在〈深維根本之重：雍正皇帝整飭旗務初探〉[70]和〈清雍乾時期的旗務問題：以雍正十三年滿、漢文「條陳奏摺」為中心〉[71]兩文中，指出清世宗有鑒於旗人素質嚴重下滑，積極從「清語騎射」的教育訓練、改善旗人生計問題與革除奢靡放縱的不良習性三部分著手，希望徹底解決旗人的衰敗情勢。然根據清高宗甫繼位的「條陳奏摺」，可知清世宗大力改革下的成效似乎非常有限，清高宗見狀亦只能在其父基礎上繼續整頓。皇帝為導正旗人日益頹敗的風氣，甚至會擬定若干懲罰與禁

---

[67] 孟姝芳，《乾隆朝官員處分研究》（呼和浩特：內蒙古大學出版社，2009），頁98-116、133-136。

[68] 〔清〕福格著，汪北平點校，《聽雨叢談》，卷1，〈軍士錄用文職〉，頁26：「古人才智宏達，不拘一隅，故文武共途，無所處而不當。……我朝效法三代，八旗仕進之階，不泥一轍，大臣故不判其文武，下至食餉彎弓之士，亦有文職之徑。」

[69] 《清高宗純皇帝實錄》（北京：中華書局，1985），卷1358，頁201，乾隆五十五年七月乙酉條：「更念旗人，俱賴錢糧度日。」

[70] 葉高樹，〈深維根本之重：雍正皇帝整飭旗務初探〉，《臺灣師大歷史學報》，32（臺北，2004.06），頁89-120。

[71] 葉高樹，〈清雍乾時期的旗務問題：以雍正十三年滿、漢文「條陳奏摺」為中心〉，《臺灣師大歷史學報》，38（臺北，2007.12），頁69-152。關於「條陳奏摺」的細部分析，詳可參見葉高樹，〈各抒所見——雍正十三年滿、漢文「條陳奏摺」的分析〉，《故宮學術季刊》，23：4（臺北，2006夏），頁75-127。

制加以恫嚇。這類特別針對旗人實施的單行法規，也是八旗制度研究的重要環節，可惜長期以來較未受人重視。葉高樹關於這方面的討論，著實為後人提供繼續深化的基礎。

皇帝面對旗人素質的日益低落，多指出問題癥結在於旗人「漸染漢習」。[72]雖然旗人自入關以來，在旗、民分治政策下多與漢民相隔離，[73]但實際上未必盡是如此。因為即使被侷限於固定空間內，[74]旗人許多生活機能仍有賴民人才能維持，旗、民間的頻繁接觸在所難免。[75]有論者甚至指出北京香會組織中的旗、民互動相當融洽，香會不僅提供旗人精神寄託，更有助於旗、民生活與文化的交融。[76]旗人尚武樸實精神的喪失雖然未必與漢化直接相關，但從皇帝將其歸咎於「漸染漢習」來看，多少反映當時旗、民間已打破藩籬，不再完全形同陌路。

關於旗、民關係的研究，除了旗人大本營北京外，全國各地的駐防八旗亦是學者的關注焦點。滿洲政權在關外時期即有築城屯兵的習慣，入關後為有效控制漢人穩定情勢，初期的駐防八旗常隨戰事轉移。不過官方在一些軍事要地上，仍有永久駐防的計畫，首先於順治二年（1645）分別在江寧、西安兩處設立駐防，隨後又在

---

[72] 葉高樹，〈習染既深，風俗難移：清初旗人「漸染漢習」之風〉，收錄於國立臺灣師範大學編，《近世中國的社會與文化（960-1800）論文集》（臺北：國立臺灣師範大學歷史學系，2007），頁247-275。

[73] 根據管東貴的推算，滿洲政權入關前的人口大約為七十五萬到八十萬之譜，當時中國人口則有一億三千萬到一億五千萬左右。詳可參見管東貴，〈入關前滿族兵數與人口問題的探討〉，《中央研究院歷史語言研究所集刊》，41：2（臺北，1969.06），頁179-194。

[74] 清朝入關初期在北京城內，強行實施旗、民分居政策，原本在內城居住的漢人無論官民一律遷居外城，內城則成為清朝皇室、王公貴族和八旗官兵的聚居區域，參見劉小萌，《清代北京旗人社會》（北京：中國社會科學出版社，2008），頁54。除了北京城以外，駐防地區也多採旗、民隔離政策。詳可參見馬協弟，〈清代滿城考〉，《滿族研究》，1990：1（瀋陽，1990.03），頁29-34。

[75] 劉小萌，〈清代北京旗人社會中的民人〉，收錄於故宮博物院國家清史編纂委員會編，《故宮博物院八十華誕暨國際清史學術研討會論文集》（北京：紫禁城出版社，2006），頁93-107。

[76] 劉小萌，《清代北京旗人社會》，頁367-440。

康熙、乾隆兩朝，依序確立直省與邊疆駐防的設置。[77]清政府為減少旗人在部分駐防地區與漢人過度接觸，多將旗人活動範圍侷限於「滿城」中，[78]但旗人畢竟無法完全與世隔絕，滿城的隔離效果其實不如預期。

關於八旗駐防與民人的互動，以下幾篇著重雙方矛盾與衝突的研究值得留意。賴惠敏以杭州滿城為題的〈從杭州看清代的滿漢關係〉，不僅介紹一些相關制度，還特別指出駐防旗人仍保有故土舊俗，以及多有欺壓漢人的行為，但清政府對擾民的不法旗人常未嚴懲。基本上此處的旗、民關係，自清初到盛清間並不融洽，直到嘉慶朝以後因旗人逐漸漢化，旗、民對立的情形才日益減少。[79]汪利平的〈杭州旗人和他們的漢人鄰居：一個清代城市中民族關係的個案〉，同樣討論杭州的八旗駐防，但該文重點主要置於駐防兵丁的認同意識。杭州的旗、民關係絕非始終處於衝突狀態，漢民漸漸能接受旗人為生活中的一部分，而旗人與杭州人這兩種身分，往往也並存於駐防旗人的自我認同中。當地直到清末受到革命反滿浪潮的影響，旗、民間的矛盾才再度展現。[80]潘洪鋼的〈清代駐防八旗的民族關係研究——從荊州旗、民的幾次鬥毆事件入手的探討〉，則利用道光與光緒兩朝荊州駐防的幾次旗、民鬥毆案件，討論當地的旗、民互動。旗、民間平時雖然互動融洽，但由於雙方身分終究有

---

[77] 關於八旗駐防的設置概述，詳可參見定宜庄，《清代八旗駐防研究》（瀋陽：遼寧出版社，2002），〈第一章‧八旗駐防制度的形成〉，頁8-116。

[78] 滿城的定義具有廣義與狹義之分，廣義的滿城為八旗駐防所築之城池，狹義的滿城則有下列兩種說法。馬協弟認為惟有設置於直省省會或府州重地，駐防者主要為滿洲旗人，且與駐地附近居民（漢人或回人）存有鮮明對比者，才可稱為滿城；朱永杰則將八旗駐防的駐紮地，細分為滿城、滿營與駐防城三類。相關討論詳可參見馬協弟，〈清代滿城考〉，頁30、朱永杰，〈「滿城」特徵探析〉，《清史研究》，2005：4（北京，2005.11），頁83-84。學界目前對滿城的定義似乎尚無定論，滿城的數目至今也未有共識。

[79] 賴惠敏，〈從杭州看清代的滿漢關係〉，《兩岸發展史研究》，5（桃園，2008.06），頁37-89。

[80] 汪利平，〈杭州旗人和他們的漢人鄰居：一個清代城市中民族關係的個案〉，《中國社會科學》，2007：6（北京，2007.11），頁188-200。

別，難免會產生嚴重衝突，清朝滅亡後甚至還存有類似事件。[81]藉由上述研究可知八旗駐防與當地漢民的關係非常複雜，難以簡單概一而論。對於滿洲統治者而言，穩定漢人民心為鞏固政權的重要關鍵，清政府該如何處理旗、民衝突避免激起族群矛盾，是個有待繼續深究的課題。

在清末革命浪潮下，旗人多被視為協助皇帝壓迫漢人的異族分子，平時完全不受法律約束，即使「作姦為盜」亦能「逍遙法外」。[82]這種帶有濃厚民族情緒的特殊觀點，導致許多學者討論旗人的法律地位時，難以跳脫傳統「特權論」窠臼。[83]透過上述研究回顧，可知近年關於旗人的法律史研究，無論在歷史解釋還是議題開發上都較昔日來得多元。清朝法律史與八旗制度研究的結合至今已日益成熟，[84]日後惟有透過更多規範條文的梳理，以及運用檔案中的實際案例，嘗試綜論法律中的各種面向，才有機會突破現有格局，提出有別過往的研究成果。

第三節　研究方法與架構

中國史上的歷代王朝，除了以漢人政權為大宗外，有些則為非漢民族所建立。然而在「夷狄入中國則中國之」的想像下，漢人

---

[81] 潘洪鋼，〈清代駐防八旗的民族關係研究——從荊州旗、民的幾次鬥毆事件入手的探討〉，《江漢論壇》，2005：2（武漢，2005.02），頁72-76。

[82] 黃季陸主編，《民報·第4冊》（臺北：中國國民黨中央委員會黨史史料編纂委員會，1969），〈天討（民報臨時增刊）·普告漢人〉（明治四十年（1907）發行），頁1946、1952：「試就滿洲之歷史觀之，滿洲之虐民，較嬴秦、蒙古為尤酷，不必徵之野史也。……又以有司，無治旗之例，故凡旗民作姦為盜者，均得逍遙法外，而惟所欲為。」

[83] 相關研究成果可參見鄭秦，〈清代法制史研究綜評〉，收錄於氏著，《清代法律制度研究》，頁458-462。

[84] 近期有兩本綜論值得注意，其一為前述胡祥雨的《清代法律的常規化：族群與等級》，其二則是高中華的《清朝旗民法律關係研究》（北京：經濟管理出版社，2015）。

大多相信在中國建立王朝的「異族」將難以避免地漢化，逐漸成為「華夏」成員的一分子。[85]這種帶有文化優越意識的「漢化」觀，不但深植許多中國人心中，甚至成為一種普遍的歷史解釋。[86]

長期主導人們看待「異族」入主中原處境的「漢化」觀，在1949年遭逢魏復古「征服王朝」理論的挑戰。魏復古認為研究者必須跳脫傳統的同化學說（absorption theory），改採文化涵化（acculturation）概念。簡單來說，遼、金、元和清這四個「征服王朝」，發展了一種永久理性的本土主義形式（perpetuative-rational forms of nativism），而非毫無保留地完全「漢化」；惟有社會界線蕩然無存，他們才會與漢文化完全融合，此時通常也是征服王朝的終結。[87]中國史上的「征服王朝」，對漢文化的接受其實有所選擇。在維持本民族特色的考量下，「征服王朝」統治中國期間始終具有「社會、文化二元性」特徵。

魏復古「征服王朝」理論的提出，雖未被所有學者認同，但已對傳統的「漢化」觀產生不小衝擊。在魏復古的提醒下，研究者逐漸跳脫「漢人中心論」，試圖從非漢民族角度觀察問題。然而隨著許多學者反覆討論，「征服王朝」理論的一些盲點也逐漸浮現。其一為將生產體系、歷史性格不同的遊牧民族（契丹、蒙古），與狩獵農耕民族（女真、滿洲）相提並論是否恰當；[88]其二為魏復古雖

---

[85] 汪榮祖，〈論多民族中國的文化交融〉，收錄於汪榮祖、林冠群主編，《胡人漢化與漢人胡化》（嘉義：國立中正大學臺灣人文研究中心，2006），頁1-39。汪榮祖認為「漢化」觀雖有其影響力卻不夠全面，因為在大一統的觀念下，往往只能看到中國的一致性，進而模糊中國的多樣性。

[86] 除了中國學者外，一些外國學者亦採取類似觀點，例如著名的法國漢學家沙畹（Emmanuel-èdouard Chavannes）和伯希和（Paul Pelliot），均認為契丹入侵中國後即逐漸漢化為中國式朝代。參見魏復古著，蘇國良等譯，〈中國遼代社會史（907-1125）總述〉，頁9。

[87] 魏復古著，蘇國良等譯，〈中國遼代社會史（907-1125）總述〉，頁30-32。

[88] 村上正二著，鄭欽仁譯，〈征服王朝〉，收錄於鄭欽仁、李明仁等編譯，《征服王朝論文集》，頁120。

已留意到「征服王朝」間的各別差異，[89]但「征服王朝」理論仍有可能導引出北亞歷史「一元性」發展的結果。[90]持平而論，「征服王朝」理論因著眼於非漢民族「征服」中國之舉，仍以中國歷史為主軸，對於北亞歷史的發展脈絡自然較少論及。我們與其強調魏復古忽略北亞諸民族歷史的複雜性，不如重視他描繪「征服王朝」一致性特徵的企圖。「征服王朝」理論能否反映歷史現象實屬見仁見智，[91]但魏復古指出非漢民族入主中原後並未完全漢化，反而在中國推行「二元統治」的核心觀點，直到今天仍有一定參考價值。

不過若從北亞族群自成系統的歷史進程加以觀察，魏復古在部分歷史解釋上確實有些簡化。「征服王朝」理論即使頗有見地，但魏復古在一些細節處可能為求通則而著墨不多，關於「二元統治」的執行內涵，就是個很好的例子。根據魏復古的觀點，非漢民族入主中原後為保持自身權益，在行政、軍事和經濟等方面多展現二元性。該「二元」的具體分野，或可從「征服者」與「被征服者」之別來初步理解。有些研究探討入侵中國的「征服者」時，多將其歸類為單一族群，例如契丹、女真、蒙古與滿洲，然而這種見解不僅未留意族群概念的複雜性，[92]更忽略「征服王朝」在邊疆崛起之初

---

[89] 例如魏復古認為遼朝和金朝，分別代表征服型態的兩大主要副型（subtype）：遼朝為文化抵抗型（culturally resistant），金朝為文化讓步型（culturally yielding），清朝則是過渡時期（transitional），參見魏復古著，蘇國良等譯，〈中國遼代社會史（907-1125）總述〉，頁51。這種分類方式或許僅強調這些「征服王朝」接受漢文化的程度差別，原則上仍視他們為一體。

[90] 吉田順一著，鄭欽仁譯，〈北亞的歷史發展與魏復古的征服王朝理論〉，收錄於鄭欽仁、李明仁等編譯，《征服王朝論文集》，頁174-177。

[91] 有些學者討論「征服王朝」理論時，因不贊同魏復古的預設前提而認為該理論難以反映史實。例如島田正郎指出契丹國不該被視為中國歷代王朝之一，而應將其置於北亞民族史中，當作胡族國家來思考比較恰當。參見島田正郎著，李明仁譯，〈征服王朝乎？胡族國家乎？〉，收錄於鄭欽仁、李明仁等編譯，《征服王朝論文集》，頁226-234。

[92] 王明珂強調一個族群的界定，有客觀特徵與主觀認同兩種層面，後者又有工具論（instrumentalists）與根基論（primordialists）兩種模式。不過無論何種界定方式，都不是完全對立無法兼容。詳可參見王明珂，《華夏邊緣：歷史記憶與族群認同》（北京：社會科學文獻出版社，2006），頁9-20。根據上述內容可知族群的組

常兼有農、牧兩種生產型態。[93]因此，「征服王朝」在入主中原前夕，往往已具備多民族國家的特質。[94]

　　相較於幾個早期北亞游牧民族帝國，「征服王朝」無疑有其特殊性，不少研究已深入探討該議題，[95]以下茲以拉鐵摩爾（Owen Lattimore）與狄宇宙（Nicola Di Cosmo）的作品為例。拉鐵摩爾指出這些得以征服中國的游牧民族，主要來自農、牧交界地帶的草原「邊際」（marginal）區，他們並非典型的游牧民族，而是一種混合文化民族。此處的游牧民族在長期與中國交戰下，逐漸兼有草原部落聯盟與中原王朝兩者之長，此舉不僅促使這些「邊際王朝」，越來越善於運用農耕文明的經濟資源，他們一直引以為傲的戰鬥力亦日益增強。[96]狄宇宙進一步認為每個北亞游牧國家的生存關鍵均為掌控資源，隨著諸多游牧政權的更迭興亡，後起之秀陸續在前人經驗上發展更容易獲得外部資源的方式。因此，自十世紀初崛起的「征服王朝」，開始嘗試直接控制農業地區資源，不再只依靠不穩定的朝貢或貿易維生。[97]

　　成絕非一成不變，其內涵相當複雜。若以自十二、十三世紀興起的蒙古為例，他們應是由蒙古高原及其東邊的一些部族混合而生，主要可分為蒙古語系的室韋──蒙古，以及蒙古突厥混合語系的韃靼兩類。人們因將語族與民族兩種概念相混淆，故多誤認蒙古為單源民族。相關討論詳可參見孫進己，〈蒙古族的多源多流〉，收錄於郝時遠、羅賢佑主編，《蒙元史暨民族史論集》（北京：社會科學文獻出版社，2006），頁86-100。

[93] 護雅夫著，李明仁譯，〈再論征服王朝〉，收錄於鄭欽仁、李明仁等編譯，《征服王朝論文集》，頁203。護雅夫因認為女真與滿洲，屬於原始農耕民族而非游牧民族，故在此文中僅論及契丹與蒙古的狀況。

[94] 村上正二著，李明仁譯，〈征服王朝論〉，收錄於鄭欽仁、李明仁等編譯，《征服王朝論文集》，頁195。

[95] 關於這方面的研究討論，詳可參見王明珂，《游牧者的抉擇：面對漢帝國的北亞游牧部族》（桂林：廣西師範大學出版社，2009），頁8-11、233-244。

[96] 拉鐵摩爾（Owen Lattimore）著，唐曉峰譯，《中國的亞洲內陸邊疆》（南京：江蘇人民出版社，2005），頁347。拉鐵摩爾雖未如同魏復古般明確提出「邊際王朝」概念，但他確實特別重視「征服王朝」地理位置的重要性。拉鐵摩爾的看法可說為「征服王朝」均有一定半農半牧特徵，提供更完整的解釋。

[97] 狄宇宙根據國家取得財政收入的策略，將內亞（inner Asian）游牧民族建立的國家分為四大階段：朝貢（tribute）、貿易夥伴（trade partnerships）、二元管理體制（dual administration）和直接徵稅（direct taxation）。上述四階段未有固定演

無論前述幾種論點何者較為正確，這些研究均呈現一共同現象，即「征服王朝」越過長城長驅直入前，可能已是多元文化兼容並蓄，惟各「征服王朝」間仍有些許差異。綜觀這些「征服王朝」入侵漢地前凝聚的諸族群，除有各種游牧民族勢力外，許多漢人亦被招徠為己所用；這些漢人不僅能為統治者提供農業資源，甚至成為國家極為仰賴的重要成員。[98]從此角度來看，藉由族群屬性來區分「征服者」與「被征服者」並非易事。[99]

　　「征服王朝」的「二元統治」一大特徵，或可視為統治者刻意透過制度，將特殊成員劃分出來的政策；[100]所謂的「二元」實難

進時序，而是隨著國家治理經驗的累積逐步出現更多種選擇，一個游牧國家可能同時兼有多種手段獲得外部財富。狄宇宙認為較晚出現的游牧國家，在前人經驗的影響下發展更為多元。詳可參見Nicola Di Cosmo, "State Formation and Periodization in Inner Asian History," *Journal of World History*, 10:1(Spring, 1999), pp. 1-40.

[98] 這方面的精要綜論可參見陶晉生，〈歷史上漢族與邊疆民族關係的幾種解釋〉，收錄於韓復智編，《中國通史論文選輯・下》（臺北：雙葉書廊，1973），頁176-177。關於漢人「文官」的討論，詳可參見姚從吾，〈契丹漢化的分析──從契丹漢化看國史上東北草原文化與中原農業文化的合流〉，收錄於韓復智編，《中國通史論文選輯・下》，頁161-164、陶晉生，《女真史論》（臺北：稻鄉出版社，2003），頁38-42、蕭啓慶，〈忽必烈「潛邸舊侶」考〉，收錄於氏著，《內北國而外中國：蒙元史研究・上冊》，頁113-143、袁閭琨等著，《清代前史・下卷》（瀋陽：瀋陽出版社，2004），頁552-557、561-579。關於漢人提供軍事武力的討論，詳可參見楊若薇，《契丹王朝政治軍事制度研究》（臺北：文津出版社，1992），頁31-34、陶晉生，《女真史論》，頁34-36、蕭啓慶，〈元代的宿衛制度〉，收錄於氏著，《內北國而外中國：蒙元史研究・上冊》，頁216-255、趙綺娜，〈清初八旗漢軍研究〉，《故宮文獻》，4：2（臺北，1973.03），頁55-66、謝景芳，〈八旗漢軍的名稱及含義沿革考釋〉，《北方文物》，1991：3（哈爾濱，1991.08），頁84-88、黃一農，〈紅夷大炮與皇太極創立的八旗漢軍〉，《歷史研究》，2004：4（北京，2004.08），頁74-105。

[99] 部分學者探討「征服王朝」理論時，已留意「征服王朝」自崛起至征服中國始終具備多民族特質，例如村上正二認為元朝社會相當複雜，並非簡單的二元社會，參見村上正二著，鄭欽仁譯，〈征服王朝〉，頁148-150。葉高樹亦指出清朝擁有文化高度包容性的「多元一體」特點，而非過往王朝的文化強勢主導意識，參見葉高樹，《清朝前期的文化政策》，頁45-52。

[100] 葉高樹曾指出清朝旗人實屬制度性群體，他進一步強調若運用「征服王朝」理論研究清史，尚須考慮征服主體已屬「多民族」（multiethnic）統治型態。參見葉高樹，〈滿洲統治中國的特徵：對「征服王朝」理論與「漢化」觀點的省思〉，收錄於臺灣歷史學會編輯委員會編，《邁向21世紀的臺灣歷史學論文集》（臺北：稻鄉出版社，2002），頁277。除了葉高樹專論的清朝外，其餘「征服王朝」應也有類似依制度區分「征服者」與「被征服者」的現象。

根據某種族群或文化來歸類，只能簡單區別為「征服者」與「被征服者」兩種集團。基本上各族群成員均分布於這兩個範疇中，統治者也會視情況擴增或縮編「征服者集團」。通常「征服王朝」在剛崛起或政局不穩時，多積極吸收非本民族成員加入「征服者集團」，為統治者提供更多力量與資源。[101]值得注意的是，每個「征服王朝」的「征服者集團」皆有自身特色，實際運作情形亦不盡相同。[102]

上述分析對釐清「征服王朝」如何執行「二元統治」應有助益，然而該理解方式仍稍嫌不足。畢竟「二元統治」尚存另一面向，即所謂族群分治政策。若以遼朝「北、南面官制度」為例，其統治者先將帝國成員簡單分為游牧、農業族群，再以「因俗而治」之法加以管理，此舉明顯也是種「二元統治」。民族分治政策的推行，乃希望藉由尊重各族群的習慣舊俗，達到穩定政權的效果。然而該統治策略下的期待似乎無法盡如人意，因為國家如果沒有統一法典的頒行，有時反而不利於官方統治。[103]遼政府為解決該問題，曾嘗試調和漢法與契丹法，意圖針對疆域內各族群實施統一法律，這些努力可惜最終並未成功。[104]

---

[101] 「征服者集團」除了策士、戰士等身分外，部分成員的任務則是為統治階層提供資源或照料其生活，例如契丹斡魯朵中提轄司管理的「番漢轉戶」、蒙古的投下私屬民與滿洲的包衣。這些特殊成員的戶籍與一般人民有別，應可視為「征服者集團」的一分子。上述特殊成員的介紹，詳可參見楊若薇，《契丹王朝政治軍事制度研究》，頁55-65、李治安，《元代政治制度研究》（北京：人民出版社，2003），頁400-416、祁美琴，《清代內務府》（瀋陽：遼寧民族出版社，2008），頁14-35。

[102] 最明顯的例證為每個「征服者集團」大多不是同質性團體，其內部幾乎仍有族群分野，惟組織結構又不盡相同。相關討論詳可參見陶晉生，《女真史論》，頁77、傅克東、陳佳華，〈八旗制度中的滿漢蒙關係〉，《民族研究》，1980：6（北京，1980.11），頁24-39+56。這些不同處象徵各「征服者集團」擁有專屬運作方式，其內部成員地位未必一致。

[103] 國家法典未一致化的最大問題，為不同族群間發生衝突時應施予何種規範較為恰當，參見柏清韻著，蔡京玉譯，〈遼金元法律及其對中國法律傳統的影響〉，頁148。

[104] 遼朝曾將《重熙制》改訂後宣布全國臣民一體適用，但此舉未實行太久就宣告結束。這次改革之所以難以實踐，主要原因有二：其一為無論契丹人還是漢人，有時均認為刑罰變得過重，其二為部分契丹民事舊俗與傳統漢法差異過大，雙方難以互

儘管遼朝調和不同法律的努力以失敗作收，此舉依然影響後世深遠。繼遼而起的金、元二朝，均在政局相對穩定時推行類似改革。女真舊俗與漢法的相結合始於金熙宗朝，金章宗泰和二年（1202）正式頒布的《泰和律》，即屬兼容兩者並適用於全國成員的法典。[105]從此除了少數民事規範還是「因俗而治」外，金朝原則上已建立全國通行一致的法律體系。[106]元世祖入主漢地後，至元八年（1271）前的法律運作仍以《泰和律》為主，惟刑罰依蒙古舊俗有一定比例的減輕。《泰和律》自至元八年永遠禁行後，[107]元朝並未立即頒布新法典取而代之，而是透過許多新修單行法規建立嶄新的法律體系。[108]此舉雖有些別出心裁，卻未轉變調和漢法與游牧民族法於一體的企圖。元朝首先在刑事規範方面達成目標，其策略甚

相調和，婚俗即為一明顯的例子。詳可參見柏清韻著，蔡京玉譯，〈遼金元法律及其對中國法律傳統的影響〉，頁149-153。

[105] 金朝這方面的舉措，可能與其政治結構有關。陶晉生曾指出女真人運用一套相當成功的方法統治中國東北與華北，該典範亦被元、清兩朝模仿。金朝的政治結構相當特殊，與傳統中國、契丹的制度皆有別。相關討論詳可參見陶晉生，〈金代的政治結構〉，《中央研究院歷史語言研究所集刊》，41：4（臺北，1969.12），頁567。

[106] 根據《泰和律》的內容可知，除了民事方面的婚姻與繼承規範保留女真舊俗以「因俗而治」外，基本上已屬全國通行一致的法典。《泰和律》的刑罰常具有雙重性，即某一罪行同時處以杖刑與徒刑，恰能反映漢法與草原習慣法融為一體。詳可參見柏清韻著，蔡京玉譯，〈遼金元法律及其對中國法律傳統的影響〉，頁153-157。此外金朝實施徒刑附加杖刑之舉，在《泰和律》以前已有慣例，相關討論詳可參見姚大力、郭曉航，〈金泰和律徒刑附加決杖考──附論元初的刑政〉，收錄於柳立言編，《宋元時代的法律思想和社會》（臺北：國立編譯館，2001），頁63-81、陳昭揚，〈金代的杖刑、杖具與用杖規範〉，收錄於臺師大歷史系、中國法制史學會、唐律研讀會主編，《新史料・新觀點・新視角：天聖令論集（下）》（臺北：元照出版公司，2011），頁76-80。

[107] 是年元世祖正式定國號為「大元」。一般認為元朝在至元八年前並無國號，該見解可能不完全正確。蒙古政權在此之前，其實擁有並行五十餘年的「大蒙古國」與「大朝」兩種國號，後者主要用於對內場合。值得注意的是，「大朝」可視為「大蒙古國」的簡稱，而「元朝」的「元」亦有「大」的意涵，這三者間具有一定關聯性。關於元朝國號的討論，詳可參見蕭啟慶，〈說「大朝」：元朝建號前蒙古的漢文國號〉，收錄於氏著，《內北國而外中國：蒙元史研究・上冊》，頁62-78。

[108] 元朝在沿用《泰和律》的同時，亦會頒布一些國家斷例，這些獨立單行法規逐漸吸收《泰和律》的精神，進而形成一套新的法律體系。關於元朝法律體系的建立過程與意義，詳可參見姚大力，〈論元朝形法體系的形成〉，收錄於柳立言編，《宋元時代的法律思想和社會》，頁83-128。

至較金朝更為妥切；[109]此外在民事規範上亦嘗試統合，但這方面的努力因涉及複雜的文化層面，僅維持一小段時間就宣告結束。[110]綜觀金、元二朝的法律制定，雖秉持「因俗而治」原則卻未墨守成規，多審度時勢謹慎改革，分別發展出具有自身特色的「二元統治」。[111]

透過上述分析，可知所謂「二元統治」應能從兩層面來理解。其一為統治者藉由制度將「征服者」與「被征服者」相區隔，「征服者集團」因身屬統治者仰賴的重要力量，常在行政或經濟資源上擁有一定保障，成為國家中的特殊階層。其二則是統治者為妥善管理各族群而推行的民族分治政策，即人們耳熟能詳的「因俗而治」。上述兩種看似不同的「二元統治」，背後主要目的卻均為維持政權的穩定。總而言之，討論「二元統治」時有必要留意其雙重意涵：一方面為以是否擁有特殊待遇與任務來區分的社會階層，另一方面則是以不同文化來歸類的族群分野；這兩者所呈現者，恰與「征服王朝」的「社會、文化二元性」特徵相符。根據「二元統治」的不同面向，或能簡單推論出兩種「二元群體」，其一為「征服者集團」與「被征服者集團」，其二則為「非漢」族群與「漢」族群。「征服者集團」與「非漢」族群常被認為高度重疊，「被征

---

[109] 最明顯的例子即元朝將草原游牧民族的賠償習俗，與傳統漢法的刑法相結合，巧妙地創設徵償制度，解決遼、金兩朝遭遇的一些難題。元朝法律嘗試在蒙古習慣法與傳統漢法的刑罰間取得平衡，而非如同遼、金兩朝般將兩種刑罰疊加起來。參見柏清韻著，蔡京玉譯，〈遼金元法律及其對中國法律傳統的影響〉，頁167-172。

[110] 柏清韻著，蔡京玉譯，〈遼金元法律及其對中國法律傳統的影響〉，頁157-185。關於蒙古民事規範的研究，另可參見柏清韻另一篇文章：柏清韻著，柳立言譯，〈元代的收繼婚與貞節觀的復興〉，收錄於柳立言編，《宋元時代的法律思想和社會》，頁387-428。

[111] 值得一提的是，元朝因領土廣大又屬蒙古帝國的一部分，其情勢遠較遼、金兩朝來得複雜。例如元帝國內部的複雜文化關係，不易簡單運用「二元統治」加以說明。若從法律的角度來看，帶有濃厚伊斯蘭文化色彩的「回回法」，亦具有一定重要性。「回回法」主要可分為教律、民事規範和刑罰三部分，前兩者大多受到元政府尊重。相關討論詳可參見王東平，〈元代回回人的宗教制度與伊斯蘭教法〉，《回族研究》，2002：4（銀川，2002.11），頁44-50。

服者集團」與「漢」族群亦然，但他們彼此間終究無法直接畫上等號，其中的微妙處值得細心體會。

「征服王朝」實屬一概括性概念，每個「征服王朝」均有豐富的個別差異。令人好奇的是，身為中國歷史上最後一個「征服王朝」，清朝的「二元統治」具有何種特殊性？清朝除了受到明帝國資產的影響，遼、金、元三朝亦是清朝引以為鑑的對象，在這些因素的交錯下，清朝的「二元統治」內涵格外耐人尋味。清朝的「征服者集團」究竟為何？關外舊俗與傳統漢法間又是如何調和？這些皆為本書打算探討的重要課題。

本書為求完整回答上述提問，茲以旗人群體為研究對象。旗人泛指八旗組織中的各種成員，他們在關外時已是皇帝仰賴的重要力量，將其視為清朝的「征服者集團」並不為過。若想探求清朝「征服者集團」的特殊性，以清朝法律為主軸分析旗人身居其中的地位，應屬最直接的方式。另一方面，藉由觀察旗人入關後的法律適用情形，亦能為清政府如何調整「因俗而治」提供部分解答。由此可知旗人入關後的法律地位，無疑是探討清朝「二元統治」特質的重要取徑。

綜觀中國法律史研究，已逐漸由早期的「法典史」面向，即重視法律的「規範史」與「理念史」，轉變為強調法律「社會史」面向的「裁判史」研究。[112]法律史研究在這股趨勢下，日益擺脫過往的單純條文分析，走向法律實際運作的討論。這種研究焦點的轉變，確實有助於法律史研究更為深化，然而如何透過法律實踐進一步重建國家的法律體系，亦是不可忽略的重要工作。[113]本書有鑑於

---

[112] 根據黃源盛等人的統計，臺灣法學院近五十年來的法史學碩、博士論文已反映該研究轉向。參見黃源盛等，〈薪傳五十年——臺灣法學院法史學碩博士論文〉，《法制史研究》，14（臺北，2008.12），頁198-202。

[113] 有學者將此概念稱為「動態制度史」研究，即突破單純靜態描寫的「典章制度史」格局，儘量呈現「游戲規則」實際操作與不斷演變的一面。具體而言，「動態制度史」研究必須滿足下列兩個標準：其一為全面描述人們如何既受「新生制度」制

此，並未在「法典史」或「裁判史」間有所偏廢，而是積極將兩者並重討論。

　　若採取較為廣義的解釋，國家頒行的各種規範均可視為法律。[114]因此，清朝法律史研究除了基本律典外，各朝會典與諸部院則例亦值得留心。本書不僅以《大清律例》為中心，更運用《大清會典》、《大清會典事例》、《戶部則例》、《吏部處分則例》與《八旗則例》等資料，全面探討與旗人相關的規範內涵。在清朝法律的實踐方面，現存規模龐大的檔案留下不少珍貴紀錄。本書主要以宮中檔、明清內閣大庫檔、軍機處檔月摺包為基礎，搭配其他類別的檔案進行案件分析。在為數甚多的檔案中，尤其不可忽略滿文檔案的重要性，滿文檔案有時能有效彌補漢文檔案之不足，為探討旗人法律地位不可或缺的重要史料。清朝法律史目前的研究趨勢，似乎較著重「裁判史」面向，研究者如何在此基礎上繼續深化，應屬刻不容緩的重要任務，本書即可算是一種嘗試。

　　本書除了緒論與結論外，共分為四個部分。前三部分乃根據現代法學概念，分別從刑法、民法和行政法的角度，全面探討旗人的法律地位。第二章〈旗人的刑事規範與司法制度〉，旨在分析旗人的刑罰、審判與訴訟制度，這些均為旗人在法律上最明顯的特點，也是探討旗人法律地位的根本內容，實有必要先行考察。第三章〈旗人的民事規範與糾紛調解〉，主要以「田土」、「錢債」與「戶婚」等民事案件為中心，此外還會觸及滿洲舊俗與傳統漢俗

約，又衝擊「既有制度」的動態過程；其二為嘗試說明引發人與制度相互影響的內在動力為何。相關討論詳可參見邱澎生，〈「動態制度史」研究如何可能？——評介《明代中央司法審判制度》〉，《明代研究通訊》，6（臺北，2003.12），頁129-142。

[114] 廣義的法律是指國家依統治階級意志制定或認可，並由國家強制力保證其實施的行為規範總稱。法律既是以行為規範為其存在的形式，亦以調整人們權力、義務關係為內容。參見浦法人編，《法律辭典》（上海：上海辭書出版社，2009），頁1，「法」。

在民事規範方面的調和議題。第四章〈旗人的行政規範與行政制裁〉，擬將視野轉移至行政法範疇，因其內涵相當龐雜，本章特別聚焦於三個較能展現旗人特殊性的主題，即八旗官員、兵丁之規範，與旗人的人身自由限制。本書最後一部分〈皇帝對旗人擾民事件的態度〉，則是跳脫前三章脈絡，專門探討旗、民分治政策的運作與意義，主要關注皇帝如何處理旗、民衝突，以及面對法律上的旗、民差異問題。

最後必須附帶說明的是，因與旗人相關的法律條文演變主要集中於道光朝以前，故本書的時間斷線設定在順治朝至道光朝這段期間。除此之外，旗人群體中最特殊的一群人，即被稱為宗室、覺羅的皇族旗人。他們雖然也是旗人的一分子，但其「天潢貴冑」的身分遠非一般旗人可以比擬，適用的法律規範也大多另成體系。本書為求結構一致與完整，未將皇族旗人納入討論。

第二章
旗人的刑事規範與司法制度

　　在現代法學中，刑法為規定犯罪與刑罰的強制社會生活規範，凡規定犯罪成立要件及其法律效果為內容的國家法律均屬之。[1]刑法雖然屬於現代法學概念，但透過上述定義不難發現，傳統中國的刑法發展其實源遠流長。[2]相較於世界上其他地區，中華法系很早已有內容成熟的刑法典，甚至以此作為國家法律的基礎。[3]在這長時段歷史進程中，非漢民族建立的「征服王朝」有何特殊處，常受到研究者的矚目。

　　對於「征服王朝」而言，如何有效建立國家法典，並在其中維持「征服者集團」的特殊性，可能是政權鞏固與否的重要關鍵。如同緒論所言，金、元兩朝在這方面頗有建樹，刑事規範的一致化尤為明顯。基於刑法在中國法律史研究中的重要性，以及受到金、元

---

[1] 黃仲夫，《刑法精義》（臺北：元照出版公司，2005），頁3。

[2] 先秦時代的法律多以「刑」為名，例如〈禹刑〉、〈湯刑〉和〈呂刑〉等，由此不難看出中國刑法的發展甚早。直到《法經》出現後，「刑」的使用才漸被「法」所取代，不過李悝此舉僅將過去以刑名為綱領的法律體系，改為根據罪名分門別類，內容上並無太大的變化，詳可參見梁治平，《尋求自然秩序中的和諧》（北京：中國政法大學出版社，1997），頁43-45。

[3] 滋賀秀三認為傳統歐洲法律是以「私法」為基礎，傳統中國法律則是注重刑法與官僚統治機構組織法，詳可參見滋賀秀三，〈中國法文化的考察──以訴訟的形態為素材〉，《比較法研究》，1998：3（北京，1998.05），頁18-26。張中秋在此基礎上，將傳統中國法律文化稱為公法文化，強調其本質為一種刑事性的法律體系。張中秋進一步指出該公法文化的形成原因，應與古代中國的國家權力發展較早並且迅速成熟有關。詳可參見張中秋，《中西法律文化比較研究》（南京：南京大學出版社，1999），頁78-102。

兩朝相關重要舉措的啟發，本書將先從旗人的刑事規範與司法制度
著手討論。

第一節　〈犯罪免發遣〉律的制定與意義

一、旗人刑罰入關後的演變

　　順治元年（1644）八月間，清朝正式自盛京遷往北京，[4]大量
旗人也一同「從龍入關」。[5]對每個「征服王朝」而言，從根據地
遷入中原漢地象徵一個嶄新的開始，過往制度勢必得有所調整。清
朝入關後應實施何種法律安定秩序，可說是一大挑戰，經朝堂一陣
討論後，多爾袞最終決定「自後問刑，准依明律」[6]。此舉究竟是
為了方便管理被征服的漢人，還是打算直接沿用前朝舊法，似乎惟
有分析幾起旗人司法案件才能釐清。

　　順治元年（1644）五月間，正黃旗吳爾珠家人扎鼐、達折和馬
達折，因爭奪水桶毆打同旗吳阿岱之妻，各被求處鞭五十。[7]順治
二年（1645）九月間，鑲黃旗敖爾布（olbo，漢軍中的撻鹿角兵）
馬錫元因與肖二擅自在漢人聚落作亂，自行逃回的肖二被罰百鞭和
貫耳鼻，馬錫元則因被漢人殺死而不論。[8]順治二年十一月間，懷
順王下劉克禮之奴僕常樹，因帶領鄧山與劉二擅入漢人村落搶劫而

4　清世祖自順治元年八月二十日自盛京啓程，於九月十九日抵達北京。參見《清世祖
　　章皇帝實錄》，卷7，頁81，順治元年八月乙亥條：「上自盛京遷都燕京，是日車駕
　　啓行。」、《清世祖章皇帝實錄》，卷8，頁87，順治元年九月甲辰條：「未刻，上
　　自正陽門入宮。」
5　《清世宗憲皇帝實錄》，卷119，頁576，雍正十年閏五月甲午條。
6　《清世祖章皇帝實錄》，卷5，頁62，順治元年六月甲戌條。
7　中國第一歷史檔案館編，《清初內國史院滿文檔案譯編・中》（北京：光明日報出
　　版社，1989），頁15，順治元年五月初三日條。
8　《清初內國史院滿文檔案譯編・中》，頁167，順治二年九月二十二日條。

被斬首，鄧山與劉二則分別被鞭一百與貫耳。[9]這些案例大多發生於順治元年與二年間，其中不法旗人所受之刑主要為鞭責與貫耳鼻。由此可知，旗人進入中原後仍受傳統滿洲習慣法約束，這也表示清政府甫入關之際，採取了「因俗而治」策略。此舉不僅可維持本民族特色，又能避免引起眾多漢民的不滿。

清朝入關後僅花很少時間便掌控全局，[10]隨著政權日益穩定，於順治四年（1644）頒布新法典似乎只是水到渠成。這部宣示新時代正式來臨的《大清律集解附例》，內容其實與前朝法律差異不大。對「征服王朝」而言，維持本民族特色以鞏固政權可說是首要任務，清政府在此前提下，是否願意揚棄「因俗而治」讓旗人也適用這部新律？學界雖有論者認為清初旗人仍受關外舊俗約束，[11]但若細究當時的法律運作情形，可以發現旗人並未完全處於《大清律集解附例》的適用範圍外，其中的複雜現象尚待釐清。

順治十年（1653）間，正藍旗包衣剋胤牛彔下張二等人查莊時，毆打莊頭黃熙裳，致其四日後傷重死亡。[12]在這起鬥毆命案中，承審官員雖然沒有明確表示引用何種法律，但從為首的張二最後被問擬絞監候，即能推測是根據《大清律集解附例》而來。[13]順

9　《清初內國史院滿文檔案譯編・中》，頁187，順治二年十一月初四日條。

10　司徒琳（Lynn A. Struve）認為明朝與清朝在明清之際展開了一場競賽，其規則為明朝應保持對領土的控制，清朝則是如何重建控制。這場競賽總體而言，明朝的失敗比清朝的勝利來得更快。詳可參見司徒琳著，李榮慶等譯，《南明史：1644-1662》（上海：上海書店出版社，2007），頁57-58。

11　蘇欽認為即使清律頒布，清政府對旗人仍是執行關外法制，參見蘇欽，〈民族法規考〉，頁287。

12　〈明清內閣大庫檔案〉（臺北：中央研究院歷史語言研究所藏），登錄號089444-001，刑部尚書巴哈納・刑部為打死人命事，順治十年五月初八日。

13　通常官員上報承審案件時，多會在判語之末提及根據何項律例裁斷，不過該題本未有相關情形。此舉是否表示旗人不受清律管轄？這種推論可能不甚恰當。根據《大清律集解附例》，被毆打成傷者若在保辜期限內死亡，毆人者所受的刑罰即為絞監候，由此可知該案應是依照《大清律集解附例》而判，亦表示旗人在其適用範圍內。參見王宏治等點校，《大清律集解附例》，收錄於楊一凡等主編，《中國珍稀法律典籍續編・第5冊》（哈爾濱：黑龍江人民出版社，2002），卷19，〈刑律・人命・鬥毆及故殺人〉，頁327：「凡鬥毆殺人者，不問手足、他物、金刃，並絞（監候）。」

治十一年（1654）間，居於盛京的正黃旗牛彔章京木清額家看墳人大哥，始終懷疑其主命羅漢殺死自己，一日竟乘著酒意手持弓箭刀鎗將羅漢戳傷，甚至殺了自己的兒子與其他無辜之人。承審官員對這起極為殘忍的案件作出以下判決：「查律殺壹家非死罪參人者，凌遲處死，大哥按律應擬凌遲，但所殺有伊子在內，相應立斬。」根據這段判語中的「查律」一詞，可以發現官員審判旗人案件時會以清律為依據，反映旗人確實受到清律約束。[14]

除了上述兩起案件外，下述案件亦值得仔細探討。順治十一年間，鑲黃旗法塔哈牛彔下弓匠阿哩呢的妻子，[15]趁其夫隨軍出征時與本旗的阿叔虎朵通姦，雙方被捉後都承認此事。然而承審官員面對這起案件竟不知如何裁斷：

> 查律，和姦者，各杖捌拾。又查盛京定例，凡本夫出兵，而婦人犯姦，男、婦各處死，但奉有熱審死罪有可矜疑的，奏請定奪之旨。阿哩呢妻、阿叔虎朵今或應責鞭發落，或照盛京之例處死，或候阿哩呢回日結案，伏候聖裁。[16]

承審官員感到為難之處，在於不清楚當以「律」還是「盛京定例」

括號內容為律文小注。另關於《大清律集解附例》的版本介紹，詳可參見鄭秦，〈順治三年律考〉，收錄於氏著，《清代法律制度研究》，頁1-21、蘇亦工，〈法學所館藏《大清律》提要〉，《法律文獻信息與研究》，2007：4（北京，2007.12），頁7-9、島田正郎著，姚榮濤譯，〈清律的成立〉，收錄於劉俊文主編，《日本學者研究中國史論著選譯‧第8卷》（北京：中華書局，1992），頁461-521。

[14] 此案最後得到皇帝的同意：「大哥著即處斬，餘依議。」參見〈明清內閣大庫檔案〉，登錄號089433-001，刑部尚書張秉貞‧刑部為射死人命事，順治十一年五月二十五日。

[15] 弓匠為旗人差使的一種，其基本上擁有專門技術，每個佐領設有一人，照馬甲支領錢糧。參見陳文石，〈滿洲八旗的戶口名色〉，收錄於氏著，《明清政治社會史論》（臺北：臺灣學生書局，1991），頁564。

[16] 關於此案的經過詳可參見〈明清內閣大庫檔案〉，登錄號117478-001，刑部尚書張秉貞‧刑部為通姦事，順治十一年六月十四日。劉景輝也曾利用這起案件，分析所謂的「盛京定例」，詳可參見劉景輝，《滿洲法律及制度之演變》，頁48-51。

為裁斷依據。若從刑度等級來看，引文中的「律」當指《大清律集解附例》無誤，[17]而所謂的「盛京定例」，則是清朝關外時期以習慣法為主的法律規範。[18]當時雖然距清律頒布已過七年，官員仍在新律與習慣法間猶豫不決，多少表示當時尚處過渡階段。皇帝對於此案的態度，無疑為觀察旗人適用清律與否的重要指標。從皇帝最後指示「阿哩呢妻、阿叔虎朵，姑免死，著各鞭壹百」的結果來看，即能理解旗人已在清律適用範圍內，未有額外的專屬法律。

　　根據上述幾起案件的分析，不難看出旗人違法犯紀者多受清律處置，與大部分民人沒有兩樣。不過若細心觀察阿哩呢妻子通姦案，仍可發現這對通姦男女所受之刑為「鞭」而非「杖」一百，旗人與民人間仍有些差異。多爾袞雖在入關初期宣佈取消「鞭責舊制」，改行傳統漢法的「五刑」，[19]但這起案例中不法旗人的刑罰模式仍屬關外習慣法。查閱檔案中的其他案例，亦可發現這類情形並非偶然。

　　順治十年間，正白旗包衣牛彔下的辛搭喇漢，未稟問牛彔章京多拜即私自將人、馬交與別的牛彔，這件被認為「殊非法紀」的違反軍律案件，隨後迅速交由兵部審理。兵部尚書噶達洪接獲此案時，認為應「將辛搭喇漢鞭七十」，並主張此例必須「以懲將來」。[20]受限於檔案殘缺，此案的最終判決難以得知，不過仍可呈現不法旗人承受鞭責的事實。順治十一年間，鑲黃旗包衣牛彔下趙梓因在外嫖賭被其兄高富責罰，趙梓一怒之下將其兄毆傷，刑部尚

---

[17] 王宏治等點校，《大清律集解附例》，卷33，〈刑律・犯姦・犯姦〉，頁382：「凡和姦，杖八十。有夫者，各杖九十。刁姦者（無夫、有夫），杖一百。」

[18] 根據《滿文老檔》和《盛京刑部原檔》中的案件，可知清朝關外時期對通姦罪的處分，輕則鞭一百貫耳鼻，重則處死。詳可參見張晉藩、郭成康，《清入關前國家法律制度史》，頁519-520。

[19] 《清世祖章皇帝實錄》，卷5，頁62，順治元年六月甲戌條：「鞭責似覺過寬，自後問刑，准依明律，副予刑期無刑之意。」

[20] 〈明清內閣大庫檔案〉，登錄號117507-001，兵部尚書噶達洪・兵部為私令人馬跟隨出兵事，順治十年十月十二日。

書任濬對趙梓提出以下懲處：

> 合依兄弟毆兄折傷者律，杖壹百，流參千里。趙梓係滿洲，
> 免流，應鞭壹百。事在本年拾壹月拾陸日赦前，相應免
> 責。[21]

該案的後續判決結果為「趙梓依議」，惟趙梓最終因事發於赦前逃
過一劫。趙梓案透露了兩則重要訊息，其一為再次確認旗人的杖刑
均改為鞭刑，其二則是旗人若犯流罪得以免於流放。透過上述分析
可知旗人確實身處《大清律集解附例》的適用範圍，只是刑罰模式
有別於民人。

　　不法旗人所受刑罰的特殊性，雖然沒有明文載入《大清律集
解附例》，但透過清初的司法案件仍可略知一二。旗人刑罰以鞭
代笞、杖，以及免於徒、流的現象，推測與清朝關外時期的習慣法
有關。清太祖時期的習慣法，身體刑主要有「打腮」、「射鳴鏑
箭」、「貫耳鼻」和「鞭刑」四種，至清太宗朝則漸以後兩者為
主。[22]在前文所舉的一些順治初年司法案例中，不法旗人所受的身
體刑也多為這兩者。然而由於多爾袞在順治三年（1646）四月間，
宣佈永遠取消貫穿耳鼻之刑，[23]關外舊俗中的身體刑只剩下鞭刑。
此外清朝在關外時期因人力短缺，再加上土地面積不廣，自由刑
多為「圈禁」或是「餓禁」，徒、流之刑鮮少出現。[24]根據上述分
析，即能理解旗人為何身處新律約束中，卻擁有不同的刑罰待遇。

---

[21] 〈明清內閣大庫檔案〉，登錄號117480-001，刑部尚書任濬‧刑部為弟毆兄長審擬
由，順治十一年十一月二十九日。

[22] 張晉藩、郭成康，《清入關前國家法律制度史》，頁529-530。

[23] 《清世祖章皇帝實錄》，卷25，頁215，順治三年四月戊子條：「刑部奏言：『凡重
辟減等者，鞭一百、貫穿耳鼻。』得旨：『耳鼻之在人身，最為顯著，貫穿耳鼻之
刑，永行革除。』」

[24] 張晉藩、郭成康，《清入關前國家法律制度史》，頁530-531。

相較於金、元兩朝在中國頒布全國適用的法典，《大清律集解附例》也具有類似性質，唯一較大的差別在於刑罰形式。金、元兩朝設計的刑罰，融合了傳統漢法與游牧習慣法，[25]這種情形卻未見於清律。綜觀清律中的刑罰，可說是完全繼受明律，這也表示清朝原則上接受中國法律的「五刑」傳統。當清朝未隨政權逐漸穩定嘗試將習慣法融入漢法中，多少顯示其對漢地傳統格外尊重，實屬妥善處理「征服者」與「被征服者」關係的例證。[26]不過清朝雖然在很大程度上維持漢人的固有傳統，並不表示他們放棄自身特殊性，若以法律層面為例，清政府巧妙藉由對旗人施予「同罪異罰」之法來化解難題。

　　不過從長遠的角度來看，「同罪異罰」終究不是長久之計。傳統中國法律發展至明代結構已非常嚴謹，貿然更改其中的刑罰，容易產生刑度不均的問題。鞭刑與笞、杖刑由於僅是刑具材質不同差別不大，但旗人犯徒、流罪均可豁免則顯得非同小可。隨著時間日久，清政府逐漸發現旗人因免受徒、流罪，導致旗人大多不畏刑罰，犯罪問題越來越嚴重，這也使得刑部不得不提出應對之策：

> 旗下人犯充軍流徒罪者，止行鞭責，以致姦宄無所創懲。今後犯軍罪者，枷號三月，犯流罪者，枷號兩月，犯徒罪者，枷號一月，仍照數鞭責。職官本身及妻子兄弟，俱照律准贖。……得旨：所奏四款，有裨鋤姦去惡，著即遵行，永著為例。[27]

刑部認為對不法旗人只實施鞭刑難有約束效果，建議以枷號刑來折抵徒、流刑。枷號「本以羈獄囚」，[28]自明代開始成為一種刑罰，

---

[25] 相關討論詳可參見本書之緒論。

[26] 相關討論詳可參見Nicola Di Cosmo, "State Formation and Periodization in Inner Asian History," p. 37.

[27] 《清世祖章皇帝實錄》，卷102，頁786，順治十三年六月庚辰條。

[28] 清史稿校註編纂小組，《清史稿校註》，卷150，〈志125・刑法二〉，頁3979。

通常為充軍的附加刑，或是一些輕罪的獨立刑罰，不過始終未成「常法」。[29]清朝在關外時期亦執行過枷號刑，推測應是仿效明律而來。[30]刑部這番建議馬上獲得清世祖認同，旗人犯徒、流罪將折枷換刑的規定從此頒行。[31]該新例雖有助於解決旗人刑責過輕的問題，還是有些美中不足，關鍵在於流刑與徒刑各有三等、五等之分，新例並未對此進一步細分。折枷法若採這種設計方式，法律原有的刑度等差將難以展現。

新例公布幾個月後的一起案件，恰可說明這個狀況。旗下投充人紀應魁包攬靈壽縣差役羅西河解送的官銅一萬斤，卻「自行花消借放」，紀應魁被捕後因承認不諱遂有以下判決：

> （紀）應魁合依攬納他人稅糧者，若侵剋，以監守自盜論，肆拾兩，律斬，係雜犯，准徒伍年。查係旗下人，應折徒枷號壹個月，仍鞭壹百。[32]

紀應魁被求處雜犯斬罪，准徒五年，因折枷法之故其徒刑改為枷號一個月。值得注意的是，「雜犯斬罪」屬於一種較特殊的罪名，[33]

---

29 〔清〕沈家本，《刑法分考》，卷12，〈枷號〉，收錄於氏著，鄧經元等點校，《歷代刑法考附寄簃文存》（北京：中華書局，2006），頁327：「枷號之制，歷代未見。……明祖《大誥峻令》始有枷令名目。……然明祖雖用之而未嘗著為常法，故《明史・刑法志》不詳其制，惟《問刑條例》問擬枷號者，凡五十三條，有一月、兩月、三月、半年之別，皆不在常法之內。又有用一百斤及一百二十斤枷者，尤不可以為常法也。」

30 蘇欽，〈民族法規考〉，頁290-291。

31 值得注意的是，此例頒布後似乎沒有馬上編入《大清律集解附例》中。《大清律輯註》為康熙年間的註律典籍，其中並未收錄折枷法的內容，僅在徒刑之後附有相關說明：「旗下人犯徒、流，折責枷號，有新例。」參見〔清〕沈之奇著，懷效鋒等點校，《大清律輯註》（北京：法律出版社，2000），卷1，〈名例律・五刑〉，頁3。

32 《明清檔案》，卷冊A029-037，〈刑部尚書圖海・刑部為投充人盜賣官銅分別論罪事〉，順治十三年十月初九日。

33 〔清〕王明德著，何勤華等點校，《讀律佩觿》（北京：法律出版社，2000），卷4下，〈死刑二〉，頁135：「然二死之外，有等而下之曰雜犯斬、雜犯絞者，有等而上之者曰梟斬、曰凌遲，更有從凌遲而上曰梟示，曰戮尸以剉碎其骨者。」由此可

「雜犯斬罪」與「雜犯絞罪」並稱為「雜犯死罪」，其「准徒五年，非真斬真絞也」。[34]清律的徒刑最多只有三年，從徒「五」年這個計數當可得知它與一般徒刑有別。由於折枷法僅根據軍、流、徒之名決定枷號日數，無法顧及「雜犯死罪」這一特殊情形，導致紀應魁之懲罰竟無異於一般徒刑。這起案件雖然比較極端，卻能明顯呈現折枷法實際運作時的侷限。

清政府有鑑於此，於順治十八年（1661）再度修改旗人的折枷法，使其內容更為完善：

> 旗下人犯徒一年者，枷號二十日；徒一年半者，枷號二十五日；徒二年者，枷號一月；徒二年半者，枷號三十五日；徒三年者，枷號四十日。若犯流二千里者，枷號五十日；二千五百里者，枷號五十五日；三千里者，枷號兩月。軍罪，仍枷號三月。雜犯死罪准徒五年者，枷號三月十五日。[35]

修改後的新例在刑罰設計上更為細緻，與五刑等級之別完全相符。然而這則重要規範卻未立即編為清律條文，[36]直到雍正三年（1725）才將此例稍作修改，[37]以〈犯罪免發遣〉之名納入清律

知死刑並非僅有斬、絞兩種，還有其他等級的死刑。

34　〔清〕王明德著，何勤華等點校，《讀律佩觿》，卷2，〈雜〉，頁27。

35　《欽定大清會典事例（光緒朝）》（臺北：啓文出版社，1963），卷727，〈刑部・名例律・犯罪免發遣〉，頁7a-7b。

36　不過康熙年間頒行的《刑部現行則例》中則有相關內容，參見《刑部現行則例》，收錄於《六部則例全書》（臺北：國立國家圖書館藏），卷上，〈名例・旗下徒流折枷號〉，頁11a：「凡旗下人犯罪，俱依律杖責外，其犯徒罪一年者，枷號二十日；一年半者，二十五日；二年者，一個月；二年半者，三十五日；三年者，四十日。若犯流罪二千里者，枷號一個月二十日；二千五百里者，一個月二十五日；三千里者，兩個月。軍罪，枷號三個月。雜犯死罪，准徒五年者，枷號三個月零十五日。」《刑部現行則例》應是日後修律的先行準備，其性質無法完全等同於清律。清聖祖本希望透過纂修《刑部現行則例》進一步修訂清律，可惜終康熙之世仍未如其所願，詳可參見鄭秦，〈康熙現行則例考〉，收錄於氏著，《清代法律制度研究》，頁22-33。

37　〔清〕黃恩彤編，《大清律例按語》（臺北：國立臺灣大學圖書館藏），卷1，〈名

中，[38]一直實施至清末才宣告結束。[39]

　　從清初旗人刑罰的演變歷程來看，可以了解清政府已逐漸放棄「因俗而治」，儘量讓旗人與一般民人的刑罰趨於接近。不過由於屬於「征服者集團」的旗人群體，終究是國家極為仰賴的重要力量，皇帝即使無法繼續透過關外舊俗的實施以保障其特殊性，也會採取其他方法加以應對，折枷法應屬此背景的產物。沈家本曾指出〈犯罪免發遣〉律的出現並不特別，它其實是仿明律中的〈軍官軍人犯罪免徒流〉而來。[40]明朝因擔心軍人一旦被罰以徒、流刑，將導致「軍伍漸空」的不良後果，[41]又考量軍人「既已勞役離鄉矣，若復加以流配徒役，則與凡人何異哉」，[42]故不對軍人與軍官施以徒、流刑。由於旗人也是以當兵為主要工作，將清律的〈犯罪免發遣〉與明律的〈軍官軍人犯罪免徒流〉相比確實有其道理。然而若

例律・軍官軍人犯罪免徒流〉，頁34a-34b：「但查旗下人犯罪枷號之例，……而總徒四年者，並未議及，應增總徒四年一項，於徒三年之後。其總徒四年、准徒五年者，徒滿之日，仍得還籍，較之軍、流長在配所者稍輕。今軍罪止枷號三個月，而雜犯死罪准徒五年者，反枷號三個月零十五日，輕重不符，應將准徒五年枷號三個月零十五日者，改為枷號五十日；總徒四年者，枷號四十五日，庶為輕重允協。又律內軍罪，有附近、邊衛、極邊、永遠等項之分，今一槩枷號九十日，似無分別。應將枷號日期，自七十日起至九十日止，亦分為四等。」

[38] 〔清〕薛允升著，黃靜嘉編校，《讀例存疑重刊本》（臺北：成文出版社，1970），卷2，〈名例律上之二・犯罪免發遣〉，頁33：「原律目係〈軍官軍人犯罪免徒流〉，雍正三年以現行旗下人犯徒流等罪准折枷號，與軍官犯罪免徒流之意相符，因另立〈犯罪免發遣〉律名，列於軍籍有犯之前，以旗下犯罪折枷號之例載入，作為正律。」

[39] 臣工於清末討論「化除滿漢畛域」議題時，旗人犯罪免發遣一事曾被提出，參見吳志鏗，〈晚清有關清除滿漢畛域的討論——以光緒三十三年七月諭令建言為中心〉，收錄於李國祁教授八秩壽慶論文集編輯小組編，《近代國家的應變與圖新》（臺北：唐山出版社，2006），頁246-247。

[40] 〔清〕沈家本，《寄簃文存》，收錄於氏著，鄧經元等點校，《歷代刑法考附寄簃文存》，卷1，〈奏議・旗人遣軍流徒各罪照民人實行發配摺〉，頁2032：「此條乃犯罪免發遣律文，係因明律〈軍官軍人免徒流〉一條仿照編纂。考明代軍官軍人，隸於各衛以充什伍，各衛所差務亦極煩殷繁，故從流、徒者，仍發各衛充軍。當差旗人犯罪折枷，與此意實相符合。」

[41] 〔清〕沈之奇著，懷效鋒等點校，《大清律輯註》，卷1，〈名例律・軍官軍人犯罪免徒流〉，頁30。

[42] 〔明〕應檟，《大明律釋義》，收錄於續修四庫全書編纂委員會編，《續修四庫全書・第863冊》（上海：上海古籍出版社，2002），卷1（名例卷），11a。

細究〈軍官軍人犯罪免徒流〉之內容，即能發現明代軍人犯有徒、流罪雖不執行，仍改發其他衛所充軍，[43]縱不受徒、流刑卻有發遣之實。相較於旗人的折枷換刑，明代不法軍職人員的替代性刑罰似乎較為嚴重，兩者難以同日而語。

清朝皇帝可能既希望減少旗人原本因習慣法而免被徒、流的特殊性，又不願意矯枉過正讓旗人承受太重的刑罰，才利用自明朝大量出現的枷號刑設計出折枷法。清政府採用漢法元素調整旗人刑罰，[44]不僅有助於化解旗、民在法律上的差異，枷號刑度較輕又可防止旗人離散各地，亦為皇帝保有一批鞏固政權的力量。折枷法無疑也屬於一種漢法與游牧民族習慣法的融合，只是這種刑罰模式僅適用於旗人而非全國臣民，與金、元兩朝的情形不盡相同。

一些學者在分析〈犯罪免發遣〉律的制定原因時，多強調皇帝維護八旗武力的動機，該見解雖無太大問題卻略有不足。從表面上來看，旗人以枷號代替徒、流刑確實可避免八旗軍力分散，但這可能不是〈犯罪免發遣〉律出現的唯一解答，透過清高宗所言即能略知梗概：

> 從前定例，旗人犯軍、流、徒罪，均准枷責發落者。原因國初滿洲習俗淳樸，顧惜顏面，京師多留一人，即得一人之用，自宜格外培養。又恐遣發外省，地方官或轉有不能如法約束之處，是以定有此例。[45]

43　黃彰健主編，《明代律例彙編・上冊》，卷1，〈名例律・軍官軍人犯罪免徒流〉，頁302：「凡軍官軍人犯罪，律該徒、流者，各決杖一百。徒五等，皆發二千里內衛分充軍。流三等，照依地里遠近，發各衛充軍。該發邊遠充軍者，依律發遣，並免刺字。若軍丁、軍吏及校尉犯罪，俱准軍人擬斷，亦免徒、流刺字。」

44　關外時期的清朝雖然也有枷號刑，但推測應仿效明律而來。清朝關外時期使用枷號刑的判例，詳可參見中國人民大學清史研究所、中國第一歷史檔案館編譯，《盛京刑部原檔》（北京：群眾出版社，1985），頁141-171。

45　《清高宗純皇帝實錄》，卷664，頁428-429，乾隆二十七年六月丁酉條。

根據上述引文可以理解皇帝除了希望藉由〈犯罪免發遣〉律保障旗人為國所用外，亦有避免他們成為地方民官負擔的考量。當「征服王朝」推行「二元統治」時，多存有藉由制度區分「征服者」與「被征服者」之舉，在清朝即為旗、民之別。由於清初處理旗人事務的機構並未遍及全國，若直接將旗人發遣至外省易有管理困境，該情形或許是皇帝決定實施旗人「犯罪免發遣」的另一重要因素。

旗人群體雖以提供武力為重要存在價值，但並非每位成員都扮演這種角色。不過即使沒有直接為國家提供武力的旗人成員，仍適用〈犯罪免發遣〉律，旗下家奴即為很好的例子。順治十二年（1655）四月間，正紅旗包衣噶兒住牛条旗下家奴劉拐子，因誣告阿參而被判處杖一百流三千里，由於官方不知道劉拐子的特殊身分，打算迅速將他流配，直到其主尼他海主動稟明劉拐子為自己的家奴，劉拐子才得以改判免流歸主。[46]〈犯罪免發遣〉律可說是清朝「二元統治」政策的縮影，如實反映旗、民差異的濃厚制度性特質，「被征服者」一旦進入八旗系統就能改變身分，並在刑罰上被一體對待。[47]

不過象徵旗人特殊法律地位的〈犯罪免發遣〉律，並非自雍正三年修入清律後就一成不變。隨著時局以及皇帝考量的轉變，〈犯罪免發遣〉律的適用範圍不斷發生變化，此舉恰能呈現旗人的法律

---

[46] 在此案中官員之所以無法準確判斷劉拐子的身分，除了他自己沒有直接表明外，名字的變化也是一大關鍵。劉拐子本名劉二，受傷腿瘸後才被改為劉拐子，然戶部檔冊內並未同步修改，導致官員難以查對。參見〈明清內閣大庫檔案〉，登錄號088750-001，大學士刑部尚書圖海‧刑部為題知事，順治十二年六月初八日。值得注意的是，劉拐子一案事發於順治十二年，當時尚未有犯罪旗人折枷換刑的規定，所以才直接赦免劉拐子的流罪。當旗人折枷法推行之後，旗下家奴自然也在其效力範圍內，例如康熙三十年間，積爾海的家奴閆墻子，便因誣告其主而被刑部求處鞭一百枷號三個月之刑，參見《清代起居注冊‧康熙朝（臺北版）‧第2冊》，頁968-969，康熙三十年十月初七日條。

[47] 該現象可能較少見於其他「征服王朝」。若以元朝為例，漢人成為蒙古人的私屬或是奴隸，似乎亦會脫離原有戶籍進入另一管理體系中，但他們在刑罰上未必享有如同蒙古人一般的待遇。關於元代的私屬與奴隸介紹，詳可參見李治安，《元代政治制度研究》，頁400-414、642-649。

地位不斷處於變動狀態，他們擁有的特殊性也不是完全牢不可破。以下將分析雍正朝以後〈犯罪免發遣〉律的修訂歷程，並試著探討其中的意義。[48]

二、〈犯罪免發遣〉律的調整與意義

如前所述，旗人與民人同樣受到清律約束，惟旗人在刑罰上較獨樹一格。該特殊狀況並未被皇帝忽視，清世宗有一次閱讀律文後提出下列疑問：

> 凡違禁偷刨封禁礦砂等律，漢人發邊衛充軍，旗人解部枷責。朕思發遣治罪，滿、漢應同一律，從前定例，將徒、流等罪之旗人，改折枷責，今可否更改，與漢人畫一之處，著大學士，會同八旗都統，及滿洲、漢軍之九卿，確議具奏。[49]

清世宗基於旗、民「應同一律」的想法，認為旗人不該免於發遣，這可說是清朝入關以來，皇帝首次企圖畫一旗、民的刑罰模式。臣工經過一番討論後，向皇帝提出下列建議：

> 大學士、八旗都統、九卿等遵旨議覆：向例旗人犯軍、流、徒罪者，俱改折枷責結案，未免輕於干犯。查滿洲、蒙古營生之道，與漢民迴異，有犯軍、流罪者，概行發遣，恐致難以圖存，請仍照舊例，枷責完結。其漢軍人等，嗣後有犯軍、流罪者，一體照律發遣。[50]

---

[48] 關於〈犯罪免發遣〉律的演變，下列兩篇研究值得參考：林乾，〈清代旗、民法律關係的調整——以「犯罪免發遣」律為核心〉，《清史研究》，2004：1（北京，2004.02），頁39-50、蘇欽，〈民族法規考〉，頁285-322。

[49] 《清世宗憲皇帝實錄》，卷41，頁606，雍正四年二月癸酉條。

[50] 《清世宗憲皇帝實錄》，卷48，頁719，雍正四年九月辛卯條。

從引文內容來看，臣工認同旗人的折枷換刑確實刑度偏低，然直接取消〈犯罪免發遣〉律亦有一定難度。臣工權衡上述情形後，建議旗人中與漢民差異較大的滿洲、蒙古仍行舊例，差異較小的漢軍則「一體照律發遣」。這個較為折衷的方案最終被清世宗接受，漢軍從此被迫離開〈犯罪免發遣〉律的效力範圍。[51]例如雍正十年（1732）間，鑲黃旗漢軍副參領靳光宗因「貪弊纍纍」，依律杖一百流三千里。靳光宗雖然身為旗人，卻因漢軍身分比照民人立即「箚發順天府起解」。[52]

清朝皇帝通常將旗人視為一體，漢軍自雍正四年脫離〈犯罪免發遣〉律的效力範圍自然有些特殊。一些學者對此狀況雖有留意，但其中的一些細節並未深究。[53]首先值得注意的是，〈犯罪免發遣〉律規定旗人犯有徒、流、軍三罪均可折枷，然漢軍在上述改革中，僅提及犯有「軍、流罪」者「一體照律發遣」，漢軍在雍正四年後若犯徒罪又該如何處置？雍正八年（1730）間，正紅旗漢軍李永安佐領下的李秉政，因侵盜錢糧一千兩以下，照監守自盜律

---

[51] 除了漢軍之外，辛者庫包衣佐領、旗鼓佐領下人若犯軍、流罪，也不再擁有折枷換刑的待遇，參見《清高宗純皇帝實錄》，卷73，頁166，乾隆三年七月戊寅條：「自雍正四年定例，漢軍暨辛者庫包衣佐領、旗鼓佐領人等，犯軍、流者，俱按所犯編發各省地方。」所謂旗鼓佐領是指包衣佐領下的漢姓人，與一般漢軍不盡相同，參見〔清〕福格著，汪北平點校，《聽雨叢談》，卷1，〈內旗旗鼓與八旗漢軍不同〉，頁17：「若內府旗鼓，按《八旗通志》內統於上三旗滿洲都統，本與八旗漢軍不同，《滿洲氏族譜》內謂旗鼓人為滿洲旗分內漢姓人。」至於辛者庫（sin jeku，斗米）包衣佐領即為管領，其地位較一般包衣佐領來得低下，參見杜家驥，《八旗與清朝政治論稿》，〈第十三章‧清入關後的八旗奴僕及其與清朝統治〉，頁437-440、493-495。

[52] 〈明清內閣大庫檔案〉，登錄號061007-001，署鑲黃旗漢軍都統工部尚書范時繹奏摺錄副，雍正十一年五月十六日。值得注意的是，漢軍犯軍、流罪亦實發之舉，實存有一段緩衝期，並非直接從雍正四年開始執行，參見《清世宗憲皇帝實錄》，卷78，頁15-16，雍正七年二月壬午條：「朕特令寬其期限，於雍正六年四月為始，令分發遵行，蓋欲使眾人無不熟知之後，而有仍然犯罪者，方照所定之例懲治。近見旗下議奏事件，竟有援引現今新定之例，以議從前所犯之案者，甚屬錯誤。」

[53] 馮爾康論及此事時，只簡單利用實錄中的資料，探討清世宗改革折枷法的過程，參見馮爾康，《雍正傳》（臺北：臺灣商務印書館，1992），頁366。此外吳志鏗認為此舉恰可說明統治者將漢軍排除滿洲統治集團外的意圖，參見吳志鏗，〈清代前期滿洲本位政策的擬訂與調整〉，頁102-103。

擬斬，准徒五年，不過由於李秉政身屬旗人，最終處置乃「解部鞭責，枷號發落」。[54]透過此案可知，雍正四年後犯有徒罪的漢軍仍可折枷換刑，這也表示他們並未完全不再適用〈犯罪免發遣〉律。

除此之外，這個別開生面的法制改革，其實沒有持續太長時間。乾隆二年（1737）三月間，清高宗在將其父母「升祔太廟禮成」後提出的一系列「宣布鴻施」事宜中，對漢軍因罪發遣一事重新規定：

> 漢軍犯軍、流等罪者，其親族墳墓，俱在京師，邊方遠土，風尚頓殊，平時不習生計，類難存活，且與百姓交錯居住，不無滋擾。仍照舊例，以枷責完結。[55]

由此可知清高宗鑒於多種因素，最後還是令漢軍重新適用〈犯罪免發遣〉律。自乾隆二年開始，漢軍旗人若犯有軍、流、徒罪，即如同八旗滿洲、蒙古般得以折枷換刑，[56]甚至連「從前發遣在配」之漢軍亦有機會返回故里。[57]〈犯罪免發遣〉律效力範圍的首次調整，就此暫告一個段落。

清世宗對〈犯罪免發遣〉律效力範圍的修正，雖在其子清高宗繼位之初被取消，但更為重大的改革其實還在後頭。自乾隆十三年

---

[54] 《明清檔案》，卷冊A056-055，〈江寧巡撫喬世臣・江寧巡撫為署員侵帑捏飾事〉，雍正十一年五月十九日。該題本的批紅為「該部核擬具奏」，最後情形不得而知。

[55] 《清高宗純皇帝實錄》，卷38，頁691，乾隆二年三月甲午條。

[56] 漢軍於乾隆二年重新被納入〈犯罪免發遣〉律的效力範圍後，辛者庫包衣佐領、旗鼓佐領下之成員亦一併比照辦理，惟時間較漢軍來得晚，參見《清高宗純皇帝實錄》，卷73，頁166，乾隆三年七月戊寅條：「刑部郎中石柱奏：『嗣於乾隆二年，改漢軍發遣之例，仍以枷責完結。辛者庫包衣佐領、旗鼓佐領人等，與漢軍同屬旗人，亦請遵照舊例，畫一辦理。』得旨允行。」若僅就字面意思來看，凡入旗的漢人或可籠統稱為「漢軍」，但這也容易造成外八旗漢軍與部分內三旗包衣相混淆，根據該例即可理解兩者在嚴格定義上仍有差別。

[57] 《清高宗純皇帝實錄》，卷41，頁730，乾隆二年四月乙亥條：「漢軍現犯軍、流罪者，已照舊例以枷責完結，其從前發遣在配之人，著該部按其情罪，查明請旨。」

（1748）起，〈犯罪免發遣〉律的效力範圍歷經多次調整，這些改革不僅涉及好幾種層面且多被纂修為例，在法律上具有更正式的意義。[58]為求清楚呈現乾隆朝以降〈犯罪免發遣〉律內涵之變動，乃將〈犯罪免發遣〉律後的條例作一整理，製成表2-1-1以供參考。

表2-1-1　〈名例律‧犯罪免發遣〉條例之演變

年分	條例修訂內容	備註
乾隆十六年（1751）	a. 凡八旗滿洲、蒙古、漢軍奴僕，犯軍、流等罪，除已經入籍為民者，照民人辦理外，其盛京帶來，并帶地投充，遠年擒獲，及白契印契所買，若經贖身歸入佐領下開戶者，均照旗人正身之例，一體折枷鞭責。其設法贖身，並未報明旗、部之人，無論伊主曾否收得身價，仍作為原主戶下家奴，有犯軍、流等罪，仍照例問發。	此例來自乾隆十三年刑部議覆直隸總督那蘇圖之奏。
	b. 凡旗人家奴，犯軍、流等罪，仍依例酌發駐防為奴，不准折枷外，其犯該徒罪者，照旗下正身例，折枷鞭責發落。	
乾隆二十一年（1756）	凡旗人毆死有服卑幼，罪應杖、流折枷者，除依律定擬外，仍酌量情罪，請旨定奪，不得概入彙題。其有情節慘忍者，發往拉林、阿爾楚喀，不准枷責完結。旗員中如有誣告、訛詐，行同無賴，不顧行止者，亦如之。	乾隆十九年已有相關規定，但二十一年才正式纂修為例。乾隆二十二年，將發往拉林、阿爾楚喀，改為發往黑龍江、三姓等處。

---

[58] 在明清法律體系中，除了律文外還存有許多條例。蘇亦工認為清代的條例雖然數量龐雜，但律例併行的架構始終未被打破。蘇亦工進一步指出明清的律例關係主要有兩種：其一為重複調整，並可再細分為絕對排斥與相對排斥兩種狀況；其二為各自調整。詳可參見蘇亦工，《明清律典與條例》（北京：中國政法大學出版社，1999），頁237-246。〈犯罪免發遣〉律效力範圍的改革，應屬於重複調整中的相對排斥，也就是律、例並未完全矛盾，條例僅在某些特定條件下才取代律文。相較於雍正朝只以諭旨形式調整律文，乾隆朝的改革顯得更為正式。

年分	條例修訂內容	備註
乾隆二十八年 （1763）	漢軍家奴，犯該徒罪者，照民人一體實徒，徒滿之後，仍押解回旗，交與伊主，服役管束。	
乾隆三十二年 （1767）	a. 問擬旗人罪名，務詳核案情，如係寡廉鮮恥，有玷旗籍者，無論滿洲、蒙古、漢軍，均削去本身戶籍，依律發遣，仍逐案聲明請旨。其餘尋常犯罪，及因公事獲遣者，仍照例折枷鞭責完結。	該例內容應來自乾隆二十七年六月與三十一年四月兩道諭旨。
	b. 凡八旗滿洲、蒙古、漢軍奴僕，犯軍、流等罪，除已經入籍為民者，照民人辦理外，其現在旗下家奴，犯軍、流等罪，俱依例酌發駐防為奴，不准折枷。犯該徒罪者，除漢軍奴僕，照例問擬實徒外，其餘照旗下正身例，折枷鞭責發落。至設法贖身，並未報明旗、部之人，無論伊主曾否收得身價，仍作為原主戶下家奴，有犯軍、流等罪，仍照例問發。	此例乃前述乾隆十六年兩例與乾隆二十八年例合併而成。
乾隆三十五年 （1770）	內務府所屬莊頭、鷹戶、海戶人等，如犯軍、遣、流、徒等罪，俱照民人一例定擬，不得與在城居住當差之旗人，一體折枷完結。	
乾隆三十九年 （1774）	凡在京滿洲、蒙古、漢軍，及外省駐防食糧當差者，如犯軍、遣、流、徒等罪，仍照例折枷發落。其餘居住莊屯旗人，及各處莊頭，併駐防之無差使者，軍、遣、徒、流，俱照民人一體辦理。	
乾隆五十年 （1785）	在京滿洲、蒙古、漢軍，及外省駐防，並盛京、吉林等處屯居之無差使旗人，如實係寡廉鮮恥，有玷旗籍者，均削去本身戶籍，依律發遣，仍逐案聲明請旨。如尋常犯該軍、遣、流、徒、笞、杖等罪，仍照例折枷鞭責發落。至內務府所屬莊頭、鷹戶、海戶人等，及附京住居莊屯旗人，王公各處莊頭，有犯軍、遣、流、徒等罪，俱照民人一例定擬。	此例先將前述乾隆三十九年例修改，再與乾隆三十二年a.和乾隆三十五年例合併而成。

年分	條例修訂內容	備註
嘉慶六年（1801）	凡八旗滿洲、蒙古、漢軍奴僕，犯軍、流等罪，除已經入籍為民者，照民人辦理外，其現在旗下家奴，犯軍、流等罪，俱依例酌發駐防為奴，不准折枷。犯該徒罪者，漢軍奴僕，照民人例問擬實徒，徒滿之後，仍押解回旗，交與伊主，服役管束；其滿洲、蒙古奴僕，照旗下正身例，折枷鞭責發落。至設法贖身，並未報明旗、部之人，無論伊主曾否收得身價，仍作為原主戶下家奴，有犯軍、流等罪，仍照例問發。	此例乃前述乾隆二十八年例與乾隆三十二年b.例合併而成。
道光五年（1825）	凡旗人窩竊、窩娼、窩賭，及誣告、訛詐，行同無賴，不顧行止，並棍徒擾害，教誘宗室為非，造賣賭具，代賊銷贓，行使假銀，捏造假契，描畫錢票，一切誆騙詐欺取財，以竊盜論，准竊盜論，及犯誘拐強姦、親屬相姦者，均銷除本身旗檔，各照民人一例辦理。犯該徒、流、軍、遣者，分別發配，不准折枷。至八旗滿洲、蒙古奴僕有犯，罪應軍、流者，依例發駐防為奴；徒罪以下，照民人問擬，徒滿釋回，仍交與伊主，服役管束，毋庸銷除冊檔。	

資料來源：《大清律例按語》、《讀例存疑重刊本》

　　觀察該簡表可發現〈犯罪免發遣〉律效力範圍的變動，主要分為一般旗人與旗下家奴兩類。為求行文更為聚焦，以下將根據上述分類進行討論，而非依時序逐條分析。

　　一般來說，旗人犯有徒、流、軍罪，均因〈犯罪免發遣〉律得以折枷換刑。不過清高宗在乾隆十九年（1754）卻提醒官員審理相關案件時，必須特別加以留意：

　　　　旗人犯杖、流等罪，例應枷責發落。在公罪及過誤，自可照例完結，至關人命，即當核其輕重。七克登布以酒醉細故，遂兇毆姪孫九格致死，殊屬慘忍，著發往拉林、阿爾楚哈。

> 嗣後似此案件，該部照律定擬外，仍酌量情罪，請旨定奪，
> 不必概入彙題。[59]

　　旗人七克登布因酒醉細故毆死姪孫，本應「照例以枷責完結」，[60]但清高宗認為此案罪情重大無法等閒視之。清高宗最後下令將七克登布發往拉林、阿勒楚喀，並規定日後這類「殊屬慘忍」案件，皆須特別請旨定奪。該上諭在乾隆二十一年（1756）正式修入清律中，[61]之後除了發遣地從拉林、阿勒楚喀改為黑龍江、三姓等處外，[62]基本上沒有太大變動。[63]

　　上述改革確實改變旗人在法律上的特殊待遇，但這項新規定可能也不是偶然之舉。自清初以來，皇帝有時會將不法旗人發遣外地以示嚴懲，乾隆年間甚至還送其前往拉林、阿勒楚喀種地。[64]清高宗對〈犯罪免發遣〉律的調整，或能從此脈絡加以理解。此外該新例具有很強的侷限性，畢竟惟有「似此案件」才如此處置，改革的幅度並不大。然而無論如何，這次改革仍為接下來的豐富改革揭開序幕。

　　乾隆二十七年（1726）正月間，湖南宜章縣知縣張時棟拿獲一位行跡可疑之人，並在其行李中搜出大量與湖南武職大員有關之契

---

[59] 中國第一歷史檔案館編，《乾隆朝上諭檔・第2冊》（北京：檔案出版社，1989），頁763，乾隆十九年九月二十五日條。

[60] 《清朝文獻通考》（臺北：新興書局，1963），卷204，〈刑考十・徒流〉，頁6687。

[61] 《欽定大清會典事例（嘉慶朝）》（臺北：文海出版社，1991），卷586，〈刑部・犯罪免發遣〉，頁4b-5a。

[62] 清高宗為避免派往拉林、阿勒楚喀種地者與其他遣犯相混，令臣工討論遣犯應改送何地，臣工的討論如下：「嗣後民人犯罪，不必發遣吉林等處，俱照舊例發遣雲南等省。旗下不肖匪徒，不必發往拉林、阿勒楚喀，俱發遣黑龍江、三姓等處。並將從前發遣拉林人犯，交該副都統嚴查，如有不安分生事者，聲明報部，即照新例，改發雲南等省。」清高宗隨後對此議表示贊同。參見《清高宗純皇帝實錄》，卷551，頁1041，乾隆二十二年十一月丙辰條。

[63] 該例直到嘉慶年間依然使用，由此可證其實效性，參見〔清〕祝慶祺等編，史春風等點校，《刑案匯覽三編（一）》（北京：北京古籍出版社，2000），〈犯罪免發遣・嘉慶二十二年說帖〉，頁15。

[64] 關於旗人「發遣」刑的討論，詳可參見本書第二章第二節。

券書札。張時棟對此絲毫不敢大意立即向上承報。是年正月二十八日，張時棟親自將犯人押往省城，交由署湖廣總督印務的湖北巡撫湯聘、湖南巡撫馮鈐、湖南按察使嚴有禧等人嚴審。該犯供稱他是順天大興縣人名叫黃運景，其姪黃在中因曾在兵部充當書吏而與湖南大小武員多有交往，其中不乏囑託營求之事，每當黃在中事成後，便請他前往湖南索討銀兩。[65]此案由於牽連甚廣，清高宗立刻下令湖廣總督愛必達儘速回任調查。當清高宗接到愛必達的報告後，對許多旗人牽涉其中深感痛心，並指責愛必達所擬之刑過於輕縱。[66]清高宗在此案衝擊下，認為旗人早已喪失「國初渾厚之風」，有必要藉由調整〈犯罪免發遣〉律整頓旗人風氣：

> 嗣後凡滿洲犯有軍、流、遣罪，如係尋常事故，仍照舊例枷責完結。倘有似此寡廉鮮恥之徒，其人既甘為敗類，又何必復以滿洲成例待之，自應削去戶籍，依律法〔發〕遣。其如何完結之處，該部逐案聲明請旨，庶不致高下其手之弊。其漢軍人犯，無論軍、流、徒罪，俱即斥令為民，照所犯定例發遣，不必准折枷責，著為例。[67]

自乾隆十九年的上諭後，清高宗再次修正〈犯罪免發遣〉律的效力範圍。罪情重大的滿洲、蒙古旗人可能不再適用〈犯罪免發遣〉律，直接「削去戶籍，依律發遣」；漢軍旗人則繼雍正四年後，再

---

65 〈明清內閣大庫檔案〉，登錄號184404-001，兵部為書吏武職交關事移會，乾隆二十七年三月日不詳。從該移會所附名單來看，涉及此案的官員多達三十八人。

66 《乾隆朝上諭檔·第3冊》，頁900-901，乾隆二十七年六月初三日條：「內閣奉上諭：『愛必達等審擬兵部書役撞騙楚贓一案，已交三法司核擬速奏。惟摺內將那蘭保、雅隆阿、察倫泰擬罪之處，過於輕縱，實出情理之外。武弁與書役交通舞弊，已屬大干法紀，況那蘭保身係滿洲，即不知畏法，亦當稍顧顏面，何至與下賤書役，直以兄弟相稱，卑鄙無恥，至此已極，我滿洲中豈宜有此臣僕。那蘭保著削去戶籍，發往伊犁，給與厄魯特為奴。』」

67 《乾隆朝上諭檔·第3冊》，頁903，乾隆二十七年六月初六日條，內閣奉上諭。

度無法適用〈犯罪免發遣〉律。

暫且扣除漢軍不談，這次改革某方面來說延續了先前的策略，即強調根據案情決定〈犯罪免發遣〉律的適用與否。不過漢軍在此新規定中待遇明顯較差，一犯有軍、流、徒罪直接依律處置，完全沒有轉圜餘地。乾隆二十八年（1763）六月間，刑部曾將正白旗漢軍的蔡鍾麟「合依誣告人死罪未決律，杖一百流三千里加徒役三年，係漢軍照例銷除旗檔，照民人例，箚發順天府定地發配。」[68]乾隆二十九年（1764）十一月間，鑲白旗漢軍德珠因挾勢非法借貸財物，被刑部求處杖一百流二千五百里，「係漢軍銷除旗檔，不准折枷，照例發往川、陝邊省為民。」[69]根據這兩起案例，可知乾隆二十七年後的漢軍，一旦觸法皆比照民人處置。

不過如同雍正朝的例子般，這種對漢軍不公平的現象並未持續太久。乾隆三十一年（1766）四月間曾有官員奏稱：

> 嗣於上年辦理香河縣車輛一案，將內務府郎中伊星阿、管領增福，依侵盜錢糧一千兩例，擬斬，雜犯准徒五年，係旗人折枷鞭責發落。今此次審擬內務府員外郎哈豐阿等，承脩溝工一案，將擬流之哈豐阿、福葆，擬徒之舒璽，均箚發順天府，定地發配充徒，所辦前後不符，未經畫一，實屬疎忽。查內務府包衣漢軍，原與八旗漢軍人員，例得出旗為民者不同，其犯有尋常徒、流等罪，自不得仿照八旗漢軍實在徒、流之例一體辦理。即八旗漢軍，自非寡廉鮮恥、情罪較重者，亦不必遽行發遣。[70]

---

[68] 〈明清內閣大庫檔案〉，登錄號151485-001，刑部為審擬具奏事移會稽察房，乾隆二十八年六月日不詳。該案皇帝的裁示為「依議」，可知皇帝同意這個判決。

[69] 〈明清內閣大庫檔案〉，登錄號216834-001，刑部為審漢軍主事德珠勒令書辦借墊銀兩案移會稽察房，乾隆二十九年十二月日不詳。該案皇帝的裁示也為「依議」。

[70] 《乾隆朝上諭檔·第4冊》，頁878，乾隆三十一年四月二十五日。

上述引文反映了幾個現象。首先，內務府包衣漢軍與八旗漢軍分屬不同群體，從法律的適用性即可見一斑。人們論及八旗制度時常將入旗的漢人籠統稱為漢軍，但清人福格表示：「若內府旗鼓，按《八旗通志》內統於上三旗滿洲都統，本與八旗漢軍不同，《滿洲氏族譜》內謂旗鼓人為滿洲旗分內漢姓人。」[71]所謂旗鼓佐領是由包衣中的漢人組成，其成員雖然也以漢人為主，嚴格來說卻不能視為漢軍。[72]不過時人對此似乎也不甚了解，哈豐阿等人被依律發遣，可能起因於官員將這兩者混為一談。此外，漢軍之所以失去刑罰上的特殊性，或許與當時的「出旗」政策有所關連，[73]此舉亦可呈現八旗制度各項改革同步一致的特色。

另一值得注意處，為官方對漢軍實發規定的態度轉變。有別於先前斬釘截鐵地強調漢軍罪犯「無論軍、流、徒罪俱即斥令為民」，上述引文卻改稱「八旗漢軍自非寡廉鮮恥、情罪較重者，亦不必遽行發遣」，其轉變因素雖然難以得知，仍足見漢軍確實再度回到〈犯罪免發遣〉律的部分效力範圍內。[74]如同雍正朝的前例

---

[71] 〔清〕福格著，汪北平點校，《聽雨叢談》，卷1，〈內旗旗鼓與八旗漢軍不同〉，頁17。福格繼續補充道：「其在內府仕途，均與滿洲相同，洊升九卿，亦占滿缺。惟中進士分部院觀政，則與八旗漢軍相同，亦近世之誤也。」

[72] 關於包衣與漢軍常被混淆的討論，詳可參見陳國棟，〈清代內務府包衣三旗人員的分類及其旗下組織──兼論一些有關包衣的問題〉，《食貨月刊》，12：9（臺北，1982.12），頁5-23。

[73] 漢軍雖在清初受到重用，但當國家局勢穩定後漢軍逐漸喪失原有優勢。清政府為解決日益嚴重的旗人生計問題，選擇將漢軍排除於八旗之外，這也是所謂的「出旗」政策。該政策可分為兩階段：第一次為乾隆七年至八年，以京師漢軍為主；第二次則從乾隆十九年開始，一直延續到乾隆四十五年，以駐防漢軍為主。詳可參見孫靜，〈乾隆朝八旗漢軍身份變化述論〉，《黑龍江民族叢刊（雙月刊）》，2005：2（哈爾濱，2005.04），頁59-64。關於漢軍的出旗政策，亦可參見范傳南，〈乾隆朝八旗漢軍出旗述論〉（大連：遼寧師範大學歷史學系碩士論文，2008）。

[74] 《乾隆朝上諭檔‧第4冊》，頁879，乾隆三十一年四月二十六日條：「嗣後問擬旗人罪名，務詳核犯案情節。如實係寡廉鮮恥，有玷旗籍者，不但漢軍當斥令為民，依律遣發，即滿洲亦當削其名籍，投畀遠方。其餘尋常罪犯，及因公事獲譴者，無論滿洲、漢軍，仍照定例折枷鞭責完結。如此則旗人益皆知所勸懲，而勅罰亦昭平允，著傳諭中外問刑衙門知之。」值得注意的是，漢軍適用〈犯罪免發遣〉律與否之情形，可能和「出旗」政策密切相關。當大量漢軍開始離開八旗時，清政府亦不再將漢軍視為旗人的一員，其法律上的待遇自然也隨之改變。不過換個角度觀之，

一般，漢軍完全無法適用〈犯罪免發遣〉律終究只是曇花一現。

〈犯罪免發遣〉律此後又歷經幾次修訂。乾隆三十五年（1770）十二月間，內務府題報一起鷹戶謝天福等人與民人高士傑強拔三教庵內樹木賣錢分肥之案。謝天福、邊德、楊廷棟因屬旗人而被問擬枷號兩個月。[75]內務府雖是依律判決，但清高宗認為「鷹戶人等雖隸內務府旗籍，而散處近京各州縣，實與民人無異，若犯事到官，不當與在城居住當差之旗人一例問擬」，令謝天福等人比照民人辦理，並將此例永遠頒行。[76]該案除著眼於鷹戶本屬於下層旗人外，還有旗人當差與否的考量，這也是另則條例出現的契機。乾隆三十九年（1774）間，刑部上報一起船戶劉治偷賣漕米案件，從犯方天禿因有旗人身分得以折枷鞭責。清高宗面對此案卻持不同於律例的見解：

> 其從犯內，方天禿一犯，聲明係旗人，應折枷鞭責完結等語，固屬照例辦理。但同係旗人，其間亦各有分別。如果身居京師，食餉當差、在官服役之人，身犯流、徒等罪，原可折枷完結；若在屯居住，及各處莊頭，與民混處日久，即與民人無異，則犯法亦當與同科。況我朝統壹寰宇百三十餘年，久已中外一家，薄海民人，與旗人並無歧視，何獨於問擬流、徒一節，尚拘往例乎？嗣後除京城之滿洲、蒙古、漢

出旗政策實施後仍有部分漢軍留在八旗中，這些未出旗的漢軍可能與八旗滿洲、蒙古成員更為融合，該情形或許促使皇帝再度視漢軍為八旗的一分子，進一步導致〈犯罪免發遣〉律改革策略的調整。關於出旗政策後漢軍更為融入八旗的討論，詳可參見張佳生，〈八旗中「漢人滿化」現象論析〉，收錄於氏著《八旗十論》（瀋陽：遼寧民族出版社，2008），頁230-249。

[75] 《清高宗純皇帝實錄》，卷874，頁716-717，乾隆三十五年十二月乙亥條。

[76] 《乾隆朝上諭檔・第6冊》，頁446，乾隆三十五年十二月初三日條。除了這段引文外，清高宗亦表示：「嗣後內務府所屬莊頭、鷹戶、海戶人等，如犯軍、遣、流、徒等罪，俱照民人一例定擬。俾各知所儆戒，畏法安分，未始非因事成全之道，所有此案內謝天福、邊德、楊廷棟，即照此例行。」此例隨後亦載入清律中。

軍，現食錢糧當差服役之人，及外省駐防之食糧當差，如犯流、徒等罪，仍照舊鞭責發落外，其餘住居莊屯旗人，及各處莊頭，并駐防之無差使者，其流、徒罪名，俱照民一例實遣，著為例。此案擬徒之方天禿交部，即照此辦理。[77]

清高宗不僅重申不法旗人已「與民人無異」，進而強調國家視全部臣民為一體的立場。因此，〈犯罪免發遣〉律有必要重新修正，此後未披甲的無差使旗人均不再適用該律。

　　有別於過往著重族群性質或案情輕重，清高宗這次對〈犯罪免發遣〉律的改革，卻以是否有差使作為〈犯罪免發遣〉律的適用依據，為相關改革開啟了新面向。此舉主要強調旗人乃因軍人身分，才擁有折枷換刑的待遇，更為合理化〈犯罪免發遣〉律的存在意義。不過旗人人口自康熙朝以來持續激增，許多旗人早已面臨無差可當的窘境，此例的執行無疑對其衝擊甚大。乾隆五十年（1785）二月間，刑部奏稱此例將導致無差使旗人竟與「寡廉鮮恥、有玷旗籍者一例發遣」，「亦覺漫無區別」，請求皇帝修改此例。[78]清高宗最終基於現實考量，接受刑部的建議取消此例，〈犯罪免發遣〉律的劃時代改革再度戛然而止。[79]

---

[77] 《乾隆朝上諭檔・第7冊》，頁723，乾隆三十九年十一月初六日。

[78] 〔清〕黃恩彤編，《大清律例按語》，卷31，〈名例律・犯罪免發遣〉，頁57b-58a：「臣部因盛京、吉林等處旗人，皆散處四鄉，差使限於定額，斷不能人人挑補，其屯居之無差使者，實出於勢之不得不然，並非遊惰偷安者可比。偶而有犯，即與民人一例實發，將旗人之混入軍、流民籍，日積日多，且或因獲譴之後，竟與寡廉鮮恥、有玷旗籍者，一例發遣，亦覺漫無區別。」

[79] 刑部乾隆五十年二月間的具奏，原本僅建議東北地區的無差使旗人依舊例折枷完結，然清高宗基於法律一致性的考量，亦將直省駐防無差使旗人一併納入，參見《欽定大清會典事例（嘉慶朝）》，卷586，〈刑部・名例律・犯罪免發遣〉，頁4a：「盛京吉林等處旗人，散於四鄉，差使限於定額，不能人人挑補。其屯居無差使者，並非游惰偷安，偶爾有犯，即與寡廉鮮恥者一例實發，似無區別。酌請將東三省旗人，除實係寡廉鮮恥有玷旗籍者，始行實發外，其屯居無差使者有犯，仍折枷鞭責。又查各省駐防旗人，差使亦有定額，與東三省屯居無差使者，事理相同，未便因其未經食糧當差，即與民人一例實發。」

若〈犯罪免發遣〉律在乾隆年間的多次改革，象徵部分正身旗人不再完全適用，那身屬旗人群體最下層的旗下家奴，自然也逐漸被排除在外。如前所述，旗下家奴雖然地位低賤，[80]但在刑罰上仍享有如同正身旗人般的待遇，有些承審官員甚至直接稱呼他們為「旗下人」。[81]不過這種情形最晚在乾隆朝初期始有變化。乾隆十六年（1751）頒布的兩條新例，內容都是針對旗下家奴而設，其中明顯透露不法旗下家奴的折枷換刑已有所調整。

　　乾隆十六年的第一則新例，主要是界定旗下家奴的幾種類別與相關處理方式，許多註律典籍均表示該例來自刑部議覆直隸總督那蘇圖乾隆十三年之奏，[82]但筆者目前尚未在官書或檔案中找到相關資料。該新例將旗下家奴分為三種狀況：一、已入民籍者照民人辦理。二、若經贖身開戶者照旗人正身例折枷鞭責。三、尚未正式完成贖身者若犯軍、流等罪「照例問發」。當旗下家奴成為民人或是

---

[80] 在傳統中國社會中，所謂的「賤」具有兩種意涵，其一為「官民關係」，其二則為社會地位低下沒有獨立人格的個人，以及由這些人構成的等級。後者在歷史上的指稱並不固定，直到明代官方才在法律中正式界定何者為「賤民」，但在這段長期發展過程中，奴僕處於社會最低層仍是不爭的事實。參見經君健，《清代社會的賤民等級》，頁31-32。旗下家奴雖身處八旗組織，但其本質還是奴僕，地位與一般旗人仍有差別。

[81] 茲舉康熙朝的一個例子加以說明。康熙十六年間，有一名留有頭髮又身穿僧服之人，無故在皇帝車駕行幸處接跪。此人因行為怪異遭到官兵捉拿，訊問後得知他名叫劉有道，打算出家行善，並曾在佛前發誓惟有將橋修成才剪頭髮。一日劉有道聽聞皇帝車隊經過，「欲拜活佛募化」，並無別故。刑部原本打算依衝突儀仗律，將劉有道杖一百並發邊衛充軍，但因劉有道是旗下人，故改為枷三個月鞭一百，該判決最終也得到皇帝認可。劉有道雖被稱為旗下人（gūsai niyalma），但他其實只是旗下家奴，這從該檔案的滿文內容即可得知：bi daci gulu šanggiyan i ši ging nirui an ca sy šilin i booi niyalma bihe, ijishūn dasan i jakūcuci aniya, bi ejen de baifi booci tucihe, sain be yabuki seme……。根據這段滿文可判斷劉有道本為正白旗西京（ši ging音譯）佐領下施林（šilin音譯）的家人，他在順治八年時曾求其主讓他出家行善。參見〈明清內閣大庫檔案〉，登錄號185106-019，刑垣史書，康熙十六年二月二十四日。根據這起案例，亦能了解旗下家奴在康熙朝所受刑罰，與一般旗人並無二致。

[82] 相關內容參見〔清〕黃恩彤編，《大清律例按語》，卷31，〈名例律・犯罪免發遣〉，頁49a-49b：「臣等謹按，此條係乾隆十三年六月內，臣部議覆原任直隸總督那蘇圖條奏定例，應纂輯以便適用。」、〔清〕薛允升著，黃靜嘉編校，《讀例存疑重刊本》，卷2，〈名例律上之二・犯罪免發遣〉，頁34：「此旗下家奴犯罪分別折枷之例，原例本係三條：一係乾隆十三年，刑部議覆直隸總督那蘇圖條奏定例。」

一般旗人，在刑罰上即比照新身分辦理。乾隆二十七年三月間，從覺羅滿保家中放出為民的家奴高信，其子高應祿入籍大興縣，九月時捐官得到縣丞一職，不料覺羅滿保之孫覺羅福文柱隔年四月得知此事後，竟向官府告發此事。由於高應祿「出身微賤」不可捐官，遂被官員求處杖一百徒三年。[83]此案雖呈現旗下家奴進入民籍後地位不會馬上恢復，但他們所受的刑罰已無異於一般民人。

　　透過上述條例的分析，不難發現一般旗人與旗下家奴似乎為兩種群體，因為這兩者若刑罰待遇相同實無必要相區隔，其關鍵處可能在於第三種狀況的「照例問發」究竟是什麼意思？同年制定的另一條新例，恰可為此提供一些解答，該例表示「凡旗人家奴犯軍、流等罪，仍依例酌發駐防為奴，不准折枷外，其犯該徒罪者，照旗下正身例，折枷鞭責發落」。乾隆三十三年（1768）十月初六日，駐箚龍陵之正藍旗護軍校根敦扎布家人李福，煮晚飯時不慎引發火災，除了其主草房付之一炬外，這把火還因風勢太大燒毀草房一百九十五間、棉甲十五付、帳房五頂、弓七十五張、箭兩百四十支。李福雖屬無心之過仍難規避責任，承審官員將其依公廨失火律加等擬流，李福因身屬旗下家奴而被發往伊犁為奴。[84]由此即能看出旗下家奴若犯流罪將被發往駐防為奴，與一般旗人的「正身例」大不相同。受限於史料缺乏，難以得知該例始於何時，但從時人稱其為「當時現行則例」來看，[85]多少反映該例應已執行一段時間。薛允

---

[83] 官員審理此案時曾發生無例可引之窘境，最後乃利用一起長隨杜七之子杜時昌捐納同知的成案解決問題：「今高應祿之祖高國柱，係白契賣與福文柱家，雖經放出，究屬出身微賤，與長隨之子無異，未便濫邀名器。高應祿即高惼福，應比照杜時昌案，杖一百徒三年。」參見〈明清內閣大庫檔案〉，登錄號100219-001，刑部奏福文柱呈控家奴違例捐官移會稽察房，乾隆二十八年十月二十一日。

[84] 官員審理此案時表示：「查律載，官府公廨失火者，杖八十徒二年，又名例內開，旗下家奴犯軍、流等罪，例發駐防為奴，不准折枷各等語。今護軍校根敦扎布家人李福，煮飯延燒軍營官兵草房，較之公廨失火者，情罪尤重。」基於上述原因，李福所受處分才被加重。參見《明清檔案》，卷冊A207-128，〈大學士傅恒等‧大學士為失火延燒草房軍器治罪事〉，乾隆三十三年十一月日不詳。

[85] 〔清〕吳壇著，馬建石等編，《大清律例通考校注》（北京：中國政法大學出版

升對此則有下列看法：

> 奉天等處滿洲有犯發遣者，發駐防當差，奴僕發駐防兵丁為
> 奴，見〈徒流遷徙地方〉。此云依例，即彼條例文也。[86]

薛允升認為新例中的「依例」，乃根據〈徒流遷徙地方〉律中的一則條例為準。該例制定於雍正五年，涉及奉天、寧古塔、黑龍江等處旗人與旗下家奴的發遣問題。[87]薛允升的見解看似有道理，但該例實與旗人的「發遣」刑較為相關，與一般軍、流罪不可混為一談。[88]在史料付之闕如的情況下，準確指出旗下家奴刑罰發生變化的轉折點並不容易，但推測在雍正朝後期已略有跡象。

　　無論旗下奴僕何時不再受到〈犯罪免發遣〉律的完全保障，可以確定的是至少在乾隆十六年以後，清律中已有與旗下家奴刑罰相關之規定。旗下家奴在〈犯罪免發遣〉律中的地位轉變，明顯較一般旗人來得早，反映清政府調整〈犯罪免發遣〉律的適用範圍時，先以旗人群體中的低下階層為首要目標。隨著一般旗人有時亦無法折枷換刑，旗下家奴的相關待遇再度經歷幾次修正。最顯而易見的是當漢軍於乾隆二十七年無法適用〈犯罪免發遣〉律時，旗下家奴連帶受到影響。漢軍旗下家奴自乾隆二十八年以降，犯有徒罪不再折枷而是實徒，即可看出相關改革實有考量法律的一致性。[89]旗下

社，1992），〈犯罪免發遣第二條例文〉，頁218。

[86]〔清〕薛允升著，黃靜嘉編校，《讀例存疑重刊本》，卷2，〈名例律上之二‧犯罪免發遣〉，頁34。

[87]會典記載該例於雍正三年修訂完成，但比對清世宗的上諭可能不是如此。會典內容詳可參見《欽定大清會典事例（光緒朝）》，卷741，〈刑部‧名例律‧徒流遷徙地方附律條例〉，頁8b-9a。

[88]關於旗人「發遣」刑的討論，詳可參見本書第二章第二節。

[89]不過當漢軍恢復適用〈犯罪免發遣〉律後，漢軍奴僕卻未同步改回，薛允升曾指出：「查漢軍家奴犯該徒罪，不准折枷，係乾隆二十八年定例。原因二十七年上諭：『漢軍正身旗人，有犯軍、流、徒，不准折枷』之語，是以奏明奴僕有犯，亦不准折枷。迨後遵奉三十一年上諭纂定條例，滿洲與漢軍正身，仍係分別情節定

家奴的刑罰規範差不多就此定型，日後僅有一些條例的修併，並無太大新意。[90]

在經歷乾隆朝的一連串改革後，〈犯罪免發遣〉律的效力範圍不再出現大規模調整，直到道光朝才有新的變化。道光五年（1825）四月間，協辦大學士英和奏曰：

> 犯竊、刺字、寡廉鮮恥、甘心下賤銷除旗檔，宜遵例實力奉行也。國初定例，旗人犯罪軍、流、徒俱折枷，不惟正身，即滿洲、蒙古家奴，犯徒亦折枷者，其意可想而知也。乾隆年間定例，犯竊銷檔；凡刺字者銷檔；寡廉鮮恥，有玷旗籍者銷檔；誣告訛詐，行同無賴者發遣；賭博生事匪類者發遣。……國初旗人尚少，欲其團聚京師，雖有罪不肯輕棄。乾隆年間生齒日繁，應其敗壞風氣，將不肖逐漸汰除。此在乾隆年間，為因時變通，而在今日，則為遵循舊例。無如後來諸臣，往往以姑息為慈祥。……嗣後諸例漸次廢弛，犯竊者則作百檢十，一切例應刺字者，俱為之曲法開脫，以致旗人肆無顧忌。[91]

英和之奏恰巧反映〈犯罪免發遣〉律修訂後的一些弊病。清高宗雖力圖改革〈犯罪免發遣〉律以強化對旗人的約束，亦希望藉此剔除旗人

擬，實發折枷，並無漢軍不准折枷之文，奴僕有犯，似亦未便強為區別。」其背後原因並不清楚，可能由於旗下奴僕地位本來就不高，清政府無意恢復他們原有的待遇。薛允升見解詳可參見〔清〕薛允升著，黃靜嘉編校，《讀例存疑重刊本》，卷2，〈名例律上之二‧犯罪免發遣〉，頁34。

[90] 〔清〕吳壇著，馬建石等編，《大清律例通考校注》，〈犯罪免發遣第二條例文〉，頁219：「乾隆三十二年館修，以此例兩條均系旗下家奴犯軍、流、徒罪治罪之例，是以并為一條。其原例內有贖身奴僕歸入佐領下開戶，照旗下正身一體折枷鞭責等語。查八旗開戶，已於乾隆二十一年欽奉上諭，放出為民，故將此節刪去。」

[91] 〔清〕賀長齡輯，《皇朝經世文編》（臺北：文海出版社，1972），卷35，〈戶政十‧八旗生計‧會籌旗人疏通勸懲四條疏〉，頁12b。

中的敗類分子，但最終成效似乎不大，問題關鍵應在於規範內容本身。該例強調「如係寡廉鮮恥，有玷旗籍者，均削去本身戶籍，依律發遣，仍逐案聲明請旨」，「寡廉鮮恥」與「有玷旗籍」這一構成要件因較有主觀性，官員判案時可能刻意不引用該例為不法旗人開脫，縱然皇帝握有這些「削籍」重案的最終裁量權，[92]仍不易對旗人產生懲戒作用。英和雖未直接點出上述問題，但從他明確指出哪些犯行應「銷除旗檔」來看，無疑已注意並嘗試解決該困境。[93]英和的建議隨後得到皇帝首肯，這也是〈犯罪免發遣〉律最後一次調整。[94]

根據魏復古的「征服王朝」理論，非漢民族入主中原或統治中國部分地區時，通常都會推行所謂的「二元統治」。此舉除了基於維持本民族特色的考量外，多少也具有保護本民族的考量。由此觀之，自然不難理解為何旗人在部分法律規範上與民人有別。然而這種差異性也沒有想像中的大，旗、民在犯罪認定上均服膺於清律的規定，差別僅在於旗人犯有軍、流、徒罪可以折枷抵免，笞、杖之刑則改為以鞭責打。該特殊規劃不僅有「二元統治」的效果，也

---

[92] 條例中若規定「仍逐案聲明請旨」，代表皇帝擁有這類案件的最後裁量權，以下茲舉一例說明。嘉慶十一年七月初四日，內務府拜唐阿薩伶阿之妻孟氏上吊自殺，經調查發現孟氏是因自己和拜唐阿來麟的姦情被其夫察覺才羞愧自盡。依照清律的規定，和姦案之姦婦因姦情敗露羞愧自盡者，姦夫杖一百徒三年，但官員認為「今旗人來麟身充內務府拜唐阿，乃敢在營房此（原檔案殘）地不顧廉恥，恣意和姦，以致姦婦因姦情敗露，羞愧（原檔案殘），應照依寡廉鮮恥有玷旗籍者，削去本身戶籍（原檔案殘），與地方官照例辦理，以示懲儆。」官員因認定來麟行為不檢，主張以此例加重處罰，不過最終仍須以皇帝的決定為準。所謂「寡廉鮮恥」似乎沒有統一標準，而是根據官員或皇帝心中的一把尺來判斷。參見〈明清內閣大庫檔案〉，登錄號190962-001，刑部為審擬內務府拜唐阿來麟因姦釀命案移會稽察房，嘉慶十一年八月二十六日。

[93] 〔清〕黃恩彤編，《大清律例按語》，卷90，〈名例律‧犯罪免發遣〉，頁7b-8a：「臣等謹按，道光五年四月內，管理鑲黃旗滿洲都統英和等，條奏懲勸旗人摺內，聲明嗣後旗人窩竊、窩娼、窩賭，及誣告，訛詐，行同無賴，不顧行止，並棍徒擾害，教誘宗室為非，造賣賭具，捏造假契，行使假銀，描畫錢票，代賊銷贓，一切誆騙詐欺取財，以竊盜論，准竊盜論之類，俱銷除旗檔，照民人徒、流、軍、遣，一體問擬，不准折枷等因，奏准在案，應纂輯為例。再查旗人犯誘拐強姦、親屬相姦，較詐訛各項，尤屬有虧行止，似應一併銷除旗檔。」由此可知刑部在英和的建議基礎上，又增補了一些犯行。

[94] 《欽定大清會典事例（光緒朝）》，卷727，〈刑部‧名例律‧犯罪免發遣〉，頁6a-6b。

不至於讓國家法律體系太過冗亂，實為一巧妙的設計。更為重要的是，旗人在刑罰上的特殊性並非一成不變，自雍正朝開始陸續出現多次改革，其原因一方面是皇帝企圖讓國法更為一致化，另一方面亦希望藉由增加刑度加強對旗人的約束力。不過由於旗人終究是皇帝仰賴的重要力量，旗、民分治為一難以放棄的政策，許多改革推出不久後即宣告結束，反映皇帝在此問題上仍有侷限性。

縱然如此，旗人擁有的特殊待遇並非牢不可破，透過乾隆朝修訂的條例，可知皇帝已將自己的司法最終裁量權正式制度化，其有權取消旗人罪大惡極者的折枷換刑待遇。這種富有彈性的法律設計，既有助於皇帝約束旗人，又不致於徹底打破旗、民間的界線，堪稱一兩全其美的折衷手段。道光朝以降雖將旗人會被銷檔的罪行逐一具體化，卻不表示旗人完全喪失刑罰上的特殊性，薛允升所言「此例行而直以民人待之矣」，或許只是部分狀況而非全貌。[95]

第二節　旗人刑罰中的「新例」與「發遣」

一、處理旗人命案的「新例」

旗人的折枷法自順治十三年（1656）略有雛形，至順治十八年大致確立，最後則在雍正三年以「犯罪免發遣」之名正式載入清

---

[95] 薛允升的見解參見〔清〕薛允升著，黃靜嘉編校，《讀例存疑重刊本》，卷2，〈名例律上之二・犯罪免發遣〉，頁36。最明顯的佐證為道光朝以後，不法旗人未必全數銷檔實發。道光十七年間，福州駐防馬甲廣春因細故和景慶父子鬥毆，廣春持刀將景慶之子富爾當阿戳傷。持刃傷人者依律應杖八十徒二年，旗人則可折枷鞭責發落。不過由於廣春是個累犯，承審官員認為「駐防兵丁平日如係安分，偶致犯罪，自應照律折責問擬，若其素非守法，屢有過犯，務應隨案嚴辦，庶期懲一儆百，俾知畏法」，建議將怙惡不悛的廣春銷除旗檔照民人例處置，該建議最後也得到皇帝認可。關於這起案件的始末，詳可參見國立故宮博物院藏，〈宮中檔道光朝奏摺〉，文獻編號405012521，閩浙總督鍾祥等・奏報從嚴懲辦旗兵鬥毆傷人案緣由，道光十七年六月初五日、〈明清內閣大庫檔案〉，登錄號145521-001，刑部為旗丁鬥毆傷人從重懲辦事移會稽察房，道光十七年八月初三日。

律，許多論者認為旗人的法律「特權」就此確立。[96]然而綜觀有清一代的旗人司法案件，〈犯罪免發遣〉律其實僅反映旗人所受刑罰的主要特點而非全貌。本節將聚焦於處理旗人命案的「新例」與旗人的「發遣」刑，一探這些常被忽略的特殊旗人規範。

在分析所謂的「新例」問題前，或能從下列案件開始談起。康熙四十一年（1702）五月初，刑部向皇帝提報一起命案，兇手佛保被求處絞監候，清聖祖對此表示：

> 此係另戶，著問該都統，何故不行奏聞？這案著照新例議處，否則法不嚴矣。[97]

上述引文有兩個重點值得注意，其一為「另戶」，其二則為「新例」。從字面意思來看，推測是指當「另戶」犯下殺人罪時，必須依照「新例」處置，「否則法不嚴矣」。暫且撇開「另戶」不談，所謂「新例」究竟為何？查閱現存清代官書，相關記載可惜並不清楚，似乎惟有藉由檔案中的實際案件，才能進一步了解「新例」的來龍去脈。

首先要理解的是，「新例」的推行究竟有何特殊目的？透過清聖祖所言可知新例的制定，無非是希望解決旗人命案過多的問題：

> 向來滿洲，無犯法殺人之事。康熙初年，一年之內，最多不過一、二件而已，自平吳三桂以來，滿洲殺人之事漸多，五年前至每月七、八件。朕謂若不力禁，斷不知改。自定為新

---

[96] 持此觀點的研究成果眾多，以下茲舉中、外兩各一例作為代表：沈大明，《《大清律例》與清代的社會控制》（上海：上海人民出版社，2007），頁69-71、路康樂（Edward J.M. Rhoads）著，王琴等譯，《滿與漢：清末民初的族群關係與政治權力》（北京：中國人民大學出版社，2010），頁39-40。

[97] 《清代起居注冊‧康熙朝（臺北版）‧第17冊》，頁9343，康熙四十一年五月初六日條。

例，又將都統、副都統、佐領官，一并治罪，是以去年僅有三件，今年僅有一件。由是觀之，則知法嚴而人命之事自少矣。[98]

曾有學者指出自康熙朝三藩之亂後，八旗軍力已大不如前。[99]旗人武力的衰退，或許如實反映旗人素質的大幅下滑，本來生性質樸的旗人竟陸續犯下多起殺人命案。清聖祖對此問題早已念茲在茲，他認為八旗殺人案件的增多，「可見滿洲習俗寖薄矣」。[100]該現象當然並非統治者所樂見，為挽回旗人的「淳厚之俗」，只能推出較以往更為嚴厲的「新例」。這種「嚴於立法」之策，「庶命案較往年，十分僅有二分」，[101]可見確實達到一定效果。[102]

　　這個足以震懾旗人的「新例」，內容究竟有多嚴厲？關於這個問題，清律中似乎沒有相關記載，但在一些案件中仍留下值得注意的蛛絲馬跡。康熙五十年（1711）三月間，刑部將複審寧古塔將軍覺羅孟俄洛審理案件的結果上呈皇帝。此案內容為倪喀他因馬匹遺失四處尋找，途中恰巧看到一匹無主之馬，便騎上這匹馬繼續尋馬。倪喀他隨後被該馬主人孟阿圖撞見，孟阿圖認定倪喀他為偷馬賊，手持劈柴將其打倒並以腳亂踢，導致倪喀他傷重次日殞命。

98　《清聖祖仁皇帝實錄》（北京：中華書局，1985），卷222，頁233，康熙四十四年八月甲午條。

99　葉高樹，〈習染既深，風俗難移：清初旗人「漸染漢習」之風〉，頁256。

100　《清代起居注冊・康熙朝（臺北版）・第12冊》，頁6674-6675，康熙三十七年十一月十四日條：「朕初親政時，見滿洲無有鬥毆、持刀殺人之事，以後漸有犯者，及今而此風日甚，可見滿洲習俗寖薄矣。即今各案中，亦有犯此者，必復從前淳厚之俗為善也。」

101　《清代起居注冊・康熙朝（臺北版）・第17冊》，頁9350，康熙四十一年八月二十二日條：「朕嚴於立法，以治滿洲殺人之罪，庶命案較往年，十分僅有二分。」

102　《清代起居注冊・康熙朝（臺北版）・第22冊》，頁12183-12184，康熙五十二年閏五月初九日條：「又八旗打死人者，朕定新例，交與該旗，即令完結，此等事漸少，去歲尚有兩、三案，今歲無矣。」雖然「新例」確切出現時間暫時無法得知，但時至康熙五十二年應已過了許多年。由此看來「新例」似乎效果不錯，頗為清聖祖所樂道。

無論寧古塔將軍還是刑部審理此案時，都擬將孟阿圖絞監候，然清聖祖卻指示將「孟阿圖著交與該將軍，照新例正法」。[103]清律中的殺人罪可細分為「七殺」，即七種使人致死的原因，刑責亦有所不同；[104]除此之外，命案受害者與兇手的關係親疏，也會影響刑度輕重。[105]根據清律相關規定，殺人犯所受刑責的主要差異，大致表現於行刑方式與時間上，前者有絞與斬兩種形式，後者則可分為監候與立決。[106]刑責有別表示即使同為死罪，仍有輕重緩急之別。回頭看這起旗人犯下的殺人案，依律原本只該判處絞監候，[107]最後卻依照「新例」正法。由此可知「新例」規定犯有殺人罪的旗人，直接正法處置不留絲毫餘地。[108]

　　除了上述孟阿圖打死倪咯他的案件外，以下幾個例子也可說明「新例」的運作。康熙五十一年（1712）間，鑲黃旗敦達禮佐領下閒散人巴戒，因二哥借錢不還，遂同本旗四十兒等將其圍毆，導致

---

[103] 《清代起居注冊·康熙朝（臺北版）·第19冊》，頁10607-10608，康熙五十年三月二十六日條。

[104] 所謂「七殺」是指謀殺、故殺、劫殺、鬥殺、誤殺、戲殺和過失殺，參見〔元〕徐元端，《吏學指南》，收錄於續修四庫全書編纂委員會編，《續修四庫全書·第973冊》（上海：上海古籍出版社，2002），卷3，〈七殺〉，頁5a-5b：「謀（二人對議）、故（知而犯之）、劫（威力強取）、鬥（兩怒相犯）、誤（出於非意）、戲（□和相害）、過失（不意誤犯）。」

[105] 郭建等著，《中國法制史》，頁289。

[106] 所謂「監候」即「監固候決」之意，相對於「立決」的馬上行刑，「監候」則需經覆核才決定行刑與否。清代的監候制度主要可以分為朝審與秋審，前者主要針對京師地區，後者則為地方各省。在朝審與秋審過程中，罪犯有可能因情實而被處死，也有可能產生諸如緩決、減等或留養承祀等不會馬上執行死刑之情形。自古以來，在「人命關天」的思維下，皇帝對待決的死刑犯多慎重以對，不過死刑覆審、覆奏制度的成熟，實經歷一段從唐代至清代的長時間發展過程。關於死刑監候制度的介紹，詳可參見孫家紅，《清代的死刑監候》（北京：社會科學文獻出版社，2007），頁1-32。

[107] 孟阿圖所犯之罪應屬「鬥殺」，其刑責為絞監候，參見田濤等點校，《大清律例》（北京：法律出版社，1998），卷26，〈刑律·人命·鬥毆及故殺人〉，頁430：「凡鬥毆殺人者，不問手足、他物、金刃，並絞（監候）。」

[108] 所謂「正法」原意為依法處置，日後則逐漸轉變為死罪立決之意，參見〔清〕沈家本，《漢律摭遺》，收錄於氏著，鄧經元等點校，《歷代刑法考附寄簃文存》，卷7，〈捕律〉，頁1508：「至正法，注解為依法，乃正法之本義。後世以正法為死罪立決者，非此義也。」

二哥傷重殞命。刑部擬將巴戒斬監候、四十兒等人絞監候，清聖祖卻表示：「巴戒率眾行兇，打死二哥，殊屬可惡，著交本旗，照新例正法；為從四十兒等之罪，著依議。」[109]另正黃旗納漢太佐領下撥什庫（bošokū，領催）費揚古，向嫂嫂要銀花用不成反而遭受辱罵，費揚古不滿之餘拔出小刀將其嫂戳死。刑部將費揚古問擬斬監候，清聖祖則曰：「費揚古將伊親嫂踢傷，又用刀戳傷數處身死，費揚古著交與該旗，照新例正法。」[110]根據這些例子，證明犯有殺人罪行的旗人均直接依「新例」正法。不過有個重點值得注意，該「新例」似乎僅在旗人毆死旗人時才會援引。康熙四十一年六月間，旗人得濟打死漢人馬六，刑部將得濟定擬絞監候，清聖祖了解此案後並未言及「新例」，惟要求刑部連帶處分得濟的長官，[111]可見「新例」可能只適用於旗人間的相殺命案。

　　經過上述的分析，大致已能理解「新例」的涵義，不過仍有一個問題懸而未解，皇帝在佛保殺死牛鈕案中為何特別提及「另戶」？查閱檔案中其他執行「新例」的案件，不難發現「另戶」一詞確實常被提起。康熙五十年間，盛京鑲紅旗達記佐領下西白、布爾古禮，與族兄之子馬岱前往城內醫馬，回程途中眾人因酒醉發生爭執，布爾古禮竟對馬岱拳打腳踢至氣絕，布爾古禮遂被刑部問擬絞監候，清聖祖對此表示：「西白等甚屬凶惡，動輒殺人，況布爾古禮打死者係另戶人，應將伊交與該將軍，照新例完結，本發還，著再議具奏。」[112]鑲紅旗漢軍紀自成佐領下之馬兵李起龍，與另名

---

[109] 《清代起居注冊・康熙朝（臺北版）・第21冊》，頁11597-11598，康熙五十一年九月二十九日條。

[110] 《清代起居注冊・康熙朝（臺北版）・第21冊》，頁11814，康熙五十一年十二月十九日條。

[111] 《清代起居注冊・康熙朝（臺北版）・第17冊》，頁9396，康熙四十一年六月初八日條。

[112] 《清代起居注冊・康熙朝（臺北版）・第19冊》，頁10811-10812，康熙五十年七月初八日條。

馬兵王四順鬥毆時拔出小刀將其戳死，李起龍依律應絞監候，清聖祖對此表示：「李起龍係另戶人，而殺死另戶人，應照新例議，本發還，著再議具奏。」[113]從這兩例可知無論兇手還是被害人，皇帝均特別強調他們的「另戶」身分，底下這起案例則更為明顯。康熙五十一年十一月初九日，刑部向皇帝報告一起步軍花子打死步軍小校巴雅爾圖之案，皇帝了解案情後認為有必要釐清花子與巴雅爾圖兩人的身分：

> 巴雅爾圖、花子或係另戶人，或係人家人，本內並未聲明。
> 若係人家人則已，若係另戶人應照新例完結；若打死者係另
> 戶人，花子係人家人，亦應照新例完結。爾等問明具奏。[114]

大學士奉旨詢問刑部，查明巴雅爾圖為家人，花子為另戶人。清聖祖最終裁示「花子雖係另戶人」，但「打死管伊小校，殊屬可惡」，仍「應照新例完結」。[115]

　　清聖祖特別要求官員辨明兇手花子與被害人巴雅爾圖的身分，乃因這與花子的刑責有所關聯。若兇手與被害人都是「另戶」，兇手直接依照「新例」處置，若雙方皆為「家人」則免於執行「新例」；除此之外，若兇手是「家人」而被害人為「另戶」，兇手依然適用於「新例」。總之，「新例」援引與否必須先判斷兇手與被害人的身分，概要關係如表2-2-1。

---

[113] 《清代起居注冊・康熙朝（臺北版）・第20冊》，頁11010-11011，康熙五十年十月二十日條。
[114] 《清代起居注冊・康熙朝（臺北版）・第21冊》，頁11698-11699，康熙五十一年十一月初九日條。
[115] 《清代起居注冊・康熙朝（臺北版）・第21冊》，頁11708-11709，康熙五十一年十一月十二日條。

表2-2-1　旗人命案「新例」之適用範圍

被害人身分＼兇手身分	另戶	旗下家人
另戶	○	○
旗下家人	×	×

　　「另戶」在上述案件中被屢屢提及，象徵「新例」與「另戶」間密切相關。曾有論者指出「另戶」為八旗戶籍中的一種類別，通常是正身旗人的分居戶；[116]然從許多實際案例來看，此處所言的「另戶」應有不同意涵。「另戶」是清初八旗戶口的常見名稱，凡由一戶內分出另立戶檔者，無論正身旗人的子弟成丁後自父親名下分出，還是獲准「開戶」的奴僕自原主名下開出，很長一段時間都被編入另戶冊內。[117]至雍正朝中期以後，清政府為解決日益惡化的八旗生計問題，開始著手整頓八旗戶口，此時才出現「正戶」、「另戶」、「開戶」、「另記檔案」與「戶下」等細部分類。伴隨八旗戶口名色的細緻化，「另戶」即使仍被用來指稱旗人的分居人口，卻僅限於正身旗人，開戶人等已被排除在外。[118]透過表2-2-1與上述「另戶」意義變遷的相互比較，康熙年間執行「新例」時出現的「另戶」，應是指扣除旗下家奴以外的旗人群體。推測當時由於「另戶」在旗籍中為大宗，導致皇帝多直接用「另戶」一詞代稱正

---

[116] 傅克東，〈八旗戶籍制度初探〉，頁36。

[117] 《清世宗憲皇帝實錄》，卷62，頁956，雍正五年十月辛丑條：「但另戶亦有不同，其中有卑污下賤，同於奴僕者，亦有原係家下奴僕，開戶而為另戶者。若發遣遠方，不令人管束，又致生事。嗣後除滿洲正身之另戶外，如有此等犯罪發遣者，著該部酌量，給與披甲之人為奴當差。」

[118] 關於「另戶」的討論，詳可參見劉小萌，〈八旗戶籍中的旗下人諸名稱考釋〉，收錄於氏著，《滿族的社會與生活》（北京：北京圖書館出版社，1998），頁152-162。清朝關外時期的八旗並沒有「另戶」這一戶籍稱謂，旗下「另分戶人」在當時一般稱為「各戶」。不過入關後幾十年間，「各戶」一詞漸被「另戶」取代。若從滿文來看，「各戶」與「另戶」都是encu bisirengge，皆有「另住」的意涵。清史研究者熟知的「正戶」一詞，滿文寫為jingkini encu boigon，即「正身另戶」之意，足見「正戶」最初反而是「另戶」下的部分群體，與日後的意義大相逕庭。

身、開戶等旗人。[119]

　　「新例」最後還需說明之處，為旗下家奴的適用問題。旗下家奴雖然屬於旗人群體的一分子，但他們似乎不受「新例」約束，[120]惟有殺害「另戶」旗人時才比照「新例」辦理；[121]不過如果兇手與被害人的角色相互對調，旗下家奴並未得到相同保障。康熙五十年間，正黃旗渣克旦佐領下的張揚，發現族弟索柱的家人黃欲明，意圖偷索柱牛車等物後逃走，張揚鞭打黃欲明加以訊問，黃欲明因被張揚刑訊而亡。刑部將張揚依律問擬枷號四十日鞭一百，[122]清聖祖對此僅表示：「打死一族家人，當照平人擬罪，這案所引之例是否，著查奏。」[123]雍正元年二月二十日，正黃旗佐領白色家人大碩色和白色內姪馬常發生口角，馬常怒向白色告狀，白色遂命姪孫寧

---

[119] 〔清〕不著撰者，《新例要覽》，收錄於四庫未收書輯刊編纂委員會編，《四庫未收書輯刊・第1輯第26冊》（北京：北京出版社，2000），未分卷，〈刑部新例上・減等發遣脫逃〉，頁3a-3b：「再發遣旗人正身，俱係另戶之人，非平常發遣人犯可比。」根據這則史料不難看出，正身旗人與「另戶之人」似乎具有相同意義。受限於史料不足，此處正文內容多為筆者推論，日後還需更多史料加以佐證。

[120] 旗下家奴不受「新例」約束的最好例證，即旗下家奴相殺時未使用「新例」加以處置。然這類案件較為少見，參見《清代起居注冊・康熙朝（臺北版）・第20冊》，頁11327-11328，康熙五十一年三月二十七日條：「又覆請刑部等衙門所題，正紅旗朝奇佐領下閒散人席順家人李成，調戲伊家孫氏，孫氏持小刀恐嚇追趕，下階踏空跌去，戳中李成肚腹身死，將孫氏相應照律擬絞監候，秋後處決一疏。上曰：『孫氏乃一婦人，豈能殺人？因下階踏空跌去，李成向前欲扶，適中孫氏所持之刀，遂致戳死，實為可矜。人命關係重大，著九卿詹事科道會議具奏。』」史料中的婦人孫氏應該也是旗下家人，她意外殺死李成後，法司並未將其依「新例」處置。

[121] 除前述所舉步軍花子打死步軍小校巴雅爾圖的案件外，再舉一個情節類似的案件為例。康熙五十年間，正黃旗漢軍家馬甲林三向同在領下另戶步兵周玉新索討欠錢，雙方發生角口並且互毆，林三以小刀戳死了周玉新。林三原本依律被求處斬監候，但清聖祖認為：「林三係旗下人奴僕，而且用小刀戳死另戶人，應照新例完結，本發遣，著再議具奏。」參見《清代起居注冊・康熙朝（臺北版）・第20冊》，頁11101-11103，康熙五十年十二月初四日條。

[122] 張揚打死族弟家僕之罪行，依律須杖一百徒三年，參見田濤等點校，《大清律例》，卷27，〈刑律・鬥毆・良賤相毆〉，頁454：「若毆（內外）緦麻、小功親之奴婢，非折傷勿論；至折傷以上（至篤疾者），各減殺傷凡人奴婢罪二等，大功（親之奴婢）減三等；至死者（不問緦麻、小功、大功）杖一百徒三年。」由於張揚身為旗人，所以改為枷號四十日，鞭一百。

[123] 《清代起居注冊・康熙朝（臺北版）・第19冊》，頁10911-10912，康熙五十年九月初六日條。

柱連同家人大祥等，將大碩色綑縛毆打，大碩色回家後便氣絕身亡。此案經過審訊後，白色依官員將奴僕非故殺責打身死例罰俸一年，起釁之馬常與不行勸阻之寧柱，俱照不應為律鞭八十。[124]旗下家奴由於身分低賤，常被主人施與私刑或是剝奪生命，[125]主人也鮮少為此受到太嚴重的處罰。[126]一般旗人殺害旗下家奴不需執行「新例」，應與當時法律體系中的良賤之別有關。

這則約束旗人殺人罪行的「新例」，自康熙朝四十年（1701）左右出現後，一直延續到乾隆初年。從「新例」的嚴厲特質來看，可知「新例」具有挽救旗人風俗不佳的用意。不過「新例」即使立意甚佳，終究屬於一種「法外用刑」，雍正初年已有臣工注意到「新例」可能產生的負面影響，建議皇帝取消「新例」。監察御史傅色納表示「自此例頒布以來，滿洲俱知畏法，鬥毆案件已為少矣」，皇帝亦常「為示寬仁」將應正法者「改擬減等發落」，傅色納認為日後的相關案件，「仍援成法擬罪請旨」較為恰當。[127]傅色納的建議有其道理，因為「新例」相較於既有法規確實太過嚴苛。

---

[124] 《明清檔案》，卷冊A040-018，〈刑部尚書宗室佛格・刑部為彙題議結細事五起由〉，雍正元年四月二十八日。

[125] 主人對旗下家人施以私刑在當時很常發生，皇帝也嘗多次勸告旗人不可過於苛刻。例如清世祖認為旗下逃人事件之所以屢出不窮，主人本身也要負些責任：「爾等亦當思家人何以輕去，必非無因，果能平日周其衣食，節其勞苦，無任情困辱，無非刑拷打，彼且感恩效力，豈有思逃之理？」參見《清世祖章皇帝實錄》，卷102，頁788，順治十三年六月己丑條。另李煦家人王可成曾因遺失送往北京的奏摺而被「嚴行鎖拷」，對此清聖祖亦告誡李煦：「今將爾人一並寬免了罷，外人聽見亦不甚好。」參見中國第一歷史檔案館編，《康熙朝漢文硃批奏摺彙編・第1冊》（北京：檔案出版社，1985），頁807-808，〈蘇州織造李煦・奏因家人途中遺失進摺自請處分幷補進摺〉，康熙四十七年正月十九日。

[126] 在清律中家長毆打奴婢的處罰並不嚴重，參見田濤等點校，《大清律例》，卷28，〈刑律・鬥毆奴婢毆家長〉，頁457：「若奴婢有罪（或姦或盜，凡違法罪過皆是），其家長及家長之期親，若外祖父母，不告官司而（私自）毆殺者，杖一百。無罪而（毆）殺（或故殺）者，杖六十徒一年。」

[127] 中國第一歷史檔案館編，《雍正朝滿文硃批奏摺全譯・上冊》（合肥：黃山書社，1998），頁71，〈監察御史傅色訥・奏報滿洲命案依法擬罪摺〉，雍正元年四月初九日。由於無法見到該奏摺的滿文原件，在此暫用中譯本內容。日後若有機會見到滿文原件，將會進行更深入的校對。

這件奏摺因為未奉硃批，無法得知皇帝最後是否採取傅色納的建議，然透過其他同類案件的處理情形，可以得知「新例」並未就此消失。

雍正元年（1723）八月間，正白旗雙定管領下馬甲巴達子，因常被正黃旗伯齊佐領下護軍韋廣欺負心生不滿。該月初八日，巴達子在茶館與韋廣相遇，再次受到韋廣當眾羞辱，巴達子憤而拿出預藏的小刀將韋廣刺死。承審官員表示應「將巴達子照滿洲人殺滿洲人之例，即予正法」，清世宗最後則下令改為「著候秋決」。[128]雍正元年九月間，正黃旗巴什（baš）佐領下牧丁（adun i niyalma）赫倫特（herentei）因酒醉和正黃旗景衛（ging we）佐領下護軍斯達色（sydase）發生衝突，赫倫特於當天晚上再度前往斯達色家中尋釁，赫倫特本欲持刀砍斯達色，反而被斯達色持磚打倒，翌日中午赫倫特傷重身亡。斯達色雖然屬於自衛殺人，仍被依「滿洲殺死滿洲例」求處正法，惟最後在皇帝改判為絞監候下才逃過一劫。[129]

透過上述案例可知「新例」仍正常運作，完全未受到傅色納建議影響，此外「新例」自康熙朝中葉發展至雍正朝，在用語上亦漸趨明確。從官員的定擬來看，「新例」即「滿洲殺死滿洲例」，恰

---

[128] 《雍正朝滿文硃批奏摺全譯‧上冊》，頁286-288，〈正白旗滿洲都統滿都呼‧奏報審理巴達子刺殺人命案摺〉，雍正元年八月十四日。滿都呼之翻譯疑有誤，應為滿都護或是滿都祜（manduhū）。

[129] 國立故宮博物院編，《宮中檔雍正朝奏摺‧第29輯》（臺北：國立故宮博物院，1977-1980），頁286-308，〈正黃旗滿洲都統馬爾薩等‧奏報滿人斯達色因故打殺滿人赫倫特案請旨定奪事〉，雍正元年十二月十八日。本案承審官員的判決與皇帝硃批內容的滿文，轉寫為羅馬拼音如下。承審官員的判決：「udu bucehe herentei, sydase i suksaha i babe tokocibe,（雖然死者赫倫特刺了斯達色大腿處）damu sydase, herentei be tantafi bucebuhe be dahame,（但因斯達色打死赫倫特）sydase be manju, manju be waha kooli songkoi uthai fafun i gamame.（將斯達色依滿洲殺死滿洲之例正法）」皇帝硃批：「sydase be tatame wara weile tuhebufi bolori be aliyafi wa, gūwa be gisurehe songkoi obu.（斯達色著絞監候，秋後處決，餘依議）」漢文翻譯亦可參見《雍正朝滿文硃批奏摺全譯‧上冊》，頁576，〈正黃旗滿洲都統馬爾薩‧奏報滿人自相鬥毆致死摺〉，雍正元年十二月十八日。

巧印證前文對「新例」內容的推論。除此之外,「新例」雖然始終保持嚴厲本色,但皇帝的態度已發生轉變。相較於清聖祖大多嚴格依「新例」將犯人正法,清世宗對上述兩案的處理則較為彈性。此舉可能是因為皇帝開始發覺「新例」不近人情的一面,而且在相關案件日益減少的情況下,似乎也沒有繼續執行該嚴刑峻法的必要。當皇帝對「新例」的執行已不如過往來得不留餘地時,多少象徵「新例」即將步入歷史。雍正四年五月間,「新例」首先面臨第一階段的修訂:

> 刑部議奏:「西安閒散滿洲厄爾格,因飲酒不相遜讓,將披甲人李佳寶毆死,厄爾格應擬斬決。」得旨:「滿洲殺死滿洲,即行正法,當日定例甚善。自定例後,此等事件甚少,可見立法稍嚴,而全活者轉多。但此內亦有故殺、謀殺者,亦有鬥毆致死者,所犯之罪,有斬、絞之不同,其中宜加分別。嗣後將應斬者,定為立斬;其應絞者,定為立絞,似為允協,著交部著為定例。」[130]

一般說來,旗人若觸犯「新例」大多「即行正法」,也就是「斬立決」。[131]清世宗雖肯定「新例」具有減少旗人相殺案件之效,卻認為其中未分斬、絞的設計並不妥當。自此之後,旗人殺害旗人雖然仍是立決,但是多了斬、絞之分,稍稍減少「新例」的嚴苛性。

上述「新例」的修訂幅度即使不大終究是個開始,「新例」最後也在乾隆二年三月間宣告結束:

---

[130] 《清世宗憲皇帝實錄》,卷44,頁640-641,雍正四年五月壬辰條。
[131] 「新例」所規定的「正法」乃「死罪立決」,但究竟是以何種方式執行死刑呢?根據相關案件推測為「斬立決」,參見《清代起居注冊·康熙朝(臺北版)·第20冊》,頁10968,康熙五十年十月初一日條:「又覆請刑部等衙門所題,鑲藍旗常祿在領下驍騎校沙布祿家〔人〕麻色,因鬥毆用小刀戳死同旗法富里佐領下三奇,相應照新例立斬一疏。」

更定旗人命案律例。諭總理事務王大臣：「滿洲殺死滿洲，
即行正法，當日立法稍嚴，使人不敢輕犯，原屬保全之意。
今滿洲生齒日繁，且知遵守法度，相殘之事甚少。舊定旗、
民條例，未免輕重懸殊，所當隨時更定，酌議畫一。著九
卿，會同八旗都統，詳確定議具奏。」尋議：「嗣後旗人遇
有命案，仍依律分別鬥毆、謀、故，定擬絞、斬監候，其有
服制者，照服制科斷，永著為例。」從之。[132]

清高宗有鑑於旗、民在命案上，所受處罰輕重過於懸殊，決定著手
加以調整。從此犯有命案的旗人皆依清律定擬，歷時數十年的「新
例」正式畫下句點。[133]不過值得注意的是，「新例」背後的精神並

---

[132] 《清高宗純皇帝實錄》，卷38，頁693，乾隆二年三月戊戌條。

[133] 在雍正四年與乾隆二年間，「新例」的執行理論上是分為立斬和立絞兩種形式，然
而筆者至今尚未找到更多可供佐證的案例，無法確定「新例」的執行情形究竟為
何。筆者目前僅尋獲一件較為相關的檔案，或許可對該問題提供部分解答。參見
《明清檔案》，卷冊A067-166，〈總理刑部事務和碩果親王·題覆江寧有旗下領
催哈爾扣殺人與恩赦相符應將其援赦免罪追埋葬銀〉，乾隆元年六月初二日：
「臣烏納哈等，看得擬絞監候緩決人犯哈爾扣，於雍正十一年五月二十日，在城上
該班，因同班披甲波倫太回家來遲，哈爾扣係委署領催，將波倫太搶白，波倫太不
服，拳毆哈爾扣；哈爾扣力不能敵，一時情急，拔身帶小刀扎波倫太，次日殞命。
<u>將哈爾扣照鬥毆殺人者不問手足他物金刃並絞監候律，擬絞。</u>查雍正十二年於慎刑
奉恩綸等事內，緩決，在上元縣監禁。……該臣等會同都察院、大理寺，會議得據
江寧將軍烏納哈等疏稱，監候絞犯一名哈爾扣。因哈爾扣原係委署領催，於雍正十
一年五月二十日，在城上該班，有同班開檔披甲之波倫太回家，哈爾扣責備波倫太
到班遲延，波倫太不服，將哈爾扣毆打一掌，哈爾扣力不能敵，一時情急，隨拔身
帶小刀扎傷波倫太，次日殞命。<u>將哈爾扣依鬥毆殺人律擬絞監候</u>，雍正十二年秋審
緩決在案。」上述史料的兩段內容幾乎相同，但在劃底線處卻有些差別：哈爾扣都
是依照鬥毆殺人律定擬，不過一者寫為「擬絞」，另一者則寫為「擬絞監候」。此
案發生於「新例」尚有效力時期，波倫太既為開檔披甲，哈爾扣理應依「新例」處
置，為何最後是絞監候而非絞立決？筆者在資料有限的情況下，只能推測出以下三
種情形：其一為官員仍依照「新例」辦理此案，即根據法律判斷犯人應立絞還是立
斬，惟最後上奏皇帝時被改為絞監候；其二為「新例」已成具文，旗人相殺亦直接
依律例問擬。其三為身屬「開檔」之人的被害者波倫太，在當時已不被歸類為正身
旗人，故未受到「新例」保障。由於類似案件付之闕如，筆者在此不敢妄下定語。
然清高宗於乾隆二年仍要求刑部改定「新例」，再加上該檔案為官員奏報旗人罪犯
可否適逢恩赦赦免一事，其內容勢必不如一般審報告來得完整。因此，筆者暫且
認定「新例」在乾隆二年以前，還是具有一定效力。

未完全消失。由於清高宗發覺「新例」的價值在於使旗人「畏而不敢蹈」，「向來立法從嚴具有深意」，但驟然恢復「新例」又顯得朝令夕改。經過一番權衡後，只好在秋審時將旗人互殺者皆納入情實，[134]企圖達到「立法從嚴」以及「旗民事例畫一」間的平衡。[135]該規定直到嘉慶八年才被取消，可見清政府藉由重典約束旗人的態度又延續了一段時間。[136]

綜觀上述討論，還有個現象值得一提，那就是「新例」雖強調「滿洲殺死滿洲即行正法」，卻不代表皇帝將八旗滿洲特殊化。透過相關案件的分析，可以發現看似針對「滿洲」而行的「新例」，其實適用於旗人整體。康熙五十二年（1713）間，正黃旗王倫佐領下閒散人李芝榮，因將正藍旗佟世炳佐領下佟國珍戳死，被福建將軍祖良璧題請就地正法，刑部卻認為應將李芝榮解送京師減等發落。面對雙方意見的歧異，清聖祖裁示曰：「將軍祖良璧請將李芝榮在本地方正法甚是，刑部反為減等，令解至京，是何言也？李芝榮著交與該將軍，照新例正法。」[137]此案的兇手李芝榮身屬漢軍，當他犯下殺害旗人罪行時，皇帝乃要求根據「新例」處置，由此可

---

[134] 秋審為各省每年覆核斬、絞監候案件之制度。秋審分為地方、中央兩階段進行，地方秋審主要由各省按察司主持，督、撫負其全責；當地方秋審結束後，督、撫將具題中央，依序交由刑部、九卿和皇帝裁斷。詳可參見那思陸，《清代中央司法審判制度》，頁142-149。

[135] 《清高宗純皇帝實錄》，卷342，頁734，乾隆十四年六月壬午條：「但思立法之道，與其狃而易犯，不若使知所畏而不敢蹈。向來立法從嚴，具有深意，惟是旗、民事例，既經畫一，今又改從斬決舊制，朕心有所不忍。嗣後滿洲與滿洲毆殺案件，著於秋審時俱入情實，庶旗人咸知警惕，不犯有司。」即使這種方法是繼承「新例」精神而來，由於納入情實並非直接處死，就刑度而言仍較過往來得輕。清高宗曾表明他很少在秋審或朝審中勾決旗人罪犯，參見《清高宗純皇帝實錄》，卷1434，頁169，乾隆五十八年八月甲子條：「況此例不過嚴禁旗人相殺之意，雖入情實，數年以來朕酌其情不勾，改為監候者甚多。」

[136] 參見〔清〕蔣超伯，《爽鳩要錄》，收錄於高柯立等編，《明清法制史料輯刊‧第2編‧第22冊》（北京：國家圖書館出版社，2014），卷1，頁13a：「凡旗人殺死旗人之案，從前俱入情實。嘉慶八年刑部奏明，照民人鬥毆一律，分別情傷輕重，定擬實、緩。」

[137] 《清代起居注冊‧康熙朝（臺北版）‧第22冊》，頁12355-12356，康熙五十二年九月初八日條。

以看出八旗漢軍如同八旗滿洲般均受到「新例」約束。

　　類似上述所舉案例，八旗蒙古在法律規範用語上，亦被納入「滿洲」一詞的義涵中。乾隆五十八年（1793）間，山西巡撫蔣兆奎依「滿洲殺死滿洲」於秋審時直接擬為情實之規定，[138]處理佈蘭毆斃濟成一案；然蔣兆奎赫然發現濟成其實是八旗蒙古而非八旗滿洲，隨即向皇帝奏明缺失，認為應將佈蘭改為緩決。清高宗看到蔣兆奎之奏感到相當不以為然：

> 向來定例，滿洲殺死滿洲，例文本未妥協，自應以旗人殺死旗人，載入例條，則蒙古、漢軍皆可包括。……今該撫誤會例意，以被毆之濟成係屬蒙古，誤擬情實，請改為緩決。試思八旗俱有蒙古、漢軍，豈蒙古、漢軍獨非旗人？而滿洲殺死蒙古、漢軍，竟可毋庸抵償，如是異視，豈公道手？……除本案仍照原擬辦理外，蔣兆奎、祖之望，俱著嚴行申飭，仍交部議處。至各省辦理此等案件，恐亦有似此拘迂者，並著通諭知之。[139]

蔣兆奎當初應希望藉由該奏免受皇帝責罵，不料此舉看在清高宗眼裡卻是畫蛇添足。清高宗認為規範內文中的「滿洲」當指所有旗人，蔣兆奎未將八旗蒙古適用該例，是因為太過拘泥於字面意義，反而無法洞悉該例的意義。從漢軍與蒙古亦適用「滿洲之例」的情形來看，「滿洲」與「旗人」在皇帝的一些用語中常混為一談，八旗滿洲並未被特別看待。[140]

---

[138] 在一些提示官員行政業務的書籍中，多有論及與秋審相關的注意事項，其中即有說明哪些情況應擬為情實，參見〔清〕不著撰者，《州縣須知》，收錄於四庫未收書輯刊編纂委員會編，《四庫未收書輯刊・第4輯第19冊》（北京：北京出版社，2000），卷4上，〈秋審條款定例入情實各條〉，頁1b。

[139] 《乾隆朝上諭檔・第17冊》，頁493，乾隆五十八年八月初四日條。

[140] 王鍾翰曾引用蔣兆奎一案證明旗人就是滿洲人，參見王鍾翰，〈關於滿族形成中

二、旗人的「發遣」刑

清朝在關外時期並未設有徒、流刑，入關之初雖然很快吸收傳統中國法律的精髓制定清律，仍保有旗人不受徒、流刑的傳統，當〈犯罪免發遣〉律自順治初年逐漸完備時，更將這項旗人在法律上的特殊待遇正式制度化。不過檔案中不乏旗人因罪發往外地以示懲處的案件，這是否意味著法律規定與實際案件間存有矛盾？若想徹底解決該問題，有必要先釐清何謂「發遣」。

關於「發遣」一詞的定義，〈犯罪免發遣〉律開宗明義說得很清楚：「凡旗人犯罪，笞、杖各照數鞭責，軍、流、徒免發遣，分別枷號。」[141]根據律文的解釋可知「發遣」為動詞，即字面上發配遣送的意思。綜觀清代的刑罰，五刑中的徒、流刑與明代確立的充軍刑因模式相似，常被歸類為同一種刑罰，法律用語上也逐漸使用「發遣」作為這些刑罰的共同代稱。薛允升曾指出「雍正三年，以現行旗下人犯徒、流等罪，准折枷號，與軍官犯罪免徒、流之意相符，因另立犯罪免發遣律名」，[142]從〈犯罪免發遣〉律與〈軍官犯罪免徒流〉律意義頗為雷同的角度來比較，更能理解「發遣」為徒、流等刑的另一種說法。

然而「發遣」除具備上述意義外，亦是一種獨立的刑罰名稱，這點常被人們忽略。「發遣」刑屬於一種「閏刑」，即五刑外的補充刑罰，剛開始可能具有臨時性質，日後卻在長期執行下逐漸制度化。[143]清朝「發遣」刑的發展，其實與明朝重要「閏刑」之一的充

的幾個問題〉，收錄於氏著，《王鍾翰清史論集・第1冊》（北京：中華書局，2004），頁131-133。

[141] 田濤等點校，《大清律例》，卷4，〈名例律上・犯罪免發遣〉，頁91。

[142] 〔清〕薛允升著，黃靜嘉編校，《讀例存疑重刊本》，卷2，〈名例律・犯罪免發遣〉，頁33。

[143] 〔清〕王明德著，何勤華等點校，《讀律佩觿》，卷4下，〈閏刑條目〉，頁135：「按五刑正目，自漢景以後惟止笞、杖、徒、流、死而已，是以名例特冠其例於

軍刑密切相關。明朝法律體系雖然不脫傳統五刑架構，但這並不代表明朝的刑罰模式完全沒有變化。自明初以來刑罰減等的情形相當普遍，造成《大明律》中五刑的刑度等級遭到嚴重破壞，其中又以降死一等刑與死刑差距過大最為棘手。明政府為解決這個問題，配合明朝特殊的衛所制與軍戶世襲制設計了充軍刑。[144]明朝充軍刑的設置，有助於解決當時法律制度的缺漏，它也成為明朝特別的一種刑罰。[145]清朝入關後因繼受明律傳統，順理成章地沿用在明代扮演重要角色的充軍刑。不過由於清代沒有相符應的兵制可配合，再加上充軍刑與流刑間輕重難分，導致充軍刑在清代很快失去作用與意義。[146]換個角度來說，清朝再度面臨過往明朝遭逢的困境，這可說是「發遣」刑應運而生的重要契機。

　　清朝的「發遣」刑起源甚早，在順治年間已有相關記錄，只是當時尚稱為「流徙」。與一般徒、流刑不同的是，「流徙」或「發遣」刑的執行地點集中於邊疆地區，[147]早期主要在東北地區，乾隆

首，以明刑之為法各有其正。雖云五者之外，仍有凌遲、梟示、戮屍等類，初非國之常刑，要皆因時或為一用者，終不可以五刑之正名。故此散見於律例各條中，或備考乎律例各條外，卒不得與五刑正目同儕而併列。」

[144] 明初以來刑罰的重要特色，為對役與納贖兩種贖刑方式的確立，然此舉亦產生流刑逐漸萎縮與徒刑懲治範圍大幅擴大的結果。降死一等的重刑原本為「輸役終身」，如今則改為「徒五年」，與死刑間明顯差距過大。當降死一等刑懲治力度不足，明政府自然會找尋合適的替代刑罰，充軍刑便在這種背景下出現。參見吳豔紅，《明代充軍研究》（北京：社會科學文獻出版社，2003），頁173-205、230-241。

[145] 王明德曾言：「充軍之令，從古未有，始自有明而已。」沈家本則對此表示：「愚按此說，似是而未盡也。……謂從古未有，始自前明者，特未考之史冊耳。」參見〔清〕王明德著，何勤華等點校，《讀律佩觿》，卷3，〈充軍〉，頁100、〔清〕沈家本，〈充軍考‧上〉，收錄於氏著，鄧經元等點校，《歷代刑法考附寄簃文存》，頁1272-1273。

[146] 清史稿校註編纂小組，《清史稿校註》，卷150，〈志125‧刑法二〉，頁3978-3979：「清初裁撤邊衛，而仍沿充軍之名。後遂以附近、近邊、邊遠、極邊、煙瘴為五軍，且於滿流以上，為節級加等之用。……然名為充軍，至配並不入營差操，第於每月朔望檢點，實與流犯無異。而滿流加附近、近邊道里，反由遠而近，司讞者每苦其紛歧。」

[147] 從清初的案件來看，早期的「流徙」並未言明前往地點，僅泛稱邊疆地方。例如順治三年的一起逃人案件，趙自美和傅洞兒「各鞭壹百，流徙邊遠」。「流徙邊遠」的滿文為jecen i bade falabumbi，即流往邊疆地區之意。參見〈明清內閣大庫檔

朝以後則改發往新疆。[148]由於在明代發揮重要作用的充軍刑，到了清代演變為流刑的加等刑，充軍刑的意義遂被「發遣」刑取代。清代的「發遣」刑不註軍籍不入行伍，與充軍刑大相逕庭，不過在懲治力度與設計目的上都與充軍刑極為相似。[149]隨著時間演進，「發遣」刑的內容也日益豐富，被發遣者存有「安置」、「種地」、「當差」和「為奴」之別，刑度通常越後者越重。「發遣」刑雖然屬於五刑以外的「閏刑」，仍無疑是清朝相當重要的一種刑罰。[150]

根據上述分析，可以發現「發遣」在清律中具有雙重意義：其一為徒、流、軍三種刑罰的泛稱，其二為降死一等的刑罰。由於後者在官書中記載不明，導致人們常將這兩者混為一談。[151]如果徹底了解「發遣」的複雜意涵，一開始的提問自然能迎刃而解。〈犯罪免發遣〉律雖然規定旗人犯有徒、流、軍刑可免於發遣，卻未言明「發遣」刑是否也比照辦理，旗人被「發遣」外地未必代表〈犯罪免發遣〉律失效，「發遣」刑的因素亦有必要考慮。至於這個推斷是否正確，只能進一步從檔案中的案件尋找答案。

案〉，登錄號087564-001，刑部左侍郎召羅・刑部為隱匿東人事，順治三年九月初三日。

[148] 〔清〕薛允升著，黃靜嘉編校，《讀例存疑重刊本》，卷6，〈名例律・徒流遷徙地方〉，頁145：「順治十二年題准，一應流犯俱照律例所定地方發遣，其解部流徙者，改流尚陽堡。十八年定，凡反叛案內應流人犯，俱流徙寧古塔，爾時之流徙，即後來之外遣也。寧古塔即吉林也，外遣者祇此二處，嗣後則有三姓、索倫、達呼爾，即黑龍江等處也。乾隆二十四年以後，遂有發遣新疆者矣。」《清史稿》亦有更詳細的說明，參見清史稿校註編纂小組，《清史稿校註》，卷150，〈志125・刑法二〉，頁3979：「而又有發遣名目，初第發尚陽堡、寧古塔或烏喇地方安插，後並發齊齊哈爾、黑龍江、三姓、喀爾喀、科布多，或各省駐防為奴。乾隆年間新疆開闢，例又有發往伊犁、烏魯木齊、巴里坤各回城，分別為奴種地者。」

[149] 吳豔紅，《明代充軍研究》，頁245。

[150] 魏道明，《始於兵而終於禮——中國古代族刑研究》（北京：中華書局，2006），頁227。

[151] 由於徒、流、軍三種刑罰與「發遣」刑的性質太過類似，有些官員也未必完全清楚其差異。例如寧古塔將軍博第，曾將已故遣犯馬三視為軍、流之犯，「誤援恩赦」，令其妻子歸旗，此事導致博第遭受罰俸六個月的處分。參見〈明清內閣大庫檔案〉，登錄號055702-001，大學士總理兵部事務顎爾泰・尊旨題覆事，乾隆二年五月二十五日。

康熙二十四年（1685）四月間，刑部具題一起旗人舒書將弟弟賽納家人打死，卻因事在赦前理應免罪之案。清聖祖在了解舒書為人後表示：「此本依部議。伊等恣意妄為，殊屬不良，不可留京。傳諭裕親王，令其發遣荒遠地方。」[152]康熙三十二年（1693）九月間，清聖祖對正白旗原任三等侍衛吳郎格，欲殺嬸母與弟弟應枷號鞭責之事，作出以下裁示：「吳郎格在張家口任章京時，自稱凡事得於朕前啟奏，欺人行詐之處甚多，為人狂妄，今又欲殺其嬸母與弟，兇惡已極，此人不可留於京師，著枷號鞭責，發往黑龍江當差。」[153]康熙五十一年（1712）七月間，清聖祖認為挑其七歲幼弟二達子腳勁的海塔「凶惡已極」，令海塔「俟枷責之後」，「發往白都納當差」。[154]旗人在〈犯罪免發遣〉律的保障下，理論上不會有因罪發遣的情形，然在一些特殊情況下，皇帝仍會將其發遣在外。從上述案件來看，當皇帝覺得旗人所犯罪情過於嚴重，常在他們服完原有刑責後再發遣至邊遠地方。此舉不但有加重處罰的效果，亦能避免在京旗人的素質受其負面影響。

　　罪情重大的旗人被發遣外地，在康熙朝以個案形式居多，皇帝常在處理刑部上報案件時才特別聲明。由於部分旗人折枷後才被「發遣」，表示「發遣」對他們而言只屬於一種附加處罰而非正刑，嚴格來說並不能根據這些案例，證明旗人已正式適用「發遣」刑。不過即使如此，推測清聖祖在處理這些案件時，多少參考了「發遣」刑的運作模式，這種視狀況調整旗人刑責的靈活手段，也逐漸促使旗人的「發遣」刑不再只是附加處罰。康熙五十年間四月間，清聖祖曾詢問臣工：「盛京人犯，刑部常擬遣發黑龍江，將此

---

[152] 《清代起居注冊‧康熙朝（北京版）‧第18冊》（北京：中華書局，2009），頁8924-8925，康熙二十四年四月三十日條。
[153] 《清代起居注冊‧康熙朝（臺北版）‧第4冊》，頁2064-2065，康熙三十二年九月初十日條。
[154] 《清代起居注冊‧康熙朝（臺北版）‧第21冊》，頁11500-11501，康熙五十一年七月初七日條。

問明具奏。」[155]透過臣工的回覆，可以得知當時旗人的「發遣」刑已趨於規範，發往何地和從事何種任務都很清楚，甚至還有一般旗人與家奴之別；[156]更為重要的是，其中似乎未有先折枷再發遣的狀況，「發遣」儼然成為一種主要正刑。

康熙朝以降與旗人相關的「發遣」刑持續發展，發遣地區與任務形式兩方面均有調整。「發遣」刑之所以被視為降死一等的重刑，關鍵在於犯人不但發配邊疆還被要求從事勞役，這對於一般人來說必定苦不堪言。不過對一些旗人而言東北可說是家鄉，許多旗人甚至本身就在東北生活，將他們發往東北明顯成效不彰。清世宗似乎也察覺這個問題，於是令刑部更改律例，最後結果為：

> 刑部遵旨議定：「私刨人參人犯，若仍發往黑龍江等處，與伊等犯罪之處相近。嗣後偷參發遣之犯，係滿洲、蒙古，發往江寧等處，有滿兵駐防省城當差；係漢人、漢軍，發往廣西、雲南等煙瘴地方當差。」從之。[157]

從刑部修改的內容來看，清政府巧妙運用八旗駐防來解決發遣地區的問題，此舉既能減少發遣東北旗人刑度較低的疑慮，又不致於讓旗人與民人相混。從中亦可看出滿洲、蒙古與漢軍已有差別，後者的待遇竟與一般民人無異，這可能與清世宗當時免除漢軍適用〈犯罪免發遣〉律的政策有關。不過這種八旗內部不平等的情形並未持

---

[155] 《清代起居注冊・康熙朝（臺北版）・第19冊》，頁10641，康熙五十年四月十二日條。

[156] 《清代起居注冊・康熙朝（臺北版）・第19冊》，頁10650-10652，康熙五十年四月十六日條：「溫達等又奏曰：『臣等遵旨，盛京等處居住人，得何罪始發黑龍江，得何罪始發江寧、杭州之處，問刑部尚書齊世武等，據云偷刨人參案內，為從者若係盛京等處旗下另戶人，發黑龍江當差；若係家人，給與黑龍江窮披甲人為奴。將拐誘人口案內來歷不明之人，盛京等處居住旗下人不行詳明，用白頭文書買去者，若係另戶人，發江寧、杭州披甲；若係家人，發江寧、杭州，給與窮披甲人為奴。』」

[157] 《清世宗憲皇帝實錄》，卷51，頁762，雍正四年十二月辛酉條。

續太久，清世宗隨即發現將漢軍發往廣西、雲南等煙瘴地方太過嚴苛，進而選擇更改該處分方式。[158]

　　旗人「發遣」刑除了發遣地區外，任務型態也日益產生變化。旗人被發遣者原本多是前往發遣地「當差」，但清世宗一次整體調整「發遣」刑之舉，促使旗人遣犯的任務型態曾出現短暫轉變契機。雍正五年（1727）間扎克拜、達里克兩地遭賊人進犯，在情勢相當危急之際，被發遣當地種地的罪犯紛紛「跟隨官兵守護城垣，竭力捍禦」。這些遣犯奮不顧身的舉動令清世宗大為感動，故在隔年六月間諭曰：

> 續據順承親王等奏稱，伊等深知感戴朕恩，共思黽勉，可見有罪之人，予以自新之路，仍可望其改惡從善。若發往黑龍江、三姓諸處，不過終身為人奴僕而已。朕意嗣後將應發黑龍江等處人犯，遣往北路軍營附近可耕之地，令其開墾效力，在伊身可以努力自新，而於屯種亦甚有益。其如何遣發安置之處，爾等詳議具奏。[159]

---

[158] 〈起居注冊・雍正朝〉（臺北：國立故宮博物院藏），雍正十年八月初八日條：「向來偷挖人參之犯，若係滿洲、蒙古，則發往江寧、荊州等處，有滿洲兵駐防之省城當差；若係漢人、漢軍，則發往廣東、廣西、雲、貴等處煙瘴地方當差。近聞發往廣東人犯，例在崖州、陵水等處，此地水土最為惡毒，北方之人到此，易染疾病，每多傷損。朕思此等不良之輩，雖孽由自作，然其情罪較之盜犯，尚覺稍輕，即發遣之本意，亦欲全其性命也。今因水土不服，至於難保，亦可憫惻。若將此等人犯，改發沿海一帶衛所，入伍充軍，俾得保全軀命，似亦法外之仁。著廣東督撫，會同按察使，即行確查究議具奏。其廣西、雲、貴等省，若地方風土，有與此相類者，亦著該督撫將如何改發之處，妥議具奏。」廣東督撫在接到皇帝命令後，立即配合政策具題上奏，參見《明清檔案》，卷冊A054-055，〈廣東總督鄂彌達・廣東總督為刨參人犯改發沿海事〉，雍正十年十月二十一日。

[159] 《清世宗憲皇帝實錄》，卷120，頁588-589，雍正十年六月辛未條。臣工商議後的結果如下：「辦理軍機大臣等遵旨議奏：『發遣黑龍江罪犯，蒙恩旨令前改發北路軍營屯種，予以自新之路。請嗣後此等人犯，改發於軍營附近之處，一切衣食照康熙五十八年酌定條例，著該處給發，由京城派弁兵遞送軍前。該犯在途，有妄行不法，逃逃拒捕者，即於本處立斬。至臺站所裁車輛牛隻，應仍前添設，以備沿途需用。』從之。」，參見《清世宗憲皇帝實錄》，卷125，頁647，雍正雍正十年十一月癸卯條。

清世宗明顯有感於種地遣犯並非一無是處，才決定修改「發遣」刑的相關規定。不過由於「應發黑龍江等處人犯」中推測亦有不少旗人，這是否意味著旗人此後的發遣任務多了種地選項，不再侷限於當差？透過清世宗日後另則上諭，可知答案應屬否定：

> 內閣奉諭旨：凡有罪人犯，應行發遣黑龍江者，前經辦理軍機大臣等，議令改發查克拜、達里克等處，種地效力贖罪，已奉旨允行在案。朕思滿洲、漢軍人等，不諳耕種之事，若發往查克拜、達里克，甚屬無益。目今伊等尚未起身，著仍照舊例，發往黑龍江等處。向後滿洲、漢軍內，應行發遣之人，俱照此辦理。[160]

根據上諭的內容，可知清世宗本有意讓旗人遣犯種地，但後來考量他們並不擅長耕種而再度改弦易轍。

旗人的「發遣」刑任務型態雖在雍正朝未有明顯變化，但這方面的改革腳步並未就此停滯。乾隆十五年（1750）七月間，清高宗認為原本因罪發往軍臺效力的旗人周紹儒，因「全無出力之處」，下令將他「發往拉林、阿勒楚喀地方種地贖罪」。[161]拉林、阿勒楚喀位於寧古塔一帶，「去船廠甚近，平疇沃壤，五穀皆宜」，乾隆朝初期清政府為解決旗人的生計問題，曾將部分閒散旗人移駐於此「屯墾耕種」。[162]或許在旗人移往邊區開墾已有先例的影響下，清高宗亦嘗試將旗人罪犯遣至拉林、阿勒楚喀種地，此舉甚至於乾隆十七年（1752）七月間成為定制：

---

[160] 〈起居注冊・雍正朝〉，雍正十一年四月十九日條。
[161] 《清高宗純皇帝實錄》，卷369，頁1077，乾隆十五年七月甲子條。
[162] 《清高宗純皇帝實錄》，卷166，頁99，乾隆七年五月乙丑條。所謂「船廠」即今天的吉林，參見〔清〕徐珂，《清稗類鈔》（北京：中華書局，1984-1986），〈地理類・吉林為船廠〉，頁83：「吉林一名船廠，以其地有修造水師戰船之廠得名。」

旗下無知之人，不務生計，任意賭博飲酒，似此不肖匪類，賊害旗人，莫此為甚，若不盡除，則旗下年幼之人，仍不免引於惡習。應交八旗，將此等行止不端，不肖之匪類人等確查，係另戶送部，給與車輛，送往拉林、阿爾楚喀，給與地畝產業；若係開戶、旗下家奴，亦送往拉林、阿爾楚喀地方，與官為奴種地。至不守本分，醉飲生事，及屢逃、行竊，皆係深害旗人之惡徒，俱照現今所議辦理。[163]

根據引文可知不肖旗人多被發遣拉林、阿勒楚喀種地，由於這些遣犯以累犯居多，此舉似乎存有加重處罰的意涵。[164]從此旗人遭遣不再只有「當差」一種選項，更為頑劣不堪者將被發往邊區種地。然而該改革並沒有持續太久，乾隆二十一年十一月間，清高宗因擔心發往拉林、阿勒楚喀種地的罪犯，會破壞當地屯居旗人的純樸風氣，[165]決定將相關罪犯仍遣送黑龍江、三姓地區當差，[166]旗人發遣

---

[163] 《明清檔案》，卷冊A182-093，〈鑲白旗漢軍都統阿克敦‧奏報旗兵行止不端應交部發往拉林阿爾楚喀種地〉，乾隆十七年八月二十八日。

[164] 自此乾隆十七年之規定頒布後，各旗都統便開始據此例嚴查上報。例如某位鑲白旗漢軍都統，表示他接到相關命令後，立即「飭交各該參、佐領等，逐一嚴查」，隨後亦報稱該旗應發往拉林、阿勒楚喀之兩人：「今據參領何永壋等，查得孔廣福佐領下革退步兵孔繼仁，從前逃走一次、行竊一次有案，今又行竊，斷難望其改過。又據參領蕭國用等，查得張國柱佐領下閒散沈朝樑，從前兩次鬥毆有案，毆兄不法，今又鬥毆被獲，實係怙惡不悛之人。」參見〈明清內閣大庫檔案〉，登錄號102171-001，刑部為鑲白旗漢軍都統奏為革退步兵孔繼仁多次行竊難望改過閒散沈朝樑多次鬥毆怙惡不悛照例發往拉林阿爾楚喀地方種地移會稽察房，乾隆十七年九月十一日。根據這則史料，推測發往拉林、阿勒楚喀種地者，多為不知悔改的旗人累犯。

[165] 《清高宗純皇帝實錄》，卷551，頁1041，乾隆二十二年十一月丙辰條：「拉林地方，派遣兵丁種地，原因滿洲生齒日繁，與其在京閒住，不如給田耕種，俾各謀生，所出之缺，亦可使在京閒餘丁，挑補食餉。……但京城不肖之徒，犯罪亦發拉林，恐莠良雜處，不惟彼處風俗，漸染日壞，亦於兵丁生計，大有攸關。」

[166] 根據前註引用史料，旗人遣犯不再前往拉林、阿勒楚喀種地後，「俱發遣黑龍江、三姓等處」。不過僅從字面意義來看，實難理解旗人是以何種身分發黑龍江、三姓等處。查閱相關律例的記載，這些被發遣黑龍江、三姓等處的旗人應是前往當差，參見《欽定大清會典事例（光緒朝）》，卷741，〈刑部‧名例律‧徒流遷徙地方〉，頁18b：「八旗另戶正身及曾為職官，發遣黑龍江、吉林，及烏魯木齊等處者，俱當差。」

種地的規定再度被取消。相較於雍正朝的狀況，乾隆朝的政策改變主要是避免旗人素質的惡化，並非擔心旗人不具備種地的能力，不同時空下的考量重點明顯有別。

在上述一系列分析中，還有個小問題尚待解決，即被判定「發遣當差」的旗人究竟在當地從事哪些事務。旗人由於身為國家重要武力來源，大多享有「披甲當差」的權利與義務，此處的「當差」能否與因罪發遣的「當差」直接劃上等號？為了避免望文生義，筆者比較了幾件滿文檔案，希望透過滿文一探「當差」在不同語境下是否存有意義之別，詳情可參見表2-2-2。

表2-2-2　滿文檔案中出現「當差」一詞之段落節譯

檔案內容簡介	滿文轉寫	漢文翻譯	資料來源
正紅旗滿洲旗分常泰佐領下驍騎校雅爾泰因傷無法當差	funde bošokū yartai udu cooha de emu mudan, duin mudan afaha, abade juwan ilan mudan, uheri ciyanliyang funglu jefi orin ninggun aniya, dehi se, morin ci tuhefi, bethe morin de gidabufi mokcoho, bethe dohošome <u>alban de yabume</u> muterakū.	驍騎校雅爾泰雖出兵一次，上陣四次，打圍十三次，共食錢糧俸祿二十六年，年四十歲。因從馬上跌落，腳被馬壓斷，腳瘸無法當差。	〈明清內閣大庫檔案〉，登錄號070676-001，奉天將軍額洛圖・為請旨事，乾隆五年十二月初三日。
驍騎校趙邦仁年老難以當差請准告退	funde bošokū joo bang in, nadanju nadan se, juwe yasa derike, yabure feliyere de mangga, <u>alban kame</u> muterakūngge yargiyan seme akdulafi alibuhabi.	驍騎校趙邦仁年七十七歲，兩眼昏花，步履艱難，難以當差是實，具保呈送。	《明清檔案》，卷冊A163-077，〈兵部尚書李元亮・奏報驍騎校年老難以當差請准告退〉，乾隆十五年四月二十一日。

檔案內容簡介	滿文轉寫	漢文翻譯	資料來源
佐領杜爾孝等受賄代運米石售賣與偷刨人參罪犯一案	kemuni yacimboo be jurgan de benefi, manju coohai seremšeme tebuhe goloi hoton de falabufi <u>alban kame yabubume</u>, silkabuha ehelinggū urse de targacun obuki sehebe dahame.	仍將雅親保解部，發往駐防滿洲省城當差，以為奸滑劣徒所戒。	〈明清內閣大庫檔案〉，登錄號054145-001，刑部尚書達爾黨阿‧為遵照部咨具題事，乾隆十三年五月二十八日。
伊犁將軍奏永當苦差折磨差使之安寧等六人效力十年	julesi ili de falabuha <u>endeheme [enteheme] joboro alban de adunggiyame takūršabure</u> weilengge ursei dorgi unenggi weile be safi endebuku be halafi eiten alban de muterei teile hūsun tucime yaburengge bici juwan aniya duleke manggi harangga kiyanggiyūn[giyanggiyūn] ambasai baci yargiyan be jafafi hese be baime wesimbukini seme.	之前發往伊犁，永久當苦差折磨差使犯內，若有果真知罪改過，竭力完成一切差使者，十年過後，所屬將軍大臣等，據實具奏求旨。	〈明清內閣大庫檔案〉，登錄號171449-001，刑部為安寧等效力十年由移會稽察房，乾隆五十四年三月二十三日。

　　根據表2-2-2的分析，可以發現在旗人一般披甲與因罪發遣兩種狀況中，「當差」的滿文常寫為alban de yabume、alban kame、alban kame yabubume，如同漢文般沒有太大的差別。在滿、漢文交叉比對下，旗人發遣在外的「當差」，確實容易被理解為一般的「披甲當差」，但這種看法還有待商榷。一些關於清代「發遣」刑的研究，不約而同指出「發遣當差」主要是在當地官府從事雜役。[167]這些研究雖然鮮少論及旗人，仍提供一個重要訊息，即「當差」可能是一種籠統用語，泛指官方提供或指派的任務。因此，旗人被「發遣當差」亦有可能不是前往當地「披甲」，而是如同民人般在官府服勞役，下面例子或可略為佐證。雍正十三年（1735）十一月二十八日，鑲黃

旗漢軍副都統常壽奏稱因黑龍江地方人力匱乏，建議皇帝任用當地因罪發遣的旗人披甲，如此既有助於鞏固邊疆，還能給予這些旗人一條自新之路。[168]該奏即使沒有直接表明旗人「發遣當差」的工作內容，卻反映旗人到達當地後並未「披甲」，由此可以推論旗人身受「發遣」刑的「當差」，與一般旗人的「披甲當差」有所不同。

　　上述常壽提出的建議，最後得到了皇帝首肯。[169]不過透過乾隆三十年（1765）的新修條例，亦可得知旗人遣犯並非從此皆可在當地直接披甲當差：

> 旗下另戶人等，因犯逃人匪類及別項罪名，發遣黑龍江等處，並奉天、寧古塔、黑龍江等處旗人，發遣各處駐防當差者，三年後果能悔罪改過，即入本地丁冊，擇其善者，挑選

---

[168] 這件奏摺是以滿文書寫，筆者將重要內容節錄轉譯如下：dubei jecen i niyalma ekiyehun bade，（在邊疆人員缺乏處）emu niyalma be baitalaci, uthai emu niyalmai tusa be bahara be dahame，（用一人即得一人之力）eiten baita huwekiyebume yendebufi, dergi hošoi babe akdulame tuwakiyara ohode，（若諸事振興，堅守東方）yargiyan i tumen aniyai etuhun kiyangkiyan jecen oci ombi，（實可萬年鞏固邊疆）aha mini geli bairengge，（奴才復請）musei gurun i onco amba kesi de，（因我朝寬大之恩）bucere weile necihe urse be hono buceburakū，banjire bade unggifi halame dasabuha，（犯死罪者尚未處死，差往謀生處改正）kemuni faššame weile joolibumbime，（仍效力贖罪）gung bici sonjome baitalambi，（若有功則選用）te tubade falabume unggihe manju sai dorgi，（今流往那裡的滿洲人內）ini jui be uksin gairakūngge bi，（有其子未被選為披甲者）selei futa tabufi beye dubentele harihangge inu bi，（也有縛以鐵索終身解押者）esei yadara gacilabuhangge yargiyan i jilacuka bairengge，（這些人的貧窮艱窘，實在可憫）ejen esede emu beye be icemlere jugūn bahabume，（請聖主給這些人一條自新之路）hese wasimbufi baicafi guwebure，（下旨檢查赦免）leksei uksin etubufi weile be joolibure。（皆披甲贖罪）。參見《宮中檔雍正朝奏摺‧第32輯》，頁273-289，〈鑲黃旗漢軍副都統常壽‧奏陳黑龍江地方使流徙獲罪之人入官莊當差給牛、種子以增倉糧收入等事〉，雍正十三年十一月二十八日；漢文翻譯亦可參見《雍正朝滿文硃批奏摺全譯‧下冊》，頁2474，〈鑲黃旗漢軍副都統常壽‧奏陳黑龍江地方積糧等三事摺〉，雍正十三年十一月二十八日。

[169] 常壽之奏最後有「cangšeo i ere wesimbuhe be gisurefi yabubuha.（常壽此奏議後執行）」字樣，可知皇帝同意常壽的建議。參見《宮中檔雍正朝奏摺‧第32輯》，頁273，〈鑲黃旗漢軍副都統常壽‧奏陳黑龍江地方使流徙獲罪之人入官莊當差給牛、種子以增倉糧收入等事〉，雍正十三年十一月二十八日。

匠役、披甲，給與錢糧。三年內不行改過，及已過三年造入
丁冊後，復行犯罪，即銷除旗檔，改發雲、貴、兩廣，令地
方官與民人一體嚴加管束。[170]

這則條例除呈現皇帝照顧旗人的一面，也證明旗人被「發遣當差」
並非「披甲當差」，否則沒有必要特別說明「三年後果能悔罪改
過，即入本地丁冊，擇其善者，挑選匠役、披甲，給與錢糧」。旗
人因罪發遣後通常未入當地檔冊，例如雍正十三年十月間，奉天副
都統巴爾岱曾奏請能否讓遣犯子孫進入檔冊與披甲。[171]上述新修條
例實與巴爾岱獲准施行的建議相關，從此不僅遣犯後人有機會入檔
當差，遣犯本身表現良好者亦有同等機會。總而言之，旗人因罪
「發遣當差」與一般「披甲當差」之形式應是截然不同。

　　旗人在〈犯罪免發遣〉律的保護下，犯有徒、流、軍罪通常
得以折枷換刑，但許多罪行嚴重的旗人，自康熙朝常被皇帝遣往外
地以示懲戒。然此舉與〈犯罪免發遣〉律並無矛盾，因獨立於徒、
流、軍刑外的發遣刑，在〈犯罪免發遣〉律中未有與其相對應的條

---

[170] 〔清〕薛允升著，黃靜嘉編校，《讀例存疑重刊本》，卷3，〈名例律・徒流人又犯
罪〉，頁84。

[171] 參見《宮中檔雍正朝奏摺・第31輯》，頁738-740，〈奉天副都統巴爾岱・奏請
將受流徙刑之子女入歸原旗籍緣由〉，雍正十三年十月初九日：「da falabuha
weilengge niyalma beye wajifi,（原遣犯身故後）esei jusei dorgi, encehen
bisirengge oci,（這些人的孩子內若有具才能者）ba na i ambasa de bithe
alibufi,（呈文地方大臣）harangga baci bithe dahabufi ging hecen i
harangga gūsade bederebume unggimbi,（由該處保題遣回京城所屬旗分）
ememu encehen akū jime muterakūngge oci,（或有無才能不能來者）ging
hecen i dangse de akū bime,（既京城檔冊內無名）tesu bade geli falabuha
weilengge niyalmai juse seme dangse de dosimburakū bairengge,（本地又因
遣犯之子無法入檔冊）enduringge ejen kesi isibume,（懇求聖主施恩）eici esebe
baicafi ging hecen i dangse de dosimbure,（或將這些人查看後入京城檔冊）
eici tesu ba i dangse de dosimbufi uksin etubure oci,（或入當地檔冊披甲）
manju sa amaga inenggi inu burubure de isinarakū ombi.（如此則滿洲人等日
後也不致逃亡）……baldai i ere wesimbuhe be gisurefi yabubuha.（巴爾岱此
奏議後執行）」漢文翻譯亦可參見《雍正朝滿文硃批奏摺全譯・下冊》，頁2415，
〈副都統巴爾岱・奏陳白都訥等地人犯子女歸旗摺〉，雍正十三年十月初九日。

文。此外另一方面，旗人身受「發遣」刑雖然拉近旗、民法律待遇上的距離，卻也未完全消弭兩者間的界線，旗人若被發遣承擔的任務仍與一般民人有別，並未違背旗、民分治政策的旨意。最後值得一提的是，旗人「發遣」刑隨著時間演進，逐漸從一種附加刑轉變為正式刑罰，但這種蛻變並非如此簡單。即使雍正五年已明文規定枷責之犯改為發遣者免受枷責，[172]皇帝有時仍將「發遣」視為一種附加刑，例如清高宗認為「遣發轉得免其枷責，是名為加重而實則從輕，尚未允協」，[173]下令旗人情罪重大者必須先枷責再發遣，甚至將此定為常法。[174]在這種情況下，旗人的「發遣」刑應兼具正刑、附加刑兩種性質，皇帝可視情況靈活運用，更有利於皇帝約束旗人。

　　清朝皇帝為維護「國家根本」的力量，在刑罰上特別給予旗人「犯罪免發遣」的待遇，旗人因而多被認為擁有「法律特權」。不過如同本章第一節所述，皇帝乃藉由多次調整〈犯罪免發遣〉律加強對旗人的約束，而非一味地縱容溺愛。更為重要的是，皇帝有時基於恢復旗人純樸風氣的考量，還會利用加重其刑的方式來遏止歪風，處理旗人相殺命案的「新例」與旗人的「發遣」刑，即為兩個

---

[172] 〔清〕黃恩彤編，《大清律例按語》，卷34，〈名例律‧加減罪例〉，頁11b：「凡例應枷責之犯，奉旨改為發遣者，俱免其枷責之罪。臣等謹按，此條係雍正五年欽奉上諭，謹將應為定例之處，恭纂為例，以便引用。」

[173] 〔清〕吳壇著，馬建石等編，《大清律例通考校注》，〈加減罪例第二條例文〉，頁298：「乾隆四十年四月內，刑部審奏已革筆帖式奎亮首告六十七、圖拉聚賭一案，奉旨：『六十七、圖拉係職官，乃與奎亮等兩次聚賭，實屬不堪。部議將應行枷責之處，改發烏魯木齊效力贖罪，雖已從重定擬，而因遣發轉得免其枷責，是名為加重而實則從輕，尚未允協。六十七、圖拉仍照例枷責，俟滿時再行發往烏魯木齊效力贖罪。嗣後凡有此等改擬案件，俱著照此辦理。』」

[174] 根據嘉慶年間的一起案例，可知前註上諭頒布後確有執行。正白旗蒙古馬甲穆克登額不僅多次頂撞母親，又前往吏科筆帖式保成家中打鬧，清仁宗得知此案後表示：「穆克登額屢次頂撞伊母，已屬不法，復因保成理斥微嫌，輒乘夜登門打毀什物，並將保成疊毆多傷，殊屬兇橫。穆克登額著枷號三個月，滿日重責八十鞭後，再行照例發遣，餘依議。」參見〈明清內閣大庫檔案〉，登錄號208966-001，刑部為馬甲穆克登額頂觸伊母毆傷保成由移會稽察房，嘉慶五年十二月十九日。

明顯的例子。若多加分析旗人的司法案件，以及細心爬梳清律中的相關規定，當可理解旗人在法律上是否擁有「特權」，實在難以概一而論。

第三節　旗人的中央司法審判與訴訟制度

一、關外時期的司法審判與訴訟制度

傳統中國雖是行政權與司法權區分不清，也未具備嚴密的刑事訴訟法，仍有一套獨自運作的司法審判與訴訟制度。[175]在清朝旗、民分治政策下，雙方因各自擁有專屬的管理體系，司法審判與訴訟制度亦有所別。本節將以旗人的中央司法審判與訴訟制度為焦點，一探其特色與流變。[176]

清太祖起兵之初，刑罰與司法制度都相當簡單，後者主要由清太祖與扎爾固齊掌管。扎爾固齊為蒙文斷事官之意，但他並非專職司法人員，而是出則統領軍隊入則參與國政的重要官員。清太祖於萬曆四十三年創建八旗制度後，司法制度遂與八旗制度相整合，旗人犯有微罪多在牛彔中審理，惟重大案件才送交大臣、貝勒（beile，原意為王，後成為一種爵位名）甚至是清太祖。[177]不過昔日的扎爾固齊亦未消失，而是與新制並存為一種三級審判制度。[178]

---

[175] 關於傳統中國政府行政權與司法權區分的概要討論，詳可參見林乾，《中國古代權力與法律》（北京：中國政法大學出版社，2004），頁274-284。不過傳統中國制度縱然有行政權與司法權分立的設計，但皇權常能凌駕司法權，導致分權的效果終究有限。

[176] 關於這方面的研究，下述兩篇基礎性作品可供參考：鄭秦，〈清代旗人的司法審判制度〉，頁21-25、那思陸，《清代中央司法審判制度》，頁205-211。本節受限於篇幅，主要討論旗人的中央司法審判與訴訟制度，至於地方旗人的相關討論，詳可參見本書第五章。

[177] 張晉藩、郭成康，《清入關前國家法律制度史》，頁563-572。

[178] 《清太祖高皇帝實錄》，卷4，頁62，乙卯年十一月條：「又置理政聽訟大臣五人、扎爾固齊十人，在理國事。……凡有聽斷之事，先經扎爾固齊十人審問，然

天命七年（1622）間，八王共治政體正式確立，原有的五大臣與十扎爾固齊被改為八都堂與十六審事官。隨著八旗制度的日益成熟，國家司法制度也漸與八旗合而為一，八位領旗貝勒擁有的司法權越來越大。然而無論制度如何改變，清太祖始終無庸置疑地獨攬終審權。[179]

當清太祖去世後，滿洲政權的司法制度略有變化。審事官——八大臣——貝勒的三級審判制度依然存在，[180]但繼位者清太宗受限於「八王共治」，無法擁有如同其父般的司法大權，終審權主要由四大貝勒共同掌握。在清太祖策劃的「八王共治」政體下，大汗地位明顯不如以往，清太宗「實無異整黃旗一貝勒」，[181]難以繼續在司法權上獨占鰲頭。然而這種情形並未持續太久，隨著清太宗巧妙打擊其他三大貝勒之權勢，八旗制度強調的「八分」精神逐漸蕩然

後言於五臣，五臣再加審問，然後言於諸貝勒，眾議既定，奏明三覆審之事。猶恐尚有冤抑，令訟者跪上前，更詳問之，明核是非。故臣下不敢欺隱，民情皆得上聞。……」實錄滿文本的內容如下：「yaya weile be neneme juwan jargūci duilefi sunja amban de alambi,（每個案件先於十扎爾固齊審斷後，再上報五大臣）sunja amban beidefi beise de alambi,（五大臣審訊後再上報貝勒）tuttu geren i toktobufi habšara niyalma be han ini juleri niyakūrabufi neneme ilan jalan i beidehe gisun be alabufi.（眾人定擬後，令原告跪於汗前，並告知前述三級審訊的結果）geli gisun dalibuhabi ayo[ayo] seme habšara niyalma de dacilame kimcime fonjifi weilei waka uru be yargiyalafi（又恐語有隱蔽，故查問原告以明核是非）tuttu beideme ofi dergi ambasa dalime baharakū.（如此審訊則眾臣不得欺瞞君上）fejergi buya niyalmai gisun urunakū hafuname（底下小民之言必定可以上達）……」，參見《大清太祖武皇帝實錄》（奈良：天理時報社，1967），卷2，頁194。滿、漢文本之別主要為滿文本強調官員最後宣判時，原告必須跪在汗前聆聽以便於汗進一步詢問；漢文本對此的描述較不清楚，似乎將宣判與汗對原告的訊問，視為不同時間點的兩件事。

179 姚念慈，《清初政治史探微》，頁81-96。

180 值得注意的是，前文提及的都堂一職，大約於天命八年後宣告取消。關於都堂的研究，詳可參見劉小萌，《滿族從部落到國家的發展》，頁193-200。都堂消失後可能是由固山額真取而代之，成為新的「八大臣」。

181 羅振玉輯，《天聰朝臣工奏議》，收錄於潘喆等編，《清入關前史料選輯·第2輯》（北京：中國人民大學出版社，1989），〈胡貢明五進狂瞽奏〉，頁34：「有人必八家分養之，地土必八家分據之，即一人尺土，貝勒不容於皇上，皇上亦不容貝勒，事事掣肘，雖有一汗之虛名，實無異整黃旗一貝勒也。」

無存。[182]天聰年間刑部的出現，更象徵滿洲政權的司法制度進入一個嶄新階段，刑部日益突破八旗的侷限，令司法事務不再受到八旗內部諸貝勒與固山額真太多干預。刑部的出現及其地位的提升，實與皇權成長密切相關，惟有清太宗在八旗中取得絕對優勢，並使得議政會議影響力不再，刑部才可能充分扮演國家獨立司法機關的角色。[183]在清太宗控制八旗的考量下，刑部恰能取得發展機會，促使滿洲政權在入關前夕，已略有傳統漢式司法制度的規模。

二、順治朝八旗司法審判與訴訟制度的改變

清政府於順治元年入主中原時，雖然已有部分傳統漢制基礎，但面對急速擴張的領地與人口，整個局勢完全不可與關外時期同日而語。如同其他「征服王朝」般，滿洲政權既無法直接將關外舊制推行於中國，又不可能放棄本民族特色，只好採取旗、民分治政策化解問題。旗、民分治可說是一種「二元統治」，「征服者」與「被征服者」分屬不同體系，若以司法制度觀之，清政府曾於順治二年（1645）四月間告知戶部：

> 爾部遍行嚴查，如有不遵法紀者，俱行治罪。傳諭各處撫、按、道、府、州、縣各官，不論滿洲，及滿洲家漢人，若有違法犯罪者，即拏送來京。如滿洲恃強，不服拘拏，即識其姓名居址，赴京控告，便差人逮問。若地方官不能稽查，即

---

[182] 徐凱強調八旗制度曾經歷三階段變革：從清太宗開始，諸王議政的傳統遭到破壞；順、康兩朝則是上三旗體制的確立，皇權得以進一步強化；最後到了雍正朝，下五旗私屬於旗主的關係亦宣告結束，皇權取得所有的權力。詳可參見徐凱，〈清代八旗制度的變革與皇權集中〉，《北京大學學報（哲學社會科學版）》，1989：5（北京，1989.09），頁89-99。

[183] 姚念慈，《清初政治史探微》，頁229-234。刑部並未完全取代原有的三級審制，其功能在天聰朝主要有三：對八旗內部讞斷的複審、審理事涉兩旗的案件與執行《離主條例》。刑部至崇德朝時期，更具有審問八旗諸王公之權。

屬庸懦溺職；刑部官有所徇縱，即屬挾私誤公。國法具在，斷不輕饒。[184]

地方官似乎無權直接懲治不法旗人，必須轉交或請求京師處理。若旗人不歸一般民官約束，勢必造成一些旗人膽敢在地方鬧事。陝西道御史羅國士曾指出地方上許多人「托名滿洲」為非作歹，希望官方嚴加調查「以儆刁風」，清政府對此表示：

> 滿漢久已相安，豈容奸民借端滋擾，著戶部通行嚴禁，如有故違，聽該地方官按律究治。事涉滿洲者，仍會同滿洲官審問，解部處分，不許徇情畏忌。[185]

從奸民假借滿洲身分與「仍會同滿洲官審問」來看，旗人在法律上確實與一般民人有別，該特殊性也被有心人加以利用，「托名滿洲」違法犯紀。根據上述兩則史料，可知旗、民應屬不同司法體系，旗人相關案件不能交由一般民官審理，須與滿洲官員一同訊問。然值得注意的是，為何旗人罪犯均交部審理？此外第二則史料中的「滿洲官」，又究竟是指哪些官員？

在討論這些問題前，有必要先行分析清朝入關初期的政治局勢，以及當時司法制度概況。滿洲政權雖於天聰五年設立刑部，但原有的八旗三級審制依然存在，清太宗朝的司法制度為國家、八旗兩種制度雜揉而行，雙方勢力隨時間互有消長。刑部之所以難以完全取代八旗三級審制，推測有兩項重要因素。其一為八旗制度在當時仍舉足輕重，領旗貝勒的影響力不容小覷。其二為刑部畢竟屬於中央司法事務機關，在傳統中國司法制度中，刑部除了少數京師案

---

[184] 《清世祖章皇帝實錄》，卷15，頁140，順治二年四月辛巳條。
[185] 《清世祖章皇帝實錄》，卷22，頁192，順治二年十二月甲申條。

件外，鮮少直接處理訟案，重大案件的初步審理或輕微案件，常先交由地方官府處理；由於當時滿洲政權尚未出現州、縣地方行政制度，八旗組織在司法審判上依然有一定作用。[186]受限於八旗勢力不易完全消除以及基層司法審判機構的需求，清太宗必然無法擺脫帶有濃厚滿洲色彩的八旗三級審制，刑部的權力亦難以伸展。

清朝「八家共治」與中央集權間的矛盾，入關後卻出現了變化契機。當清政府逐漸掌握局勢與控制全國財源，一舉扭轉關外時期皇帝依賴八旗擄獲歸公的局面，八旗成員從此無不仰賴國家俸祿銀米的供養，促使皇權得以對八旗擁有絕對的支配。[187]八旗一旦無法與皇帝相抗衡，象徵清太宗生前積極提升皇權的努力終於開花結果，皇權既然凌駕於八旗制度上，原有八旗與國家雙軌並行的司法制度勢必遭受衝擊。順治元年十月間，多爾袞向臣民宣布：「凡官民訴訟，若不告部院，越訴王者，無論是否有罪，皆撻罰之」。[188]這道命令主要規定官民不得擅自越訴，多少反映領旗貝勒已無法專管一旗司法事務，此後刑部的重要性日益增加，領旗貝勒開始退居二線。[189]在此背景下當可理解旗人犯法者為何會送京交部，除了當

<hr>

[186] 傳統中國法律制度中，始終存在地方與中央並存的審判制度，地方政府常負責案件初審，中央司法機關則會負責案件複審。時至明代甚至出現嚴格的審轉制度，徒、流刑以上的案件必須經過州、縣——府——藩司或臬司——三法司層層審轉，判決結果若出錯不但會遭到封駁，官員也得接受議處，該審轉制度日後則被清朝所繼承。關於審轉制度的意義與影響，詳可參見邱澎生，《當法律遇上經濟：明清中國的商業法律》（臺北：五南圖書出版公司，2008），〈第三章·訟師與幕友對法律秩序的衝擊〉，頁103-117。

[187] 姚念慈，《清初政治史探微》，〈後編第一篇·多爾袞與皇權政治〉，頁247-316。姚念慈認為人們過去將多爾袞與清世祖間的對立，視為兩黃旗與兩白旗之爭並不恰當。姚念慈指出多爾袞擁有大權的原因，主要來自攝政王的地位而非兩白旗。因此，順治朝的政治問題不再是皇權與旗權相抗衡，皇權的二元化傾向才是重點。透過當時局勢可知皇權已完全凌駕於八旗上，日後發展僅為皇權歸於多爾袞或清世祖。

[188] 《清初內國史院滿文檔案譯編·中》，頁51，順治元年十月初四日條。

[189] 領旗貝勒入關後的司法權，主要表現於議政王大臣會議中。議政王大臣會議之權勢雖不如往昔，仍存有部分司法權，主要職掌為審議八旗宗室、大臣罪行，或是重大案件的復審。詳可參見姚念慈，《清初政治史探微》，〈後編第二篇·評清世祖遺詔〉，頁353、杜家驥，《八旗與清朝政治論稿》，〈第十章·入關後八旗王公大員議處國家機要大政的議政王大臣會議〉，頁339。由此看來，領旗貝勒已屬國家司法

時旗人大多居住北京的因素外，還蘊含清政府意圖強化刑部權力的另一層目的。

　　回到前述兩個問題，不法旗人若必須送部審理，為何還有地方官與「滿洲官」會審解部之言？其中原委或可從檔案中的相關案件得知。順治二年九月間，泗州屬洞色莊的蘇武向固山額真葉臣申告：「爾兵丁曾偷盜我驢一、被子一、褥子一、服二」。葉臣得知此事後派人前往調查，查獲哲貝與廣尼兩人並將其下「法司」審理，[190]史料中並未詳明的「法司」推測應為刑部。清政府甫入關之際因局勢動盪不安，再加上八旗人才不敷運用，不得不大量起用明朝投降官吏協助管理廣大新佔土地，基本上中央和省級以上兵政要職多掌握於旗人手上，省以下包括道、府、州、縣的官員則多由漢官充任。[191]此案中的民人蘇武受到旗人騷擾並未向地方官申訴，而是直接向固山額真提告，其中雖未提及地方民官與「滿洲官」的會審情形，仍反映地方上的「滿洲官」應為管理八旗職官。類似案件相當多見，[192]透過這些案件可以理解旗人案件雖然必須送部審理，但在地方上往往會先經旗員查拿與初步審訊，有效彌補地方官無權約束旗人之窘境。在前述順治二年四月間的命令中，強調地方官遭逢旗人頑劣者，可直接拿送京師或請求京師遣人捉拿，並未提及旗員的角色，該命令可能是針對擅自離營甚遠的旗人而非一般情形。

　　體系之一環，不再獨掌一旗司法事務。根據後文列舉的案例，可知許多旗人案件均交由刑部審理。

[190] 《清初內國史院滿文檔案譯編・中》，頁169，順治二年九月二十二日條。

[191] 韋慶遠，〈《明清檔案》與順治朝官場〉，《社會科學輯刊》，1994：6（瀋陽，1994.11），頁88-99。另值得注意的是，當時因有「用滿臣與民閡，用漢臣又與政地閡」的兩難局面，導致清政府任命的旗人督、撫多以漢軍為大宗。上述史料參見清史稿校註編纂小組，《清史稿校註》，卷246，〈列傳26・祝世昌〉，頁8229。關於清初漢軍被重用的情形，則可參見孫靜，〈乾隆朝八旗漢軍身份變化述論〉，頁59-64、劉鳳雲，〈清康熙朝漢軍旗人督撫簡論〉，收錄於閻崇年主編，《滿學研究・第7輯》（北京：民族出版社，2003），頁350-372。

[192] 同一日存有許多擾民案件的紀錄，內容多是地方旗員先行審理再送交「法司」，參見《清初內國史院滿文檔案譯編・中》，頁167-171，順治二年九月二十二日條。

綜合上述討論，清朝入關後雖大力提升刑部地位，卻不表示原有八旗三級審制從此蕩然無存。由於一般民官無權管理旗人，八旗制度中的各級旗員，遂轉化為旗人司法案件中的初審者，如同地方民官般協助刑部處理案件。時人曾將旗員類比為地方民官，從法律運作的角度來看確實有些道理。[193]旗員除了接受民人的詞訟捉拿不法旗人解送刑部外，還必須處理轄下的相關案件。順治七年（1650）四月間，三等侍衛巴林被其母發現床縟下留有寫著「欲將誣告之人帶來處死」等語的字條，巴林之母隨後將該字條送交牛彔章京科爾昆，科爾昆又將該案上告刑部。[194]由此可知旗員扮演向上遞呈案件的角色，亦能證明原本八旗三級審制的精神仍被保留，惟最終送交對象從領旗貝勒轉變為刑部。

　　刑部權力在順治朝的上升，亦可從旗人常直接向刑部提出訴訟之舉加以觀察。順治七年四月間，譚泰旗下拜他喇布勒哈番（baitalabure hafan，騎都尉）吉郎阿酒醉後，調戲與毆打同牛彔瓦拉之妻，該女子為此怒而告部。[195]順治十一年十一月間，鑲紅旗把什兔牛彔下兔兒忒家人孩子，因受主母責打，不僅將主母的手抓破，還拉扯兔兒忒之腎囊致其身死。兔兒忒之姪牙沙布得知此事後，馬上「具稟到部」。[196]這兩起八旗案件中的受害者或其家屬，並未向旗員申訴而是直接前往刑部提告，多少反映原有八旗三級審制已被破壞，該現象應與清政府力圖消弱八旗勢力的政策有關。[197]

---

[193] 〔清〕琴川居士編輯，《皇清奏議》（臺北：文海出版社，1967），卷45，〈赫泰・籌八旗恒產疏〉，頁11b-12a：「國家定鼎以來，布列八旗，分編參、佐領，為之管轄，猶天下之有省、郡、縣，為之堳第。……八旗之設參、佐領，亦隱然以一旗為一省，一參領為一府，一佐領為一縣矣。」

[194] 《清初內國史院滿文檔案譯編・下》，頁74-75，順治七年四月初六日。

[195] 《清初內國史院滿文檔案譯編・下》，頁88，順治七年四月二十九日。

[196] 〈明清內閣大庫檔案〉，登錄號086745-001，刑部尚書任濬・為奴殺主事，順治十一年十二月十三日。

[197] 關於清世祖削弱八旗相對獨立性的討論，詳可參見姚念慈，《清初政治史探微》，〈後編第二篇・評清世組遺詔〉，頁337-376。

雖然清政府主要打擊對象為領旗貝勒，但領旗貝勒一旦失勢，一旗的固山額真很容易取而代之；清政府為避免重蹈覆轍，或許會同步縮減旗員的司法權，允許旗人直接向刑部提出訴訟。此外開放刑部受理旗人申訴，亦可降低旗員仗勢欺壓旗人的機會。順治三年正月間，固山額真阿山聽信巫者薩海之言，認定雅巴海之妻與人私通，令雅巴海必須出妻。雅巴海不從，阿山乃同其子塞赫逼迫雅巴海移居與出妻，雅巴海之妻最終只能逃跑並訴於刑部。[198]此案中的雅巴海及其妻子完全受制於固山額真，若非刑部出面主持正義，他們的冤屈可能永遠無法真相大白。

透過上述分析可以發現，受到清初削弱八旗勢力政策的影響，八旗司法審判與訴訟制度隨之產生變化。原有的八旗三級審制雖然尚存，但領旗貝勒專管旗下司法事務已較少見，八旗司法權主要集中於刑部，搭配旗員的協助處理案件。由於皇權入關後在與八旗的競爭上已佔有上風，刑部以國家最高司法機關之姿涉入旗人司法案件，亦可說是水到渠成。不過從長遠的角度來看，該旗人司法制度的設計並不完善，其中最大的問題為刑部職責太過沈重。早於順治二年十二月間，刑部已具奏表明事務繁多：

> 刑部奏言：致治必先明刑，分理各有專屬。今民間大小事務，在內不由五城御史，在外不由撫按監司郡縣，單詞片紙，俱向臣部告理。內外各官，盡成虛設。今務令無藉之輩，不得越訟，以滋刁風，則職掌分而訟端可息矣。[199]

---

[198] 《清世祖章皇帝實錄》，卷23，頁199-200，順治三年正月辛酉條。刑部官員審理此案時指出「阿山違法用巫，勒令雅巴海出妻，又希脫巫者罪，巧飾具啓，罷職解任。塞赫，父過不諫，罷職，鞭一百，俱籍沒家產」，多爾袞則認為「阿山多軍功，止罷職解任，塞赫亦止罷職贖身，俱免籍家產」。該案牽連甚廣，許多滿洲權貴均受到懲處。

[199] 《清世祖章皇帝實錄》，卷22，頁196-197，順治二年十二月乙巳條。後文如下：「得旨：『內外諸司，各有職掌，刑部專理詳讞，例不受詞。古人立法，原有深意，以後民間詞訟，在外則歸撫按監司，在內則歸順天府、宛大二縣、五城，如果

明制中刑部的主要職掌，為復核各省徒、流以上與審理京師地區之案，[200]後者「非經通政司准行，非由各衙門參送，不許聽理」。[201]所謂「各衙門」是指五城兵馬司指揮、五城御史、錦衣衛、東廠、六科給事中，或其他五府、六部等機構，京師案件多從這些衙門移交至刑部。由於刑部依規定無法直接受理詞訟，京師百姓若要提告，只能前往五城兵馬司指揮、五城御史、通政司等處衙門申訴。[202]因此，刑部即使掌管天下刑名，卻不直接受理詞訟，這也難怪清初刑部官員對當時各類官司「俱向臣部告理」，存有「內外各官，盡成虛設」之嘆。當刑部提出這個問題後，清政府馬上下令各衙門日後必須分理詞訟，不許百姓貿然向刑部提告。

明朝嚴密的中央分層審級制度，在清初並未直接被清政府繼承，該現象多少與清朝的「征服王朝」背景有關。非漢民族在繼承漢制時，未必完全了解其複雜意涵，有時甚至會基於避免皇權受限，或欲使制度運作更為方便等因素簡化漢制，金朝廢除中書、門下兩省與元朝未設立大理寺之舉，便是很好的例子。[203]清朝在關外時期雖已建立刑部總管司法事務，卻未一併引進完整配套制度，這是因為當時尚無實施如此繁複司法程序之條件。然而當清朝入關後，面對大量新增的人口與土地，馬上發現各類司法事務不能僅由刑部處理，順治二年十二月間即決定恢復過往分層審級制度。

有冤抑，許赴通政使司投告，察審送部，爾部不許仍前濫收詞訟。如問刑衙門聽斷不公，致使小民受冤者，事發重治。』」

[200] 關於明朝刑部的組織與職掌，詳可參見那思陸，《明代中央司法審判制度》（北京：北京大學出版社，2004），頁16-21。

[201] 《大明會典》（臺北：新文豐出版公司，1976），卷214，〈文職衙門‧大理寺‧詳擬罪名〉，頁24a。

[202] 關於明朝京師地區的司法審判程序，詳可參見那思陸，《明代中央司法審判制度》，頁145-164。

[203] 相關討論詳可參見陶晉生，〈金代的政治結構〉，《中央研究院歷史語言研究所集刊》，41：4（臺北，1969.12），頁573-574、趙文坦，〈元代的刑部和大宗正府〉，《歷史教學》，1995：8（天津，1995.08），頁19-22。

不過這方面的改革，似乎只落實於一般民人身上，根據前述提及的旗人案件，順治三年後向刑部直接投訴的旗人依然存在。推測由於旗人案件較為特殊，清政府才允許旗人直接向刑部申告。此舉雖與弱化八旗勢力政策相吻合，卻亦有刑部處理旗、民案件程序未統一，以及增加刑部負擔的隱憂。清政府可能並未忽視這些問題，故最晚自康熙朝已著手調整相關制度，其主要體現於步軍統領衙門的初審權，以及八旗都統的司法權兩方面。

三、康熙朝以降的八旗司法審判與訴訟制度

如前所述，刑部在明制中雖有權審理京師案件，卻不直接受理詞訟，這也促使五城兵馬司、五城御史或通政司等機構，在京師案件中扮演了重要角色。清朝關於京師案件的處理主要承襲明制，但清制又以增設步軍統領衙門為一特色，此舉實與京師的旗、民分布有關。順治朝初期的北京城原是旗、民雜處，後來清政府有鑑於「近聞爭端日起，劫殺搶奪，而滿漢人等彼此推諉，竟無已時」，下令將旗、民分別限定居住於北京內、外城中。[204]歷經這次新規劃後，內城的治安主要交給由步軍統領領導的八旗步軍營負責，外城的治安仍歸五城兵馬司、五城御史管理。[205]步軍統領之職未見於明

---

[204] 《清世祖章皇帝實錄》，卷40，頁319，順治五年八月辛亥條：「京城漢官、漢民，原與滿洲共處，近聞爭端日起，劫殺搶奪，而滿、漢人等，彼此推諉，竟無已時，似此何日清寧？此實參居雜處之所致也。朕反覆思維，遷移雖勞一時，然滿、漢各安，不相擾害，實為永便。除八旗投充漢人不令遷移外，凡漢官及商民人等，盡徙南城居住，其原房或拆去另蓋，或賣賣取價，各從其便。」八旗分駐於內城中，一開始按照旗色各有所居，日後卻在旗人頻繁調動與大量旗產私自交易下趨於紊亂，詳可參見劉小萌，〈清代北京內城居民的分布格局與變遷〉，《首都師範大學學報（社會科學版）》，1998：2（北京，1998.04），頁46-57。

[205] 由於會典僅籠統記載「國初，設步軍統領一人」，難以準確得知步軍統領的設置時間，但透過八旗步軍營的主要任務為護衛內城，推測步軍統領出現於順治五年以後，或在此年職務發生轉變。會典內容參見《欽定大清會典事例（嘉慶朝）》，卷875，〈步軍統領・官制・守衛〉，頁1a、6a-13b。另關於步軍統領沿革之細緻討論，詳可參見唐彥衛，〈清初步軍統領設立淵源考〉，《歷史檔案》，2015：2（北京，2015.05），頁63-69。唐彥衛的部分觀點，或許可補筆者之不足。

朝，可說是清朝基於八旗因素特別設置。步軍統領衙門起初僅為北京內城的治安機關，不過隨著時間進展其權勢越來越大，先在康熙十三年（1674）提都九門事務，之後又於康熙三十年（1691）兼管巡捕三營，總理整個京師的治安事務。[206]

步軍統領雖然只有正二品，但因其負責京師安全故地位重要，多由皇帝身邊重臣出任。清人福格曾表示：

> 步軍統領，即古之執金吾，今俗呼九門提督，蓋九門鎖鑰、白塔信炮、大內合符皆歸掌之，秩如漢之司隸校尉、明之錦衣衛。雖武職二品，威權甚重，多以王公勳臣兼領其事。漢光武云：「作官須作執金吾。」此官之盛，由來久矣。管轄八旗步軍、巡捕五營，又有郎中、員外郎、主事、司務、筆帖式為之屬。徒罪以下詞訟，皆得自理。出入九衢，清塵灑道，街官閭吏，呵殿道迎，雖親王行途，無此威重也。[207]

透過福格的觀察，當能理解步軍統領即使位不甚高，權勢卻是不容小覷。步軍統領衙門雖屬武職機關，不過自康熙十三年開始獲得司法權，得以審結笞、杖輕案，[208]從此步軍統領衙門與五城御史，均為京師重要的基層司法機關。

康熙十三年以降的步軍統領衙門為何擁有司法權，確切原因似乎難以得知。推測由於性質類似的五城兵馬司、五城御史皆有司法

---

[206] 張偉仁，《清代法制研究·冊1》（臺北：中央研究院歷史語言研究所，2007），頁191。巡捕營設立於清初，起初僅設有南、北兩營，由兵部督捕衙門掌管。順治十四年增設巡捕中營，乾隆四十六年再增設左、右二營。巡捕諸營自康熙三十年後，均由步軍統領衙門管轄。詳可參見張偉仁，《清代法制研究·冊1》，頁193。

[207] 〔清〕福格著，汪北平點校，《聽雨叢談》，卷1，〈步軍統領〉，頁19-20。

[208] 《欽定大清會典事例（嘉慶朝）》，卷876，〈步軍統領·職制·斷獄〉，頁1a：「康熙十三年定。凡審理八旗、三營，拏獲違禁犯法姦匪逃盜一應案件，審係輕罪，步軍統領衙門自行完結，徒罪以上，錄供送刑部定擬。」

權，再加上步軍統領提都九門後權勢明顯增強，促使清政府決定給予步軍統領司法權以便於執行任務。步軍統領起初雖然僅管理八旗步軍營，但自從同時掌有巡捕諸營後，他的權限不再只限於內城。基本上無論內、外城的案件，步軍統領均有權審理，[209]此舉雖會造成步軍統領與五城兵馬司、五城御史的司法權相重疊，[210]卻也使其逐漸負起部分旗人司法案件初審之責。

　　清初步軍統領衙門的運作程序，受限於史料不易得知，但康熙朝的情形則可從檔案中得到些許線索。康熙某年六月三十日，正白旗喀瓦爾達佐領下新滿洲護軍永科，無故持刀砍傷陳勝志與索柱兩人，永科遂被押往步軍統領衙門，經訊問後移送刑部。[211]另康熙某年七月二十三日，原正白旗侍衛索倫圖克特訥，酒醉後進入正藍旗步甲瓦哈禮家中擅取炕上鋪氈，瓦哈禮之嫂肖氏出言制止，圖克特訥竟拔刀恐嚇肖氏取氈而去，瓦哈禮見狀向外追喊，將圖克特訥移拿步軍統領衙門，圖克特訥經訊問後亦被移送刑部。[212]根據上述兩起案件，可知步軍統領不僅負責緝凶，還會在犯人移送刑部前初步訊問。除此之外，步軍統領衙門也成為旗人的申訴處。康熙五十六年（1717）四月初二日，正白旗包衣馬維漢牛彔養狗之人五十四，前往步軍統領衙門告稱家中遭失大量財物，步軍統領隆科多乃親自前往蒐證。此案雖經一番審訊後尚存諸多疑點，仍明顯呈現旗人並非逕自前往刑部，而是選擇向步軍統領衙門提告，[213]步軍統領衙門似乎已帶有

---

[209] 步軍統領兼管旗、民案件之情形，詳可參見《康熙朝滿文硃批奏摺全譯》，頁1590-1597。

[210] 那思陸，《清代中央司法審判制度》，頁150。

[211] 《康熙朝滿文硃批奏摺全譯》，頁1612，〈步軍統領隆科多・奏報將酗酒傷人犯解部審理摺〉，康熙年月日不詳。

[212] 《康熙朝滿文硃批奏摺全譯》，頁1612，〈步軍統領隆科多・奏報京城六七月所獲各案摺〉，康熙年月日不詳。

[213] 《康熙朝滿文硃批奏摺全譯》，頁1194，〈步軍統領隆科多・奏為審辦五十四家失竊一案摺〉，康熙五十六年五月二十六日。此案因重要嫌犯常路翻供而陷入僵局，隆科多僅先將初步審問情形奏報皇帝。

旗人京師案件初審機關之色彩。[214]當步軍統領開始負責旗人案件的初審時，旗人京師案件的司法程序變得更加完備，大為減輕刑部的負擔，國家整體司法制度不再過於紊亂。更為重要的是，步軍統領因多由皇帝的旗人心腹出任，亦可有效減輕皇帝對旗人事務遭漢人插手的擔憂。[215]

旗人中央司法制度除了因步軍統領衙門的設置更加完備外，八旗職官扮演的角色也不能輕忽。清朝入關初期，雖曾為了加強中央集權積極打擊八旗勢力，導致八旗內部的司法權大受影響，但這畢竟是清初特殊局勢下的產物。隨著皇權的日益穩定，皇帝不僅控有上三旗，許多皇子也陸續被封入下五旗中。[216]八旗制度漸從血緣親族式的封建組織，演變為一種官僚統治系統。[217]皇帝可能有鑑於轉型後的八旗制度已難以危害皇權，故決定給予八旗都統部分司法權，協助刑部處理司法事務，該現象從雍正十一年（1733）的新修條例即可得知：

> 八旗兵丁、閒散、家人等，有應擬笞、杖罪名者，該管章京即照例回堂完結。其主僕相爭、控爭家產、隱匿入官物件、

---

[214] 類似觀點亦可參見胡祥雨，〈清前期京師初級審判制度之變更〉，《歷史檔案》，2007：2（北京，2007.05），頁47。

[215] 值得注意的是，隨著旗、民在北京內、外城日益混居，五城御史亦多經手旗人案件，這也使得五城御史與步軍統領的司法權更為重疊。不過兩者仍有些許差異，步軍統領基本上得以審理旗人笞、杖罪以下案件，五城御史若遇到原告與被告均為旗人的案件則必須送交刑部。關於這方面的討論詳可參見張偉仁，《清代法制研究·冊1》，頁185、191。

[216] 杜家驥，《八旗與清朝政治論稿》，〈第八章·八分體制瓦解後八旗領主分封的長期殘留及其政治影響〉，頁264-281。清世祖已將他的三位皇子福全、常寧和隆禧封入下五旗，具體制度至康熙六年後才正式確立。值得注意的是，在康熙三十七年以前，皇帝均從自領上三旗中分出部分佐領，隨受封皇子進入下五旗，之後則始有皇子進佔下五旗王公佐領的情形。雍正朝以降已無皇子攜帶上三旗佐領入下五旗，象徵皇權對下五旗的控制更為強烈。

[217] 細谷良夫，〈清代八旗制度之演變〉，《故宮文獻》，3：3（臺北，1972.06），頁37-60。

長幼尊卑彼此相爭，及賭博、訛詐、擅用禁物、容留販賣來歷不明之人等事，俱由該旗審明，照例完結。此內若有刑訊事件，會同刑部司官，動刑審訊，俟完結之日，行文都察院查核，若有不符之處，即行參奏；如有情重，不能即刻完結者，會同該部，審擬完結。若關係人命盜案，及持金刃傷人、干連民人等事，交該部完結。關係別旗之事，會同該旗完結。[218]

這則新修條例可說是明文規定八旗都統的司法權，即笞、杖輕罪得以自理，其他較為重大的案件則須會同或移送刑部完結。

該例為何出現於雍正十一年，史料中未有明確記載，但推測應是其來有自。雍正四年四月十七日，清世宗曾表示：

嗣後凡朕所交事件，及爾等奏請會同刑部審理事件，俱著會同刑部堂司官，在該旗公署審理。若又行送部，爾等前往會審，反覺繁擾。爾等將此，傳諭八旗都統知之。[219]

該上諭的出現，恰能說明八旗都統似乎早有和刑部官員會審的情形。八旗都統在順、康兩朝並無辦公衙門，平時只能在私宅中處理旗務，直到雍正元年才擁有專屬的八旗都統衙門。[220]或許正因如此，八旗都統早期必須前往刑部會審，直到八旗都統擁有獨立辦公

---

[218] 〔清〕黃恩彤編，《大清律例按語》，卷61，〈刑律・訴訟・軍民約會詞訟〉，頁74b-75a。

[219] 《世宗憲皇帝上諭八旗》，收錄於臺灣商務印書館編審委員會主編，《景印文淵閣四庫全書・第413冊》（臺北：臺灣商務印書館，1986），卷4，頁18b，雍正四年四月十七日條。

[220] 李洵等點校，《欽定八旗通志》，卷112，〈營建志一〉，頁1943，雍正元年九月十五日：「和碩莊親王、內務府來寶，現今八旗並無公所衙門，爾等將官房內，揀皇城附近選擇八處，立為該管旗官公所，房舍亦不用甚寬大，特諭。」

空間後，清世宗才決定將會審地點改在八旗都統衙門，以減少人員往返之煩擾。另同年四月二十五日，清世宗為避免官員間彼此推諉，特別下令「嗣後應於旗下完結事件，不行完結，推諉部院者，都察院即行參奏」，[221]從中可知當時有些案件已直接交由八旗完結。

上述史料反映雍正朝的八旗都統有權處理部分案件，一些情罪較重之案則須會同或提交刑部審理完結。[222]令人好奇的是該現象始於何時？那思陸認為八旗都統自清朝入關後即擁有司法權，甚至主導旗人命盜案件的初審，刑部僅扮演復核的角色，直到康熙五十五年（1716）八旗命案才始交由該旗與刑部會審。[223]那思陸的觀點奠基於康熙五十五年七月間的一起案件，特別徵引如下：

> 又覆請刑部所題，廂藍旗護軍校馬什，被護軍二雅圖戳死，將二雅圖即行正法一疏。上曰：「此等事由旗報部檢屍，仍送該旗審理具奏，似覺太煩。況由部檢屍，由旗審理，情罪未必恰當。人命事情，關係重大，嗣後如此等事，旗下大臣會同刑部審明，一次完結，將此為例。」[224]

引文提及八旗命案由刑部驗屍後，「仍送該旗審理具奏」，可見八旗都統在康熙朝確實擁有司法權。然而該情形究竟源自順治朝還是

---

[221] 《世宗憲皇帝上諭八旗》，卷4，頁18b-19a，雍正四年四月二十五日條，該則史料的後文為：「應於部院完結事件，不行完結，推諉旗下者，亦行參奏。如此則事不至於遲誤，而彼此推諉之弊可除矣。著將此旨，傳諭八旗大臣等知之，特諭。」

[222] 八旗都統與刑部會審的案件，應多屬於情罪較為嚴重者。例如雍正六年七月十五日，鑲黃旗八旗都統與刑部，針對護軍武海毆打領催七十五一案進行會審，武海因將「七十五擅行毆打，至於折足，情殊可惡」，被判處「永 枷號，遇赦勿赦」。參見《世宗憲皇帝上諭八旗》，卷6，頁44a-44b，雍正六年七月十五日條。

[223] 那思陸，《清代中央司法審判制度》，頁92-93。那思陸指出八旗都統入關後之所以擁有審理旗人命盜案件司法權，可能是基於各省督、撫、提、鎮各官，對軍人案件均有審理權，八旗都統因而比照辦理。

[224] 《清代起居注冊・康熙朝（北京版）・第30冊》，頁15178-15179，康熙五十五年七月初六日條。

康熙朝，可能還需更多例證加以說明。[225]

八旗都統的司法權若至康熙朝才出現變化，當與步軍統領司法權的發展有些關聯。如同前文所述，順治朝的步軍統領尚未擁有司法權，康熙十三年後則能自行完結笞、杖輕案，徒、流以上案件「錄供送刑部定擬」。[226]在旗人司法案件的處理過程中，八旗都統與步軍統領扮演著類似角色，一般說來兩者職權應會互相影響，問題僅在於誰先發生變化。不過即使如此，他們的司法權仍不盡相同。透過案例可知步軍統領處理徒罪以上案件時，沒有所謂的「審理權」，也就是說步軍統領常在訊問完犯人後，即將其移交刑部，無權提出初步判決。[227]八旗都統則不然，觀察康熙五十五年以前的案例，八旗都統對於重案似乎亦有初審權。[228]

不過八旗都統的司法權，在康熙五十五年間卻出現轉變，是年清聖祖下令日後八旗命案，必須由八旗都統與刑部一同會審。該政策除了可從皇帝意圖削弱八旗都統司法權的角度來思考，其餘因素亦不容忽視。八旗都統衙門處理旗人命案時，一大難處為無人可以驗屍，僅能向刑部請求支援。[229]然而驗屍與審判若分屬不同系統，

---

[225] 關於這個問題，胡祥雨曾透過一則順治年間的題本資料，論證當時八旗都統擁有司法權，胡祥雨與那思陸的觀點值得一併參看。詳可參見胡祥雨，《清代法律的常規化：族群與等級》，頁165。

[226] 《欽定大清會典事例（嘉慶朝）》，卷876，〈步軍統領‧職制‧斷獄〉，頁1a。

[227] 相關討論詳可參見那思陸，《清代中央司法審判制度》，頁95、159。胡祥雨，〈清前期京師初級審判制度之變更〉，《歷史檔案》，2007：2（北京，2007.05），頁42-43。

[228] 《清代起居注冊‧康熙朝（北京版）‧第27冊》，頁13426-13427，康熙四十五年九月十二日條：「正白旗都統崇古禮等奏，為護軍保住，因西白、西達角口至保住門前撒潑，保住喝令家人毆打，至五鼓時西達身死。議照新例，將保住正法。上曰：『此事與近日照新例發落一案少異，著交與該部議奏。』」

[229] 雍正十二年五月間，刑部郎中覺羅禪塔海奏稱八旗收押人犯如果身故，必須等待刑部派員帶領仵作前來驗屍，才准家屬收領屍體，「倘遇炎熱之際，穢氣動蒸，因而沾染他人，殊覺未便」。覺羅塔海建議每旗應蓋一「五樑瓦房」，專門安置身故人犯，「如此則高牆內人犯，自無沾染之處」。根據該例推測八旗本身應無仵作編制，詳可參見中國第一歷史檔案館編，《雍正朝漢文硃批奏摺彙編‧第26冊》（南京：江蘇古籍出版社，1991），頁299-300，〈刑部郎中覺羅禪塔海‧奏請於八旗圈禁人犯高牆外另蓋五樑瓦房相驗身故人犯摺〉，雍正十二年五月初八日。另值得

容易產生一些弊病，時人曾有言：「人命重大，不經目睹，而止憑仵作圖結以定重輕，不但虛實情形不能立辨，而奸胥亦得易生朦混之弊。」[230]人命案件至關重要，皇帝為求判決準確，要求八旗都統與刑部官員會審實屬無可厚非。此外如同上一節所述，清聖祖針對旗人命案頒布嚴厲的「新例」，旗人相殺不問原因為何殺人者一律正法。若旗人命案先交由刑部驗屍，再轉交八旗都統審擬具奏，該嚴法的恫嚇效果，多少會因審判流程曠日廢時而大打折扣。透過這兩點或能理解清聖祖令八旗都統與刑部會審旗人命案有其道理。當時的考量重點，似乎已從政治權勢角力，轉移至如何讓司法制度的運作更為完美。

然而無論真正原因為何，八旗都統與刑部官員的會審規定，不可否認仍使八旗都統的司法權受到一定程度影響。康熙五十五年的改制，應可視為八旗都統司法權日益限縮的開端。皇帝這方面的改革其實甚有耐心，並未過於躁進。那思陸曾指出清世宗於雍正元年十二月間在刑部添設現審司，象徵八旗都統審理旗人命盜案件的權力已被剝奪，[231]此觀點可能尚有斟酌空間。因為在現審司設立前，刑部的現審案件已交由部內諸司處理；[232]清政府為增加現審案件的

一提的是，刑部自雍正十一年才設有仵作，在此之前是由京師五城的仵作協助驗屍，參見《欽定大清會典事例（光緒朝）》，卷1041，〈都察院・五城・仵作〉，頁14b：「雍正十一年題准。人命最重相驗，相驗全憑仵作。刑部向無仵作，遇有命案，隨傳五城仵作相驗。嗣後刑部專設仵作二名，五城各設仵作一名，由本城召募誠實諳練者充當。給發工食，每月各一兩，如三年無過，月各二兩。」

230 《雍正朝漢文硃批奏摺彙編・第32冊》，頁945-946，〈刑部山西司主事張鍼・奏陳刑部現審左右二司宜設專官並輪流檢視人命摺〉，雍正年月日不詳。

231 那思陸，《清代中央司法審判制度》，頁93。那思陸所引的史料為《清世宗憲皇帝實錄》，卷14，雍正元年十二月己酉條：「添設刑部現審司，辦理在京八旗命盜，及各衙門欽發事件。」

232 《大清會典（雍正朝）》（臺北：文海出版社，1993），卷149，〈刑部・十五司職掌〉，頁1b：「江南等十五司，各設郎中、員外郎、主事，令各清理所隸本省刑名，仍量其繁簡，帶管直隸府、州、縣，併在京衙門、盛京地方、寧古塔將軍衙門事件，各照司分辦理。至內務府、盛京刑部、各省將軍咨送事件，八旗詞訟、五城移申，一切現審人犯，初分江南等十四司承審。」

處理效率，才決定將「十四司之現審畫歸兩司」，「又於十四司官員內，揀選幹練者，以當此任」，以期「事專而易結，人犯無久禁之苦」。[233]此舉雖然立意甚佳，結果卻有些不如預期，由於「司官各司其事，又辦現審，非關勤勞，實難兼顧」，[234]造成承審官員「更換無常」，「以致事多叢積」。[235]現審左、右二司因無法徹底發揮成效，臣工紛紛建議將現審司官員改為專職，以免各司官員左支右絀，[236]清世宗最後也在雍正七年（1729）答應這項請求。[237]根據現審司的沿革歷程，可以發現現審司剛設置時，不脫過往各司官員輪流處理現審案件之慣例，也未專管八旗案件。可能由於八旗案件亦屬京師現審案件，性質又較為重要，清世宗才會在上諭中特別提及。換句話說，現審司的出現，未必表示八旗都統的司法權始被刑部侵奪。

　　八旗都統司法權弱化的情形，可能要到雍正十一年頒布的新例才可看出端倪。該例將八旗都統的司法權，分為下列三種層面：

---

[233] 《雍正朝漢文硃批奏摺彙編·第32冊》，頁302，〈刑部候補主事宜廷棟·奏陳鑄給刑部現審兩司印信並選能員補授及論俸陞轉不必調司摺〉，雍正年月日不詳。

[234] 《雍正朝漢文硃批奏摺彙編·第31冊》，頁853，〈刑部浙江司主事李五福·奏陳刑部現審司宜特設專人以供職管見摺〉，雍正年月日不詳。

[235] 《雍正朝漢文硃批奏摺彙編·第32冊》，頁945，〈刑部山西司主事張鍼·奏陳刑部現審左右二司宜設專官並輪流檢視人命摺〉，雍正年月日不詳。

[236] 例如《雍正朝漢文硃批奏摺彙編·第31冊》，頁633，〈刑部督捕司郎中江洪·奏陳滿洲司官宜有專司及現審司官宜有專責管見摺〉，雍正年月日不詳：「今現審司官，皆於各司司官內，委派兼理，夫審斷獄訟兩造之是非，一事之曲直，非細心研究，罕得其情。若乃既辦本司，復兼現審，則一人之精力有限，而一事之委曲多端，即有長才，難於分任。請嗣後凡現審司官，另設專員辦理，庶聽斷之下，可以盡心，而折獄之良，無難稱職矣。」、《雍正朝漢文硃批奏摺彙編·第32冊》，頁246-247，〈刑部額外侍郎牧可登·奏請由刑部現任司員內揀選人員專理左右現審兩司事件摺〉，雍正年月日不詳：「臣部因現審案件，關係緊要，奏請添設左、右現審二司，鑄印給與，所以專責成收實效也。但現審二司，雖鑄印給與，並未設立專員，仍係江南等十四司內，揀選司官之才能者，令其審理。……臣請將臣部現任司員內，才守兼優，諳練刑名者，揀選滿漢郎中、員外郎、主事各一員，筆帖式各五員，令其專理左、右現審兩司事件。」

[237] 《清世宗憲皇帝實錄》，卷87，頁166，雍正七年十月庚申條：「添設刑部左、右現審司，滿、漢郎中、員外、主事一二員，筆帖式十員，專理現審事件。從刑部額外侍郎牧可登請也。」

一、旗人犯有笞、杖罪名者,八旗都統可直接完結。二、旗人案件中屬於主僕相爭、控爭家產、隱匿入官物件、長幼尊卑彼此相爭、賭博、訛詐、擅用禁物、容留販賣來歷不明之人等事,也由八旗都統審結,不過若有刑訊需求或「情重不能即刻完結者」,則須會同刑部官員處理。三、旗人若犯人命、盜、持金刃傷人等案,或案情與民人相關,送交刑部完結。八旗都統的司法權,乍看之下類似於一般地方州、縣官,[238]然而較為不同的是,八旗都統不僅可自理笞、杖輕罪案件,還有權處理部分徒、流案件。[239]根據雍正十一年例的內容,八旗都統應將命盜等重案送交刑部完結,某些狀況下的徒、流罪名案件必須與刑部會審,其司法權已與過往有所不同。

不過這則與八旗司法制度相關的新例並未實行很久,乾隆五年(1740)即被刪除,會典對此的註釋為:

> 謹案:此條雍正十一年定。乾隆五年,查八旗笞、杖輕罪,向由該旗完結,其會同刑部審擬之例,業經停止,至命盜等事,已於雍正十三年定例,專交刑部辦理。此條刪。[240]

這段簡短的註釋頗耐人尋味,除了根據「查八旗笞、杖輕罪,向由該旗完結」,可知八旗都統處理笞、杖輕罪之權未受影響外,從

---

[238] 在清朝司法制度中,地方州、縣官對民事細故與笞、杖輕罪案件可全權處理,一旦審理完畢判決立即有法律效力,詳可參見李鳳鳴,《清代州縣官吏的司法責任》(上海:復旦大學出版社,2007),頁8。

[239] 前述八旗都統司法權三層面中第二類情形羅列的幾項罪名,基本上以笞、杖輕罪為多,有些則屬徒、流之罪。例如容留販賣來歷不明之人,《大清律例》有載:「凡收留(良)人家迷失(道路、鄉貫)子女,不送官司,而賣為奴婢者,杖一百徒三年;為妻妾子孫者,杖九十徒二年半。若得迷失奴婢而賣者,各減良人罪一等。被賣之人不坐,給親完聚。」參見田濤等點校,《大清律例》,卷8,〈戶律・戶役・收留迷失子女〉,頁180。

[240] 《欽定大清會典事例(光緒朝)》,卷819,〈刑部・刑律訴訟・軍民約會詞訟〉,頁21a-21b。另可參見〔清〕吳壇著,馬建石等編,《大清律例通考校注》,卷30,〈軍民約會詞訟已刪條例文〉,頁903。

「至命盜等事，已於雍正十三年定例，專交刑部辦理」來看，似乎說明雍正十三年的某則新例，為雍正十一年例遭刪除之因。進一步查閱官書典籍，發現雍正十三年間，確實出現一條與八旗司法制度相關的條例：「八旗案件，俱交刑部辦理，該旗有應參奏者，仍行參奏。」[241]官書雖對該例的問世未多著墨，下列檔案仍透露些許蛛絲馬跡。

　　雍正十三年九月間，總理刑部事務的和碩果親王允禮，奉命處理恩赦案件時特別指出：

> 除臣部自行審理案件，現在詳查具奏外，其經各旗參奏，咨取臣部司員會審者，共九案。或臣部派員往會，或該旗指員咨取，皆係該旗自行主稿。其案內人犯幾名，或係羈禁高牆，或係在旗看守之處，臣部無憑稽查，該旗又不速行知會，碍難辦理。[242]

透過引文可知八旗與刑部的會審案件，主稿權握在八旗都統手上，足見八旗都統的主導地位。允禮為求盡速處理這些恩赦案件，建議皇帝「或飭該旗自行辦理，或交臣部辦理，庶責有專歸，事無牽制，案件得以速完」，清世宗對此表示：「應交刑部辦理，仍速督飭該旗，有應參奏者，即行參奏」。清世宗應是鑑於八旗處理案件過於緩慢，[243]才決定將相關案件轉交刑部專門負責，進而導致雍正

---

241 〔清〕黃恩彤編，《大清律例按語》，卷61，〈刑律‧訴訟‧軍民約會詞訟〉，頁75a。

242 《雍正朝漢文硃批奏摺彙編‧第29冊》，頁276，〈總理刑部事務果親王允禮‧奏呈各旗會審未結各案清單如何辦理請旨遵行摺〉，雍正十三年九月二十一日。

243 早在雍正十一年間，已有官員奏稱八旗審案延遲過久之問題，參見《雍正朝滿文硃批奏摺全譯‧下冊》，頁2207，〈鑲藍滿洲旗參領達奎‧奏報限期審結案件摺〉，雍正十一年五月十三日：「奴才伏思，部審之案，俱於定期內完結。現八旗審案，並無定期，又未將緣由咨照稽察旗務官員，或有將案數日完結者，或數月結案不完者亦有；倘不定期限期，不交稽察旗務官員稽察，審案日久，既生行私弊端不可料

十三年例的出現。[244]該例可說是影響深遠，八旗都統原本可與刑部會審的權力已不復見。不過雍正十三年例強調的「八旗案件，俱交刑部辦理」，也不表示八旗都統連對笞、杖輕罪的司法權都被剝奪，《讀例存疑》的註解即為明證。[245]

八旗都統雖然保有最基本的司法權，但其中仍有一些侷限。在討論這個問題前，有必要先談《欽定八旗則例》的這則規定：

> 八旗兵丁犯罪，由部審擬鞭責，送回該旗。除部文內聲明革退者，照部咨革退外，其文內未經聲明者，查係行竊、逃走之案，無論罪名輕重，概行革退；係一切公、私等罪，在鞭一百以上者，革退；如所犯在鞭一百，及鞭一百以下者，仍准當差，毋庸革退。[246]

《欽定八旗則例》並未說明該例始於何時，[247]但應不會晚於《欽定

定。請交付八旗大臣，嗣後旗官所承辦之審案，或與部員會審案件，俱依部院例分議種類案件，限期完結。」該奏未奉硃批，此建議最終可能沒有得到皇帝的同意。
[244] 雍正十三年十月間，正黃旗漢軍副都統尚崇璧奏稱：「近見八旗參奏之事，多有奏請會同刑部審理者，既經會部審理，而取供定罪，又惟旗員是主。臣伏思旗員皆係武職，諳習律例者甚少，即使被參之人情罪皆實，而擬定律例，恐亦未必盡協，且恐以參奏之人，承審其中，或有挾私，而被參之人，雖有屈抑，斷難伸訴。再參奏事內，或有一、二未合原參，而被參之人，或另有隱情者，恐原參之人，亦未必能平心認為己過，復為分晰，求之情罪允服之道，似為未合。臣請嗣後凡八旗參奏事件，亦照外省督參撫審、撫參督審之例，皆聽刑部審理。」參見《宮中檔雍正朝奏摺·第25輯》，頁292，〈正黃旗漢軍副都統尚崇璧·奏陳八旗參奏事件應歸刑部審理摺〉，雍正十三年十月十七日。尚崇璧的上述建議，可能也是雍正十三年例出現的原因。
[245] 〔清〕薛允升著，黃靜嘉編校，《讀例存疑重刊本》，卷40，〈刑律·訴訟·軍民約會詞訟〉，頁1025：「謹按：雖交刑部辦理，仍不准由刑部收呈，細事仍聽該旗完結，應與越訴門及有司決囚門各條參看。」
[246] 《欽定八旗則例》（香港：蝠池書院出版公司，2004），卷10，〈廉部·禁令·兵丁犯罪〉，頁1a。
[247] 《欽定八旗則例》的出現，與兵部則例的修訂有關。總理兵部事務大臣顎爾泰編審兵部則例時，發現下列情形：「從前律例館刊刻臣部則例，俱係綠旗處分事宜，其八旗事例，並未編纂有書。現在臣部辦理八旗案件，或欽遵特頒御旨，或照各處議覆之例，或仍遵中樞政考，或引用會典內開載事例，其無正條可循者，又往往援引比照定議，未能畫一遵行。謹將八旗則例先行編纂……。」參見《明清檔案》，卷

八旗則例》成書的乾隆六年（1741）。[248]引文最前面的「八旗兵丁犯罪，由部審擬鞭責，送回該旗」值得留意，從中可知不法旗人是在刑部被鞭責後才送回旗下，八旗都統似乎無權鞭責旗人，下列案件恰能呈現該例的執行。雍正六年間，西安駐防領催李天植，隨原任協領莫爾渾出兵西藏，回程途中因擾民連同家人被解送京城，鞭責後再送往正藍旗漢軍都統永興下當差。[249]乾隆三十四年（1769）七月間，鑲黃旗滿洲都統移送一案至刑部，此案內容為鑲黃旗披甲掛住與民人胡大等，在營房內因借米糾紛互毆，掛住之子巴揚阿持磚打傷胡大伙計陳二的額頭。刑部審訊完畢後，先將巴揚阿與掛住分別鞭責再交旗管束。[250]

　　《欽定八旗則例》的這則規定，與前述關於八旗都統司法權的討論似乎有些矛盾，最關鍵者為八旗都統自乾隆五年後，究竟是否擁有處理笞、杖輕罪的司法權。由於筆者目前暫時無法完整掌握清前期的八旗都統衙門檔案，[251]難以得知八旗都統對笞、杖輕罪案件的確切處理情形，但透過其他史料推測八旗都統擁有最基本的司法

　　冊A093-071，〈大學士總理兵部事務顎爾泰・奏呈八旗則例〉，乾隆五年四月十八日。根據這件檔案，可知大致從乾隆五年四月間開始修訂。《欽定八旗則例》最終完成於乾隆七年三月間，參見《清高宗純皇帝實錄》，卷162，頁40，乾隆七年三月丙寅條：「八旗則例告成，纂修官以下議敘有差。」

[248] 在《欽定八旗則例》修訂期間，該例曾於乾隆六年特別被提出，可見應已實施一段時間。參見《清高宗純皇帝實錄》，卷147，頁1114，乾隆六年七月壬午條：「大學士鄂爾泰等奏：『臣等校閱八旗則例，俱係欽遵歷年所奉諭旨，及議覆臣工條奏准行事件，詳加纂輯。查各旗現行事件內，有相沿辦理無案可稽者，又有各旗辦理互異者。謹會同酌議，纂入例冊。……一、兵丁犯罪，部文內聲明革退者，遵照部咨革退外，其未經聲明者，如係行竊逃走之案，及一切公私等罪，所犯在鞭一百以上者，概行革退；如所犯在鞭一百，及鞭一百以下者，情罪尚輕，毋庸革退。』得旨：『此議甚善，依議。』」

[249] 《明清檔案》，卷冊A093-023，〈正藍旗漢軍都統永興・正藍旗漢軍都統為馬兵母老侄幼請准退差終養由〉，乾隆五年三月十七日。

[250] 〈明清內閣大庫檔案〉，登錄號084540-001，刑部為廂黃旗滿洲都統奏舊營房披甲掛住與民人胡大等在營房內爭米鬥毆分別杖笞鞭責移會稽察房，乾隆三十四年十月初七日。

[251] 中國第一歷史檔案館的八旗都統衙門檔案，無疑是探討這方面問題的重要資料，期待日後能有幸查閱這些檔案彌補本書論述之不足。

權應是無庸置疑。不過若是如此，又該如何解釋《欽定八旗則例》中刑部鞭責不法旗人的規定？

以下兩層面的思考，或許有助於解決該問題。首先，《欽定八旗則例》中的相關條文，除強調「八旗兵丁犯罪，由部審擬鞭責，送回該旗」外，後續內容均屬八旗兵丁革退與否的規定，可見該例重點在於約束八旗兵丁而非一般旗人。[252]推測八旗兵丁因屬國家軍隊一分子，八旗都統不便擅自處罰，故只能將不法八旗兵丁送交刑部處置。除此之外，還有一種可能為八旗都統有時為貪圖方便未嚴格執行司法權，隨意將各類旗人司法案件上呈刑部。類似情形亦曾發生於五城兵馬司與步軍統領衙門，嘉慶十八年（1813）四月間，御史夏修恕奏稱：「近日五城及步軍統領衙門，於尋常訟案罪止杖、笞以下者，往往不察事理，概以送部了事」，[253]清政府隨即特別修法約束上述衙門。[254]若五城兵馬司與步軍統領衙門存有上述問題，八旗都統衙門將旗人笞、杖輕案送交刑部之舉似乎也不足為奇了。

八旗都統的司法權至乾隆年間明顯不如往昔，八旗都統在旗人中央司法制度中的角色，逐漸演變為上報與協助刑部兩種形式。乾隆三十七年（1772）三月間，正白旗漢軍孫天培佐領下王寬等人，向旗內長官指控族內王官「欺祖滅倫」、「出妻霸嫂」。事情起源

---

[252] 相關討論詳可參見本書第四章第二節。

[253] 《清仁宗睿皇帝實錄》，卷268，頁637，嘉慶十八年四月辛酉條：「刑部雖總理讞獄，然案情較重，罪名大小，辦理自有等差。近日五城及步軍統領衙門，於尋常訟案罪止杖、笞以下者，往往不察事理，概以送部了事。以致刑部現審之案，日積日多，不能速為斷結。……著刑部詳查定例，並酌定條款，凡輕罪細故，可由五城及步軍統領衙門審者，俱令自行擬結。其應送部而不送部者，固當照例參處，如不應送部而率意送部者，刑部將原案駁回，並將該衙門參奏請旨。」

[254] 〔清〕黃恩彤編，《大清律例按語》，卷88，〈刑律·斷獄下·有司決囚等第〉，頁60b-61a：「嗣後五城及步軍統領衙門審理案件，如戶、婚、田土、錢債細事，並竊盜、鬥毆、賭博，以及一切尋常訟案，審明罪止枷杖笞責者，照例自行完結。其旗、民詞訟，各該衙門均先詳審確情，如果應得罪名在徒、流以上者，方准送部審辦，不得以情節介在疑似，濫行送部。」

自王寧病故後，遺孀楊氏和兒子永壽被其堂弟王官收留。該年正月間，永壽向族長王寬表示曾撞見母親與叔叔通姦，王官甚至為此將髮妻李氏趕回娘家，此外王官還盜賣祖墳上的大楊樹。都統范時綬接獲此案後馬上進行訊問，但王官對這些指控皆矢口否認。范時綬發現兩造說法差異甚大，隨將此案「送部審斷」。[255]都統范時綬接受詞訟後，僅經初步審訊便轉呈刑部，並未先行問擬罪名，推測八旗都統無權審理這類案件，只能如同步軍統領衙門般錄供送部。[256]除此之外，八旗都統還常肩負起協助刑部調查案件的責任。乾隆七年（1742）間，旗人王保柱和陳廷璸父子「設計假書王諭、私雕圖記」，「復假充和親王差遣之人，持書投遞山西鹽政衙門，肆行詐騙」，事情曝光後王保柱等人不但遭受懲處，皇帝亦令各旗協助追討他們詐騙而來的銀兩。由於陳廷璸身屬鑲藍旗，該旗漢軍都統佛表題稱經過調查，「陳廷璸實係家產全無，不能完項」。[257]查拿陳廷璸的不法所得因屬於旗內事務，刑部不便直接插手辦理，才行文請求旗員協助。

　　清朝入關後隨著皇權不斷提升，八旗司法制度面臨劇烈變化。清初八旗都統雖自領旗貝勒式微後握有一定司法權，但其權限卻有日益下降的趨勢，至乾隆年間基本上僅能處理笞、杖輕罪。皇帝之所以削弱八旗都統的司法權，應仍與避免八旗勢力過大有關，畢竟八旗與國家制度間的抵觸，終究是個必須面對的問題。當八旗都統的司法權如同步軍統領般，侷限於笞、杖輕罪範圍時，如實呈現皇

---

[255] 〈軍機處檔・月摺包〉（臺北：國立故宮博物院藏），文獻編號016424，〈正白旗漢軍都統范時綬・為王寬等被控欺祖滅倫出妻霸嫂一案奏請送部審斷〉，乾隆三十七年三月二十五日。

[256] 關於步軍統領衙門錄供送部之舉，詳可參見〈軍機處檔・月摺包〉，文獻編號048479，〈英和・奏報正藍旗宗室繙譯舉人慶豐自行出首伊與胞兄慶遙係白蓮教等情〉，嘉慶二十二年七月十七日。

[257] 《明清檔案》，卷冊A116-060，〈鑲藍旗漢軍都統佛表・奏報旗人假諭詐財審結家產全無應交部治罪並豁免追銀〉，乾隆七年十一月十一日。

帝在法律上降低八旗特殊性的企圖。此舉不但可以化解制度的紊亂，更能進一步強化皇權。

透過八旗中央司法審判與訴訟制度的演變，可知八旗雖屬「國家根本」，但皇帝基於穩定政權考量，不得不縮減八旗都統的司法權。然而八旗制度只要有一天存在，就有可能影響國家司法體系的運作。乾隆三十六年（1771）四月間，西山四王府西河灘上有具無名女屍被人發現，當官方正準備殮屍與「插牌招認」時，鑲黃旗滿洲營房章京那祿的家人三兒，前來告稱該屍為伊主使女六妞兒的母親，經六妞兒親自確認後，西城兵馬司令六妞兒擇日前來「取具領狀」與「繳還棺木抬埋銀兩」。然而當差役張永等人前往傳喚六妞兒時，竟遭那祿及其子二豹刁難，甚至奪去傳票與毆打張永等人。[258]另乾隆三十七年十月間，旗人陳吉祥與魯興基因財物糾紛互毆，陳吉祥被打落門牙一顆，辮子亦被揪脫。不料此案進入司法程序後，管營官員卻是刻意阻撓，拒絕交出毆打他人成傷的魯興基。西城御史面臨這個窘境，奏稱「八旗都統衙門，不過約束兵丁，以及操練、支放錢糧等事，至遇毆傷之案，自應照例聽問刑衙門查辦」，懇請皇帝諭令該旗配合調查。[259]上述兩起案件明顯呈現旗員干預京師司法機關辦案的一面，足見皇帝選擇削減八旗都統的司法權，確實為一情非得已之舉。

---

258 〈軍機處檔・月摺包〉，文獻編號013916，巡視西域御史誠和等・奏請將鑲黃旗滿洲營章京那祿幷伊子二豹一併交刑部審辦以為肆橫者戒由，乾隆三十六年四月二十四日。

259 〈軍機處檔・月摺包〉，文獻編號018527，巡視西域御史海晏等・奏請將被傷之旗人陳吉祥兇手魯興基一併押送刑部照例審辦並請將阻撓原被袒庇之佐領楊文燦金文元交兵部議處，乾隆三十七年十月三十日。

第三章
旗人的民事規範與民事糾紛

　　現代法學根據不同標準，將內涵複雜的法律作出多種分類，公法與私法之別即為其中一種。[1]若從宏觀角度觀察中、西法律文化，或可將其屬性簡單區分為公、私法文化，[2]現代社會中與刑法並駕齊驅的民事規範，主要為西方傳統法文化長期發展下的產物。

　　上述關於傳統中、西方法文化的描述，雖已長時間佔有主導地位，但由於公法與私法間的定義太過模糊，[3]許多人對該分類深感不以為然，傳統中國是否擁有民法的論爭也隨之展開。張晉藩認為不能僅因法典編纂形式上民、刑不分，就得出傳統中國沒有民法的結論。傳統中國雖然沒有獨立的民法典，民事規範卻散見於律、令、詔、條例和則例內，其中不乏土地、戶籍、繼承、婚姻、商業

---

[1]　鄭玉波，《法學緒論》（臺北：三民書局，1973），頁26-31。

[2]　這方面的討論詳可參見張中秋，《中西法律文化比較研究》，頁102-117。需要說明的是，張中秋雖將中、西兩種法文化區分為公、私法體系，卻也強調該現象並非絕對。他表示私法即使是西方法律體系的重要根基，也不意味西方法律的全部內容都是私法，公法仍佔有一席之地；不過傳統西方近代以前的刑法因深受私法影響，又具有「私法化」的特殊現象。

[3]　韓忠謨曾指出公法、私法雖是法學基本概念，但如何確定區分標準則相當困難。目前區分公法和私法的標準，主要有權力說、主體說、利益說等，但每種說法均有所偏限與盲點。詳可參見韓忠謨，《法學緒論》（臺北：作者發行，1968），頁33-39。鄭玉波甚至認為將法律分為公、私法過於傳統，已不符合目前複雜的社會情勢，他主張應將部分法律歸類為公私綜合法。詳可參見鄭玉波，《法學緒論》，頁30-31。根據上述討論可知，公法與私法間目前未有縝密界定，在定義尚未完全清楚下，確實很難藉此概念清楚描述中、西法文化的不同。

等各項規定。[4]部分學者則持相反態度，例如鞏濤表示研究者應避免以今論古，清朝縱然存有許多被認為具有法律效力的契約，但在中、西不同文化下，清朝契約可能只著眼與便於官員行政管理，與西方保障個人權利式的契約大不相同。[5]該各有側重的論爭短時間內應難以取得共識，但或許如同徐忠明所言，研究傳統中國法律時仍可使用民法一詞，惟研究者必須保有中、西法律存在固有差異的警覺性，如此才有助於這方面的研究繼續開展，而非繼續停滯於概念本質問題上。[6]

關於傳統中國民法的漫長發展，清朝尤其受到重視，研究者除了關注西方勢力影響下的法律轉型問題外，清朝的「征服王朝」特徵也令人好奇清朝民法存有哪些特殊性。[7]筆者在本書脈絡下較為重視後者，即清朝入關後是否一併將關外舊俗帶入關內，並嘗試與金、元兩朝相比較，[8]以下將分為田土、錢債、與戶籍三方面進行討論。

---

4 張晉藩，〈論中國古代民法研究中的幾個問題〉，收錄於氏著，《張晉藩文選》（北京：中華書局，2007），頁179-203。相關討論亦可參見張晉藩，《中國法律的傳統與近代轉型》（北京：法律出版社，2005），頁204-228。

5 鞏濤（Jérôme Bourgon）著，黃世杰譯，〈地毯上的圖案：試論清代法律文化中的「習慣」與「契約」〉，收錄於邱澎生、陳熙遠編，《明清法律運作中的權力與文化》（臺北：中央研究院、聯經出版公司，2009），頁215-253。

6 徐忠明，〈關於中國古代「民法」問題：借題發揮——張晉藩《清代民法綜論》讀後之隨想〉，收錄於朱勇主編，《《崇德會典》、《戶部則例》及其他——張晉藩先生近期研究論著一瞥》（北京：法律出版社，2003），頁218-243。徐忠明認為研究者雖有必要謹慎使用西方法學概念，但不宜矯枉過正，因為我們若完全依照西方法學標準，甚至可能得出古代中國根本沒有法律的奇怪結論。

7 關於清朝民法的地位與特點，詳可參見張晉藩，《清代民法綜論》（北京：中國法政大學出版社，1998），頁20-28。

8 透過柏清韻的研究可知，女真、蒙古統治漢地時雖積極劃一刑事規範，但在部分民事規範上仍維持「因俗而治」，此舉應是基於民事規範具有較多族群差異的考量。詳可參見柏清韻著，蔡京玉譯，〈遼金元法律及其對中國法律傳統的影響〉，頁155-157、柏清韻著，柳立言譯，〈元代的收繼婚與貞節觀的復興〉，頁387-428。

第一節　八旗田房政策與旗地糾紛的處理

一、旗地、旗房政策的內容與意義

　　明代女真雖屬中國北方的非漢民族，但他們不僅崇尚游牧文化，還發展出定居農業生活。相較於鄰近蒙古的「行國」，女真的生活型態已傾向「城堡世居」。[9]在女真人不斷南遷過程中，與漢人、朝鮮人的接觸日益密切，這也增加農業在女真經濟活動中的比重。八旗制度建立後，旗人大多過著「兵、農合一」的生活，[10]不過滿洲政權起初並未建立一套土地分配與管理政策，各牛彔僅在其駐地附近開墾耕種，自行解決所需糧草。滿洲政權以國家之姿系統分配土地於旗人，為天命六年（1621）進入遼瀋地區後的事情，當大量旗人從原本駐紮的蘇子河流域遷徙至此，失去土地的他們頓失依靠。清太祖為照顧這些旗人，在是年七月間頒布「計丁受田」令，[11]為八旗兵丁徵地受田。[12]從此以後，國有土地分給旗人的政

---

[9]　〔清〕福格著，汪北平點校，《聽雨叢談》，卷1，〈滿洲緣起〉，頁1：「滿洲之俗，同於蒙古者衣冠騎射，異於蒙古者語言文字。滿洲有稼穡，有城堡世居之民；蒙古則逐水草為行國，專射獵而無耕種也。」

[10]　《清太宗文皇帝實錄》（北京：中華書局，1985），卷7，頁98，天聰四年五月壬辰條：「但明國小民，自謀生理，兵丁在外，別無家業，惟恃官給錢糧。我國出則為兵，入則為民，耕、戰二事未嘗偏廢。」

[11]　滿文老檔研究會譯註，《滿文老檔・太祖1》（東京：東洋文庫，1955），卷24，頁355，天命六年七月十四日條：「hai jeo bade juwan tumen inenggi,（海州地方十萬日）liyoodung i bade orin tumen inenggi,（遼東地方二十萬日）uhereme gūsin tumen inenggi,（總共三十萬日）usin be gaifi,（取得這些田地後）meni ubade tehe coohai niyalma morin de buki.（給與我們駐紮於此地的兵馬）……」滿文中的inenggi，意思為日、晝，在此處為土地面積的計量單位。一「日」約等於六畝，即一天勞力耕種的田畝數，參見孫文良主編，《滿族大辭典》（瀋陽：遼寧大學出版社，1990），頁82，「日」條。關於這則史料的討論，亦可參見王鍾翰，〈滿文老檔中計丁授田商榷〉，收錄於氏著，《王鍾翰清史論集・第1冊》，頁588-608。

[12]　清朝關外時期旗地制度的形成與發展，詳可參見趙令志，《清前期八旗土地制度研究》（北京：民族出版社，2001），頁23-59。

策日益成熟，至清太宗朝仍實行不輟。

　　順治元年（1644）清朝入關後，如何照顧眾多離開故土的旗人子弟實屬當務之急。順治元年十二月間，清政府先令戶部清查北京附近的無主荒田，分發給入關的八旗諸王、勳臣與兵丁。[13]此舉應是為避免民人權益受到侵害，然而實情卻遠比想像中複雜。由於「無主之地與有主之地犬牙相錯」，導致旗人「勢必與漢民雜處」，為避免「日後爭端易生」，[14]清政府不得不以換地方式儘量讓旗、民相區隔。[15]

　　清政府入關後的旗地政策，主要延續關外「計丁受田」制度，不過由於關內情形較為複雜，清政府也適時作出一些調整。最明顯處為基於「旗、民分治」原則，謹慎劃分旗地界線。雖然民人被迫離開家園無庸置疑相當擾民，但清政府也並非完全蠻橫無理，除了嚴格要求補償民人的土地「務令均平」外，[16]也禁止旗人破壞民人無法搬遷的墳墓，[17]甚至還有豁免賦稅錢糧的優待。[18]

---

[13] 《清世祖章皇帝實錄》，卷12，頁117，順治元年十二月丁酉條：「我朝建都燕京，期於久遠，凡近京各州、縣民人無主荒田，及明國皇親、駙馬、公、侯、伯、太監等，死於寇亂者，無主田地甚多。爾部可槩行清查，若本主尚存，或本主已死而子弟存者，量口給與，其餘田地，盡行分給東來諸王、勳臣、兵丁人等。此非利其地土，良以東來諸王、勳臣、兵丁人等，無處安置，故不得不如此區畫。然此等地土，若滿漢錯處，必爭奪不止，可令各府、州、縣、鄉、村，滿、漢分居，各理疆界，以杜異日爭端。今年從東先來諸王，各官兵丁，及見在京各部院衙門官員，俱著先撥給田園，其後到者，再酌量照前與之。」

[14] 《清世祖章皇帝實錄》，卷12，頁113-114，順治元年十二月己未條。

[15] 《清世祖章皇帝實錄》，卷13，頁120，順治二年正月辛卯條。

[16] 《清世祖章皇帝實錄》，卷14，頁126，順治二年二月己未條：「各州、縣有司，凡民間房產有為滿洲圈占，兌換他處者，俱視其田產美惡，速行補給，務令均平。儻有瞻顧徇庇，不從公速撥，耽延時日，爾部察出，從重處分。」

[17] 《清世祖章皇帝實錄》，卷14，頁127，順治二年二月壬戌條：「兵科給事中向玉軒奏言：『民間墳墓，有在滿洲圈占地內者，許其子孫歲時祭掃，以廣皇仁。』從之。」、《清世祖章皇帝實錄》，卷14，頁128，順治二年二月丙寅條：「命戶部傳諭管莊撥什庫等，凡圈占地內，所有民間墳墓，不許毀壞，耕種所植樹木，毋得砍伐，違者治罪。」

[18] 《清世祖章皇帝實錄》，卷25，頁209-210，順治三年三月乙卯條：「戶部奏言：『民間田地，撥給滿洲，雖已於鄰近地方補還，但廬舍田園，頓非其故，遷徙流離，深為可念。應照被撥地數，一應錢糧，全免一年。其地土房舍，雖未經撥給滿

八旗兵丁入關後一人可得旗地五晌，[19]丈量工具並未使用民間慣用的步弓而是繩索，故八旗佔領民地的行為常被稱為「圈地」或是「繩地」。[20]「圈地」活動主要有兩波高潮：第一次為指順治二年（1645）至四年（1647）三次大規模圈地，第二次則發生於康熙初年。這兩波「圈地」目的不盡相同，順治年間主要是為了保障旗人生活所需，康熙年間則多為藉機侵佔良田，後者性質明顯更為惡劣。「圈地」雖然可歸類上述兩大高潮階段，卻不表示其餘時間沒有「圈地」行為，僅相對而言規模較小。[21]清聖祖親政後，有感於「圈地」造成許多負面影響，為避免繼續勞民傷財，在康熙八年（1669）下令永遠停止「圈地」。[22]不過這道禁令主要適用於直省地區，口外地區仍會圈地以資旗人耕種。[23]

　　清朝旗地由於為國家統一發配而具備強烈國有性質，得以與八旗制度密切整合。國家給與土地乃希望旗人生活無虞，故當旗人離開故土至新駐地時，會在當地得到新的旗地。八旗制度因有調動頻繁的特色，將土地透過國家分配與置換，確實為一較為妥當之策。

洲，而與近村被撥之民，同居分種，亦應照分出地數，將一應錢糧，量免一半。凡故明公、侯、外戚屯地，既經撥出，其錢糧自應照數永免。如有被撥之民，將他處未撥產業，混開冒免者，察出重究。』從之。」

[19] 「晌」又寫作「垧」，相當於土地計量單位「日」。晌的滿文為cimari，該字亦有明晨、清早之義，參見〔清〕沈啓亮，《大清全書》（瀋陽：遼寧民族出版社，2008），卷10，頁49b，「cimari」條。「晌」另有「大晌」與「小晌」之分，大者為十畝，小者為六畝，參見孫文良主編，《滿族大辭典》，頁82，「日」條。當時圈地所用的「晌」，推測應為「小晌」。

[20] 烏廷玉等著，《清代滿洲土地制度研究》（吉林：吉林文史出版社，1992），頁48。

[21] 詳可參見趙令志，《清前期八旗土地制度研究》，頁101-115。

[22] 〔清〕吳振棫，《養吉齋餘錄》，收錄於氏著，童正倫點校，《養吉齋叢錄》（北京：中華書局，2005），卷1，頁351：「世祖親政後，謂習武古所不廢，然奪民耕耨之地，民生何以得遂。敕部速命地方官，將前圈地土，盡數退還原主。康熙八年，又命永禁旗下圈佔民間房地。」

[23] 《清聖祖仁皇帝實錄》，卷32，頁432，康熙九年二月癸未條：「戶部遵旨議覆：『古北等口外，空閒之地，分撥八旗。查喜峰口、獨石口外，既無閒地，正紅旗又無赴邊外領地之人，不必撥給。今以古北口外地，撥與鑲黃旗、正黃旗；羅文峪外地，撥與正白旗；冷口外地，撥與鑲白旗、正藍旗；張家口外地，撥與鑲紅旗、鑲藍旗。』從之。」

清初「圈地」政策應延續自關外八旗土地制度，[24]未必盡是滿洲政權壓榨漢人的惡政。

除了給與旗人旗地維持生計外，清政府還須處理大量兵丁及其家口入關後的住宿問題。大量旗人湧入北京城時，一開始多是強取民宅居住，這從順治元年十月間，明朝原任帶刀指揮仇承胤等人的報告即可窺知一二：

> 胤住居北城崇教坊二鋪地方，家眷三、四十口，棲身度日。不料有鑲黃旗下固山，口稱奉旨佔房，將胤即刻驅逐，家業分毫不許搬移，已經佔住在內，仍欲將巷內民房一并奪佔，鄉民驚慌，號泣欲死。[25]

仇承胤苦求皇上以蒼生為念，約束旗人強奪民房的行為，此言亦反映一般小民面對旗人的跋扈無理完全無從抵禦。受限於史料記載不全，難以得知仇承胤的建議有何效果，[26]但從後續的一些命令來看，清政府此時可能已計畫在京師實行旗、民分居政策，更多民人被迫離開家園勢在必行。順治三年（1646）二月間，清政府即以治安因素為由要求一些民人搬家：

> 諭兵部：近聞京城內盜賊竊發，皆因漢人雜處旗下，五城御

---

24 清朝入關後實施八旗駐防制度，當旗人離開京師前往駐地時可領取新的地畝。不過值得注意的是，由於各駐防區狀況不同，旗地分配漸演變為下列三種類別：一、官員、兵丁均有旗地。二、僅官員有俸米地，兵丁沒有份地。三、官員、兵丁均無旗地，一律補貼俸餉。詳可參見趙令志，〈清代直省駐防旗地淺探〉，《黑龍江民族叢刊》，2001：2（哈爾濱，2001.05），頁70-75。

25 〈明清內閣大庫檔案〉，登錄號085566-001，原任帶刀指揮仇承胤等·為泣訴奪房苦情事，順治元年十月日不詳。

26 監察御史傅景星也注意到類似情形：「民房應給旗下者，當寬以限期，俟其搬移，始令旗下管業。」參見《清世祖章皇帝實錄》，卷14，頁127，順治二年二月辛酉條。不過可惜的是，清政府對於此奏有何回應似乎無從得知。

史、巡捕營官難於巡察之故。嗣後投充滿洲者，聽隨本主居住，未經投充不得留居旗下，如違，並其主家治罪。工部疏於稽察，亦著議處。漢人居住地方，著巡捕營查緝；滿洲居住地方，著滿洲守夜官兵查緝。其遷移民居，工部仍限期速竣，勿得違怠。爾部速行傳諭。[27]

清政府認為京師治安不佳，源於旗、民雜處官員難以稽查，為解決問題只好將民人驅離旗下，遷徙至工部為其新建的房屋中。治安問題似乎只是一種藉口，此舉真正目的應是在京師區隔旗、民。順治五年（1648）八月間，清政府再度以旗、民共處多有紛爭為由，正式下令旗、民從此分居於內、外城中。[28]

當民人均被迫移往外城時，他們遺留於內城的屋舍自然成為旗人住處。清政府處理旗人居住問題時，亦採取類似分配旗地的方法將空房發給旗人。旗人領有的房屋數量依地位有所不同，《大清會典》有載：「順治五年題准。一品官給房二十間、二品官給房十五間、三品官給房十二間、四品官給房十間、五品官給房七間、六品七品官給房四間、八品官給房三間。撥什庫、擺牙喇、披甲給房二間。」[29]順治十六年間，清政府曾重新調整給與旗人的房屋數量，至康熙年間則因北京旗房已不敷使用，每個旗人難以皆有房產，官方只好改發現錢讓他們自行在官地造房居住。[30]

---

[27] 《清世祖章皇帝實錄》，卷24，頁204，順治三年二月甲申條。

[28] 《清世祖章皇帝實錄》，卷40，頁319，順治五年八月辛亥條。清政府有鑑於民人遷徙之不易，擬定了補償措施：「朕重念遷徙累民，著戶、工二部，詳察房屋間數，每間給銀四兩，此銀不可發與該管官員人等給散，令各親身赴戶部衙門，當堂領取，務使遷徙之人，得蒙實惠。」由此可見清政府並非完全罔顧民人的權益。

[29] 《欽定大清會典事例（嘉慶朝）》，卷843，〈八旗都統・田宅・撥給官房〉，頁1a。

[30] 《欽定大清會典事例（嘉慶朝）》，卷843，〈八旗都統・田宅・撥給官房〉，頁1b-2a：「康熙七年題准：『盛京後來甲兵餘丁，未得房屋者，該都統、副都統移咨該部，照每人屋一間例，折價三十兩，自行置造。』八年題准：『每等房各減銀十兩，嗣後各處投誠人員，給與官地蓋房，照例給價。』」

旗人對於清政府而言，扮演著鞏固政權的重要角色，官方給予旗人土地與房屋，當是基於妥善照顧這些「國家根本」的考量。不過也因如此，旗地、旗房的真正所有權一直屬於國家，旗人僅擁有使用權。[31]清政府不但禁止旗人私自買賣旗產，亦不許他們買賣民產。[32]旗人在不動產交易上的處處受限，除避免他們仗勢欺人擾害民間外，另一因素推測為旗人已被定位為「國家根本」，沒有太多從事這類經濟活動的必要。

　　然而透過許多既有研究成果，上述設想可說是完全落空。旗、民交產的情形其實相當普遍，而且逐漸產生出嚴重的惡果。旗人在此交易過程中大多居於劣勢，大量國有旗產流入民間，旗人生計隨之發生問題。[33]滿洲舊俗原本就較不重視不動產權，[34]旗人入關後對複雜的產權轉移手續更是一竅不通；此外清政府的管理旗產方法，也未針對關內高度複雜局勢一併調整，使得官方無法清楚掌控旗產數量。[35]在這些因素的交錯影響下，大量旗地、旗房遂被民人佔據。清政府有鑑於旗產流失問題過於嚴重，不得不以國家力量加以解決，除加強宣示旗產買賣禁令外，甚至動用公帑向民人贖回旗地。[36]不過這些旗產雖受清政府不遺餘力地保護，終究難以阻擋他

---

[31] 劉小萌，《清代北京旗人社會》（北京：中國社會科學出版社，2008），頁102。

[32] 李洵等點校，《欽定八旗通志》，卷62，〈田土志一‧土田規制‧肇基規制〉，頁1116-1117：「十八年九月戶部言：『民間地土房屋，禁止滿洲置買，已於順治七年三月內定例遵行。後順治十三年，奉有順治七年未禁以前，所買地土房屋入官，戶部給發原價，其錢糧行文地方官除免之旨。臣等看得未禁之前，所置地土房屋，發覺人請不給原價，免其入官。七年禁止以後，所買地土房屋，仍照定議，盡行入官，買者、賣者一併治罪。』詔從所請。」

[33] 劉小萌，〈從房契文書看清代北京城中的旗民交產〉，頁83-90、劉小萌，〈乾、嘉年間京畿旗人的土地交易——根據土地契書進行的考察〉，頁40-48+39。

[34] 滿洲政權縱然是農牧並重的生產模式，但他們的文化與生活習慣仍與中原農業地區有別。滿洲人重視的財產，主要為所屬人丁與牲口而非土地，尤其自八旗制度創立後，旗人隨時得聽從國家號令移往駐地，無法攜帶的不動產只能拋棄，導致旗人較不重視土地產權。詳可參見劉小萌，《清代北京旗人社會》，頁104。

[35] 賴惠敏，〈從契約文書看清前期的旗地政策與典賣（1644-1820）〉，頁127-163。

[36] 旗地回贖後最先是重新交遷到旗人手上，之後因考量旗人難以守住旗地，故改為設立旗租地，旗租共有存退、另案、莊頭、屯莊、三次、四次、奴典和公產等八個

們從旗人手中流失的趨勢。

關於八旗土地與房屋的研究，一直是八旗研究中的重要課題，[37]本節接下來希望能另闢蹊徑，聚焦於特殊的旗產政策下，究竟存有哪些民事糾紛？國家又該如何處理？由於旗地較旗房容易發生糾紛，內容複雜性也比較高，下文將主要以旗地為例，探討旗人不動產糾紛的形成與特點。

二、八旗土地政策下的旗地糾紛[38]

旗人入關之初得到的不動產雖然都來自國家分配，但不能否認的是，這些不動產大部分來自於民人。清政府雖標榜不忘保障民人權益，但規模如此龐大的置換田房行為，一些衝突事件仍難以避免。清初旗地一大糾紛，即圍繞著旗、民間的佔地與換地而來。順治二年九月間，王瑋績向戶部呈控寶坻縣生員陳尹之地被圈佔後，竟將他的土地轉撥給陳尹，懇請官府歸還土地。承審的戶部郎中孫塔責問王瑋績若無欺瞞，為何不在秋收前申訴？現在正值秋收之際，無論該田實際主人是誰，收穫都應歸耕種的陳尹所有；此案日後再交地方官詳加調查，如果實屬王瑋績之田則歸還，並另撥田地補償陳尹。[39]此案雖不是旗人間的糾紛，仍可看出與旗地政策密切相關。

當國家強制要求百姓交換土地時，戶籍資料一旦不清楚就很容易發生糾紛，甚至會有趁亂奪取他人土地之情形。順治九年

項目。關於旗租的討論，詳可參見衣保中，〈清代八項旗租地的形成、破壞與丈放〉，《史學集刊》，1993：4（長春，1993.11），頁28-34。

[37] 相關討論詳可參見陳佳華，〈八旗制度研究述略（續）〉，頁115-118、鹿智鈞，〈近二十年來（1989-2009）八旗制度研究的回顧與討論〉，頁164-170。

[38] 旗地與旗房既屬國有，部分相關糾紛在現代法學中，可能會被歸類為行政訴訟。然而清朝法律體系畢竟有其特殊性，旗地糾紛亦帶有民事色彩，故本書仍將此納入討論。上述法學概念參見王海南等，《法學入門》（臺北：元照出版公司，1999），頁299。

[39] 《清初內國史院滿文檔案譯編・中》，頁162-163，順治二年九月十八日條。

（1652）四月間，寶坻縣民邳紀庚，向皇帝控訴鑲白旗披甲壯丁賈國祿「恃惡橫行」，「強霸民地貳圈計拾伍頃，民房貳莊計五拾餘間」；邳紀庚曾懇求賈國祿手下留情，反被賈國祿帶著三十餘人打劫家中財物。此案迅速轉移至都察院，經官員調查後赫然發現事實並非如此。原來鑲白旗自德牛条曾分給賈國祥等人七個壯丁地畝，不料寶坻縣民邳庚五等人「霸佔不與耕種」，賈國祿怒向戶部提告，這些人不僅屢傳不到，甚至糾眾毆打賈國祿家人。之後在戶部派人捉拿相關人犯的同時，邳紀庚亦「潛赴京師，控告御前」。[40]根據此案可知旗、民雙方在土地轉移間，非常容易發生衝突，而且民人未必完全居於劣勢。此外原本單純的土地糾紛，竟有可能演變為鬥毆事件，這類案件的負面影響完全不可小覷。

在清初大規模「圈地」、「佔房」政策的影響下，糾紛可說是層出不窮。[41]清政府面對這種狀況並非視而不見，早在順治四年已強調「圈撥田屋，實出於萬不得已，非以擾累吾民也」，「自今以後，民間田屋，不得復行圈撥，著永行禁止」。[42]不過該命令出現後，其實僅停止大規模「圈地」活動，小規模「圈地」仍時有所聞。[43]清聖祖親政後再次重申禁止「圈地」的立場，並多次約束臣工不可佔用民地。[44]清政府應有注意到「圈地」的不良後果，才循

---

[40] 〈明清內閣大庫檔案〉，登錄號155893-001，都察院承政固山額真阿拉善・都察院承政為發審事，順治九年四月二十六日。

[41] 值得注意的是，旗地糾紛有時甚至會成為政治事件，最著名者即康熙年間的鰲拜藉由換地整肅政敵，詳可參見尤淑君，〈從朱昌祚之死看康熙初年的圈地問題〉，《政大史粹》，9（臺北，2005.12），頁37-87。

[42] 《清世祖章皇帝實錄》，卷31，頁257，順治四年三月庚午條。

[43] 趙令志，《清前期八旗土地制度研究》，頁110-111。

[44] 《清代起居注冊・康熙朝（北京版）・第16冊》，頁8012-8013，康熙二十三年五月十七日條：「戶部以丈量過旗下官員溢額地畝，且暫留原主名下，俟需用時，再行撥給。上曰：『田地為民恆產，已經給與者，不便復取。其旗下官員人等，既有溢額之地，宜注冊，俟需用時，再行撥給，民地不可輕動，著依議。』」、《清代起居注冊・康熙朝（北京版）・第18冊》，頁8872，康熙二十四年四月初九日條：「又戶部題，順天府府尹張吉午疏請，自康熙二十四年起，凡民間開墾地畝，永免圈取，議不准行。上曰：『凡民間自開田畝，毋許圈取，久已有旨。今若圈與旗

序漸進地終止該政策。

「圈地」活動告一段落後，這類糾紛理論上將趨於減緩，但從當時一些檔案紀錄來看，這種期待似乎是事與願違。鑲紅等旗在順治年間，陸續退還直隸河間府滄州之地百餘頃，[45]康熙八年「永停圈撥」之令頒布後，這些土地便交給民人耕種納糧。這些民人本以為能永遠安居樂業，沒想到日後仍發生圈撥事情。首先莊頭劉存在康熙四十三年（1704）間，向內務府具呈「指要此項地畝」，接著在康熙五十年（1711）間與康熙五十三年（1714）間，又有莊頭盧章、李必達等人，援劉存例「指要此地」。滄州百姓感到權益受損，紛紛向直隸巡撫趙弘燮陳情，趙弘燮因而奏稱：

> 查滄州旗退地畝，乃在康熙捌年以前，既一概奉有永行停撥之旨，滄民久已納糧行差，原與近今旗退地畝召種輸租者有間。但劉存等要地，已經內部具題，奉旨取撥，則今庄頭李必達等所要之地，亦應一例撥給。惟是從前所撥，為數尚少，今次要地，陸百壹拾餘頃。部文取撥越多，滄民失業益眾，扶老攜幼，哀號乞命之狀，不堪聽聞。臣思李必達等不得此地，尚有別處旗退輸租地畝，可以分撥，滄民一失此地，則千百窮黎，俱無依賴，勢必失所。……今臣不敢謂此地不應撥給庄頭，但懇聖恩念滄州之地，已經撥過貳次直屬，近今旗退地畝，別屬頗多。請將李必達等參拾參人，在於別屬旗退輸租地內，均勻撥給。一轉移間，在庄頭仍有應得之地，而滄民可免失業之苦。[46]

下，恐致病民。嗣後百姓自開田畝，永不許圈。如有應給之處，著以戶部現存旗下多餘田地給發。』」

[45] 旗人因「圈地」獲得之旗地，若地力貧瘠不利耕種，官方會另外給與較肥沃的土地。這些被退還的旗地，有些直接交給民人耕種，有些則招收民人耕種收租。關於退出旗地的討論，詳可參見趙令志，《清前期八旗土地制度研究》，頁140-152。

[46] 《宮中檔康熙朝奏摺‧第4輯》（臺北：國立故宮博物院，1976-1977），頁880-

皇帝接到此奏後令戶部討論回報，戶部本不同意趙弘燮之建議，但戶部尚書趙申喬另主張「如該撫所請」，皇帝最終亦表示「照趙申喬所議行」。[47]根據此案可知，官方縱然已宣告禁止「圈地」仍有可能為之。旗地常在圈撥與退還間反覆，當旗、民爭奪地權時，旗人因有國家力量撐腰，民人大多難以抗衡。此案要不是趙弘燮挺身而出，滄州之民可能難保其地。

旗人在旗地政策下有機會倚賴國家力量奪取土地，許多不法之徒看準旗人這項優勢，嘗試藉此對土地產權上下其手。涉入清世宗繼位紛爭的允禵，本有旗地一百三十八頃，坐落於靜海縣雙窯村地方。允禵和其子弘晸於雍正四年遭到圈禁，旗地也隨之入官並召民佃種，一位佃戶周柏年曾將該地畝事，告知熟識的天津縣民人許鳴。乾隆四十七年（1782）十月間，許鳴得知弘晸已被釋放，盤算利用弘晸聲勢，將此項地畝在縣清查承認並佃種獲利。許鳴乃動身赴京和弘晸姪子延恆商議，延恆禁不住許鳴一再慫恿答應此事，命許鳴先赴縣辦理，事成後允其充當莊頭。弘晸得知許鳴的計畫後，認為土地既已入官豈能認回，回絕了延恆的請求。乾隆四十八年（1783）二月間，許鳴親自與弘晸見了面，弘晸得知此舉有利可圖後立場動搖，命許鳴、延恆二人自行籌畫。

此策最終由許鳴著手執行，他先託人撰寫札諭投遞縣衙門，表示弘晸將於此收認土地作為馬廠。知縣王鳳文收到札諭後，回覆許鳴須在部具呈，縣內無法辦理。許鳴轉而請求延恆向部具呈，但延恆因擔心事跡敗露，要求許鳴先返回天津縣。許鳴無奈之餘只能動身離京，不料這起案件已驚動官府，許鳴等人冒領地畝的計畫就此東窗事發。[48]弘晸本因其父允禵緣故被圈禁多年，直到乾隆四十

886，〈直隸巡撫趙弘燮・奏請將庄頭李必達所要滄川旗退地畝改於他處撥給〉，康熙五十三年五月十六日。
[47] 《清聖祖仁皇帝實錄》，卷259，頁560，康熙五十三年七月甲子條。
[48] 關於此案的內容，主要參見下列檔案：〈軍機處檔・月摺包〉，文獻編號033190，

八年才解禁，然弘晸剛恢復爵位與官職後就發生這起案件。皇帝對此大感驚訝，下令官員嚴加查辦，[49]最後在弘晸一干人等遭受懲治下，[50]該案正式告一段落。[51]由此可知不僅旗人知道自己在爭取地畝上擁有優勢，一些民人亦會狐假虎威來牟利。類似事件在當時可能時有所聞，才會讓弘晸抱持僥倖心態，任憑許鳴胡作非為。

　　在官員嚴格把關下，確實有助於抑制旗人冒認地畝，然而有些官員不僅沒有積極查緝不法，甚至對旗地產權糾紛的調處未保持公正。乾隆三十六年（1771）間，旗人張耀控訴內務府鹽丁侵占葦塘地畝，雙方為此纏訟多年。內務府因袒護鹽丁，竟於乾隆四十九年（1784）命司庫徐瑾，「隨意指立封堆」，擅自將葦塘圈入鹽場四至內。張耀對此不服屢屢上訴，但歷年查辦均依徐瑾之說「影射朦混」，張耀在多次訴訟中總是敗下陣來。嘉慶四年（1799）間，

劉峨‧覆奏旗民交涉事件秉公嚴辦事，乾隆四十八年六月二十六日、〈軍機處檔‧月摺包〉，文獻編號032981，永瑢等‧奏報遵旨將正藍旗奏許鳴私行查收靜海縣地畝一案速回訊問情形，乾隆四十八年六月初六日、〈軍機處檔‧月摺包〉，文獻編號033167，質郡王永瑢等‧奏為遵旨嚴審定擬正藍旗人奏民人許鳴執弘晸諭帖往靜海縣冒認地畝一案事，乾隆四十八年六月二十一日。另許鳴赴縣上呈的文件，參見〈軍機處檔‧月摺包〉，文獻編號033293，許鳴‧稟呈靜海縣正堂太老爺為特認雙密村馬廠地請更名著冊事，乾隆四十八年三月二十一日。

[49] 參見〈軍機處檔‧月摺包〉，文獻編號033089，永瑢等‧奏為許鳴持帖往靜海縣私收地畝一案係弘晸知情指使請旨將弘晸公爵並延恒頂帶先行革去俟審訊明確另行定擬具奏，乾隆四十八年六月十五日：「弘晸著革去奉恩輔國公並內大，延恆著革去四品宗室頂戴，交留京辦事王大臣，會同宗人府、該部，秉公嚴審，定擬具奏。」

[50] 延恆交由宗人府圈禁，許鳴則被判處絞監候。弘晸原本也難逃圈禁，但清高宗認為：「其罪固自自取，第念延恒所寫箚諭內言語，究非弘晸授意令其編寫，若使箚諭出自弘晸之手，自當加倍治罪，尚不止於圈禁。今訊明止於貪圖微利，尚與授意者有間，況今與朕同輩年稍長者，止弘晸一人。現在駐蹕熱河，敬念皇祖推恩篤祜，奕禩相承。前弘晸因伊父緣事，圈禁數十年之久，尚且格外加恩釋放，洊封公爵，今雖伊自取罪戾，若照所擬永遠圈禁，朕心實為惻然。弘晸著加恩仍授為散秩大臣，令其在家閉戶閑住，不必當差行走。」參見《清高宗純皇帝實錄》，卷1183，頁842-843，乾隆四十八年六月壬午條。

[51] 弘晸雖一再強調涉入此事不多，但清高宗仍認為弘晸是幕後主使者：「閱此造作諭帖一事，弘晸之主使明矣。何則？延恒年幼，焉知舊事，而許鳴又係漢人，亦豈得知。若無弘晸主使，何能造作墨墨畾畾等字句。若止係延恒與許鳴商謀，轉令王福清編作諭帖，則舊佃花戶姓名，延恒又何由得知。此事朕不肯深究，特行寬宥耳，並非不能看出此等情節也。」參見《清高宗純皇帝實錄》，卷1184，頁856，乾隆四十八年七月丁酉條。清高宗選擇減輕弘晸之罪，或許具有特殊政治考量。

中央認為鹽場界址不清，「恐有鹽丁影射私地，委員扶同附會情弊」，令盛京將軍再行派員嚴查。隔年二月間，將軍衙門派出佐領恆福、內務府佐領延福，會同戶部員外郎舒詹、筆帖式慶熾、工部六品官呂璣，以及牛莊與蓋州的旗、民地方官前往勘驗。

這些官員經過一番檢查後，稟稱因鹽場坐落蓋州界內甚多，「在牛莊界內無幾」，導致康熙年間的鹽場四至圖未註有牛莊葦塘字樣，將再另行繪圖呈報結案。然而盛京戶部侍郎成書，卻發現新、舊兩圖差異甚大，認為其中必有隱情。成書正打算著手調查時，恰巧接獲戶部員外郎舒詹密報。舒詹透露查勘各官員「止將葦塘繩丈一段」，「並未確查鹽場界址」，又因舊圖中有一遺失地名的荒村，他們遂「商令土人捏指一荒村名目，以為東界」；這幅新地圖的製作很不準確，但眾人竟囑咐舒詹「不可多生枝節」，舒詹在眾人壓力下只能「隨同畫押」。成書得知該狀況後馬上具奏，希望皇帝派遣自己前往該地秉公查辦。[52]

從成書一摺內多次出現硃筆「可惡」字樣，即可看出清仁宗對於此事甚為憤怒。清仁宗隨後下令官員繼續嚴加徹查，「從重定擬，以破積習」，[53]此案最終於嘉慶九年劃下句點。[54]張耀與鹽丁

<hr />

52　〈宮中檔嘉慶朝奏摺〉，文獻編號404005341，成書‧奏為據實陳明查辦旗人張耀控訴葦塘案並請旨特派一員會同奴才親身前往秉公確查以清積案而絕弊端事，嘉慶五年三月十三日。

53　中國第一歷史檔案館編，《嘉慶道光兩朝上諭檔‧第5冊》（桂林：廣西師範大學出版社，2000），頁135-136，嘉慶五年三月二十五日：「軍機大臣字寄：『看來此項葦塘，顯有鹽丁私佔，恆福等聽囑庇護情弊，總緣琳寧年老，不能整頓約束，諸事廢弛，而所委之佐領、筆帖式等，又係盛京本地旗人，非親即友，彼此聯為一氣，把持公事，竟成積習。今於奉旨交查事件，竟敢串通蔽混，抑逼畫押，不可不徹底跟查，嚴行懲辦，以清積案而絕弊端。此案著交傅森，會同晉昌、成書，秉公查辦，所有查勘葦塘之委員，佐領恆福、筆帖式慶熾、工部六品官呂璣，俱著解任，交與傅森等會同審訊。將恆福等，如何受囑庇護，通同扶捏，及倚勢恐嚇部員各情節，逐一跟究，據實參辦。其應行革職者，一面革審，一面奏聞。此案必須從重定擬，以破積習。』」

54　根據檔案資料顯示，牛莊葦塘的地畝清查，最終應完成於嘉慶九年，參見〈明清內閣大庫檔案〉，登錄號163762-001，盛京將軍富俊等‧為查勘葦塘確切情形事，嘉慶九年十二月十八日。

爭訟的牛莊葦塘地，雖與一般旗地有些不同，[55]但這起案件仍反映旗地糾紛的一些特點。首先，此案纏訟多年的關鍵原因，為官方土地資料保存狀況不佳。官員起初本欲檢閱鹽場地籍資料，不料藏於戶部的檔案竟已「霉爛無存」，盛京將軍衙門又「無存貯各項四至冊檔」。[56]在相關地籍資料無法取得的狀況下，自然難以判斷土地所有權的歸屬。賴惠敏曾指出清政府管理旗地多有疏失，此案恰能提供很好的證明。[57]此外，官方因土地資料缺漏不得不差人前往勘驗，但被派遣的官員也未必會秉公處理。官員奉命至地方處理土地糾紛時，有時貪圖儘速結案未善盡職責，[58]官方記錄的模糊不清，更為有心人提供舞弊空間。受到上述因素影響，旗地糾紛的層出不窮確實不難理解。

綜觀上述幾個案例，可以發現國家將民地轉為旗地後，相關產權常未移交完全，官方記錄亦不詳實，這可說是發生旗地糾紛的主因。除此之外，旗地糾紛尚有另一種型態。旗地的國有性質，導致旗人並未掌握旗地所有權，不可將其擅自變賣私相授受。然而現實中旗人偷典、賣旗地之事時有所聞，相關禁令常如同具文，清政府有鑑於此亦只能逐步調整政策。自康熙初年開始，旗地漸被允許在

---

[55] 盛京工部侍郎成策曾奏稱：「牛莊之西，遼河兩岸，以至海沿三道潮溝等處葦塘，自雍正五年題明工部，壯丁編織蓆片，謹備三陵以及各處應用之葦塘七段，招商納稅。……乾隆五年，洋鷁塲等處葦廠，有滋生塘畝，增添稅銀貳百柒柒玖錢零。」參見〈明清內閣大庫檔案〉，登錄號157971-001，工部為增收葦束銀兩事移會稽察房，乾隆五十一年五月日不詳。張耀爭控的地畝，並非前述官方發給的國有旗地，這也是東北旗地較為特殊處。關於東北旗地的特點，詳可參見刁書仁，〈略論清代東北旗界設置與管理〉，《吉林師範學院學報》，1991：3‧4期（吉林，1991.07），頁84-89、定宜庄等，《遼東移民中的旗人社會：歷史文獻、人口統計與田野調查》（上海：上海社會科學院出版社，2004），頁196-210。

[56] 《明清檔案》，卷冊A293-107，〈戶部尚書布顏達賚‧奏覆旗人呈討葦塘界址履勘不清應委員詳細再勘〉，嘉慶四年十一月二十九日。

[57] 賴惠敏，〈從契約文書看清前期的旗地政策與典賣（1644-1820）〉，頁129-134。

[58] 八旗官員丈量地畝時，似乎較少親力而為，例如清聖祖曾有言：「前查牧場時，止鑲黃旗大臣官員，查察明悉，其餘七旗大臣官員，俱坐於村莊，傳鄉人詢問完結。」參見《清代起居注冊‧康熙朝（臺北版）‧第17冊》，頁9212，康熙四十一年二月初九日條。

旗人間買賣，[59]但無論禁令如何放寬，旗地仍被嚴格規定不可賣與民人。清政府在保障旗地淪為民產上可說是不遺餘力，無奈的是這項禁令不僅效果未如預期，還衍生出許多土地糾紛。

一些學者透過檔案與契約資料，發現旗、民交產其實相當普遍。旗人有時因生計問題，被迫將旗地交易給民人換取現錢。受限於旗地不可賣與民人，旗人遂用「典」的形式轉移產權，但此舉實存有較大風險，民人很容易用低於地價的金額得到土地。[60]此外不諳土地經營的旗人，多將土地交給旗下奴僕管理，一些不良奴僕便在主人的信任下為非作歹，私自將其主旗地變賣他人。[61]上述情形由於常牽連多人，導致案情更加複雜。

乾隆四十四年（1779）爆發的一起土地訴訟案，即可看出眾人為規避旗地禁令而產生的複雜糾葛。旗人鄂申在灤州油盤等莊有地二十六頃四十二畝，交由莊頭張立承種。乾隆八年間，鄂申將該地的十二頃與九頃，各以銀四百兩典與民人崔德貴與楊大年，剩餘地畝則被莊頭張立所隱匿。官方自乾隆二十一、二年（1756、1757）始清查旗地，此時鄂申已身故無嗣，由於民人不許典買旗地，崔、

---

[59] 李洵等點校，《欽定八旗通志》，卷62，〈田土志一‧土田規制‧肇基規制〉，頁1120：「是年（康熙九年）題准：『官員甲兵地畝，不許越旗交易，其甲兵本身種地，不許全賣。』」、《清高宗純皇帝實錄》，卷557，頁49，乾隆二十三年二月甲戌條：「軍機大臣會同八旗大臣等議奏：『據副都統祖尚賢奏稱，八旗老圈地畝，例止准本旗買賣，遇緊急事故，本旗難覓售主，准典與別旗。其中添寫虛價，多勒年限，致日久難贖，名典實賣，且得價轉不如賣。請嗣後照八旗買公產例，不拘旗分買賣，令於左、右兩翼稅課司過稅，不准私立文券。』應如所請。」由此可知旗地買賣先開放旗內交易，之後才擴大為跨旗交易。

[60] 「典」是一種僅讓渡所有權，保留所有權與回贖權的財產交易形式。典主（承典人）交付典價後，在典當期間獲得土地的使用權與收益權，原業主仍保有名義上的土地所有權和期滿回贖權。土地的典價一般低於賣價，當原業主急需用錢又想保有土地回贖權時，常採取「典」的方式。然而原業主通常多無力回贖，只得改典為賣，但得到的找價卻很少。關於這方面的討論，詳可參見劉小萌，《清代北京旗人社會》，頁145-151。

[61] 詳可參見賴惠敏，〈從契約文書看清前期的旗地政策與典賣（1644-1820）〉，頁149-160。與該文較為不同的是，本書接下來將分析旗、民雙方私自買賣旗地的過程與策略。

楊二人遂先假借旗人趙俊之名承典，再將地典與其他民人耕種收租。趙俊病故後，其姪趙大發認為此地既以其叔父之名承典，「遂思吞地收租」，但因楊大年是趙大發的母舅，不便奪其土地，只好將目標置於崔德貴的十二頃土地上。然而原佃戶均不願退地，為此甚至鬧進衙門。此時楊大年亦有盤算，他打算利用民人「例不准有旗地」的規定，設計奪回分典給其他民人的土地。在此特殊機緣下，趙大發與楊大年兩人決定進一步攜手合作。

趙、楊二人首先找到裕親王府的莊頭李守愚出名承買地畝，但因這塊土地為戶絕之地，尚缺一位賣主。他們恰巧得知鄂申的外孫明定「愚魯易欺」，故決定請明定充當賣主。一干人等密商後向官府宣稱此地為明定母親的陪嫁地畝，明定再將其分作兩契賣出，一契為楊大年的地九頃，作價銀四百兩，由李守愚出名承買，仍交楊大年管業；另一契則是崔德貴的地十二頃與張立所隱之地五頃四十二畝，共十七頃四十二畝，作價銀五百兩，由李守愚之子達德出名承買，實則由趙大發友人杜培賢管業。眾人說好「過稅收地」後，杜培賢出銀五百兩，趙大發與楊天保各得銀二百兩，明定則得銀一百兩為酬庸。為讓計畫順利完成，楊天保等人甚至假造契約等物，矇騙領催、佐領順利蓋印圖記，成功完成土地交易程序。[62]

一個看似完美的計畫，但結果卻是不如預期。由於該地原佃戶知道趙大發等人影射地畝，紛紛不肯退地交還。杜培賢在拿不到地的情況下，難以付清先前允諾給與明定等人之銀。明定因一直未

---

[62] 旗人在買賣房地人口時，必需經上稅程序才算正式完成交易，參見《雍正朝漢文硃批奏摺彙編·第33冊》，頁559，〈光祿寺少卿蔣永祿·奏陳清除旗下買賣房地人口遭受勒掯之弊管見摺〉，雍正年月日不詳：「竊惟八旗有買賣房地、人口者，必買賣兩家皆有佐領圖記，驍騎校、領催到齊，方赴稅課司，上稅成交。此法最善，原可以杜其虛捏假冒之弊。」亦可參見《欽定戶部則例（乾隆朝）》（香港：蝠池書局出版公司，2004），卷6，〈田賦·旗地下〉，頁5a：「旗人典賣房地，無論本旗、隔旗，具准成交。係出賣，令赴左、右翼納稅；係出典，令各報名該佐領記檔，回贖時仍令報明銷檔。」

拿到銀一百兩，竟向戶部呈控有人偷典旗地。另一方面，莊頭張立之妻佟氏，發現丈夫所隱的五頃四十二畝地被杜培賢併吞，心有不甘之餘決定反擊。她令義子耿天直赴京找尋鄂申堂姪六十六，向其謊稱鄂申原典出的二十二個壯丁地已被佟氏贖回，不過如今又被民人霸佔，若六十六願出面爭取即可收租獲利。六十六在佟氏的慫恿下，向戶部控訴楊天保盜賣旗地。當明定與六十六同時對楊天保提起訴訟時，該牽連多人私自買賣鄂申戶絕土地的陰謀宣告曝光。[63] 皇帝非常重視此事，下令一體嚴查相關人等。[64]

筆者花了不少篇幅描述這起案件，乃因該案深刻呈現人們即使受到禁令約束，仍有機會遊走法律邊緣進行交易。從中可知民人為侵佔旗地常找旗人充當人頭戶，旗人在有利可圖的誘因下，往往也願意與民人合作。然而雙方又不易維持穩定合作關係，輕則合作破局，重則發生糾紛對簿公堂。清政府原本希望藉由禁令避免旗地流失，不料仍會有人選擇與旗人合作奪取旗地，甚至利用禁令攻擊已有典權的佃戶。官方維護旗地的期待不僅沒有實現，反而衍生出更多糾紛。

上述案件因鄂申沒有繼承人，使得楊大年等人有意侵佔該地。然而不只戶絕土地會引起眾人覬覦，有主地有時亦會被類似手段搶奪。道光八年（1828）間，馬甲慶陞控告家奴秦友仁「抗欠地租」；道光十三年（1833）間，驍騎校謨爾賡阿呈控自己交由秦貫百佃種的土地，「被里書趙桂勾串，不能收租」。經官員一番調查後，赫然發現慶陞與謨爾賡阿所控竟為同一塊地，秦友仁和秦貫百

---

[63] 此案內容主要參見下列兩件檔案：〈軍機處檔・月摺包〉，文獻編號034134，工部尚書暫署署戶部事務金簡・奏為據正藍旗閒散宗室明定呈控伊伯父柏祥家人偷典伊家莊地一案請旨將案內交刑部會同宗人府審擬，乾隆四十八年十月初八日、〈軍機處檔・月摺包〉，文獻編號034240，多羅質郡王永瑢・奏為審擬正藍旗閒散宗室明定呈控伊叔伯柏祥家奴楊天保偷典地畝等情一案緣由，乾隆四十八年十月二十一日。

[64] 〈明清內閣大庫檔案〉，登錄號159292-001，吏部為盜典地畝事移會稽察房，乾隆四十八年十月十九日。

也是同一人。官員為釐清該土地產權，傳訊當地佃戶一百餘人，他們大多表示該地實為慶陞之產。旗檔中亦記載慶陞有老圈地六頃三十五畝和自置地八頃七十畝，謨爾賡阿呈控的二頃九十畝老圈地，卻在道光十一年（1831）才新入檔冊，老檔內並無相關紀錄。由於兩造雙方各執紅、白契為證，此案一度陷入膠著，直到官員發現謨爾賡阿提供的關鍵證據，即乾隆四十四年購買慶陞叔祖武巴立地畝的白契，其紙張色質很新，不像十幾年前的契約，再加上字跡明顯出於謨爾賡阿之手，案情才逐漸露出曙光。伴隨更多證據的出現，謨爾賡阿不得不俯首認罪，這起土地侵佔案才真相大白。

原來長年承種慶陞地畝的秦友仁，因過度私典慶陞之地，積極尋求解套辦法。秦友仁拜託乾親家謨爾賡阿出名頂認該土地，藉此開脫家奴隱佔地畝之罪，謨爾賡阿亦認為此舉有利可圖，答應了慶陞的請求。謨爾賡阿為舉證擁有產權，先自秦友仁處抄得土地樣式前往佐領處朦報，再與秦友仁連手捏造白契，意圖藉由這些假造資料說服官府。[65]當謨爾賡阿與秦友尚認罪後，此案曲直已經分明，相關人等皆難逃懲處。[66]

傳統中國土地產權發展至清朝已很複雜，一地二主、三主非常普遍。[67]旗地似乎亦常歷經多次產權分割，當真正控制土地者存有

---

[65] 此案內容主要參見下列兩件檔案：〈宮中檔道光朝奏摺〉，文獻編號405001616，大學士署理直隸總督琦善‧奏為旗地控案究出串通家奴欺隱狡控不休之驍騎校朦報圈地率准入檔之佐領請旨分別革職解任歸案嚴審事，道光十八年閏四月二十九日、〈明清內閣大庫檔案〉，登錄號149585-001，戶部為職官爭控地畝恃符狡展事移會稽察房，道光十七年月日不詳。

[66] 〈宮中檔道光朝奏摺〉，文獻編號405011645，奉上諭旗員莫爾賡阿串通家奴捏造契紙朦報地冊著革職，道光十八年五月初三日：「莫〔謨〕爾賡阿身係旗員，輒敢串通家奴，捏造契紙，朦報地冊，欺隱狡控不休，顯係恃符狡飾。至老圈旗地，全以旗檔為憑，若僅聽本人自報，勢必真偽混淆，該佐領花里雅遜布，並不詳查，率據本人自報入檔，鈐用圖記，其中顯有情弊。驍騎校莫〔謨〕爾賡阿，著革職，佐領遵化營游擊花里雅遜布，著解任，交該署督，督同兩司，提案內人證，嚴審確情，按律定擬具奏，該部知道。」

[67] 透過永佃權、典權、質權與抵押權等存在，即可理解清朝土地制度中的所有權非常複雜，相關討論詳可參見張晉藩，《清代民法綜論》，頁113-129。清代臺灣土地

侵占意圖時，旗地糾紛往往就會發生。不過旗地案件仍有其特點，最明顯者為民人受到八旗土地政策約束，必須尋找熟識旗人出名頂買，大幅增加土地產權的複雜性。一些旗人間的土地糾紛，仔細探究即可發現民人居中操弄的痕跡，而民人之所以得逞又有賴旗人協助。在討論民人侵佔旗地時，除強調民人如何用盡手段欺瞞旗人外，不可忽略部分案件中不法旗人扮演的角色。另外根據這兩起案件，再度看出清政府管理旗地的缺失，畢竟處理土地糾紛的關鍵證據非官方文書莫屬，旗人卻多能輕易假造契約與謊報圖冊，旗下佐領等官往往也未詳查。官方的土地管理既然如此不嚴謹，土地糾紛的頻繁發生當是可想而知。

三、旗地糾紛的審判程序

面對層出不窮的旗地、旗房爭訟案件，清政府究竟該如何處理？清初都察院承政阿拉善曾有言：

> 竊照民間之事，該地方官審理，如關係滿洲之事，即呈文送部，此舊例也。近來民間為爭房屋、地土瑣事，即在該地方官處告訴，擅將旗下舊人監禁，以致誤地土，不得耕種。又聞地方官，將詞訟歸結甚遲，應歸結之事，不速行歸結，耽延時日，豈非貪官勒索之故乎？伏乞敕下督、撫、按，申飭地方各官，若關係滿洲之事，即行送部，若係民間之事，該地方官速行歸結，庶旗下舊人，不誤耕種，而民生亦得安矣。[68]

所有權的複雜化，亦屬很好的例子，詳可參見艾馬克（Mark A. Allee）著，王興安譯，《十九世紀的北部臺灣：晚清中國的法律與地方社會》（臺北：播種者文化，2003），頁59-102。

[68] 〈明清內閣大庫檔案〉，登錄號087579-001，都察院承政阿拉善等，為詞訟速結分別滿漢事，順治九年四月初三日。

根據上述引文可知，民間房屋、土地之訟若涉及旗人必須送部審理，與旗人刑事訴訟流程幾乎一致；較不同處為刑事案件送交刑部，房屋、土地等民事案件則送交戶部。清朝官制中的戶部，「掌天下戶口、土田之籍，一切經費出入，悉統理焉」，[69]主要負責國家財政與經濟事務，司法訴訟本非其主要職掌。不過旗地既屬國家財產，又是旗人的重要生計來源，遠非一般「細故」可比，[70]旗地糾紛直接交由戶部處理，似乎也不太令人意外。

戶部若負責審辦旗地糾紛，其運作過程又是如何？既有研究多指出戶部處理旗地案件的單位為「現審處」，[71]然而「現審處」直到乾隆年間才出現，在「現審處」出現前又為何者負責審理旗地案件？關於這個問題，清朝官書或能提供些許解答，首先在實錄中有載：

> 戶部題：「臣部八旗司員，有承審旗、民互控案件，多因提解人犯，日久遲延，不能完結。嗣後請定限兩月內，凡民人有不到案者，將地方官，交吏部議處；八旗之人，有三次行文，抗不赴審者，將佐領、驍騎校，一并交兵部議處。」從之。[72]

---

[69] 《欽定皇朝文獻通考》，收錄於臺灣商務印書館編審委員會主編，《景印文淵閣四庫全書・第632-638冊》（臺北：臺灣商務印書館，1986），卷81，〈職官考・文職・戶部〉，頁1a。

[70] 在清朝法律制度中，戶婚、田土、錢債等事常被視為「細故」，地方官員往往可自理，不必審轉於上級單位，參見〔清〕那彥成，《二任直隸總督奏議》，收錄於氏著，《那文毅公奏議》，收錄於續修四庫全書編纂委員會編，《續修四庫全書・第495-497冊》（上海：上海古籍出版社，2002），卷70，〈分讞諸獄〉，頁53a：「惟查民間控案，分別情節重輕，有例應題奏者，有咨部覆奏者，其無關緊要之案，詳由院司批飭，謂之外結。至若戶婚、田土、錢債、口角細故，在各州縣，無日無之瑣細之事，謂之自理詞訟，定例設立循環簿籍，開具案由，責成該管道、府、廳、州，稽查催審，按月註銷。」

[71] 例如張德澤，《清代國家機關考略》（北京：學苑出版社，2001），頁46、張偉仁、《清代法制研究・冊1》，頁199-200。

[72] 《清聖祖仁皇帝實錄》，卷287，頁800，康熙五十九年三月壬辰條。

引文中指出戶部的「八旗司員」，負責審理旗、民互控案件。此外，康熙朝會典則對所謂「八旗司」存有下列說明：

> 江南等十四司，各設郎中、員外郎、主事，分掌錢穀諸務。又設八旗司官，管理旗下戶口、田房等事。（八旗事務，以各司本旗滿官兼理，其蒙古、漢軍官，則係專設。）[73]

除了上述官書資料外，清人文集中亦有相關內容：

> 八旗司（本朝以鑲黃、正黃、正白為上三旗，鑲白、正紅、鑲紅、正藍、鑲藍為下五旗，俱曰固山司）主八旗戶口、田土爭訟事，調各司滿官主之。（舊制有漢軍、蒙古員外郎各一人，今省）每司俱用協審漢官一人（漢官協審之例，以六月為滿，但主漢字文書，押字行文而已）、筆帖式三十二人、書辦隨曹撥遣（用浙江、江西、湖廣、河南、陝西、廣西、四川、貴州八司書辦分掌之）、皂隸九人，又有八旗撥什庫，屬本旗司下。[74]

在吳暻的《左司筆記》中，更為清楚地呈現「八旗司」職掌，及其官員分配情形。其中最值得留意處，為「八旗司」是「調各司滿官主之」，未設有專屬主官。[75]根據前述史料可知，「八旗司」主要

---

[73] 《大清會典（康熙朝）》（臺北：文海出版社，1992-1993），卷17，〈戶部〉，頁1a-1b。

[74] 〔清〕吳暻，《左司筆記》，收錄於四庫全書存目叢書編纂委員會編，《四庫全書存目叢書·史部第276冊》（臺南：莊嚴文化，1996），卷18，頁13a。

[75] 不過即使如此，八旗司在戶部的一些奏報中，仍常與十四清吏司相提並論。參見〈明清內閣大庫檔案〉，登錄號127467-001，〈大學士兼禮部尚書兼管戶部尚書事務徐本·戶部為開列各司處已未完結事件〉，乾隆七年九月初七日：「臣部遵即派員督催辦理，每三月奏聞一次在案。今自乾隆柒年五月初壹日起，至柒月貳拾玖日止，此三月內，臣部江南等十四司，并八旗司等處，共到上諭奏摺壹百參拾玖件，全完科抄玖百陸件內，已完捌百捌拾柒件，未完壹拾玖件。……」該件檔案還詳列各司的處理細項，在十四司後依序為鑲黃旗司、正黃旗司、正白旗司、正紅旗司、

負責處理八旗民事糾紛，但這應非「八旗司」的唯一任務。檔案中顯示戶、刑兩部其實均有「八旗司」，主要負責稽查八旗事務。[76]或許由於旗地案件涉及八旗，戶部一般官員無法勝任才轉交「八旗司」。「八旗司」的細節雖未完全明朗，但已知在「現審處」設立前，是由「八旗司」審理旗地糾紛。

　　既然當時已經有「八旗司」負責旗地案件，為何又有「現審處」的設置？官書對此沒有明確記載，查閱檔案後推測應與官方希望更有效處理旗人民事糾紛有關。乾隆十三年（1748）正月間的一件戶部移會曾表示：

> 戶部為酌定八旗現審之章程等事。總辦現審處案呈，查八旗現審事件，本部向係分派貴州等八司分辦，今因辦理未能畫一，奉堂派員，歸併總辦，應將歸併緣由，移會內閣典籍廳，查照可也。[77]

由於「八旗司」常「辦理未能畫一」，故清政府打算設立「現審處」解決問題。戶部「現審處」實與刑部的現審兩司頗為類似，一來均為了讓訴訟案件的處理更有效率，二來他們在設立之初都沒有明確規定專屬官員的數目。[78]若乾隆十三年正月間尚在籌劃辦理

鑲白旗司、鑲紅旗司、正藍旗司與鑲藍旗司。

[76] 《雍正朝漢文硃批奏摺彙編・第33冊》，頁873-874，〈正紅旗漢軍副都統韓光基・奏陳八旗旗務辦理務期畫一管見摺〉，雍正年月日不詳：「再查戶、刑兩部，各有掌管八旗之司，原為稽察八旗事務。近見八旗司官，各司各旗，彼此多不相聞問，凡遇八旗通行之事，每致互異遲延，莫能覺察，此亦無所責成之故也。」

[77] 〈明清內閣大庫檔案〉，登錄號106805-001，戶部移會內閣典籍廳，乾隆十三年正月日不詳。

[78] 關於刑部現審司的討論，詳請參見本書第二章第三節。戶部現審處則可參見《欽定大清會典（光緒朝）》（臺北：啟文出版社，1963），卷24，〈戶部・現審處〉，頁1a：「郎中、員外郎、主事無定員，由堂官派委。」值得注意的是，刑部現審司雖在雍正七年改設定額官員，但幾年後現審司便宣告結束，參見《清朝通志》（臺北：臺灣商務印書館，1987），卷65，〈職官略・官制・刑部〉，頁7146：「雍正元年增置左、右二現審司。……乾隆二年改右現審司為直隸司，七年復改左現審司為奉天司。」

「現審處」事務,「現審處」究竟於何時開始運作?現存檔案指出乾隆十三年四月間,已有「現審處」辦理事件的紀錄,「現審處」的正式出現應不會晚於此時。[79]

戶部雖然設有「八旗司」或「現審處」處理旗地糾紛,但並非表示這類案件皆直接送交戶部審理。戶部審理旗地案件流程,與上一章討論的刑事案件相仿,即案件送交戶部前,必須先經過旗、民基層官員審理,當事人惟遭遇審斷不公才能直接赴戶部呈訴。[80]基層官員收到旗地糾紛呈控後,「應批斷者,即行批斷」,「應送部者,必查取確據確供,敘明兩造可疑情節,具結送部,聽部查辦,不得含糊申咨」。[81]旗地案件送至戶部後,其「八旗司」或「現審處」便展開審理,然戶部終究不是司法單位,當案情陷入膠著有賴刑訊時,須會同刑部才可為之。[82]清政府縱然將旗地案件交由戶部負責,仍嚴格執行分層審級制度,與一般刑事案件沒有兩樣。

清政府針對旗地案件設計了縝密的訴訟流程,符合國家一貫的旗、民分治政策,不過實際狀況未必與此相符。乾隆十九年(1754)十一月間,在拉林種地的閒散旗人瑪爾泰,告假來京厝在通州、灤州一帶爭控地畝,前後竟長達十年之久。清高宗感到非常不可思議,斥責方觀承「毫無聞見」,令其儘速嚴查具奏。方觀承

---

[79] 〈明清內閣大庫檔案〉,登錄號179113-001,戶部為養育兵那爾松阿呈控房地被佔案移會典籍廳,乾隆十三年四月日不詳:「戶部為參奏事。現審處案呈,查得廂白旗蒙古都統容稱,養育兵那爾松阿呈控民人李二串通七賽,將伊房地霸佔,不給租銀,咨部審追一案。于乾隆十三年四月二十四日奏,本日奉旨依議,欽此。」值得注意的是,會典中亦存有乾隆三十年「戶部八旗司,改為現審處」的記載,參見《欽定大清會典事例(光緒朝)》,卷121,〈吏部·處分例·部院承審事件〉,頁12b。「現審處」的確切設立時間,筆者暫且存疑待查。

[80] 〔清〕沈書城輯,《則例便覽》,收錄於四庫未收書輯刊編纂委員會編,《四庫未收書輯刊·第2輯第27冊》(北京:北京出版社,2000),卷44,〈審斷·旗人田房、戶口案件戶部審理〉,頁2a-3b。另根據會典可知此例出現於乾隆四年,參見《欽定大清會典事例(光緒朝)》,卷121,〈吏部·處分例·部院承審事件〉,頁10a-11b。

[81] 《欽定戶部則例(乾隆朝)》,卷126,〈通例下·現審田房詞訟〉,頁14a-14b。

[82] 《欽定戶部則例(乾隆朝)》,卷126,〈通例下·現審田房詞訟〉,頁14b:「部審旗、民互控事件,如兩造匿情不吐,必須刑訊者,會同刑部嚴審。」

接到上諭後立即著手調查，發現瑪爾泰這十年來曾在通州、灤州、香河縣等地衙門呈控，地方官多因「不識清字」，以及沒有收到上級衙門的移文而消極處理。方觀承進一步指出拉林都統、將軍和瑪爾泰所屬旗分，均未將瑪爾泰告假回京或出京控訟地畝之事知會直隸總督，導致自己才完全處於狀況外。[83]另乾隆四十三年（1778）三月間，貝子弘旿因莊頭盧密和監生郭天玉有旗地糾紛，竟差人將盧密呈詞送至通永道衙門，該道宋英玉在弘旿囑託下，隨即批示遵化州行文玉田縣辦理。[84]根據上述兩起案件，即可理解旗人常未依規定在八旗提出旗地訴訟。

乾隆四十八年二月間，香河縣知縣劉以觀外出進香途中，忽有民婦將一爛紙包封丟入轎內。該民婦在劉以觀詢問下，供稱為莊頭劉希賢之妻，該紙為其主正白旗滿洲護軍八十三、成泰和德泰三兄弟意圖遞送之呈詞。劉以觀進一步調查後發現八十三等人，因和同旗訥隆武之妻吳氏有土地糾紛，才出此計報官興訟。[85]面對旗人一再隨意於地方衙門展開旗地訴訟，清高宗鄭重表明嚴加撻伐的立場：

> 護軍八十三等，俱係旗人，若為爭地具呈，理應在該旗佐領處，投遞查辦，否則在該營大臣，及步軍統領衙門，並部院具呈俱可。乃任意寫呈，交與莊頭，轉擲與知縣，是何規矩？旗人地畝，皆在州、縣所管地方，若互相效尤，濫行在州、縣呈遞，於旗人體制，大有關礙。著將八十三等，革去

---

[83] 《宮中檔乾隆朝奏摺・第23輯》（臺北：國立故宮博物院，1982-1988），頁504-506，〈直隸總督方觀承・奏報聞散瑪爾泰告假來京屢在通州、灤州等處控爭地畝情形案〉，乾隆二十九年十二月十七日。

[84] 《宮中檔乾隆朝奏摺・第42輯》，頁509-510，〈直隸總督周元理・奏為屬員通永道宋英玉接受請託狗私審辦訛佔旗地案奏謝聖訓僅將臣交部議處事〉，乾隆四十三年四月初二日。詳細案情亦可參見〈明清內閣大庫檔案〉，登錄號158201-001，刑部為玉田縣監生郭天玉呈控事移會稽察房，乾隆四十三年四月日不詳。

[85] 〈明清內閣大庫檔案〉，登錄號203871-001，兵部為八十三不交畝租等事移會稽察房，乾隆四十八年二月日不詳。

護軍，交刑部，併傳集案內人證，審明從重定擬，具奏。[86]

清高宗重申旗地訴訟司法流程，嚴禁旗人在州、縣衙門遞送呈詞。該上諭另一重要意義，在於促使旗地訴訟程序正式納入《大清律例》，不再僅存於《戶部則例》中。[87]

旗地糾紛較特別處為複雜產權難以釐清，不少旗地案件乃因雙方各執一詞，再加上地籍資料常有疏漏而纏訟多年。官方為了讓旗地訟爭盡快落幕，多採取委派官員前往當地丈量土地的策略。乾隆四十二年（1777）間，當皇帝得知鑲藍旗滿洲原任副參領庫蒙額，與閒散宗室文惠二人有土地糾紛，即下令「此案著派侍郎阿揚阿，押帶庫蒙額、文惠，前往該處查勘，辦理具奏」。阿揚阿接旨後連同郎中塔琦、王士棻，押帶庫蒙額、文惠與「應行質訊人等」，於八月二十日自京啟程。他們在二十三日抵達文安縣時，一面召集兩造莊頭及地鄰、佃戶「聽候查勘」，一面檢閱相關案卷；在查勘土地的過程中，官員先於界址四至，令地鄰、佃戶人等「公同插立椿橛」，再「用頒發弓尺眼同查丈」。[88]嘉慶六年（1801）間，鑲藍旗漢軍旗人于智福，控告佐領佟璞砍伐其祖墳樹木並毀壞墳墓，盛京將軍晉昌在皇帝指示下，派員帶領兩造人等前往高臺子地方查驗，官員抵達後馬上集合全村土著、耆老一起勘驗地畝。[89]根據這兩起案件，大致能理解旗地糾紛的解決流程。官員連同訴訟當事人

---

[86]　《清高宗純皇帝實錄》，卷1174，頁741，乾隆四十八年二月乙丑條。

[87]　〔清〕黃恩彤編，《大清律例按語》，卷61，〈刑律・訴訟・越訴〉，頁15a-15b：「八旗人等，如有應告地畝，在該旗佐領處呈遞。如該佐領不為查辦，許其赴部，及步軍統領衙門呈遞，其有關涉民人事件，即行文嚴查辦理。若違例在地方官濫行呈遞者，照違制律，從重治罪。該管官員，俱各嚴行議處。」

[88]　《宮中檔乾隆朝奏摺・第40輯》，頁19-22，〈阿揚阿・奏為鑲藍旗滿洲原任副參領庫蒙額及閒散宗室文惠互控侵佔地畝改換假契一案查勘審擬情形〉，乾隆四十二年九月初五日。

[89]　〈宮中檔嘉慶朝奏摺〉，文獻編號404008117，晉昌、成林・奏為審擬奉天鑲藍旗漢軍旗人于智福呈控佐領佟璞砍伐伊家祖墳樹木平毀墳墓一案定擬緣由具奏，嘉慶七年五月二十一日。

的現場查勘，不僅可實際檢驗土地檔冊記錄，藉由訪問當地居民亦有機會獲得更多資訊，有助於釐清複雜的案情。

官員親臨現場調查旗地雖有其意義，有些人卻認為此舉並非解決問題的關鍵。苗壽與陶正中在雍正年間，已指出由於旗地檔案存於「內府及戶部衙門」，「檔冊未易清查」；若想有效化解旗地糾紛的「稽案不結」，或可徹底清查旗地後送部造冊，並將副本發給地方官留存備查。[90]持平而論，官員帶領眾人前往地方勘驗，一來有可能擾害民間，[91]二來官員若別有居心真相亦難大白，徹底清查旗地並將相關資料送交地方民官，似乎才是根本之策。然而旗地產權的流動相當迅速，再加上有些民人為規避禁令，常透過不法手段交易旗地。由於一套完整旗地資料的建立難度甚高，旗地糾紛終究只會層出不窮。

第二節　八旗俸餉制度與旗人的錢債糾紛

一、「錢債」的意義

「債」在現代法學中雖有其特別定義，[92]但「債」的概念其實早已存在。隨著人類社會形成與發展，一旦人們進行商貿活動，

---

[90] 《宮中檔雍正朝奏摺・第11輯》，頁168-169，〈巡察順天永平宣化三府等處監察御史苗壽、陶正中・敬陳編造旗地清冊事宜以正賦額以杜訟端事〉，雍正六年八月二十四日。具體方法為：「此造送清冊，務各壹樣貳本。壹留部存案，壹由部轉咨直隸督臣，發布政使司衙門，彙齊各冊，按照地土坐落之各州、縣、衛所，分晰編造。各清冊壹本，鈐發該地方印官，與民人糧地清冊，一同存貯。」

[91] 例如奉命丈地之拜他拉勒哈番八哥等人，曾與昌平州知州劉君成等人發生糾紛。允祹等官認為此事起因於「旗員出外辦理丈量等事，係該都統臨時派委，原不拘爵秩之崇卑，是以向未定有儀注，致彼此接見時，互相爭較，易滋事端。應請勅下禮部，將嗣後如有派委旗員，會同地方官辦理公事之處，按照品級，議定儀注，一體頒行。」相關內容詳可參見〈明清內閣大庫檔案〉，登錄號150009-001，管理禮部事務和碩履親王允祹・禮部為按照品級議定儀注事，乾隆元年六月初十日。

[92] 相關內容詳可參見王海南等，《法學入門》，頁241、林詮紹編著，《民法概要》（臺北：新文京開發出版公司，2005），頁200。

「債」就不可避免地應運而生。古漢文的「債」原為「責」字，表示一方有權要求另一方作某一特定行為，與現代民法所言的「債」相當接近。[93]傳統中國自宋朝以來，商貿活動出現長足發展，明清時期更達到一陣高峰，與「債」相關的法律，也在此趨勢下一併向前邁進。[94]在眾多種「債」之中，以金錢性質的「債」最為常見，故傳統中國法律用語常將其合稱為「錢債」。[95]

清朝於關外時期因經濟較不發達，關於錢債的規範相當簡單。根據目前可見的史料，似乎僅有禁止放高利貸、設置當鋪，以及約束主僕間借貸行為等規定，錢債糾紛亦很少見。[96]旗人在關外大多生活儉樸與自給自足，再加上國家嚴禁人民放債取利，導致當時較不容易出現錢債糾紛。滿洲政權入關後，在錢債方面直接繼受明律內容，[97]一改過往並無與相關規範之情形。

二、八旗兵丁的錢糧與恩賞制度

如前所述，清朝為照顧旗人入關後的生計，延續了關外「計丁授田」政策，分配許多土地與房屋給與旗人，使其得以維持基本生活所需。除此之外，清朝亦仿明制對旗人實施俸餉制度。八旗兵丁早在順治初年，已可獲得一定月餉，自康熙二十四年（1685）後還可領取歲米；另用於養馬的馬乾草料，國家亦會提供補助。[98]清政

---

93 郭建等著，《中國法制史》，頁315-316。

94 相關討論詳可參見邱澎生，《當法律遇上經濟：明清中國的商業法律》，〈第六章・十八世紀商業法律的債負與過失論述〉，頁209-249。

95 例如〔元〕胡祇遹，《雜著・紫山大全集》（杭州：浙江古籍出版社，1988），卷21，〈又稽遲違錯之弊〉，頁186：「小民所爭，不過土田、房舍、婚姻、良賤、錢債而已，是數者皆非難問難斷可疑之大事。有爭田一二畝而稽遲不斷，受賂枉法，巧文佞說，直至三月務革，十月務開，又復如前，動經一年二年不決。」

96 相關討論詳可參見張晉藩、郭成康，《清入關前國家法律制度史》，頁482-485。

97 明律中與錢債相關之規範共有三則，分別為違禁取利、費用受寄財產和得遺失物，詳可參見黃彰健主編，《明代律例彙編・下冊》，卷9，〈戶律六・錢債〉，頁571-576。

98 相關討論詳可參見陳鋒，《清代軍費研究》（武漢：武漢大學出版社，1992），頁30-38。八旗兵丁月餉、歲米和馬乾草料的數量，因軍種與駐紮地不同而有別，本書為節省篇幅未逐一詳述。另駐防八旗的相關內容，詳可參見定宜庄，《清代八旗駐

府既將旗人視為「國家根本」，勢必從多方面照顧旗人生計。八旗兵丁所得之錢糧，「已多於七、八品官之俸祿」，不可不說是衣食無缺，[99]這也難怪時人會將旗人俸餉稱為「鐵桿莊稼老米樹」，象徵這筆收入非常穩定可靠。[100]清政府入關後因直接掌握國家經濟，有能力推行八旗俸餉制度，此舉不但改變旗人生活型態，更扭轉皇權原本依賴八旗甚深的局勢。[101]

國家給與八旗兵丁的錢糧，主要為月餉、歲米與馬乾草料三類，其中月餉與馬乾草料都是每月領取。月餉在每月初一日開放，先發餉錢後發餉銀，餉錢於每月初一、初二日放給，餉銀則於每月初三、初四日放給。[102]馬乾草料又分為「馬銀馬錢」與「餵馬料豆」兩類，前者左翼四旗於每月初六日、右翼四旗於每月初七日關領；後者左翼四旗於每月十四日、右翼四旗於每月十五日關領。[103]在旗人的俸餉中，以歲米的領取最為複雜。歲米顧名思義以年計數，然實際上並非一年領取一次。始於康熙年間的歲米制度，已規定分兩季支放：春季自二月起，秋季自八月起，均限定三個月放完；康熙四十三年間，秋季改為十月支放，春季則維持在二月，此外均限定兩個月放完。雍正元年（1723）再度改制，從此分為三月、七月、十一月三季支放，仍限兩個月放完。至乾隆二

防研究》，頁193-204。

[99] 《世宗憲皇帝上諭八旗》，卷3，頁41b，雍正三年七月二十九日條：「今兵丁等錢糧，較前加增一兩，又有馬銀，計其所得，已多於七、八品官之俸祿，即此有能謀生之人，儘足用矣。」

[100] 劉小萌，《清代八旗子弟》（瀋陽：遼寧民族出版社，2008），頁35。

[101] 姚念慈指出清朝皇帝因統治確立，掌握了全國財政來源，一舉扭轉入關前皇權依賴八旗擄獲歸公的局面。八旗由分養國人，轉變為國家的供養對象，上自親王下至兵丁，無不仰給於國家俸祿銀米，皇權與八旗的關係出現根本變化。清初皇權藉助新的社會基礎，解決其與八旗間原先不易克服的矛盾，同時亦鞏固往昔的集權化成果。相關討論詳可參見姚念慈，《清初政治史探微》，頁284-285。

[102] 《欽定戶部則例（乾隆朝）》，卷102，〈兵餉·八旗餉銀·放餉定期〉，頁1a。

[103] 《欽定戶部則例（乾隆朝）》，卷104，〈兵餉·八旗馬乾·關領馬乾定期〉，頁1a。馬乾草料原以支付實物為多，自雍正朝以後則逐漸折銀支給，這也就是所謂的「馬銀」、「馬錢」，參見陳鋒，《清代軍費研究》，頁36。

年（1737）放米時間又從三季改為四季，[104]依序於二月、五月、八月、十一月放給。[105]

關於歲米發放的實際狀況，相關紀錄主要集中於乾隆朝以後。以下茲以乾隆朝的幾件檔案為例，將歲米分四季支放的大略情形，製成表3-2-1以供參考。

表3-2-1　乾隆朝八旗歲米四季過檔、支放時間舉隅

支放季數	過檔日期	支放日期	資料來源
乾隆十五年第二季	乾隆十四年十二月十二等日以後	乾隆十五年二月初一日	〈明清內閣大庫檔案〉，登錄號052921-001，大學士兼管吏部戶部事務總管內務府大臣傅恒‧題報支放八旗護軍校驍騎校筆帖式披甲拜唐阿等本年第二季甲米事，乾隆十五年正月二十三日。
乾隆十五年第三季	不詳	乾隆十五年五月初六日	《明清檔案》，卷冊A166-076，〈戶部尚書蔣溥‧題報第三季八旗甲米放完數目日期〉，乾隆十五年八月二十八日。
乾隆十五年第四季	乾隆十五年七月初七等日以後	乾隆十五年八月初一日	《明清檔案》，卷冊A165-106，〈大學士管戶部傅恒‧題報支放第四季八旗甲米事宜〉，乾隆十五年七月二十五日。
乾隆十七年頭季	乾隆十六年十月初九等日以後	乾隆十六年十一月初一日	《明清檔案》，卷冊A176-027，〈大學士管戶部傅恒‧題報支放乾隆十七年頭季八旗甲米事宜〉，乾隆十六年十月二十四日。

根據表3-2-1可知歲米支放的實際情形，其內容值得與官書相比較。首先，根據《欽定戶部則例》所載，歲米支放時間以「季首初

---

[104] 其實早在雍正年間，已有大臣向皇帝建議將「每歲三季放米之例」，「稍微變通，酌改四季給發」，只是未得到皇帝的同意。參見《雍正朝漢文硃批奏摺彙編‧第31冊》，頁571，〈鑲白旗漢軍副都統石文焯‧奏請將八旗兵丁每歲三季放米之例酌改四季給發摺〉，雍正年月日不詳。

[105] 關於八旗歲米從兩季支放到四季支放的改革過程，參見〔清〕楊錫紱，《漕運則例纂》，收錄於四庫未收書輯刊編纂委員會編，《四庫未收書輯刊‧第1輯第23冊》（北京：北京出版社，2000），卷20，〈京通糧儲‧支放糧米〉，頁14a-14b。

一日，為開放定限」，[106]支放前一個月還須先經戶部過檔程序。[107]上表中的四季過檔日期，多與官書規定相同，惟第二季是在兩個月前，明顯有別於其他各季。[108]其次，歲米支放雖依序在二月、五月、八月和十一月放給，實務上卻多以十一月而非二月為頭季。

自乾隆二年以後，歲米正式確立為二月、五月、八月、十一月四季支放，不過清政府有時會基於特殊考量調整歲米的支放時間。例如乾隆十一年（1746）三月間，戶部尚書海望奏稱：

> 臣等查得，八旗兵丁甲米，每年分作四季開放，於上年十一月起，至本年十月止，每隔三月開放一次。乾隆八年因遇閏四月，經臣部奏准，將第三、第四兩季甲米，俱早放半月等因，遵行在案。今本年遇閏三月，若按照定例，每隔三月開放一次甲米，則三、四兩季放米之日，俱值青黃不接之際，其間遲速不均，米價或至稍昂，兵丁未免拮据。臣等酌議，請照乾隆八年遇閏，將甲米早放半月之例，本年第三季甲米，應於五月開放者，亦早放半月，於四月十五日開放；第四季甲米應於八月開放者，亦早放半月，於七月十五日開放。俾得預期關領，以資接濟。[109]

---

[106] 《欽定戶部則例（乾隆朝）》，卷103，〈兵餉·八旗餉米·開放期限〉，頁2a：「甲米每年四季支放，季首初一日為開放定限。其或任意逾違，查出，將經管人員照例查參。」

[107] 《欽定戶部則例（乾隆朝）》，卷103，〈兵餉·八旗餉米·米檔定限〉，頁3a：「兵丁甲米冊檔，於上月十五日送部，作為過檔定限，無故逾限，承辦官參處。」

[108] 該情形應不是乾隆十五年的特例，類似狀況亦可參見〈明清內閣大庫檔案〉，登錄號066295-001，協理戶部事務訥親·題報乾隆五年應支放八旗第二季甲米數目於乾隆四年十二月十九等日陸續咨送到部照例於二月一日開放起，乾隆五年正月二十五日、〈明清內閣大庫檔案〉，登錄號054164-001，戶部尚書兼管兵部尚書事務總管內務府大臣傅恒·題報支放八旗護軍校等乾隆十三年第二季甲米事，乾隆十三年正月二十五日。根據上述資料，推測第二季歲米在前一年十二月過檔，似乎為一慣例。

[109] 《明清檔案》，卷冊A141-070，〈戶部尚書海望·奏請八旗甲米及秋季俸米遇閏早放半月〉，乾隆十一年三月二十四日。該奏最終得到皇帝「依議」的指示。

透過引文可知歲米依四季每隔三月支放的規定，若碰到閏月有可能危及旗人生計，為了有效化解該困境，清政府只好提早支放歲米。除遭逢閏月這種不可抗力情形外，經濟因素亦有可能影響歲米支放時間。乾隆十六年（1751）七月間，和碩履親王允祹等人奏稱，京師因連日下雨道路泥濘，「四鄉糧食車輛進城者甚少」，「自十六、十七等日，京城內外米價，日見增長」。當時已是七月中旬，距離支放歲米的八月「為期已近」，允祹等人認為「若再早放數日」，已得米者將不再與民爭購，有助於京師米價的調節。[110]皇帝對此建議欣然同意，此舉也確實發揮一定功效。[111]不定期提早開放支領歲米之事可說是時有所聞，[112]反映清政府執行政策頗為靈活的一面。

藉由上述討論可知八旗歲米分四季支放存有兩項問題：其一為歲米由於每年定額，一旦遭逢閏月將對旗人生計有所影響；其二為歲米數量相當龐大，對於京城米價影響甚巨。清政府面對這些問題，雖能透過適時調整支放時間加以解決，但終究不是斧底抽薪之策。清政府為求一勞永逸，逐步在相關制度上進行改革。清高宗其實早已留意旗人生計受閏月影響的問題，多次額外發放甲米以補助旗人閏月所需，有時為加發「一季三個月甲米」，[113]有時則是「賞

---

[110] 《宮中檔乾隆朝奏摺‧第1輯》，頁174-175，〈和碩履親王允祹等‧奏請早放秋季分官兵俸甲米石以平米價摺〉，乾隆十六年七月十七日。皇帝的硃批為：「甚好，知道了。然必有舖戶居奇之弊，亦應節制。又近日情形為何？速行奏聞。」

[111] 《宮中檔乾隆朝奏摺‧第1輯》，頁229，〈和碩履親王允祹等‧奏報因先放官兵秋季俸甲米米價下降摺〉，乾隆十六年七月二十三日：「今自十七日起，一聞開倉之信，米價即日頓減。二十日戶部已經開倉，先放甲米。現在市價，每米一石，減至四、五錢不等。」

[112] 在《漕運則例纂》中存有諸多相關記錄，詳可參見〔清〕楊錫紱，《漕運則例纂》，卷20，〈京通糧儲‧支放糧米〉，頁15a-17a。

[113] 《清高宗純皇帝實錄》，卷388，頁94，乾隆十六年五月辛丑條：「今歲入春以來，京師米價稍昂，經朕疊頒諭旨，量發倉米，分局平糶，以濟民食。但當青黃不接之時，又值閏月，八旗兵丁未免艱於餬口。著加恩賞給一季三個月甲米，即於閏五月給放。俾窮兵饔飧優裕，不藉糶食貴米，市價自必平減，於閭閻生計甚有裨益。該部遵諭速行。」

給一月甲米」，[114]數量視情況而有別。不過此舉起初未成定制，皇帝多在閏月又適逢京師米價上漲時才下令加發甲米，同時補助旗人與穩定米價。直到乾隆四十年（1775）閏十月間，每逢閏月加發甲米於八旗兵丁才正式制度化。[115]

清政府除補助旗人閏月所需外，[116]亦進一步著手健全歲米支放制度。由於「向來八旗甲米，俱按四季支放，放完後去下屆放米尚遠」，導致「舖戶乘機囤積，米價漸昂」，清政府為解決問題在乾隆十七年（1752）二月間，宣布此後八旗歲米將「按月輪放」：

> 查鑲黃、正黃、正白三旗，並上三旗包衣，應領米數，較下五旗為多。請將鑲黃、正黃二旗，於正月、四月、七月、十月支放；正白、正紅、鑲白三旗，於二月、五月、八月、十一月支放；鑲紅、正藍、鑲藍三旗，於三月、六月、九月、十二月支放。。政府影響力來看之虞。一月、二旗。月放米

---

[114] 《清高宗純皇帝實錄》，卷492，頁585，乾隆二十四年四月丁丑條：「今歲入春以來，雨澤未霑，米價稍昂。經朕疊頒諭旨，量發倉米，分遣大員，在五城、圓明園各處，及通州地方，設廠平糶，以濟民食。但當青黃不接之時，又值閏月，八旗兵丁，向無閏月支給甲米之例，未免買食維艱。著加恩於閏六月，賞給一月甲米，俾兵丁饔飧優裕，不藉糴食，市價自必愈加平減，於閭閻生計，均有裨益。該部即遵諭行。」另〈明清內閣大庫檔案〉，登錄號078213-001，奉漢字卜諭八旗滿洲蒙古漢軍都統著加恩賞給兵丁閏月甲米相應移會稽察房查照，乾隆二十七年閏五月日不詳：「內閣奉上諭：『八旗兵丁甲米，閏月例不支放，但京師自夏至以來，雨水稍多，道路泥濘，糧食車輛或有阻滯，買食未免拮据，著加恩賞給一個月甲米，即行給放，俾兵丁饔飧優裕，市價亦平，於閭閻生計亦有裨益，該部遵諭速行。』」

[115] 《清高宗純皇帝實錄》，卷994，頁279-280，乾隆四十年閏十月丁未條：「八旗兵丁甲米，閏月例不支放，向雖曾特恩賞給，並非常例。第念京師五方聚集，食指浩繁，兵丁所得甲米，饔飧自給之餘，或將剩米出糶，尚可潤及閭閻，數十萬戶，仰資其利。現在正逢閏月，例無應放之米，兵民口食，未免拮据。著加恩賞給閏月甲米，即於本月十五日開放。……嗣後凡遇閏月，俱照此一體實給甲米，俾各永霑實惠。著為令，該部遵諭速行。」

[116] 旗人因閏月而有生活困境，歲米之事並非單一個案。清高宗甫上臺之際，曾有大臣奏稱八旗護軍校和驍騎校至閏月無錢糧可領，請求皇帝每逢閏月加發錢糧。清高宗隨即於繼位後的首次閏月，令護軍校、驍騎校照兵丁例，「一體支給閏餉」。相關討論詳可參見葉高樹，〈清雍乾時期的旗務問題：以雍正十三年滿、漢文「條陳奏摺」為中心〉，頁118-119。

之期。……得旨允行。[117]

　　歲米若是分開支放，「糧價自無時落時長之虞，囤積不禁自止」，「接濟兵民食用，實有裨益」。八旗歲米因對市場經濟存有一定影響力，該支放制度的調整無疑甚為妥切。

　　八旗兵丁平時不僅有固定錢糧，某些特殊情況下還能得到額外補助。八旗兵丁一旦遭逢戰事，除原本「坐糧」外還可領取「行糧」。出征「行糧」大致分為三種：行裝銀、鹽菜銀和口糧。行裝銀通常戰前一次發給用於打點裝備衣物，鹽菜銀、實物口糧則為戰時發給的生活補貼與日食所需。出征「行糧」的額度並不固定，會依戰事情勢加以調整，各軍種領取的數量亦有差別。國家既提供旗人出征「行糧」，原有「坐糧」當可撫養家眷，令旗人毫無後顧之憂地效力疆場，足見相關制度之完善。[118]

　　皇帝為了照顧旗人，無論平常還是戰時均提供充分錢糧，若旗人在此豐厚補助下仍有生計問題，皇帝還有可能動用公、私帑救濟旗人。順治十年（1653）與順治十二年（1655）間，清世祖目睹旗人深受水災之苦，特別頒發內帑銀兩賑濟八旗窮苦兵丁。[119]有時旗人長年征戰在外，雖有大量錢糧仍不敷使用，「以致物力漸絀，稱貸滋多」，清聖祖乃令戶部動用庫銀協助旗人償還債務，化解旗人的生計壓力。[120]官方亦會特別關照八旗中的弱勢分子，清聖祖曾

---

[117] 《清高宗純皇帝實錄》，卷409，頁361-362，乾隆十七年二月戊申條。這則政策推行後馬上付諸實行，檔案中也記錄了相關情形，例如〈明清內閣大庫檔案〉，登錄號152846-001，戶部為開放米糧事移會稽察房，乾隆三十二年閏七月日不詳。

[118] 這方面的討論詳可參見陳鋒，〈清代八旗的戰時俸餉制度〉，收錄於明清史國際學術討論會論文集編輯組，《第二屆明清史國際學術討論會論文集》（天津：天津人民出版社，1993），頁682-691。

[119] 《清世祖章皇帝實錄》，卷79，頁621，順治十年十一月丁酉條、《清世祖章皇帝實錄》，卷89，頁703，順治十二年二月己巳條。

[120] 《清代起居注冊・康熙朝（臺北版）・第2冊》，頁645-646，康熙三十年二月十七日條：「今八旗滿洲蒙古護軍校、驍騎校，及另戶護軍、撥什庫、馬甲，併子幼或無嗣寡婦、老病傷殘、告退人等家下馬甲，所有積債，爾部動支庫銀給還。漢軍每

要求各都統調查旗下「實係貧寠窘於謀生者」，並請戶部商議如何提供撫卹。[121]清聖祖康熙十年（1671）九月間巡幸東北時，特別「召披甲中傷老病退甲、閒散四百餘人至御前」，「各賜銀二十五兩」，並向將軍阿木兒圖等諭曰：

> 此等閒散老病之人，卿等稽察之時，如有一二遺漏，未沾恩澤者，再行查出，陸續具奏，俾得均沾恩惠，以示朕軫恤之意。[122]

旗人中的閒散老病者，因無法披甲當差自然得不到錢糧。清聖祖並未忽視他們的困境，常透過恩卹方式提供照料。[123]

雍正年間也曾發生類似事件，清世宗某一日出巡時，忽有一位自稱鑲藍旗黃哈（hūwanghai）佐領下曾為披甲之人達爾環（darhūwan），跪求皇帝給與賞賜。清世宗親自詢問後知道達爾環參與過大小戰役，卻在一次解送犯人途中，不慎從馬上摔下受傷，從此被革退披甲，返回莊屯耕種父祖留下的旗地維生。達爾環現年七十五歲，身有殘疾且雙目失明，無法工作的他又無子嗣照料，懇請皇帝恩賞半飽度日。清世宗聽聞達爾環遭遇後，深感其情可憫，特別賞銀二十兩，並允諾隔年亦會有賞。[124]

佐領，各給銀五千兩，令其償完債負外，餘者各該都統收貯，以備公用。」

[121] 《清代起居注冊‧康熙朝（臺北版）‧第6冊》，頁2842，康熙三十三年九月十九日條。

[122] 《清代起居注冊‧康熙朝（北京版）‧第1冊》，頁16-17，康熙十年九月二十三日條。

[123] 又例如《清代起居注冊‧康熙朝（臺北版）‧第6冊》，頁3350，康熙三十四年七月二十八日條：「盛京地方，比歲荒歉，粒食艱難，朕心深切軫念。原欲躬親巡省，詢問疾苦情形，徧敷恩澤。今雖停止東行，而所在貧寠兵丁，尚冀朕之臨幸，是宜仍加賑卹，用裨資生，應作何加恩，爾部議奏。」

[124] 這件滿文檔案的主要內容翻譯如下：tubaci mukden i jiyanggiyūn be dahame,（自那裡跟隨盛京將軍） g'aldan be dailara cooha de emu mudan yabuha,（前往征討噶爾丹一次）tereci amasi jifi,（從那裡回來後）weilengge niyalma bencre de, morin ci tuhefi bethe layaha,（解送罪犯時從馬上摔落腿部萎縮）tereci uksin

清政府給與旗人的錢財補助，最著名者乃「生息銀兩」。所謂「生息銀兩」就字面意思來說，是指國家以一筆錢為本金，透過買田召佃、交商經營、開設當鋪等方式運作生息。官方最初透過此舉增加國家或皇室收入，清世宗繼位後宣布八旗亦比照辦理，所得息銀將用於補助旗人紅、白兩事。該政策一直實施至乾隆三十五年（1770），此後即使旗人的紅、白事仍有官方補助，相關經費卻從原本「生息銀兩」息銀改為國家公帑支付。[125]曾有官員認為八旗

---

ci nakafi, ging hecen de jihe,（從此革退披甲來到京城）ging hecen de banjire hethe akū ofi,（在京城因無營生產業）mini mafa, ama i werihe ilan haha i usin be tuwakiyame ergen be hetumbuki seme tokso de jifi tehe,（想看守父祖留下之三壯丁田以度日而來到莊屯居住）te aha bi nadanju sunja se,（奴才現今七十五歲）beye jadahalafi,（身已殘疾）yasa geli saburakū,（眼睛又看不見）usin weileme muterakū oho,（無法耕種）minde juse enen geli akū,（又身無子嗣）ciyanliyang bele akū ojoro jakade,（因無錢糧歲米）fuhali ergen hetumbure encehen akū,（全然沒有謀生能力）umesi mohoro ten de isinahabi,（非常窮困已到極致）bairengge enduringge ejen, yerhuwen[yerhuwe] umiyaha gese sakda ergen be ujire hontoho ciyanliyang ni kesi isibureo seme niyakūraha sembi.（伏乞聖主施恩給與錢糧之半養育似蟻蟲殘生）另皇帝硃批如下：erei baihangge jilaka,（這項請求可憫）ede menggun orin yan šangna,（因此賞給銀二十兩）ishun aniya bi ubaba[ubabe] dulere de, geli jikini,（朕明年經過此處時令其再來）aika temhetu[temgetu] bu,（給其一應憑證）akū oci kadalara urse iliburahū[iliburakū].（否則管理人員不為置備）。滿文原件參見《宮中檔雍正朝奏摺・第32輯》，頁601-608，〈奏為跪於路旁請求恩賞錢糧者緣由〉，雍正年月日不詳；漢文翻譯亦可參見《雍正朝滿文硃批奏摺全譯・下冊》，頁2607，〈披甲達爾環・奏請賜半錢糧緣由摺〉，雍正年月日不詳。

[125] 關於生息銀兩的討論相當豐富，其中最為精彩者非韋慶遠與張建輝兩人的系列專文莫屬，詳可參見韋慶遠，〈康熙時期對「生息銀兩」制度的初創和運用——對清代「生息銀兩」制度興衰過程研究之一〉，《中國社會經濟史研究》，1986：3（廈門，1986.09），頁60-69、韋慶遠，〈雍正時期對「生息銀兩」制度的整頓和政策演變——對清代「生息銀兩」制度興衰研究之二〉，《中國社會經濟史研究》，1987：3（廈門，1987.09），頁30-44、韋慶遠，〈乾隆時期「生息銀兩」制度的衰敗和「收撤」——對清代「生息銀兩」制度興衰研究之三〉，《中國社會經濟史研究》，1988：3（廈門，1988.09），頁8-17、張建輝，〈關於清代生息銀兩制的興起問題——清代生息銀兩制度考論之一〉，《中國社會經濟史研究》，1995：1（廈門，1995.01），頁76-82、張建輝，〈關於康熙對生息銀兩制的初步推廣及其在八旗軍隊中的運用〉，《清史研究》，1998：3（北京，1998.09），頁23-29、張建輝，〈關於雍正對生息銀兩制的整頓及其在全國軍隊的推廣——清代生息銀兩制度考論之三〉，《清史研究》，2004：1（北京，2004.02），頁84-93、張建輝，〈關於乾隆收撤「恩賞銀兩」與生息銀兩制的存廢問題——乾隆的生息銀兩理論和政策〉，《咸陽師範學院學報》，19：5（咸陽，2004.10），頁25-28、張建輝，〈關於乾隆收撤「恩賞銀兩」與生息銀兩制的存廢問題——乾隆復行「公

「生息銀兩」政策推行後，「紅事得以及時，白事得以盡禮」，
「此誠亙古未有之曠典也」，[126]這種說法雖有可能為溢美之言，仍
可看出「生息銀兩」對旗人生計的重要性。

三、旗人「錢債」糾紛的發生與處理

從八旗錢糧與相關恩賞制度來看，國家對於旗人確實頗為照
顧，旗人生活所需在此豐厚待遇下理應充足。然而根據既有研究
成果顯示，旗人生計問題自康熙朝中葉開始，已呈現難以挽回的趨
勢。該問題之所以如此嚴重，一來是人口激增造成許多旗人無法披
甲當差，難以享受國家提供的福利；二來是旗人入關一段時間後日
益奢侈，過度的開銷導致入不敷出。除此之外，旗人生計問題的關
鍵因素，其實存於八旗制度本身。由於國家規定旗人只能披甲為國
效力，不許他們從事其他行業，被束縛於八旗制度中的旗人，不易
積極為自己尋求出路。[127]若旗人只能依賴國家供養而活，旗人生計
問題終究難以徹底解決。[128]皇帝面對旗人生計這個心頭大患，不僅
發放錢財救助旗人，亦試圖透過制度改革化解問題，可惜成效都相

庫制」的失敗與清釐生息帑本的意圖〉，《咸陽師範學院學報》，20：1（咸陽，
2005.02），頁23-26、張建輝，〈關於乾隆收撤「恩賞銀兩」與生息銀兩制的存廢
問題——乾隆收撤生息帑本的時間、條件及其善後〉，《西北大學學報（哲學社會
科學版）》，39：5（西安，2009.09），頁41-46。韋慶遠與張建輝的見解各有側
重，值得一併參看，相關綜評詳可參見鹿智鈞，〈近二十年來（1989-2009）八旗制
度研究的回顧與討論〉，頁157-160。

[126] 《雍正朝漢文硃批奏摺彙編·第24冊》，頁311，〈協理河南道事漢軍監察御史劉永
澄·奏請賞給京城八旗漢軍兵丁生息銀兩摺〉，雍正十一年四月十二日。

[127] 魏源這方面的見解頗有參考價值，參見〔清〕魏源，《聖武記》（北京：中華書
局，1984），卷14，〈武事餘記·議武五篇·軍儲篇四〉，頁563-564：「聚數百
萬不士、不農、不工、不商、不兵、不民之人於京師，而莫為之所，雖竭海內之正
供，不足以贍。且八旗有蒙古、有漢軍，不盡滿洲，滿洲又皆收服遼東諸部落，非
宗室天潢也。漢唐有養兵之費，宋明有宗祿之費，未聞舉龍興之地豐沛、晉陽、鳳
泗之民，而世世贍養之者。」

[128] 關於八旗生計的討論，詳可參見韋慶遠，〈論「八旗生計」〉，《社會科學
輯刊》，1990：5（瀋陽，1990.09），頁85-90、韋慶遠，〈論「八旗生計」
（續）〉，《社會科學輯刊》，1990：6（瀋陽，1990.11），頁82-85、周遠廉，
〈八旗制度和八旗生計〉，收錄於閻崇年主編，《滿學研究·第7輯》，頁23-71。

當有限。[129]

旗人入關初期即使已受國家妥善照顧，得到旗地、旗房與固定的錢糧，不過有時若急需用錢仍須向他人借貸。當旗人遭逢生計困境，金錢借貸行為更是層出不窮，不少錢債糾紛亦隨之產生。清朝於關外時期並未發展出具有自身特色的錢債規範，入關後相關規範則直接繼受明律，旗人的錢債糾紛似乎沒有特殊性。然而不可忽略的是，旗人生計問題及其衍生的錢債糾紛，實與八旗兵丁錢糧制度密切相關。筆者雖然受限於史料難以針對旗人錢債糾紛深入分析，[130]不過仍可試著從另一角度思考旗人錢債糾紛的出現與官方因應策略，此舉或有助於為旗人生計問題成因提供更全面的解釋。

從宏觀的角度來看，除了旗人人口迅速滋生、生活奢華化和無法自由轉業三大因素外，部分政策形同具文當屬八旗生計問題的另一關鍵。首先宛若上節所論的旗地迅速流失，八旗官房亦出現類似情形。許多旗人因生齒日繁，不得不離開內城前往外城居住。乾隆四十六年（1781）間，官方要求住於城外的旗人搬入城內。此舉大幅增加旗人的負擔，鑲黃旗滿洲都統德福即表示：

> 現在城外居住旗人，約計一萬餘家，俱紛紛向城內尋覓房屋，人數甚眾。而城內有房出租者，乘機居奇長租，每房一

---

[129] 皇帝自雍正朝開始大力整飭旗務，旗人生計亦為重點之一，詳可參見佟永功、關嘉祿，〈雍正皇帝整飭旗務述論〉，收錄於支運亭主編，《八旗制度與滿族文化》（瀋陽：遼寧民族出版社，2002），頁115-127、葉高樹，〈深維根本之重：雍正皇帝整飭旗務初探〉，頁89-120、葉高樹，〈清雍乾時期的旗務問題：以雍正十三年滿、漢文「條陳奏摺」為中心〉，頁69-152。

[130] 目前中央八旗都統衙門檔案，主要藏於中國第一歷史檔案館，暫時無法全面掌握。地方八旗衙門檔案亦有參考價值，但其內容具有較多地方特殊性。屬於細故案件的錢債糾紛，一般多在民間或基層衙門自行調處，受限於目前所見史料的侷限，本節無法針對所謂「純民事」案件進行分析。筆者找到的資料以中央檔案居多，這些錢債糾紛因從民事案件演變為鬥毆或殺人等刑事案件，才有機會上達中央。筆者深知根據現代法學的界定，這些錢債糾紛已非單純民事案件，但筆者相信透過這些資料，仍可一定理解旗人錢債糾紛之內涵，謹於此先行告知讀者。

間，每月索取京錢七、八百至一千文不等，較前加倍，食餉兵丁，頗覺多費。[131]

德福建議皇帝在城內空地修建官房，「此項房屋不必拘定每兵兩間之數」，「聽租房官兵人等認租居住」，「其應納房租，照城外官房取租之例，於季俸月餉內，由部坐扣」。道光七年（1827）間，福建道監察御史寅德亦奏稱，許多旗人由於官房損壞「不堪居住」，自費另尋住處，然而「該兵丁等，每月應領錢糧，僅足養贍家口」，「若再加以賃房之費，用度未免拮据」。[132]旗人入關之初雖可住於政府發給的官房，但這種福利似乎未永久延續。旗人若被迫租房度日，勢必新增一筆可觀支出。

除了旗地、旗房外，旗人最令人稱羨的待遇，即領有穩定且數額還算充裕之錢糧。不過有時因部分官員居中舞弊營私，導致八旗兵丁無法如實領取。康熙五十六年（1717）十二月二十一日，在閩浙總督覺羅滿保的衙門外，忽然聚集大量旗人喊告申冤，滿保雖多次派人相勸，眾人仍不願離去；迫於情勢相當緊張，滿保決定親自出面接見，抗議群眾申明緣由後陸續返家。[133]這些旗人共上呈兩

131 〈軍機處檔‧月摺包〉，文獻編號030617，德福‧奏為請清查城內隙地建蓋官房以利旗人居住事，乾隆四十六年五月十八日。
132 〈軍機處檔‧月摺包〉，文獻編號057706，福建道監察御史寅德‧奏為請旨飭查八旗官房以安旗人而裕生計事，道光年月日不詳。
133 參見《宮中檔康熙朝奏摺‧第9輯》，頁667-668，〈閩浙總督覺羅滿保‧奏聞福州將軍祖良璧病情並參正白旗章京侵吞兵餉摺〉，康熙五十六年十二月二十二日。該滿文奏摺的主要內容翻譯如下：ere sidende gulu šanggiyan i janggin lio yūn king yaburengge geli ehe ofi,（這段時間因正白旗章京劉雲青行事又惡劣）tuttu geren gūnin daharakū teni habšame yabuha,（故眾意不服才訴訟前來）aha meni sucungga gūnin de jiyanggiyūn majige yebe oho manggi,（奴才我們本意為待將軍稍微病癒後）jai uhei hebdefi ere janggin be wakalafi unggiki sembihe,（再會審並將此章京參送）geren uksin sa ere janggin i ciyanliyang tebume gaire de umesi hafarabufi[hafirabufi]（然眾披甲被該章京坐扣錢糧非常窘迫）jorgon biyai orin emu i yamjishūn aha meni yamun de habšafi（於十二月二十一日傍晚至奴才衙門提告後）uthai siden i yamun de genefi geretele niyakūrafi ilirakū,（即赴公署通宵長跪不起）ududu mudan hafasa be takūrafi

份訟狀，其一為正白旗披甲控告本旗章京劉雲青對兵丁放高利貸，並與領催等人勾結，擅自扣押兵丁錢糧還債，導致許多披甲整年未得錢糧；劉雲青甚至擅自以鐵鍊鎖禁披甲，直到三更才放回。其二為四旗[134]披甲共同聲明他們過往一向由將軍給與印票採買馬匹，不料今年劉雲青竟與馬販合作，強迫披甲向其買馬，每匹馬再從錢糧中扣銀二十五兩，此舉亦造成披甲整年未領錢糧，一家老小連同馬匹都已斷糧。滿保發現事態嚴重，一面連同將軍祖良璧、副都統王英虎會審，一面儘速向上奏報。皇帝得知此事時由於將軍祖良璧恰巧病逝，故命滿保暫代將軍職務處理此事。[135]滿保首先力圖穩定軍

henduci facarakū,（多次差遣官員勸說仍不散）aha be araga[arga] akū emu derei donjibume wesimbume,（奴才等無奈之餘只能一面奏聞）emu derei habšaha turgun be acafi beideki seme jiyanggiyūn de bithe unggihe.（一面將欲會審案情行文將軍）

134 福州八旗駐防的設置，始於康熙十九年閏八月，當時杭州副都統胡啓元，率領鑲黃、正白、鑲白與正藍四旗馬、步兵一千零二十六名移駐福州。康熙二十一年間，清政府將耿藩舊部馬兵一千名，悉數編入上三旗，並於福州駐防四旗內行走，先前進駐福州的滿兵亦於是年撤回。詳可參見定宜庄，《清代八旗駐防研究》，頁31-32。

135 參見《宮中檔康熙朝奏摺·第9輯》，頁669-672，〈閩浙總督覺羅滿保·奏聞漢軍控告都統章京摺〉，康熙五十六年十二月二十二日。該滿文奏摺的主要內容翻譯如下：emu afaha de araha gisun,（一份訟狀言）gulu šanggiyan gūsai uksin sai uhei sume alarangge,（正白旗披甲一起告稱）coohai urse de oshodome gaime umesi yadara omihon de isinaha jalin,（為兵丁被暴扣兵餉以致非常窮困事）ere utala aniya, meni gūsai janggin lio yūn king, madaha i jiha sindame, dabkime madaha gaime,（這些年來我們旗的章京劉雲青放債收利）wai lang bosokū sai emgi sirendufi bujengsy ku ci buhe coohai ciyanliyang be gidame jafafi cisui bukdun[bekdun] de tebume gaime,（並與外郎、領催相勾結，暗自拿取布政司庫所發兵丁錢糧扣還債務）meni gūsai uksin sa, aniya hūsime fun eli ciyanliyang baharakū, niyalma morin yooni omihon de isinahabi,（本旗披甲們整年分釐錢糧未得，導致人、馬均飢餓）tuttu bime geli jiyanggiyūn i gisun seme holtome,（然又捏稱為將軍之言）cisui uksin sabe sele futalafi duka de maktafi horime,（擅自以鐵鍊束縛披甲囚於城門監禁）ilaci ging ni erinde teni cisui sindaha,（三更時才放人）ede meni geren mujilen šahūrafi araha[arga] akū uksin ci nakafi cihanggai amasi ging hecen de geneki sembi,（衆人因而心寒無奈，情願退甲返京）geli emu afaha hoosan de araha gisun,（又一份訟狀言）duin gūsai uksin sai uhei sume alarangge,（四旗披甲一起告稱）ere utala aniya uksin sai morin gemu jiyanggiyūn doron gidaha piyoo bithe bufi udambihe,（這些年來披甲之馬皆由將軍給與印票購買）ere aniya gulu šanggiyan gūsai janggin lio yūn king,（是年正白旗章京劉雲青）morin uncara fandz sai emgi hoki acafi,（與賣馬販子結黨）cisui emu tanggū jakūnju funcere morin be dalame gajifi,（擅自為首帶來

心，下令每月提供披甲足夠銀兩，發放錢糧時逐一點名並嚴格要求本人領取，杜絕官員私放借貸或剋扣馬價之事。[136]此外滿保亦著手調查劉雲青的不法行為，劉雲青經過訊問對眾披甲的呈控皆供認不諱。這起喧騰一時的福州駐防旗人控訴案，最終在官方積極處置下逐漸平息。[137]

馬一百八十餘匹）emte morin de orin sunjata yan menggun salibume,（每一匹馬各折銀二十五兩）gidame jafafi ciyanliyang be tebume gaime,（暗自操弄並坐扣錢糧）geren uksin sai ciyanliyang yooni tebume gaire de wajifi aniya hūsime fun eli baharakū,（眾披甲的錢糧都被坐扣完盡，整年分釐未得）morin uncara fandz de morin tome damu juwan nadan yan buhe,（每匹馬僅給馬販銀十七兩）funcehe jakūn yan ya bade buhe be sarakū,（不知道剩下八兩給於何處）te booi gubci sakda asigan[asihan], morin ci aname yooni jeterengge akū（現今全家老小連同馬匹均無食物）araha[arga] akū hengkišeme baifi uksin ci nakafi cihanggai ging hecen de amasi geneki sembi seme alibuha.（無奈叩請情願退甲返回京城）另硃批如下：duleke aniya, guwangdung guwangsi dzungdu yang lin jihede,（去年兩廣總督楊琳來時）minde narhūšame wesimbuhengge fu giyan i jiyanggiyūn i fejergi, janggin cooha umesi facuhūn,（曾密奏福建將軍之下章京、兵丁很亂）udu emu bošoko sindacibe,（雖設領催一員）gūsa gubci acafi habšandumbi（但全旗合而控訴）gūwa ba i adali akū,（不似其他地方）ejen ambula gūnin de tebuci acambi,（聖上應多加留意）amban bi jiyanggiyūn i baita be daiselaha bihebe dahame,（臣因為曾經代理將軍事務）sarangge umesi getuken ofi ejen de donjibumbi sehe bihe（知者曉明而奏聞）te i muru be tuwaci gisun de acanahabi（若看現今情形與所言相符）meiren janggin wang ing hū umesi juken niyalma bime sakdakabi（副都統王英彥人很平常又已年老）jiyanggiyūn i baita be daiselaci ojirakū[ojorakū],（不能代理將軍事務）jiyanggiyūn i baita be mamboo si taka daisela,（著滿保先暫代將軍事務）siranduhai hese wasimbumbi.（隨後降旨）

136 參見《宮中檔康熙朝奏摺・第9輯》，頁672-674，〈閩浙總督覺羅滿保・奏覆福州駐防正白旗章京被控緣由〉，康熙五十七年三月二十四日。該滿文奏摺的主要內容翻譯如下：baicaci uksin cooha de biyadari ciyanliyang be jalukiyame bahaburengge umesi oyonggū[oyonggo],（查得披甲每月得到足夠錢糧一事甚為緊要）tuttu meiren janggin i emgi hebdefi,（故與副都統商議）biyadari ciyanliyang bure de,（每月發放錢糧時）yooni siden i yamun de gamafi,（俱於公署辦理）gūsai hafasa be uhei tuwame,（我等旗員共同看管）emke emken i gebu hūlame beye de afabume,（逐一唱名交給本人）hafasai bukdun[bekdun] de tebume gaire, morin i hūda be tatame gaire jergi jemden be eteme fafulaha.（嚴禁眾旗員因債務馬價克扣之弊）

137 參見《宮中檔康熙朝奏摺・第9輯》，頁685-686，〈閩浙總督覺羅滿保・奏聞審理將軍所屬旗甲控訴案件摺〉，康熙五十七年六月二十一日。該滿文奏摺的主要內容翻譯如下：fugiyan i jiyanggiyūn i fejergi gūsai uksin sa,（福建將軍之下八旗披甲）gulu šanggiyan i sula janggin lio yūn king be habšaha emu baita be,（控告正白旗閒散章京劉雲青一案）aha be acafi beideci,（奴才等會審）lio yūn king

旗員在八旗制度中扮演著重要角色，既被視為管理旗人的「父母官」，更是基層旗人與皇帝間的溝通橋樑，一旦旗員涉及舞弊營私，對旗人將產生莫大衝擊。上述案件中的要角劉雲青，即妥善運用旗員身分牟取暴利。劉雲青深知披甲擁有固定錢糧，故先向旗下兵丁施放高利貸與假意協助買馬，再將其錢糧直接扣留，毫無債務催討的麻煩。此外劉雲青的旗員身分亦讓兵丁難以抗衡，這也解釋為何眾披甲群聚於總督衙門外徹夜申冤，他們似乎惟有越級上告，才能脫離不法旗員的壓榨。從另一方面來看，旗人落入劉雲青的高利貸陷阱，反映當時旗人多已入不敷出，不得不向外尋求經濟援助。旗人若一時急需用錢往往無法慎思後果，又對關係親近的旗員較無戒心，在部分不肖旗員的有心操作下，反而身陷更深的債務困境。[138]

　　旗人有時在現實生活中，僅圖求眼前方便未有長遠規劃，對金錢借貸的警覺性略為不足，導致債務危機很容易發生。例如河南巡撫阿思哈曾在乾隆三十三年（1768）四月間，指出河南駐防滿營甲兵在更替挑補時，常發生下列弊病：

geren cooha de juwen sindafi,（劉雲青放債於眾兵）biyadari ujen madagan i ciyanliyang be tebume gaiha,（每月以重利坐扣錢糧）holtome jiyanggiyūn i gisun seme,（謊稱將軍之言）uksin wang diyan gi be sele futalafi duka de maktaha ba gemu yargiyan,（以鐵鍊綑綁披甲王典基擲於城門處皆實）lio yūn king geli morin uncara fandz sade sirendufi,（劉雲青又勾結馬販）geren uksin ci morin tome orin sunjata yan menggun gaifi,（向眾披甲每馬索銀二十五兩）morin uncara fandz de orin yan bumbi,（給馬販二十兩）funcehe sunja yan be, lio yūn king, jiyanggiyūn bihe dzu liyang bi i booi da jang ioi lin i emgi cisui gaifi dendecembi seme（劉雲青將剩餘五兩與原任將軍祖良璧之包衣大張玉林一起私分）ceni beye alime gaimbi.（伊等供認不諱）

[138] 旗員除藉由放債巧奪旗人錢糧外，甚至還有直接扣押錢糧之行徑。例如乾隆三十五年二月間，廣州駐防水師旗營協領奇德，因俸滿「例應進京」，又「擬扶母柩順便回京安葬」。奇德為籌畫長途旅費，決定侵扣旗人錢糧。是年十二月間，他與領催安定達等人議定每兵扣銀兩錢，估計一共可得銀一百二十一兩六錢。此事隨即被「前赴散餉」的防禦伊昌阿得知，意圖向上稟報，奇德眼看事跡敗露立即將錢「按名散還」，不過奇德最終仍難逃被處分的命運。詳可參見《宮中檔乾隆朝奏摺·第35輯》，頁484-486，〈兩廣總督昭信伯李侍堯等·奏為臣等審擬水師旗營協領奇德侵扣兵丁應領穀價貪黷不職具奏事〉，乾隆三十九年五月初九日。

（披甲）如遇出缺，或本家無人，或子弟幼小，另行挑補，前項馬械，俱需變賣，而新補之兵，又應製備，往往私相頂售，新甲即受舊甲之物，一時又無現銀，遂將馬械等項，合計作銀五、六十金不等，三分起息，按月付給。在新甲不需現銀，即得全副物件，固所樂從。即舊甲之家，孤寡居多，得有月利資生，本銀長在，更所情願。由來已久，乃相習成風，視為故常，日積月累，有至數十年，或終其身，償利不下十數倍於本，而本終未還者。甚至物故之後，輾轉復售一兵，而償兩家利息者。流弊無窮，深為兵累。[139]

新任披甲常接收前任披甲的裝備以求省事，但此舉亦會使其受困於重利中。阿思哈面對這項積弊，建議官方先借每位披甲銀五十兩，「即與出缺之家，作為頂售馬械之價」，日後再從每月餉銀中扣還。[140]阿思哈似乎認為旗人若向官方借錢更有保障，不過這種想法可能是相對而言，畢竟如果旗員違法犯紀，旗人仍難逃債務摧殘。旗人涉入金錢借貸後，大多被迫進入一種惡性循環：起初僅因財務稍為窘迫而借錢，沈重債務卻將旗人推向更為嚴峻的生計困境。

隨著入關時間的增長，旗人已不復入關初期生活無虞，當他們遭逢困境或急需用錢時多會舉債，不少糾紛亦隨之產生。以下這起鑲藍旗漢軍已故千總崔濂之妻周氏，控訴正黃旗漢軍馬兵柏之薰

---

[139] 《宮中檔乾隆朝奏摺・第30輯》，頁297-298，〈河南巡撫阿思哈・奏為調劑河南駐防滿營披甲兵私相頂售馬械之以恤兵艱事〉，乾隆三十三年四月初八日。每位披甲依例要「自立馬三匹、盔甲一副、腰刀一口、撒袋一副、弓一張、箭五十枝，幷鞍屜等物。」

[140] 清高宗收到此奏後諭曰：「今若借支官項，令其扣清辦理，則挑補新甲，既按月出利，而舊甲之家，又得有現給整銀，自屬兩便。但弓、刀等項，所值無幾，若借給銀五十兩，未免過多。今為量酌調劑，即予以四十兩，已足敷用。該撫可即遵照辦理，將此傳諭知之。」參見《清高宗純皇帝實錄》，卷808，頁922，乾隆三十三年四月己巳條。

之案就具有一定代表性。乾隆三十年（1765）間，正黃旗漢軍的輕軍都尉兼侍衛周繩武，陞授甘肅黑城營都司，周繩武赴任時因缺乏盤纏，向本旗外叔祖輕軍都尉柏嵩年借銀二百兩。兩人說好這筆欠項，將透過周繩武的留京世職俸銀俸米抵還，其餘銀兩米石亦請柏嵩年代管。柏嵩年於乾隆三十六年正月十四日病逝，周繩武的姊姊周氏隨後於二月間，向正黃旗漢軍處詢問此項銀兩應如何處理，副都統塔永阿因周氏身屬鑲藍旗，令周氏改向本旗具呈。然而當佐領張炘得知此事後，認為周繩武既是正黃旗人仍應辦理，立即行文陝甘總督請求協助。十月間正黃旗收到陝甘總督的咨文，說明周繩武欲將三十六年以後的春季俸銀、米和秋季俸銀存於旗庫，秋季俸米則交由周氏供祭掃之用。[141]

不過可能在同一時間點，遠在雅爾地方的周繩武有了新想法，他希望領回原本存於柏嵩年家的銀兩，並請姊姊至甘肅黑城營衙門接回母親。周繩武先寫了稟帖託侍衛德赫布帶回京師，此外亦寫信給舅舅柏之操告知此事。塔永阿接到該稟帖後，認為先前陝甘總督的來文，並未言及三十五年前的銀兩，決定不再處理此事，僅將該稟帖轉交本旗印房收貯存案。另一方面，周氏透過柏之操得知周繩武意思後，遂持信要求柏之薰交出其父代管的剩餘銀兩。柏之薰聽聞此事後大感詫異，因為他完全沒有接獲官方或周繩武的通知，為慎重起見未將銀兩交給周氏。周氏向柏之薰追討銀兩不成，認定柏之薰心懷不軌。由於她先前曾有在正黃旗漢軍處呈文被拒的經驗，決定改赴西城御史處，控訴柏之薰意圖侵佔他人財產，甚至利用這些銀兩買房、放帳與聚賭。

---

[141] 八旗官員與八旗兵丁不同，分春、秋兩季領取俸餉、俸米，參見《欽定戶部則例（乾隆朝）》，卷96，〈廩祿‧覈放旗俸〉，頁1a：「一、八旗俸祿冊檔，由旗查造，春俸冊限上年閏十二月十五日以前到部，秋俸冊限六月十五日前到部。戶部查核截俸，各以十五日為斷，不得過十六日。……一、凡開放旗俸，二月、八月各以初一日為始，俸銀限初三日放竣，俸米限兩個月放竣。」

西城御史接到周氏的訴狀後，馬上傳齊兩造進行訊問。柏之薰到案後強調未收到任何正式通知，周氏又拿不出憑證，所以才未交付銀兩，全數銀兩分文未動，願意立即呈繳，至於放帳聚賭一事則為無稽之談。西城御史認為副都統塔永阿等人壓案不辦，佐領趙鋏亦曾為柏之薰說情，柏之薰很有可能勾結這些旗員侵吞銀兩。為求進一步釐清真相，西城御史奏請將此案轉至刑部，皇帝進而下令交由軍機大臣查辦。經劉統勳一番調查，才釐清周氏與柏之薰間的爭執，完全是塔永阿等人未儘速處理周繩武的稟帖所致。柏之薰並無未勾結旗員與侵吞銀兩，所謂放帳聚賭諸多惡行，更只是周氏未釐清實情的妄告之詞。[142]

上述這起旗人錢債糾紛案件，一般來說鮮少出現於中央檔案。這類民間細故若驚動中央，通常已跳脫單純民事案件範疇。周氏興訟時強調柏之薰霸佔財物與放帳聚賭，明顯屬於一種訴訟策略，一般人為避免細故案件未受重視，多會誇大其詞吸引官方注意力。[143]

---

[142] 關於此案詳可參見〈軍機處檔‧月摺包〉，文獻編號016153，署西城事御史訥清額等‧奏為奏聞鑲藍旗漢軍已故門千總雀濂之妻周氏呈控馬兵柏之薰瞞昧霸佔不認收存俸銀米石由，乾隆三十七年月日不詳、〈軍機處檔‧月摺包〉，文獻編號016158，大學士劉統勳，為遵旨覆奏鑲藍旗漢軍已故千總雀濂之妻周氏呈控馬兵柏之薰圖賴收存伊弟446都司周繩武在京俸銀米石由，乾隆年月日不詳、〈軍機處檔‧月摺包〉，文獻編號016196，柏之薰供單，乾隆三十七年正月二十八日、〈軍機處檔‧月摺包〉，文獻編號016204，張炘佐領下三等輕車都尉兼佐領三等侍衛周繩武自據呈詞，乾隆年月日不詳、〈宮中檔奏摺‧雜檔〉，文獻編號409000266，奏查周氏呈控周繩武俸餉案，乾隆年月日不詳、〈宮中檔奏摺‧雜檔〉，文獻編號409000450，奏報應將周繩武呈旗之原稟詳查確實等事，乾隆三十七年正月二十七日。上述檔案中016153、016158、409000266與409000450均殘缺，不過016158與409000266，以及016153與409000450就內容來看，似乎分別同一件奏摺的前後文，值得一併參看。

[143] 徐忠明曾指出明清時期的百姓訴訟時，多採取下列手段：一、先下手為強；二、強調自己的「冤屈」；三、採取「小事鬧大」的訴訟策略，其中又可分為「謊狀」與「聚眾」兩方面；四、藉助「訟師」之力。百姓利用這些手段的原因，不外乎為了吸引官員注意，並且希望贏得官司。詳可參見徐忠明，〈小事鬧大與大事化小：解讀一份清代民事調解的法庭記錄〉，收錄於氏著，《案例、故事與明清時期的司法文化》（北京：法律出版社，2006），頁32-46。另夫馬進亦強調清朝的訴訟規定相當矛盾，國家要求告訴內容不可虛假，但原告若僅根據事實書寫如實又質樸的訟狀，卻通常不被官府受理。原告在這種背景下，為求勝訴不得不依賴訟師代寫呈詞，其內容自然比較誇張。詳可參見夫馬進著，范愉等譯，〈明清時代的訟師與訴

周氏在官員追問下，坦承她僅在柏之薰家中「見有人送利銀，又常有人坐著，想是賭錢」，「至借與何人及何等賭具，不能寔在指出」。周氏可能受到前次赴旗呈控失敗的影響，才出此下策再次爭訟。此案受到重視的另一原因，為旗員處理周繩武稟帖時發生行政疏失，甚至被懷疑與嫌犯勾結。此案由於牽涉刑法與行政法，已非單純民事糾紛，出現在中央檔案中亦不足為奇。

　　透過這起少見的旗人錢債案件，大致可得到兩項值得留意的重點。其一為旗人穩定的錢糧與歲米收入，是他們還債的重要憑藉，周繩武便將在京錢糧交由柏嵩年抵還債務。值得注意的是，錢糧的收領權不可私相授受。周繩武必須在旗提出申請，由佐領發給柏嵩年圖記和執照才算完成移交手續，從此不難看出旗人錢糧的管理相當嚴謹。其二為旗人錢債糾紛主要是在八旗內部自行調處，此案若非該旗不願受理，周氏應不會上控至西城御史處，此外即使最終轉交軍機大臣審理，一些調查仍是旗員負責，例如清查八旗帳目之事。承審官員為釐清柏之薰是否侵吞周繩武銀兩，下令點驗柏之薰存留的代管銀兩，該任務主要交由正黃旗印務參領祖尚德，以及副參領、佐領等旗員執行。[144]此案不僅反映旗員在八旗民事糾紛中的角色，也呈現官方處理旗人錢債糾紛的相關流程。

　　旗人急需用錢時除可能向旗人借錢外，有時也會求助於民人。許多民人著眼於旗人擁有穩定收入，非常樂意借錢給旗人，有些民人甚至將此視為生財途徑。劉小萌在北京碓房的研究中，指出不少民人看準旗人的歲米存有拉運與去糠需求，積極在北京開設碓房提供這類服務。部分生意好的碓房甚至走向多角化經營，同時經營

　　訟制度〉，收錄於滋賀秀三等著，王亞新等編，《明清時期的民事審判與民間契約》（北京：法律出版社，1998），頁405-406。
[144] 〈軍機處檔・月摺包〉，文獻編號016201，正黃旗印務參領祖尚德・為柏之薰所存周繩武俸銀俸米具結書，乾隆三十六年九月三十日。

米業與放債業務。[145]總之旗人的固定錢糧對民人而言確實頗有吸引力，導致許多民人常向旗人放高利貸牟取暴利。

　　乾隆年間有一大興縣監生名為杜華宗，平日即以放債營生，「每八兩作十兩，六個月打完，共收本利銀十二兩」，「每典甲米一分，用銀二十八兩，一年清還，共得銀五十餘兩」。此外杜華宗還於每季旗人尚未領取歲米時，先給制錢五百文，「俟關出米來，給我老米一石，每季約買旗人米四、五十石不等」。乾隆四年（1739）二月間，正黃旗護軍馬進泰因積欠杜華宗銀兩，竟被杜華宗私自拘禁兩日，多虧領催豐盛阿親自到杜華宗家中求情，允諾承擔這筆債務，馬進泰最終才得以返家。[146]乾隆四十年十月間，已故馬甲巴揚阿之妻于張氏，向民人李老兒借銀三十兩，講定從其子馬甲三達子、養育兵薩沖阿的錢糧扣還，每月還銀一兩五錢，每季還老米兩石，「三年為滿」。于張氏與李老兒日後卻因新債務發生糾紛，薩沖阿得知此事後在街上辱罵李老兒，隔日一早李老兒即率領眾人至于張氏家中，砸壞窗戶與摔碎茶碗砂鍋，行徑非常囂張。[147]

　　上述兩起案件的債權人均為民人，其催討債務的方式並非依循一般司法管道，而是採取暴力行為私下解決。有些旗人雖然會如同于張氏般赴官控告，但更多旗人似乎自知理虧，不敢與民人債主正面交鋒。乾隆三十年十二月間，健銳營前鋒校德順發覺轄下不少兵丁，同時缺席初三、初四日的例行性射箭練習，經調查發現原來健

---

[145] 劉小萌，〈清代北京旗人社會中的民人〉，收錄於故宮博物院國家清史編纂委員會編，《故宮博物院八十華誕暨國際清史學術研討會論文集》（北京：紫禁城出版社，2006），頁93-107、劉小萌，《清代北京旗人社會》，頁276-330。

[146] 〈明清內閣大庫檔案〉，登錄號147717-001，刑部尚書兼內務府總管來保，刑部為已革監生重利放債事，乾隆七年二月二十七日。

[147] 〈軍機處檔‧月摺包〉，文獻編號020682，英廉‧奏報審辦鑲黃旗滿洲已故馬甲巴楊阿之妻于張氏控告民人李老兒重利放債又霸佔朱氏為妾一案謹將辦理情形請旨訓示，乾隆四十三年八月初八日。于張氏家中被砸後，乃前往步軍統領衙門提告。于張氏除描述李老兒放債與砸毀物品的惡行外，還特別強調「李老兒平素為人霸道，他家中現有一個小女人朱氏，聞得是他霸來的」。此舉應是于張氏的訴訟策略，藉由凸顯李老兒的卑劣增加勝訴機會。

銳營內，竟多達七十幾人都積欠民人賈三銀兩未還，由於這兩天恰是發放錢糧日子，大家擔心被賈三追債才不敢前來。此案除反映旗人畏懼債主之情形外，更令人驚訝的是舉債人數相當可觀，賈三獲取暴利的程度不可小覷。[148]

當旗人無法償還債務時可能會選擇逃避，然此舉不但解決不了問題，甚至會產生更嚴重的後果。乾隆二十五年（1760）二月間，正紅旗蒙古必里克圖佐領下防禦五十八，自初一日領取俸銀後就不知去向，「顯係脫逃」的五十八故被官方下令嚴查捉拿。五十八直到二月十三日時才現身投案，供稱自己「度日艱難，欠債甚多」，二月剛領取的俸銀「不敷償債」，情急之下決定出逃躲債。[149]嘉慶九年（1804）八月間，正藍旗漢軍世襲二等輕車都尉兼世管佐領慶存，由於債務過多「日夜焦急無策」，最終只能先到京城外的祖墳處暫避風頭。沒想到慶存剛到祖墳附近便感染風寒，臥病於看墳老寡婦楊高氏家中，無法回京當差。[150]債務纏身的五十八與慶存，即使身為八旗職官，為躲債務也不得不逃離京城，他們卻為此付出更高的代價。五十八因「身為職官，因債累逃躲，甚屬卑賤，有玷官箴」，被革職銷除另戶冊籍，發往黑龍江充當苦差；慶存則是被革去印務章京、二等輕車都尉、世管佐領等職，送交刑部議處。[151]旗人平時主要倚賴錢糧維生，被革職後生活頓失所靠，對已頗困窘者

---

[148] 〈明清內閣大庫檔案〉，登錄號217309-001，刑部為賈三重利放債由移會稽察房，乾隆三十年十二月十二日。賈三描述其放債模式如下：「本年三月起，陸續供給健銳營廂蒙旗前鋒四十八等七十餘人，自五分至加一利錢不等，共放出二百餘千錢；又買兵丁每石米，給價一千三、四、五百文錢不等；又給錢六千文，買兵丁所關庫銀五兩。」

[149] 〈明清內閣大庫檔案〉，登錄號076396-001，協辦大學士刑部尚書鄂彌達‧為報明官員脫逃事，乾隆二十五年七月初九日。

[150] 〈明清內閣大庫檔案〉，登錄號217705-001，刑部為世管佐領慶存逃走投回交部辦理由，嘉慶九年九月十九日。

[151] 《清仁宗睿皇帝實錄》，卷133，頁807-808，嘉慶九年八月戊辰條。此案最終因皇帝認為慶存「實非有心潛逃」，「慶存著加恩開復原職，不必交部察議」，參見《清仁宗睿皇帝實錄》，卷134，頁824，嘉慶九年九月丁酉條。

而言無疑是雪上加霜，想要清償債務更是難如登天。

　　站在官方的立場，錢債行為是經濟活動中的必然產物，國家無法也沒有必要多加干涉；然而若完全放縱百姓放債的利率與方式，許多人勢必會藉由放高利貸牟利，進一步衍生許多社會問題。職此之故，官方多會藉由法律約束民間錢債事務，明律〈錢債〉中即有下列條文：

> 凡私放錢債，及典當財物，每月取利，並不得過三分。年月雖多，不過一本一利，違者笞四十；以餘利計贓，重者坐贓論，罪止杖一百。若監臨官吏，於所部內舉放錢債，典當財物者，杖八十；違禁取利，以餘利計贓，重者依不枉法論。[152]

此律明定放債者每月取利不可超過三分，清朝入關後亦繼受該規範。官方處理旗人錢債糾紛時，即著重放債者是否每月取利超過三分，有違者往往遭受處罰。

　　旗人生計自康熙年間開始惡化，債臺高築的旗人越來越多。清政府逐漸認清若想要徹底解決問題，除了改變旗人生活方式與提供更多補助外，還須積極查緝向旗人放高利貸的不良分子，使其無法繼續鯨吞蠶食國家發給旗人的錢糧。清政府這方面的作為，透過相關條例的修訂可見一斑，相關演變可參見表3-2-2。

---

[152] 黃彰健主編，《明代律例彙編·下冊》，卷9，〈戶律六·錢債·違禁取利〉，頁571。

表3-2-2 〈戶律・錢債・違禁取利〉中與旗人相關條例之演變

年分	條例修訂內容	備註
雍正五年 （1727）	佐領、驍騎校、領催等，有在本佐領或弟兄佐領下，指扣兵丁錢糧，放印子銀者，旗人照邊衛充軍例，枷號三個月鞭一百。夥同放印子銀者，照為從杖一百徒三年例，枷號四十日鞭一百。所得利銀，勒追入官，若違限不完者，枷號兩個月鞭一百，入辛者庫。該參領失於覺察者，交部議處。佐領、驍騎校，雖未出本放銀，不能禁止他人，反與屬下兵丁保借者，革職，該參領交部議處。至佐領驍騎校參領等，平時失於覺察，以致該管兵丁，將官錢糧扣還印子銀者，俱交部，分別議處。	《大清律例通考校注》記載此例修訂於雍正三年，但《欽定大清會典事例（光緒朝）》與《讀例存疑》均言此例修訂於雍正五年。
乾隆五年 （1740）	a. 佐領、驍騎校、領催等，有在本佐領，或弟兄佐領下，指扣兵丁錢糧，放印子銀者，係佐領、驍騎校，照流三千里之例，枷號六十日；係領催，照邊衛充軍例，枷號七十五日，俱鞭一百。夥同放印子銀者，照為從杖一百徒三年例，枷號四十日鞭一百。所得利銀，勒追入官。佐領、驍騎校、領催等，與屬下兵丁保借者，革去職役，該參領交部議處。至佐領、驍騎校、參領等，平時失於覺察，以致該管兵丁，將官錢糧扣還印子銀者，俱交部，分別議處。	此例為雍正五年例修改而成。
	b. 凡有民人，違禁向八旗官兵放轉子、印子、長短錢者，拿送該地方官，亦照旗人例，枷責治罪。其失察之該管文武各官，俱交部，分別議處。八旗佐領，每月將有無重利放債、借債之人，出具印結，呈報該參領。參領按季加結，呈報都統查核。	此例應自雍正十三年出現的某事例修改而成，但其完整內容目前不詳。
乾隆二十一年 （1756）	八旗領催代屬下兵丁，指扣錢糧保借者，照夥同放債人，枷號四十日鞭一百例發落。其指米借債之人，照違制律，鞭一百，仍將失察之該管各官，交部分別議處。	《讀例存疑》記載此例修訂於乾隆十七年應有誤，推測二十一年才正式入律。

年分	條例修訂內容	備註
乾隆三十二年（1767）	民人違禁向八旗兵丁，放轉子、印子、長短錢，扣取錢糧，及旗人舉放重債，勒取兵丁錢糧，並非在本佐領下放債者，或經告發，或被兵丁首出，除所欠債目，不准給還外，將放債之人照訛詐例，從重治罪，欠債之人，毋庸治罪。失察之該管文武官，俱交部議處。八旗佐領每月，仍將有無重利放債之人，出具印結，呈報該參領，按季加結，呈報都統查核。	此例部分內容來自乾隆五年b.例。
嘉慶十四年（1809）	佐領、驍騎校、領催等，有在本佐領，或弟兄佐領下，指扣兵丁錢糧，放印子銀者，係佐領、驍騎校，照流三千里之例，枷號六十日；係領催，照近邊充軍例，枷號七十五日，俱鞭一百。夥同放印子銀者，照為從杖一百徒三年例，枷號四十日鞭一百。如非在本佐領下舉放重債，勒取兵丁錢糧，及民人違禁，向八旗兵丁放轉子、印子、長短錢，扣取錢糧者，照詐欺官私取財律，計所得餘利，准竊盜論，利銀均追入官。佐領、驍騎校、領催等，代屬下兵丁，指扣錢糧保借者，佐領、驍騎校，革職；領催，鞭一百。其指米借債之人，照違制律，鞭一百，自行首出者，免其治罪。所欠帳目，並免著追。失察之該管文武各官，俱交部，分別議處。八旗佐領，每月仍將有無放債之人，出具印結，呈報該參領，按季加結，呈報都統查核。	此例為乾隆五年、乾隆二十一年、乾隆三十二年三例合併而成。

資料來源：《大清律例按語》、《讀例存疑重刊本》、《欽定大清會典事例（光緒朝）》、《大清律例通考校注》

〈戶律·錢債·違禁取利〉中與旗人錢債相關條例之修訂，主要聚焦於兩方面，其一為強化八旗內部管理，其二為對民人的約束。清政府早在雍正朝初期，已制定條例處置扣剋旗人錢糧或對旗人放高利貸的基層旗員，其刑責比原律重得多。該例於乾隆五年（1740）再次修訂的原因，一來是為求解決律例間的矛盾，[153]二來

---

[153] 例如〈犯罪免發遣〉律規定充軍邊衛者，枷號七十五日，與該例「照邊衛充軍例，

考量到品級不同的旗員刑責亦應有別，最後則是刪改冗贅語彙與補充疏漏處。[154]乾隆二十一年（1756）間，又新增一條約束八旗領催之條例，相關規範顯得更為完整。[155]

清政府不僅加強對於旗員的管理，亦有留心民人常向旗人放高利貸之舉。官方似乎已於雍正十三年（1735），下令民人違禁放高利貸給旗人者，「亦照旗人之例治罪」。[156]其意義究竟為何？在前述民人杜華宗放債旗人一案中，杜宗華最終「依領催放印子銀者，照邊衛充軍例，枷號七十五日杖一百，折責四十板」，[157]由此可知民人與旗人的處罰完全相同，民人亦受折枷之刑。[158]該規定推測於乾隆五年正式入律，但根據乾隆七年（1742）的臣工上奏，或能得知其中仍有問題尚待調整，：

> （大學士等）又會同刑部議覆：「……再律例館纂定新書內開，凡有民人違禁，向八旗官兵放轉子、印子、長短錢者，亦照旗人例枷責治罪等語，未經註明，恐滋含混。應請將此

枷號三個月」有別，參見〔清〕黃恩彤編，《大清律例按語》，卷43，〈戶律‧錢債‧違禁取利〉，頁7a-8b。

[154] 〔清〕吳壇著，馬建石等編，《大清律例通考校注》，卷14，〈戶律‧錢債‧違禁取利第三條例文〉，頁524：「又佐領、驍騎校，與領催品級不同，枷號亦宜分別。……再保借者革職，但言佐領、驍騎校，而遺漏領催，應增。又『該參領失察、議處』等語，重複，及『雖未出本放銀，不能禁止他人』等語，亦贅，俱應刪。

[155] 值得注意的是，《欽定八旗則例》中亦禁止旗員在旗下放債，惟規範內容比較簡單。參見《欽定八旗則例》，卷10，〈禁令‧佐領等借放印子銀兩〉，頁4a：「八旗佐領、驍騎校等，有於該佐領下借放印子銀兩，每月坐扣兵丁錢糧者，該管參領查出，送部議處。如該管官失於覺察，一併議處。」

[156] 〔清〕黃恩彤編，《大清律例按語》，卷43，〈戶律‧錢債‧違禁取利〉，頁9b。該規定應屬事例，直到乾隆五年才被修訂入律。相關內容亦可參見〔清〕吳壇著，馬建石等編，《大清律例通考校注》，卷14，〈戶律‧錢債‧違禁取利第四條例文〉，頁524。

[157] 〈明清內閣大庫檔案〉，登錄號147717-001，刑部尚書兼內務府總管來保‧刑部為已革監生重利放債事，乾隆七年二月二十七日。

[158] 〔清〕薛允升著，黃靜嘉編校，《讀例存疑重刊本》，卷16，〈戶律‧錢債‧違禁取利〉，頁399：「原例民人違禁，向八旗官兵放轉子、印子、長短錢者，亦照旗人例治罪，謂治以軍、流、徒罪也」。該見解似乎略有誤解，因為民人所受的處罰為折枷刑而非軍、流、徒刑。

例，添註交通領催、兵丁，扣取錢糧等字樣。其治罪之處，應照領催枷號七十五日之例，減等枷號四十日。如旗人有舉放重債，勒取兵糧，並不在本佐領下者，亦照民人減等枷責例。」從之。[159]

引文中提及的問題，主要為「亦照旗人例枷責治罪」這句話的文意不夠清楚，臣工們建議將其修訂促使刑度的區隔更為妥切，此舉也得到皇帝認可。不過這則新修之例隨後並未修入清律，[160]僅以一般部院則例形式保留下來。[161]

乾隆二十七年（1762）六月間，副都統富德條奏旗務各款時，其中一項亦與旗人債務有關：

旗人私債，急宜清釐，方可漸裕生計。請交八旗都統，徹底清查，應如何歸償之處，酌動官項完結，於伊等俸餉內，陸續歸款。清查之後，再有不知撙節，仍行賒欠者，嚴加懲治。[162]

清高宗對富德所奏各款均表示同意，並在軍機大臣議奏下，規定曾正式聲明未借放私債的旗人，「此後如有控告債負」，「不准歸還，并將放債之人，照訛詐例從重治罪」，[163]該新規定隨後亦促成乾隆三十二年（1767）例的出現。

---

159 《清高宗純皇帝實錄》，卷164，頁75-76，乾隆七年四月壬寅條。
160 〔清〕薛允升著，黃靜嘉編校，《讀例存疑重刊本》，卷16，〈戶律‧錢債‧違禁取利〉，頁399：「乾隆七年雖經議准，交通領催兵丁扣取錢糧等字樣，應照領催例減等，枷號四十日，並未纂入例內。」
161 《欽定大清會典事例（光緒朝）》，卷764，〈刑部‧戶律錢債‧違禁取利〉，頁9a-9b：「乾隆七年議准。……又民人違禁向八旗官兵放轉子、印子、長短錢，並交通領催兵丁扣取錢糧者，照領催枷號七十五日之例，減等枷號四十日。如旗人有舉放重債，勒取兵糧，並不在本佐領下者，亦照民人減等枷責例。」
162 《清高宗純皇帝實錄》，卷664，頁428，乾隆二十七年六月丙申條。
163 《清高宗純皇帝實錄》，卷665，頁439，乾隆二十七年六月甲寅條。

嘉慶十四年（1809）間，清政府將上述條例進行最終整理，多則條例修併為一。由於「訛詐例」未有專條，刑部遭遇此類案件，均「以訛詐即屬詐欺取財，向俱引詐欺官私取財律，計所得餘利，准竊盜論」，既然慣例上如此比附，不如直接將「照訛詐例」改為「准竊盜論」。[164]另一方面，當此三例合併後，原例刑度彼此不一的情形勢必得處理，「八旗領催代屬下兵丁，指扣錢糧保借者」，從原本的枷號四十日鞭一百改為鞭一百，佐領與驍騎校若涉及相同案情亦比照辦理。[165]嘉慶十四例修訂完成後，與旗人錢債相關之條例修訂暫告一個段落。

　　清政府多次大費周章修訂條例，主要是為了防患於未然。與其等到旗人陷入錢債糾紛後再來調解與補助，不如先以嚴刑峻法恫嚇眾人不得放債於旗人。然旗人生計若無根本改善，舉債度日在所難免，相關糾紛只會層出不窮。此外如同薛允升所示，「定例非不嚴密，而認真辦理者最難」，[166]即使國家定有嚴密規範，仍難保不會產生類似弊病。

　　道光元年（1821）八月間，監察御史佟濟稱京城內外地方，存有諸多當鋪專做旗人生意，「該旗人等只圖一時乏用，並不思墮入

---

[164] 何謂「准竊盜論」？其理解關鍵在於「准」字意涵，王明德曾曰：「准者，用此准彼也。所犯情與事不同，而跡實相涉，算為前項所犯，惟合其罪，而不概如其實，故曰准。如以米柴准算布帛，惟取價值相當，實不可以米柴代布帛之用。其罪異於真犯，故贓雖滿貫，亦罪止杖一百流三千里。」參見〔清〕王明德著，何勤華等點校，《讀律佩觿》，卷1，〈八字廣義・准〉，頁5。換句話說，「准竊盜論」主要參考竊盜罪辦理，但刑度最高僅到杖一百流三千里而非死刑。關於「准竊盜論」的實際運作，詳可參見〈明清內閣大庫檔案〉，登錄號114086-001，刑部議覆江蘇民人陳三等跟幫放債重利盤剝移會稽察房，嘉慶十七年十一月十一日：「陳三、龐六，應比照民人違禁向八旗兵丁放轉子、印子、長短錢扣取錢糧者，准竊盜論，竊盜贓一百二十兩，絞，至死減一等，各杖一百流三千里。」由此可知「准竊盜論」和竊盜罪一般，刑度乃計贓而論。「竊盜罪」規定不法所得若有一百二十兩，將處以絞監候，陳三、龐六兩人賺取的暴利雖已超過一百二十兩，但礙於「准竊盜論」只能減為杖一百流三千里。

[165] 這段分析嘉慶十四年例的史料引文，詳可參見〔清〕黃恩彤編，《大清律例按語》，卷77，〈戶律・錢債・違禁取利〉，頁50b-53b。

[166] 〔清〕薛允升著，黃靜嘉編校，《讀例存疑重刊本》，卷16，〈戶律・錢債・違禁取利〉，頁400。

術中」，有人甚至「直有數年間，銀米均不能到手」；除不法民人外，「竟有家道殷實之領催，亦在從中盤剝漁利」，「較之奸商，尤屬違例」。佟濟建議查看「所有旗人舊欠各舖戶賑目」，若利已過本即「概行勾除」，避免旗人難逃重利之累。面對佟濟洋洋灑灑之奏，清宣宗的硃批相當值得玩味：

> 八旗生齒日繁，錢糧有限，其中貧富不一，且善于度日與否，又復不一。若云借貸受累，乃朕洞悉之事，即願補救積弊，祇可緩籌良策，務使旗、民兩得其平。若如該御史所奏辦理，不但日久不能實力奉行，言下亦難措手，是弊未除，而旗人之生計益蹙矣。[167]

清宣宗的立場並未罔顧旗人生計，更非不願嚴緝違法放債者，但究竟該如何徹底解決問題，確實令皇帝頗為兩難。佟濟的建議看似有理，卻完全站在旗人角度思考，如果確實執行其建議，民人依規定在三分息內放債的當舖，亦會受到波及損失慘重。上述硃批不僅透露皇帝對旗人生計問題的無奈，更表明錢債律例的約束效果不甚理想。

第三節　八旗戶婚制度與旗人的家庭糾紛

一、八旗戶籍制度的演變與內涵

明代東北女真社會在八旗制度創建前，血緣組織扮演了重要的角色。當時同一男性祖先的子孫常聚居為一個哈拉（hala，姓），

---

[167] 〈宮中檔道光朝奏摺〉，文獻編號405000085，掌江南道監察御史佟濟，奏請調濟旗人生計事，道光元年八月十六日。

其成員嚴禁彼此通婚。隨著人口大量繁衍，哈拉陸續分裂並遷徙於不同地方，這些子哈拉又被稱為穆昆（mukūn，氏）。[168]清太祖起兵之初即以穆昆長自居，並積極併吞其他穆昆，此舉雖使其穆昆迅速擴大，卻也導致穆昆原有職能逐漸無法符合現實需要。在清太祖積極擴張勢力的過程中，感到最棘手者應為如何收編大量歸附人口為己所用。清太祖有鑑於穆昆制度已不敷使用，以及重新統合自身勢力之必要，在萬曆四十三年（1615）創建軍政合一的八旗制度，女真傳統社會模式頓時為之一變。[169]

八旗制度打破過往女真以血緣為基礎的社會結構，逐漸由氏族性部落社會轉化為集權式國家。[170]對於清太祖而言，八旗制度確實有助於團結部眾，[171]清太祖藉此有效指揮與控制部屬，八旗制度可說為其隔年稱汗的重要準備。[172]當滿洲政權蛻變為國家後，精準掌握戶口成為首要大事。關外時期的清朝雖未仿效漢制建立地方行政體系清查戶口，卻利用八旗制度達到相同效果。[173]即使當時並非

---

[168] 關於哈拉、穆昆的關係與意義，參見《八旗滿洲世族通譜》（瀋陽：遼海出版社，2002），〈御製序〉，頁2b-3a：「左氏內、外傳言：『天子建德，因生賜姓，胙土命氏』。」滿文版的說明更為清楚，參見《八旗滿洲世族通譜（滿文本）》（臺北：國立故宮博物院藏）：「banjin be dahame hala buhe（因生給與哈拉）ba be salibufi mukūn obuha（封於地方後成為穆昆）」

[169] 許多研究者指出在八旗制度創立前已先有四旗，王景澤卻認為當時僅有四穆昆而非四旗，兩者不可相混。四穆昆的出現，象徵穆昆制度的發展並達極致，隨著女真勢力日益茁壯，穆昆制度被八旗制度取代亦是理所當然。然而穆昆被取代後並未完全消失，而是改以「家族」、「族」等意涵繼續存在。詳可參見王景澤，〈關於穆昆與滿洲「前四旗」問題──兼析八固山的建立〉，《佳木斯大學社會科學學報》，1998：4（佳木斯，1998.08），頁43-47。

[170] 李典蓉，〈由氏族到八旗──滿族民族認同中的矛盾現象〉，《黑龍江民族叢刊（雙月刊）》，2007：6（哈爾濱，2007.12），頁111-119。李典蓉指出八旗制度雖於氏族社會的「化家為國」有所助益，卻也導致滿洲原有的血緣關係被分裂；八旗制度造成氏族組織與政府關係緊密，氏族本身單純以血緣為紐帶的精神反而遭到破壞。

[171] 張佳生，〈八旗制度對滿洲的整合三論〉，收錄於氏著，《八旗十論》（瀋陽：遼寧民族出版社，2008），頁126-229。

[172] 姚念慈，《清初政治史探微》，頁61-62。

[173] 清朝關外時期透過八旗進行人口調查的例子，詳可參見《清太宗文皇帝實錄》，卷7，頁106，天聰四年十月辛酉條。

全體部眾皆置於旗下，[174]但滿洲政權「以旗領人」的特徵已趨於明顯。

　　清朝入關後面對大量新增土地與人口，不易將「以旗領人」慣例完全施行於漢地。為了在避免擾民與保留本民族特徵間取得平衡，清政府如同其他「征服王朝」般採取「二元統治」策略。在旗、民分治政策下，八旗管理戶籍的意義更甚以往。由於旗人被皇帝視為鞏固政權的關鍵，八旗制度的一項重任，乃嚴密掌控這群「國家根本」，不許發生旗籍紊亂之事。掌管戶籍始終是八旗制度的主要職能，但此舉入關後儼然存有將「征服者」與「被征服者」集團相區分的新意涵。

　　不過旗籍與民籍間縱然涇渭分明，未必表示這兩集團的成員永遠無法改變身分。若從現實狀況來看，旗籍仍具有一定開放性。清政府剛入關之際，許多歸順的漢人軍隊被編入八旗中，成為八旗漢軍的一員。[175]除此之外，清世祖於順治六年（1649）正月間，亦讓早年入關的遼人自由選擇出路，「有願入滿洲旗內者，即入旗內，欲依親戚居處者，聽歸親戚」。[176]康熙年間清政府為對抗俄國的侵

---

[174] 天命年間並未將漢人完全納入八旗中，而是另設都堂管理之，不過該情形並未持續太久，詳可參見姚念慈，《清初政治史探微》，頁97-110。另一明顯的例子，為清太宗朝歸附的「三王一公」及其部屬，起初並未入旗。「三王一公」本人之後於崇德七年被編為漢軍，其部屬則至三藩之亂平定後才入旗。詳可參見謝景芳、趙洪剛，〈「三王」、續順公及所部「隸旗」考辨〉，收錄於氏著，《明清興替史事論考》（長春：吉林人民出版社，2007），頁180-190。

[175] 清政府入關初期，曾吸收部分明朝降軍入旗，類似情形日後卻不常見。例如順治十六年間，翰林院掌院學士折庫訥曾有鑑於漢軍人數不足，奏請增加漢軍人數，然該建議並未被皇帝採納。參見《清世祖章皇帝實錄》，卷127，頁986，順治十六年八月壬辰條：「翰林院掌院學士折庫訥密陳四事。……一曰增漢軍兵力。今各省駐防出征，多用漢軍，計在京各旗披甲馬兵，不過百人，而固山額真、梅勒章京、甲喇章京、牛彔章京，亦在其內。兵少若此，征戰安所賴乎。……臣愚以為，凡直隸、山西、陝西、山東、河南各省人民，有精壯善騎射者，請敕督撫提鎮，凡司道副參以上，每年定限選拔送京，編入漢軍牛彔披甲。訓練二、三年，皆同舊人，或令駐防，或令出征，事必有濟矣。」、《清世祖章皇帝實錄》，卷129，頁1001，順治十六年十月癸丑條：「先是部覆翰林院學士折庫訥條議，均墾丁田、增漢軍兵、收人心三款，不准行。……漢軍牛彔內，儘可增添披甲，各省如有強壯之人，聽入綠旗披甲，不便編入漢軍牛彔下。」

[176] 《清世祖章皇帝實錄》，卷42，頁338，順治六年正月己卯條。

略，將世居於東北邊疆地區的赫哲、索倫和錫伯等部，編為「新滿洲」以強化當地軍備；[177]所謂「新」、「舊」滿洲之別，即根據入旗時間加以區分。[178]除了上述例子外，各族群分子於不同時間進入八旗的例子更是不勝枚舉。[179]

在旗籍並非完全封閉的例證中，尤其不可忽略旗下家奴的特殊性。清政府考量旗人入關後非常缺乏生產力，為保障旗人生計與希望他們專心為國效力，於順治二年三月間頒布「投充令」，准許窮困漢人進入八旗充當奴僕供養旗人。[180]「投充令」原本立意甚佳，既能照顧旗人生計又提供窮困漢人歸處，實為一兩全其美之策。然許多旗人竟藉此逼迫漢人為奴，[181]有些漢人奸民亦藉投充狐假虎威。[182]由於這類為害鄉里之事層出不窮，官方只能斷然下令停止漢人投充入旗。[183]不過「投充令」即使宣告結束，旗人仍有許多獲得

---

[177] 居住於東北地區的少數民族，大部分入關後才入旗。「新滿洲」群體的入旗時間相當複雜，難以概一而論。相關討論詳可參見麻秀榮、那曉波〈清初八旗索倫編旗設佐考述〉，《中國邊疆史地研究》，17：4（北京，2007.12），頁8-17。

[178] 〔清〕長順纂修，《吉林通志》，收錄於《中國邊疆叢書‧第一輯》（臺北：文海出版社，1965），卷28，〈食貨志‧戶口〉，頁14b-15b：「吉林本滿洲故里，蒙古、漢軍錯屯而居，皆有佛、伊徹之分（國語舊曰佛（fe），新曰伊徹（ice）），國朝定鼎以前編入旗者，為佛滿洲。」

[179] 八旗組織除了滿洲、蒙古與漢人外，還存有一些少數民族，他們大多在清朝入關後才入旗。例如俄羅斯人是因戰敗被俘而入旗，參見劉小萌，〈關於清代北京的俄羅斯人──八旗滿洲俄羅斯佐領歷史尋蹤〉，《清史論叢》，2007年號（北京，2006.12），頁365-377。另藏人也同因戰敗被編入八旗，參見李洵等點校，《欽定八旗通志》，卷5，〈旗分志‧八旗佐領五‧正黃旗滿洲佐領下〉，頁81：「新增佐領，係乾隆四十一年平定兩金川投順人丁，合十三年舊駐京之番子，共為一佐領。初隸內務府屬，後於乾隆四十二年五月，奉旨改隸本旗第四參領屬。」

[180] 《清世祖章皇帝實錄》，卷15，頁133，順治二年三月戊申條：「又以貧民無衣無食，饑寒切身者甚衆，如因不能資生，欲投入滿洲家為奴者，本主稟明該部。果係不能資生，即准投充，其各謀生理，力能自給者，不准。」

[181] 《清世祖章皇帝實錄》，卷15，頁135，順治二年四月癸亥條：「諭戶部：『前許民人投旗，原非逼勒為奴，念其困苦饑寒，多致失所，至有盜竊為亂，故聽其投充資生。近聞或被滿洲恐嚇逼投者有之，……此後有實不聊生，願投者聽，不願投者，毋得逼勒。』」

[182] 《清世祖章皇帝實錄》，卷25，頁215-216，順治三年四月辛卯條：「江南道監察御史蘇京奏言：『投充名色不一，率皆無賴游手之人，身一入旗，奪人之田，攘人之稼。』」

[183] 《清世祖章皇帝實錄》，卷31，頁257，順治四年三月己巳條：「近聞漢人，不論貧

奴僕的管道，旗人可在民間契買奴僕，[184]有些罪犯也會發配給旗人為奴。[185]值得注意的是，旗下家奴雖與一般旗人地位有別，但民人成為旗下家奴者，須從原有民籍轉入旗主戶下，[186]可見透過戶籍管理的視野，將旗下家奴視為旗籍的一分子應無疑慮。[187]

　　每當論及清朝的「二元統治」時，多會以旗、民分治政策為中心，卻鮮少有人留意旗籍的複雜性。從外在的角度來看，旗籍實存有一些彈性，各族群成員都有機會進入其中；若從內部角度來看，旗籍所有成員間又有族群與階級之別，並非鐵板一塊的整體。旗籍內、外兩種複雜性特徵，自康熙朝以降逐漸呈現下列趨勢。首先，自三藩舊部入旗後，漢民除充當旗下家奴外，大規模入旗的情形已不多見。其次，為解決旗人生計問題，旗人內部階級區分開始被強化。清政府於雍正年間，對八旗戶籍的編審施予新規定，從此旗籍丁冊上註有正戶、另戶、開戶、戶下和另記檔案等項目。[188]此

富，相率投充，甚至投充滿洲之後，橫行鄉里，抗拒官府，大非軫恤窮民初意。自今以後，投充一事，著永行停止，爾部即行傳諭。」

[184] 在中國歷史上，人口買賣為一淵遠流長的制度，尤其在天災發生時，許多人為了生活被迫將自己或親人賣為奴隸。清朝的相關例子或可參見〔清〕李顒，《二曲集》，收錄於續修四庫全書編纂委員會編，《續修四庫全書‧第1410冊》（上海：上海古籍出版社，2002），卷18，〈書三‧與布撫臺〉，頁24b：「方今西安民流諸關東諸省者，不下百萬，竄諸西北阽三邊及川蜀者，亦不下百餘萬，賣入本省外省富商、滿洲者，亦不下十餘萬。」

[185] 在傳統中國法律制度的五刑中，死刑之下最重者為流刑。然自明朝開始，逐漸出現較流刑更重的充軍刑，清朝又發展出較充軍更重的發遣刑。所謂發遣又有「為奴」、「當差」、「種地」、「安置」等幾種不同類型，其中「為奴」者多發配給八旗披甲人。詳可參見魏道明，《始於兵而終於禮——中國古代族刑研究》，頁226-232。

[186] 《清世祖章皇帝實錄》，卷70，頁554，順治九年十二月辛亥條：「戶部左侍郎王永吉疏言：『投充流弊，大害有五，而意外之隱憂不與焉。……旗下多一投充，則皇上少一土地民人，減戶口而虧賦稅，三也。』」、《清世祖章皇帝實錄》，卷24，頁204，順治三年二月甲申條：「嗣後投充滿洲者，聽隨本主居住，未經投充，不得留居旗下。」

[187] 需要特別說明的是，包衣（booi，家裡的）與旗下家奴，實為兩種不同群體。前者隸屬於八旗滿洲，擁有專屬的旗籍；後者則沒有獨立戶籍，多依附於主人戶籍下。包衣與旗下家奴均與其主維持主僕名分，但兩者的社會地位卻截然不同。詳可參見杜家驥，《八旗與清朝政治論稿》，〈第十三章‧清入關後的八旗奴僕及其與清朝統治〉，頁436-456。

[188] 劉小萌，〈八旗戶籍中的旗下人諸名稱考釋〉，頁152-162。雍正年間首先規定丁冊上必須註明另戶、開檔等字樣，乾隆年間進而新增在各自名下開寫三代履歷之規定。

舉無非是嚴格劃分旗人間的階級,並在此基礎上縮減旗下家奴的權利。[189]總之在皇權控制下,民人想成為正身旗人越來越不容易,正身旗人也隨著旗內階級的強化,日益佔有較多國家提供八旗的各種優待。旗下家奴這類較為低下者,不但無法與正身旗人相比擬,在一些法律待遇上更逐漸無異於一般民人。[190]

旗人因為地位特殊,清政府除不許民人隨意進入旗籍外,對旗人的脫籍行為更是嚴加禁止。這部分相當具有討論價值,不過因其主要涉及行政法範疇,暫且留到下一章再詳述。值得注意的是,旗下家奴這群旗籍中最低下者藉贖身出旗為民時,常引發旗、民間的民事糾紛,筆者接下來將先分析該問題的成因與意義。

清初民人若充當旗人奴僕即可進入旗籍,不過他們一旦成為旗下家奴想重回民籍並不容易。清政府基於保障旗人權益立場,不准旗下家奴隨意離開旗籍,[191]許多旗下家奴被迫只能私自脫逃。清政府為杜絕這股歪風,乃制定嚴屬「逃人法」約束旗下家奴。[192]然而「逃人」問題在「逃人法」的雷屬風行下並未平息,反而讓整個社會人心惶惶。清政府目睹「逃人法」擾民甚深,自康熙朝著手修訂「逃人法」,不僅加重處分誣告惡徒,亦適度減輕逃人與窩主刑責。[193]

清政府放寬「逃人法」雖有助於減少其負面影響,但終究是

---

[189] 詳可參見傅克東,〈八旗戶籍制度初探〉,頁38-39。

[190] 如同本書第二章第一節所述,旗下家奴自乾隆十六年開始,已不再適用於〈犯罪免發遣〉律,此即旗下家奴與正身旗人待遇有別之例證。

[191] 《清世祖章皇帝實錄》,卷90,頁705-706,順治十二年三月壬辰條:「近見諸臣條奏,於逃人一事,各執偏見,未悉朕心。但知漢人之累,不知滿洲之苦。在昔太祖、太宗時,滿洲將士,征戰勤勞,多所俘獲,兼之土沃歲稔,日用充饒。茲數年來,疊遭饑饉,又用武遠方,征調四出,月餉甚薄,困苦多端。向來血戰所得人口,以供種地牧馬諸役,乃逃亡日眾,十不獲一。究厥所由,姦民窩隱,是以立法不得不嚴。若謂法嚴則漢人苦,然法不嚴,則窩者無忌,逃者愈多,驅使何人,養生何賴,滿洲人獨不苦乎?」

[192] 關於「逃人法」亦可參見本書第四章第三節。

[193] 詳可參見吳志鏗,〈清代的逃人法與滿洲本位政策〉,《臺灣師大歷史學報》,24(臺北,1996.06),頁111-118。

治標不治本。旗下家奴由於常被其主欺壓，苦不堪言的生活令他們不得不脫逃。清聖祖欲徹底解決問題，除多次告誡旗人不得欺壓家奴外，[194]還允許旗下家奴藉由贖身擺脫低賤身分。康熙十七年（1678）官方宣布：

> 滿洲、蒙古家人，其主准令贖身，在本佐領及本旗下者，聽。若違禁放出為漢軍、民人者，照買賣例治罪。[195]

該例規定滿洲、蒙古的旗下家奴，在其主允許下可在本旗「開戶」。所謂「開戶」是指旗下家奴脫離奴僕身分，從原旗主戶口下遷出，其地位雖未等同於正身旗人，已較旗下家奴提升不少。[196]旗下家奴縱然可藉由該例提升地位，仍無法脫離旗籍為民，「開戶」後還須留在本旗內。該情形直到康熙二十一年（1682）才稍稍改觀，是年清政府再度宣布：

> 旗下印券所買之人及舊僕內，有年老疾病，其主准贖者，呈明本旗，令贖為民。若將年壯舊人借名贖出者，照買賣例治罪。[197]

---

[194] 康熙二十二年四月間，清聖祖與明珠的一段對話即頗有代表性。清聖祖處理一起主奴互毆案件時，曾感嘆曰：「大凡貪生惡死，人之常情。朕見旗下僕婢，往往輕生，投河自縊，必因家主責打過嚴，難以度日，情極勢迫使然。朕心深為憫惻，應如何教誡，可禁絕此風？」明珠則回答道：「此等事往日極多，蒙皇上軫念，立法禁止，邇來此風較前差息。」參見《清代起居注冊‧康熙朝（北京版）‧第14冊》，頁6769，康熙二十二年四月十八日條。

[195] 《清朝文獻通考》，卷20，〈戶口考‧奴婢〉，頁5041，康熙十七年。

[196] 旗人中地位比較模糊不清者，即介於正身旗人與旗下家奴間的開戶人。八旗奴僕通過軍功或贖身等方法從家主戶下開出，並於旗下另立一戶者被稱為開戶人。關於開戶人的討論，詳可參見劉小萌，〈關於清代八旗中「開戶人」的身分問題〉，頁176-181。另旗下家奴出征打仗與軍功開戶之事，詳可參見杜家驥，〈清入關後的八旗奴僕兵與軍事職能〉，收錄於故宮博物院國家清史編纂委員會編，《故宮博物院八十華誕暨國際清史學術研討會論文集》，頁47-55。

[197] 《清朝文獻通考》，卷20，〈戶口考‧奴婢〉，頁5041，康熙二十一年。

印券所買或舊有旗下家奴年老有疾者，若其主同意即可贖身為民。此例雖然設限重重，但對旗下家奴而言已是一大突破，從此他們有機會循正式管道脫離旗籍。康熙五十三年後，相關法令再度放寬，白契旗下家奴亦可贖身為民，而且似乎不再限於年老有疾者才可申請。[198]

關於旗下家奴的贖身相關規定，大致呈現逐步開放的趨勢。不過就實際案例來看，旗下家奴的贖身未必完全墨守成規，一些例外狀況有可能存在。亳州民人李殿機於康熙二十三年（1684）間，賣身給鑲紅旗護軍厄爾庫為奴，厄爾庫則將婢女蕭氏許配給李殿機為妻。然而李殿機幼時曾「聘妻王氏」，惟在其入旗前仍未迎娶。王氏三十四歲時，被叔父兄長逼迫嫁人，王氏堅持不從，一日當她得知李殿機尚在人世，立即動身「千里尋夫」，「誓圖完聚」。厄爾庫得知此事後，可能是被王氏的忠貞感動，「願將李殿機並蕭氏，放出為民，給與完聚」。禮部辦理此案時，卻發現「旗人無斷出為民之例」，幸好最終皇帝願意開恩，厄爾庫的一番美意才得以成真。[199]持平而論，官員聲稱的「旗人無斷出為民之例」似乎有點誇張，因為旗下家奴康熙二十一年後已可出旗為民；但換個角度來說，李殿機在當時確實不符合旗下家奴的出旗條件，該陳述亦有些道理。透過這起案例或能理解，旗下家奴出旗與否並非絕對，皇帝有時會考量現況靈活調整。

自康熙五十年官方開放白契旗下家奴贖身後，一些弊病卻也逐漸浮現。署理鑲黃旗蒙古副都統事務的查思哈，即奏稱旗下家奴透過賄賂贖身者甚多，他們又因未確實申報得以身處旗籍與民籍間危害鄉里，查思哈最後建議皇帝應詳查八旗戶籍來清除此弊。[200]

---

[198] 《欽定大清會典事例（光緒朝）》，卷1116，〈八旗都統・戶口・旗人買賣奴僕〉，頁6a：「五十三年議准。四十三年以前白契所買之人，俱斷與買主，其四十三年以後者，照原價贖出為民。」

[199] 《清聖祖仁皇帝實錄》，卷140，頁543-544，康熙二十八年四月乙未條。

[200] 《雍正朝滿文硃批奏摺全譯・上冊》，頁515，〈署理鑲黃蒙古旗副都統事務查斯哈・奏請查明滿洲家奴為民摺〉，雍正元年十一月十九日。查斯哈應寫為查思哈。

清世宗接到此奏後，下令交由九卿議奏。受限於史料記載不全，目前僅能略知九卿強調「滿洲家奴，並無開出為民之例，但奉行年久，狡惡家人，恃有錢財，背主贖身，冒於旗、民之間者，不無其人。」[201]這種與現實不盡相符的見解，推測應來自康熙十七年例。九卿原本可能打算藉由重申該例化解問題，但令人意想不到的是此舉反而造成更多紛擾。

雍正二年（1724）四月間，正白旗滿洲的吏部員外郎納爾布，呈稱惡樸袁黑達子在其父關毌布尚存時「鑽謀出旗」，今袁黑達子之子袁國棟又「恃財欺主」，請以上述九卿新議之例處置。此案轉送至戶部後，傳喚相關人等到案說明。袁國棟供稱關毌布乃「情願將我父袁黑達子聽取贖身」，相關手續流程「有案可查」。戶部經調查發現檔冊中存有袁黑達子於康熙十七年獲准贖身，改入大興縣赤社村為民之紀錄，證明袁國棟所言屬實。承審該案的怡親王允祥，認為此案的發生應與前述九卿見解語意不清有關：

> 以致凡有先經伊等祖父，情願放出贖身為民之人，無論年歲久遠，皆援九卿所議，紛紛訐訟。臣部若照九卿「八旗奴僕，並無放出為民」之議，則袁國棟應審斷歸旗，但從前贖身為民者，援何例具呈該旗，該旗援何例咨送戶部，其贖身稅檔，各州縣收入民籍申詳，又奉何例遵行。若據九卿「相沿日久，不無奸惡奴僕，贖出在旗、民之間」之議，今袁國棟之父黑達子，係納爾布之父關毌布，情願放贖為民，入大興縣民籍，至今已伍拾年，非在旗、民兩可之間者所比，自應斷歸民籍。但九卿議內，並未將本主情願放贖為民，歷年已久，仍歸民籍之處議及，臣部甚難定案。[202]

---

[201] 《諭行旗務奏議》（臺北：臺灣學生書局，1976），未分卷，〈雍正三年〉，頁2a。

[202] 《雍正朝漢文硃批奏摺彙編・第4冊》，頁513-515，〈總理戶部事務的怡親王允

允祥認為九卿前述議覆太過草率，許多地方交代不清，「一議之內前後自相矛盾，使人何所適從」。允祥建議重新釐清該議，「庶訐訟之端可息，而審斷者亦有定例可遵」。清世宗了解此事原委後對允祥讚譽有加，完全同意他的請求，旗下家奴贖身出旗的相關規定，從此也變得更為完善。[203]

旗下家奴自雍正朝以後，基本上已能透過贖身出旗為民，不過相關規範的日後發展卻是時弛時嚴，[204]多少表明皇帝對旗下家奴贖身一事仍有些保守。由於旗下家奴為旗籍中流動性最高的一群人，他們的進出又與正身旗人利益密切相關，在這種糾結關係下，正身旗人與旗下家奴間的戶籍糾紛時有所聞。這類案件的兩造雙方常各執一詞，大幅增加官員釐清案情的難度，下述案例即可說明其棘手情形。

乾隆五十五年（1790）間，鑲黃旗滿洲原任織造海保之子候補筆帖式福太，以已故看墳家人張四的賣身白契，以及族長圖爾賓曾替張四之子張進才求情字據為證，呈控張四之孫張大柱兄弟「不認本主」。張大柱被拘提到案後，供稱他本名張建業，祖父張自富始終為民而非海保家奴。承審此案的通州理事通判福崇，為求真相「咨旗確切行查」，該旗回報福太姪兒永安名下，有乾隆十年

祥‧奏請定條例以治旗下奴僕贖罪摺〉，雍正三年二月二十四日。

[203] 此後清政府頒行下列規定：「旗下奴僕或借別旗名色買贖，或自行贖身，旗、民兩處俱無姓氏者，察出即令歸旗。其有跟隨家主出差外任，私有蓄積，鑽營勢力，欺壓本主贖身者，自康熙五十二年恩詔以後，雖在民籍，查明強壓情實，亦令歸旗。若果係數輩出力之人，伊主念其勤勞，情願聽其贖身為民，本旗戶部有檔案可稽，州縣地方有冊籍可據為民者，仍歸民籍，舊主子孫不得藉端控告。其有投充之人，私自為民，後經發覺，將同族之人，誣扳為同祖，或本主因家奴之同族少有產業，誣告投充之子孫者，審明將誣扳誣告之人，從重治罪。」不過此例直到乾隆五年時，才正式修入清律，詳可參見〔清〕吳壇著，馬建石等編，《大清律例通考校注》，卷8，〈戶律‧戶役‧人戶以籍為定第三條例文〉，頁400。

[204] 關於旗下家奴贖身規範的演變，主要呈現於清律的〈戶律‧戶役‧人戶以籍為定〉附律條例中。詳可參見陳文石，〈清初的奴僕買賣〉，收錄於氏著，《明清政治社會史論‧下冊》（臺北：學生書局，1991），頁590-594、經君健，《清代社會的賤民等級》，頁130-156。

（1805）印契置買的蘇州民人張進才與其子張大柱，永安曾於乾隆三十九年（1774）間將他們報入丁冊。張建業對此卻表示祖父的籍貫、名字皆與該旗檔冊記載不符，「年分亦均岐舛」，懇請「自行赴京投審」，此案因而移交順天府繼續審理。

張建業供稱祖父張自富為蘇州船戶，乾隆初年曾護送海保及其家眷返京，並先幫海保代墊盤費。到京後因海保無法清償欠款，先將張自富一家四口留住墳園，允諾補官後讓張自富隨任辦事。不料海保旋即身故，他們只好留住墳園十餘年。張自富與妻子先後去世，只剩一子張文標於乾隆三十年間遷至通州城內開店經商，並於乾隆四十八年過世。張建業強調他們一家始終不是海保家人，而且他現年三十七歲，乾隆十年時尚未出生，旗檔中的印契卻有其名，足見福太蓄意假造。

福太則堅稱其父海保，確實於乾隆九年（1744）契買看墳家奴張四一戶，張四之子張進才甚至於乾隆三十九年偷砍墳樹，最後因親族人等求情才以賠補墳樹方式和解，「仍留在墳當差」。永安於此事過後，隨將張進才一戶報入旗檔。乾隆五十四年（1789）十二月間，西倉監督哈達納告知張氏兄弟正在通州開設車店，福太乃令其姪永祥到通州傳喚他們來京，張氏兄弟卻出言不遜否認身屬旗下家奴。在張氏兄弟被理事廳捉拿羈押期間，乾隆五十五年正月間曾有筆帖式定柱前來說合，允諾福太若肯「銷除張姓冊檔」，張大柱願給銀一千兩；六月間又有革職知縣雷樟來遊說，這次甚至加碼到銀兩千兩。

此案兩造各執一詞，彼此說法各有疑點，[205]在更多證據被發現

---

[205] 該案內容詳可參見〈軍機處檔・月摺包〉，文獻編號045344，蔣賜棨、吳省欽・奏請將鑲黃旗滿洲候補筆帖式福太呈控惡奴背主一案，乾隆五十五年九月初八日。該摺文末註有雙方供詞的一些疑點：福太的供詞疑點為張四若是海保於乾隆九年契買的家奴，為何直到乾隆三十九年才載入旗檔？又何以張家人遷往通州卻久不過問？且旗檔記當時留有印契，福太卻只能拿出白契，檔內所載之張進才為蘇州人，福太契內的張四則為淮安人。張建業的供詞疑點為張自富若與福太無主僕名分，直接

以前，[206]其中的是非曲直實難評斷，不過從中仍可理解與旗下家奴相關之糾紛為何發生。清政府雖然嚴格控管旗下家奴，也制定出縝密的贖身規定，但在許多人利用各種方法規避制度下，這類糾紛實在難以平息。鑲白旗漢軍副都統匡名世，即指出一些漢軍旗人常隱匿家奴「不肯全報」，或令家奴居於別處躲避清查。[207]除此之外，旗下家奴為求贖身為民，即使資格不符也試圖以賄賂手段達成目的。[208]這些舉措均造成官方相關規範的效果大打折扣，成為這類問題無法根治的主要癥結。此外清政府受到保護八旗心態的侷限，旗下家奴贖身政策多處於變動狀態，在制度反覆無常莫衷一是下，更為已很容易發生糾紛的旗下家奴事件增添紛擾。旗下家奴的贖身糾紛，可說是有清一代的特殊戶籍現象，相較於社會中其他賤民的「豁賤為良」顯得獨樹一格。

二、八旗婚俗的轉變與實踐

國家戶籍的人口變化除生老病死外，最常見者當屬婚姻關係。清朝於清太宗朝已建立部分與婚姻相關之規範，主要涉及結婚年齡、結婚批准權限、婚姻禮俗以及離婚等方面。[209]這些規範最初是以上諭形式頒布，部分內容日後則被編入「崇德會典」，[210]在當時

聽由官方審斷即可，何必囑託他人多次向福太行賄說合？

[206] 關於此案的後續情形，目前僅在乾隆朝的上諭檔中尋獲一則相關史料，其內容為軍機處要求通永道陳昌圖，三日內查明上報張建業所有產業與家口。詳可參見《乾隆朝上諭檔·第15冊》，頁923，乾隆五十五年九月十六日。

[207] 《雍正朝漢文硃批奏摺彙編·第31冊》，頁803-804，〈鑲白旗漢軍副都統匡名世·奏陳嚴格八旗漢軍各佐領下家人開戶管見摺〉，雍正年月日不詳。

[208] 《雍正朝漢文硃批奏摺彙編·第22冊》，頁426-428，〈莊親王允祿·奏報正紅旗滿洲常明家人胡五等賄改民籍一案並請交刑部會審摺〉，雍正十年閏五月初七日。

[209] 張晉藩、郭成康，《清入關前國家法律制度史》，頁487-489。

[210] 「崇德會典」的存在與否，至今仍是清史學界的一大爭議，筆者為求慎重暫且不用書名號。相關論爭詳可參見田濤，〈虛假的材料與結論的虛假——從《崇德會典》到《戶部則例》〉，收錄於倪正茂主編，《批判與重建：中國法律史研究反撥》（北京：法律出版社，2002），頁203-234、張晉藩，〈再論崇德會典〉，收錄於朱勇主編，《《崇德會典》、《戶部則例》及其他——張晉藩先生近期研究論著一

確實具有一定效力。目前學界討論「征服王朝」的立法時，常強調他們在婚姻制度上的多元性。如同緒論所述，金、元兩朝入主中原後均積極推動法典一元化政策，但在婚姻制度方面卻是「因俗而治」。金朝進入漢地之初，已決定讓各民族保留其婚俗，[211]元朝雖曾試圖以蒙古婚俗一統全國，最終仍以失敗作收。[212]非漢民族婚姻制度的保留，無疑為「征服王朝」法律的一大特色，其中最受矚目者當屬收繼婚制與一夫多妻制。

所謂收繼婚制是指丈夫死後，寡婦由族中子姪或兄弟收繼為妻的習俗。收繼婚制盛行於人類早期社會中，漢人雖然始終將其視為蠻夷陋俗，但收繼婚制其實在其早期社會中也曾普遍存在。基於保存種姓、避免家產外流、維持部落關係等因素，中國北方非漢民族長期保留收繼婚制。除了收繼婚制外，一夫多妻制也屬北方非漢民族的特殊婚俗。一夫多妻制的諸妻縱然有正、次之別，仍不同於漢人宗法社會的一夫一妻多妾制；前者即使身為次妻還是妻，後者則嚴格規定妻僅有一名，其餘都是地位與其相差甚遠的妾。不過被北方非漢民族接受的一夫多妻制，也非社會中的普遍現象，通常只見於上層階級。[213]

滿洲身為中國北方非漢民族的一支，在婚俗上同樣保有收繼婚制與一夫多妻制，然而這兩者的發展卻不盡相同，以下將先討論收繼婚制。清朝不同於其他非漢民族，在尚未入主中原前已放棄收繼婚制。清太宗自天聰五年（1631）以來多次嚴禁收繼婚制，其不僅

醫》，頁3-18、李典蓉，〈試論清太宗朝的「崇德會典」〉，《法制史研究》，4（臺北，2003.12），頁281-303。

[211] 金朝女真的婚姻制度，其實仍受到部分漢文化影響，例如禁止同姓為婚、冒喪嫁娶與搶婚習俗。不過女真婚俗大多繼續實行，例如行收繼婚制、不禁良賤通婚和聽任中表為婚等事。詳可參見曾代偉，《金律研究》，頁138-149。

[212] 柏清韻著，柳立言譯，〈元代的收繼婚與貞節觀的復興〉，頁399-426。

[213] 這方面內容主要參見定宜庄，《滿族的婦女生活與婚姻制度研究》（北京：北京大學出版社，1999），頁4-23、47-55。

認為「妄娶叔父、兄、弟之妻，非理也」，[214]甚至強調「凡人既生為人，若娶族中婦女，與禽獸何異」。[215]清政府關外時期由於已杜絕收繼婚制，入關後自然有別於其他「征服王朝」，不再面臨漢人婚姻制度繼受與否的抉擇。清政府基本上完全吸收明律中的婚姻規範，旗人若娶同親族之婦為妻，將依五服施予不同等級的刑罰。[216]

在法律的嚴格管制下，傳統收繼婚理應銷聲匿跡，但透過一些既有研究成果可知，旗人入關一段時間後似乎仍行收繼婚。不過當時即使尚存旗人收繼婚案例，其背後因素應已產生變化。漢人社會在儒家文化薰陶下，收繼婚往往被視為有違禮法的「亂倫」惡行，但一些窮困男子若沒錢下聘娶妻，收繼兄嫂弟媳則視為符合經濟效益的取巧方式。由此可知漢人在萬不得已下也會從事「收繼婚」，惟此舉當然不能與非漢民族制度化的收繼婚俗相提並論。[217]觀察旗人入關後的收繼婚案例，推測有些旗人行收繼婚並非沿襲舊俗，而是迫於現實的無奈選擇。[218]以下這起發生於東北奉天的案件，或可說明當時旗人收繼婚之梗概。

旗人李五之女李長姐十三歲時，被其父李五送給旗人朱由作為童養媳，預計三年後嫁給朱由次子朱二為妻。朱二於乾隆三十年二月間去世後，朱由本欲將李長姐改嫁給長子朱大，但在李長姐伯父李德運反對下未成真。李長姐隨後產下一子，朱由擔心李長姐若被其娘家改嫁，自己的孫子將無人撫養，再度起意將李長姐嫁給朱

---

[214] 《清初內國史院滿文檔案譯編‧上》，頁214，天聰九年十二月初五日條。

[215] 遼寧大學歷史系編，《清初史料叢刊第三種‧清太宗實錄稿本》（遼寧：遼寧大學歷史系，1978），卷14，頁7，崇德元年四月十二日條。

[216] 詳可參見定宜庄，《滿族的婦女生活與婚姻制度研究》，頁23-32。

[217] 關於清朝漢人社會收繼婚制的討論，詳可參見王志強，〈清代的喪娶、收繼及其法律實踐〉，收錄於氏著，《法律多元視角下的清代國家法》（北京：北京大學出版社，2003），頁124-148。

[218] 賴惠敏與定宜庄均在檔案中找到幾則旗人收繼婚案例，兩人的解釋卻不盡相同。賴惠敏認為旗人仍保有收繼婚風俗，定宜庄則主張旗人即使行收繼婚也與滿洲舊俗關係不大，而是出於生活壓力的無奈選擇。詳可參見賴惠敏，《但問旗民：清代的法律與社會》，頁112-113、定宜庄，《滿族的婦女生活與婚姻制度研究》，頁37-42。

大；李長姐因不忍與兒子分離，亦答應朱由的請求。朱由既擔心村人得知此事，更懼怕李德運從中作梗，是故暗中安排朱大與李長姐低調完婚，不料李五與李德運仍於隔年正月間得知此事，遂至官府呈控朱大婚娶弟婦。[219]朱由大費周章地安排收繼婚，可能充滿現實考量而非受到滿洲舊俗影響。另一方面，李五與李德運對此完全抱持反對態度，或許在當時部分旗人心中，已將收繼婚視為違法犯紀甚至是傷風敗俗。朱由、李五等人對收繼婚的態度與作為，多少表明不能僅從當時尚有收繼婚，就簡單認定旗人還保有該滿洲婚姻舊俗。

　　此案更值得討論處為官員的態度。盛京刑部侍郎朝銓處理此案時，首先舉出清律中的相關條文，分別是〈娶親屬妻妾〉的「若兄亡收嫂，弟亡收弟婦者，各絞」[220]與「若娶小功以上之妻，各以姦論」[221]、〈親屬相姦〉的「若姦兄弟妻、兄弟子妻者，姦夫、姦婦各絞」[222]，以及〈嫁娶違律主婚媒人罪〉的「凡嫁娶違律，若由男、女之父母主婚者，獨坐主婚，男、女不坐」[223]。上述看似有些紊亂的律文間，其實互有關連並無矛盾。簡單來說，兄趁弟亡收弟

---

[219] 〈明清內閣大庫檔案〉，登錄號199423-001，刑部為李五呈控旂人朱大案由移會稽察房，乾隆三十一年五月日不詳。此案為滿文檔案，案件中的人名多為筆者音譯。

[220] 為求討論方便律文稍有變動，完整律文可以參見小註。田濤等點校，《大清律例》，卷10，〈戶律‧婚姻‧娶親屬妻妾〉，頁209-210：「若收父妾及伯叔母者（不問被出、改嫁），各斬。若兄亡收嫂，弟亡收弟婦者（不問被出、改嫁，俱坐），各絞。」

[221] 田濤等點校，《大清律例》，卷10，〈戶律‧婚姻‧娶親屬妻妾〉，頁209：「凡娶同宗無服（姑姪姊妹）之親，及無服親之妻者，（男、女）各杖一百。若娶（同宗）緦麻親之妻，及舅甥妻，各杖六十，徒一年。小功以上（之妻），各以姦論（自徒三年至絞、斬）。」

[222] 田濤等點校，《大清律例》，卷10，〈刑律‧犯姦‧親屬相姦〉，頁524：「若姦從祖祖母、（祖）姑、從祖伯叔母、（從祖伯叔）姑、從父姊妹、母之姊妹，及兄弟妻、兄弟子妻者，（姦夫、姦婦）各（決）絞（惟出嫁祖姑、從祖伯叔姑，監候絞），強者，（姦夫決）斬，（惟強姦小功再從姊妹、堂姪女、姪孫女、出嫁降服者，監候斬）。」

[223] 田濤等點校，《大清律例》，卷10，〈戶律‧婚姻‧嫁娶違律主婚媒人罪〉，頁214：「凡嫁娶違律，若由（男、女之）祖父母、父母、伯叔父母、姑、兄，姊，及外祖父母主婚者，（違律之罪）獨坐主婚（男女不坐）。」

婦為妻者，男、女依律皆處以絞罪；不過如果這起違法婚姻是由父母主導，那僅將主婚人絞決，結婚男女反而不必受罰。相關規定雖然很明確，但朝銓認為該案的刑度拿捏相當困難。朝銓強調即使這場收繼婚是朱由主導，朱大與李氏似乎亦難辭其咎，僅依律處分朱由不合情理；然而如果將朱大與李氏一併處分，刑度稍嫌太重又與律例相違背。在左右為難的情況下，朝銓請求皇帝將此案送交刑部議定。曾有論者指出清政府處理旗人收繼婚案件時，通常抱持較為寬鬆的態度，[224]然而根據此案所述，可知對旗人行收繼婚嚴肅以待的官員大有人在。朝銓遍查律例仍猶豫不決的關鍵，乃希望主婚人與結婚男女均受到一定程度的懲罰，此舉應可證明朝銓未將收繼婚等閒視之，也意味著滿洲傳統收繼婚制的不復存在。[225]

---

[224] 定宜庄，《滿族的婦女生活與婚姻制度研究》，頁41。

[225] 這段內容因較為複雜，茲將相關滿文轉寫翻譯如下：baicaci fafun i bithede, deo akūfi uhen be gaire oci, yaya be tatame wa. （查律載若弟亡後娶弟婦為妻，各絞）geli fafun i bithede, emu mukūn i sunja biya sinahi eture ci wesihun niyaman i sargan de latuci yaya be latuha songkoi gisure. （又律載姦同族小功以上親人妻子者，各以姦論）geli fafun i bithede ahūn deo i sargan be latuci latuha haha latuha hehe yaya be uthai tatame wa, （又律載姦兄、弟之妻，姦夫、婦各絞立決）geli fafun i bithede jui bure urun gaijara de fafun be jurceci haha jui sargan jui i ama eme alifi buhengge oci, （又律載兒子娶媳違律，若由男、女的父、母主婚者）alifi buhe niyalma de teile tuhebu, haha jui sargan jui de tuheburakū sehebi. （僅定擬主婚人之罪，男、女不坐）ju da uhen be gaifi udu ini ama i ciktan i yebuhangge[yabuhangge] bicibe, （朱大娶弟婦雖是其父主張）ju da lii halangga hehe inu giyan i ciktan giyan be jafafi temšeme gisureci acambihe（朱大與李氏也應持以倫理相爭）cihanggai ciktan wen be efulere baita be yabuhangge yargiyan i gemu fafun hergin be necihebi, （情願做此敗壞教化之事，確實干犯法紀）aika alifi buhe toktobuha fafun i bithei songkoi lii halangga hehe i amaka ju ioi be tatame wara weile tuhebure （若只論主婚則李氏之家翁朱由依律擬以絞罪）ju da, lii halangga hehe be gemu gisurere ba akū obure oci turgun giyan acanarakū gese. （朱大、李氏皆無可議之處，似於情理不符）aika alifi buhe babe bodorakū haha jui sargan jui be suwaliyame tatame wara weile tuhebuci （若不論主婚，則男、女將一併處以絞罪）toktobuha fafun i bithede acanarakū bime geli jaci ujen ohobi. （既不符於定例又嫌太重）fafun i bithe kooli be akūname baicaci lak seme acanara tondo necin jingkini hacin akū （遍查律例並無恰當公允之條）bairengge enduringge ejen harangga jurgan de afabufi acara be tuwame toktobume gisurefi amasi bithe benjihe erinde dahame icihiyaki seme. （懇請聖主將此交部酌為定議，覆文來時隨即遵辦）

有別於收繼婚制，同屬滿洲舊有婚俗的一夫多妻制，在關外時期未被禁絕，入關繼受明律後才逐漸消失。根據定宜庄的考察，清初雖然還有一夫多妻制的殘留，但只要被官方發現即依律嚴懲，[226]可見當時清政府未將一夫多妻制合法化。換個角度來說，旗人在漢文化影響下納妾情形日益普遍，旗人的婚姻模式漸從一夫多妻制轉變為一夫一妻多妾制。[227]以下這起案例不僅說明上述趨勢，還呈現當時旗人婚姻問題的調解過程。

　　已故領催雙海之女和氏，自幼聘給奉恩將軍兼佐領宗室崇齡為妻，兩人育有一子一女，數十年來感情和睦。道光二十四年（1844）八月間，崇齡被旗人張得祿請去家中喝酒，竟「與其女苟合」，崇齡事後亦決定納張氏為妾。和氏得知此事後出言攔勸，雙方發生激烈口角，崇齡氣憤之餘對和氏潑灑熱水，使其臉部與脖子皆被燙傷。是年十二月十六日，崇齡將張氏迎娶過門，崇齡與和氏間更是有如水火。隔年正月二十五日，崇齡又與和氏爭吵，崇齡手持木棒毆打和氏，張氏則在一旁觀看並未勸架。和氏隨後攜帶子女逃至叔父和凱家中躲藏，謊稱被崇齡與張氏聯手打傷，此時崇齡亦追至和凱家，聲稱要將和氏休棄。和凱本欲與崇齡理性溝通，但兩人一言不合發生衝突，直到崇齡家中雇工趕到和凱家中勸和，這場紛爭才暫時結束。

　　和凱之後帶著和氏前往左翼總族長處，申訴崇齡縱妾毆妻等惡行。經族長一番調處，裁定崇齡帶著張氏在城度日，和氏則與子女在屯居住，屯中房地、牲畜等物，均交由和氏管理作為贍養費。不過崇齡並未就此善罷干休，他先「赴和凱該管前捏詞具控」，又回屯取物與搶奪房地文契，甚至將和氏再此毆打。和氏之母和馬氏不

---

[226] 參見王宏治等點校，《大清律集解附例》，卷6，〈戶律‧婚姻‧妻妾失序〉，頁200：「凡以妻為妾者，杖一百。妻在，以妾為妻者，杖九十，並改正。若有妻更娶妻者，亦杖九十，（後娶之妻）離異（歸宗）。」

[227] 相關討論詳可參見定宜庄，《滿族的婦女生活與婚姻制度研究》，頁67-69、82-101。

得不再赴盛京將軍衙門呈控，崇齡亦同時遞交休妻呈詞，雙方衝突正式白熱化。

盛京將軍禧恩接獲此案時，嘗試對崇齡說之以理，告誡他既與和氏育有子女便不可任意離異。崇齡起初態度高傲，但在官員勸導下逐漸回心轉意。和氏則表示若未被崇齡休棄，「亦即輸服」，並承認當初控訴張氏聯手崇齡將其毆打，只是子虛烏有的氣話。此案至此可說是正式落幕，崇齡因任意毆打和氏、私娶旗女為妾等事，應「交兵部會同宗人府，照例議處」。張得祿身屬正身旗人，甘願將女兒張氏「聘與崇齡作為婢妾，亦屬不合」，「應照不應輕律，擬笞四十，鞭責發落」；張氏本應依律馬上與崇齡離異，但礙於張氏即將臨盆，待其產後再行決議。[228]

張得祿將其女嫁給崇齡為妾遭受處罰一事，當可說明旗人間的婚姻制度已非一夫多妻制。若當時一般旗人還可擁有多妻，身為正身旗人的張氏，可能不會以妾的身分委屈下嫁。除此之外，清政府因擔心旗人隨意脫籍，不許旗人賣身為婢妾、家奴，[229]在此政策的限制下，崇齡納張氏為妾亦非正途。由於和氏始終未被休棄，張氏於法毫無與崇齡結為連理的餘地，最後只能被官方判離。總而言之，清朝入關後認可的婚姻制度為一夫一妻多妾制，即使對於旗人也不例外。[230]

此案另一項值得討論的重點，為旗人婚姻糾紛的處理過程。當崇齡夫妻發生衝突時，雙方先在左翼總族長吉明處協議。吉明處

---

[228] 此案內容詳可參見〈宮中檔道光朝奏摺〉，文獻編號405008027，禧恩·為宗室職官無故休妻私娶旗女為妾請旨解任事，道光二十五年八月初八日、〈宮中檔道光朝奏摺〉，文獻編號405008539，禧恩·為會同審明定擬宗室崇齡休妻私娶旗女為妾一案緣由奏祈聖鑒，道光二十五年十一月二十一日。

[229] 相關討論詳可參見本書第四章第三節。

[230] 有個特殊情形值得注意，即皇族成員的「側福晉」。不過該制度與一般旗人較無關係，故此處暫不贅述。相關討論詳可參見定宜庄，《滿族的婦女生活與婚姻制度研究》，頁65-67。

理該案時未要求張氏離開崇齡家，亦努力維護和氏與其子女的生計所需，足見其秉持以和為貴的精神，盡量讓雙方皆能接受調解結束紛爭。然吉明的一片好意終究事與願違，此案在崇齡迅速毀約下轉交盛京將軍審理。一般民間婚姻細故的處理，多先交由地方宗族組織調處，[231]若情節重大才上呈官府。崇齡案雖然亦有總族長出面裁斷，但其因帶有些許宗人府官員色彩，[232]與一般民間非官方組織的調處不大相同。不過若僅從協調婚姻糾紛的內容來看，上述兩者間的差異似乎沒有想像中得大。此外該案由於涉及宗室，相關調解先在總族長處進行，一般旗人婚姻糾紛的初步協議，則可能透過設置於一般基層八旗組織中的族長負責處理。[233]

清朝入關後的旗人婚姻制度直接繼受漢制，未如同金、元兩朝般出現規範二元化情形，收繼婚制與一夫多妻制均宣告結束。不過清政府雖然放棄滿洲舊有婚俗，部分關外婚姻制度卻有沿襲，最明顯者即八旗始終掌控旗人的婚配權。八旗女子的婚姻於清朝關外時期，多掌握於皇帝、八旗貝勒等人手中，清政府入關後仍繼續為

---

[231] 關於民間宗族組織調解糾紛的討論，詳可參見朱勇，〈清朝宗族法考〉，收錄於楊一凡主編，《中國法制史考證·乙編·第1卷》（北京：中國社會科學出版社，2003），頁598-680。

[232] 宗人府設有總族長、族長、學長等職，協助官員管理宗室。總族長等職因為沒有固定俸餉，嚴格來說並非正式官員，但其一有出缺，仍須按任官程序揀選。詳可參見賴惠敏，《天潢貴胄——清皇族的階層結構與經濟生活》（臺北：中央研究院近代史研究所，2009），頁25-26。東北盛京地區設立總族長，則是乾隆三十三年之事，參見《欽定大清會典事例（光緒朝）》，卷5，〈宗人府·授官·補放族長教長〉，頁24a：「三十三年奏，准盛京添設宗室總族長一人，管束宗室覺羅，由將軍於承祀盛京陵寢宗室章京內揀選，送府帶領引見。」

[233] 除宗人府設有族長一職外，基層八旗組織中亦有類似制度。清初族長本由族人推舉，大多由休致官員或德高望重的長老出任。雍正三年規定族長由都統、副都統，從各族中擁有男爵、輕車都尉、雲騎尉等世職者，或舉人、生員、領催等人中選取，每三年都統會對族長考察一次。此後族長雖不屬於正式職官，卻由官方指定任命，完全不必顧及族人意見。反觀漢人宗族不僅與地方行政組織較無關聯，諸多事務均為族長與族人共同參與。八旗族長制度與漢人宗族組織中的「族」，名同而實不同。詳可參見定宜庄，〈遼東旗人社會的基層組織：族與宗族〉，收錄於中國社會科學院歷史研究所學刊編委會編，《中國社會科學院歷史研究所學刊·第2冊》（北京：社會科學文獻出版社，2004），頁461-478。

之，此即有清一代奉行不變的「選秀女」制度。此外同樣基於控制八旗人口的考量，清政府入關後嚴禁旗、民通婚，極力避免旗籍發生混亂。由於這些內容已有豐富討論，再加上相關案件與民事糾紛較無關連，筆者於此暫不贅述。[234]

三、八旗別籍異財糾紛的發生與處理

隨著男女聯姻與新生命的誕生，戶籍人口在正常狀態下多呈現成長趨勢。不過家庭規模並非無限制擴張，以漢人社會為例，家庭常在父家長過世後面臨重組，開啟日後一連串複雜的繼承問題。所謂繼承主要分為身分、財產兩種類別，身分繼承又包括宗祧繼承與封爵繼承。身分繼承由於無法也不容許被分割，僅能交由一位男性繼承；財產繼承則不然，家中大部分男性成員皆擁有繼承資格。[235]繼承雖屬民間私領域行為，卻攸關社會秩序的穩定，國家對此不可能坐視不管。根據傳統中國法律存有許多相關規範，可知國家對繼承一事始終相當重視。

關外時期的清朝，已制定部分與漢制不大相同的繼承規範，呈現出非漢民族的特殊性。在身分繼承方面，清朝當時規定繼承爵位者只論功德不分嫡長，與漢人獨重嫡長子不同。在財產繼承方面，有別於漢人常在父家長過世後才分產，滿洲政權卻規定孩子年過十八，先向領旗貝勒與固山額真報備後即可分產。另與漢制不同的是，分產數額不強調諸子均分，其多寡完全由家長決定，幼子往往是諸子中得到較多財產者。[236]

---

[234] 清代「選秀女」制度與旗、民禁婚制度，自清朝入關後開始成形，之後則隨現實狀況略有變動，詳可參見定宜庄，《滿族的婦女生活與婚姻制度研究》，頁221-248、324-348。

[235] 關於清朝的家庭、家族繼承問題，詳可參見張晉藩，《清代民法綜論》，頁222-237、呂寬慶，《清代立嗣繼承制度研究》（鄭州：河南人民出版社，2008），頁27-46。

[236] 詳可參見張晉藩、郭成康，《清入關前國家法律制度史》，頁489-496。

滿洲繼承方面的特殊規範，類似前文討論的婚俗，其實是北方非漢民族的共同特徵。金、元兩朝入主中原時，繼承規範多採取「因俗而治」。[237]清朝則再次與金、元兩朝分道揚鑣，入關初期的旗人繼承規範與婚俗如出一轍，大多直接繼受漢法，滿洲舊俗未被保留於國家正式頒布的法典中。[238]在各種繼承當中，財產繼承因參與者眾又涉及錢財產業故常有糾紛。[239]旗人社會亦有類似現象，其分產糾紛如何發生與解決，為本節最後的討論重點。

　　在旗人分產過產中，家庭成員常因未達成共識發生衝突。乾隆三十七年（1772）間，步軍統領衙門收到一件自奉天遠道而來的京控，內容為奉天鑲黃旗包衣得保佐領下監生永安，呈控胞兄永祥縱意非為、分家不公等事。永安供稱他現年二十五歲，父親武正格曾任奉天副都統，從前祖父曾獲御賜金牌兩面。武正格於乾隆三十四年（1769）病故後，永安仍與哥哥永祥、弟弟永慶三人同居。近日永祥忽然行為不檢，不僅父喪未及半載就宿娼，還將祖遺金牌交給妓女配戴。永祥又於今年九月間，在未通知族人的情況下，「自寫分單三張，硬將家私分了」，大半家財均被永祥拿走。情急無奈的永安，不得不赴京呈控。福隆安了解此事後，認為永祥雖罪行重大，卻也懷疑永安可能誇大其詞。為求釐清事情真相，福隆安奏請將此案發回盛京刑部審理。

---

[237] 柏清韻著，蔡京玉譯，〈遼金元法律及其對中國法律傳統的影響〉，頁155-157、182-185。不過金、元的繼承舊俗並未全數保留，其主要被保留者，又以諸子不必等到父母去世才可分產最為突出。

[238] 值得注意的是，清政府於雍正三年間稍微調整了分產規範，允許百姓在家長尚存時分家。然該例直到此時才出現，可能是為因應社會現實，並非受到滿洲舊俗影響。雍正三年例詳可參見田濤等點校，《大清律例》，卷8，〈戶律・戶役・別籍異財〉，頁187：「祖父母、父母在者，子孫不許分財異居（此謂分財異居，尚未別立戶籍者，有犯亦坐滿杖）。其父母許令分析者，聽。」

[239] 〔清〕薛允升著，黃靜嘉編校，《讀例存疑重刊本》，卷9，〈戶律・戶口・立嫡子違法〉，頁247：「律不言家產，而例特為補出，以圖產爭繼者多，故於財產一層，反覆言之也。立子本為承祀，原不重在家產，是以律內並不言及，例則屢次言之矣。……無條不及財產，可知爭繼涉訟，無不由財產起見，科條安得不煩耶。」

經過盛京官員調查，發現永祥確實在居喪期間宿娼，並將祖遺金牌交給妓女配戴，但未有獨霸家產之事。永祥縱然罪有應得，永安卻因分產糾紛擅自赴京越訴，「實非安分之徒」。承審官員不僅將永祥、永安兩人均治罪，還特別裁定：「至所控家產，應照旗存房、地冊檔，及家內現有一切什物人口，交該管之城守尉、佐領等，秉公查明，作三股均分，以資伊等家口養贍」。[240]從官方最後的分產指示來看，諸子均分已為旗人分產的重要標準。

　　永安京控看似是為揭發兄長惡行，然其真正原因卻是意圖分家未果，才打算利用京控對付永祥。下列這起案件同屬京控，亦如實反映旗人分產時的矛盾。道光二十五年（1845）五月間，鑲黃旗漢軍的韓郭氏，前往都察院呈控遭人謀財害命。韓郭氏平時與丈夫韓天玉、叔翁韓貴林同住，道光二十二年（1842）間，年十六歲的韓貴林迎娶同村何學古之女為妻。何學古因覬覦韓家財產教唆女兒分家，韓天玉則以韓貴林年幼無法持家為由拒絕。道光二十四年七月二十八日，何氏與韓天玉為分家一事再度口角，何氏憤而返回娘家。二十九日清晨，何學古與其胞弟何學禮，率領多人手持器械前往韓宅，不僅將韓天玉毆打身亡，家中錢財、衣物、文契與租約亦全數被奪，韓郭氏因在娘家省親逃過一劫。[241]此案中的何學禮「身充地保」，推測何家人應為民人，他們當初將何氏嫁給韓貴林時，可能已有奪產企圖。若韓郭氏所控完全屬實，則此案縱然有民人居中挑撥，仍展現旗人爭論分產與否時有可能大動干戈。

---

[240] 此案內容詳可參見〈軍機處檔‧月摺包〉，文獻編號018719，福隆安‧奏為奉天鑲黃旗包衣得保佐領下監生永安呈控伊胞兄永祥縱意非為分家不公等情請旨將永安解交盛京刑部提審，乾隆年月日不詳、〈軍機處檔‧月摺包〉，文獻編號019067，裘曰修等‧奏報遵旨查審奉天旗人永安控告胞兄永祥縱意非為一案情形，乾隆三十七年十二月二十一日。

[241] 〈軍機處檔‧月摺包〉，文獻編號073899，都察院左都御史宗室成剛等‧奏為順天府武清縣居住旗婦韓郭氏以圖謀家產率眾害命等詞具控案請旨，道光二十五年五月初四日。

一般而言當家族有計畫分產時，以戶絕立嗣的狀況最為棘手。所謂戶絕是指家族中的某房未有男性繼承人，通常只能以立繼解決問題，然而該繼承人應由誰出任，往往也令家族成員爭論不休。在清朝的相關規定中，宗族的地位與作用較以往更為提高，寡婦的立繼權逐漸被緊縮與限制；[242]不過清政府亦非完全罔顧寡婦權益，自乾隆四十年後「應繼」與「愛繼」間出現一種平衡，寡婦重新擁有部分立繼自主權。[243]旗人的戶絕立嗣規範無異於漢民，[244]糾紛發生的情形也頗為相似，以下兩起案件即為很好的例子。

　　道光十六年（1836）間，鑲藍旗已故世管佐領常興之妻宗室氏，呈稱常興並無子嗣，願將其夫族兄領催德通阿之次子，現年六歲的養育兵忠祿過繼為嗣。鑲藍旗官員得知此事後，認為忠祿昭穆倫次相當與例相符，只要全族人等畫押同意即可送交戶部核辦。族人大多表示贊同，惟馬甲臺明阿、護軍班金泰等五人不服。旗員面對該僵局無計可施，乃將此案移送戶部審理。戶部查閱族譜後，發覺臺明阿並無子嗣可以出繼，班金泰等人雖與忠祿支派遠近相同，卻非宗室氏屬意之人。戶部基於忠祿為最適合立繼者的考量，令臺明阿等人儘速畫押咨部核辦，這場紛爭才告一段落。[245]

---

[242] 張小也認為該情形可能與明朝賦役制度的變化有關，相關討論詳可參見張小也，《官、民與法：明清國家與基層社會》（北京：中華書局，2007），頁69-74。

[243] 詳可參見白凱（Kathryn Bernhardt）著，劉昶譯，《中國的婦女與財產：960-1949年》（上海：上海書店出版社，2007），頁51-58。所謂「應繼」是指符合昭穆規定的繼承人，「愛繼」則是寡婦心儀的人選。清政府起初確立「應繼」在立繼上的獨霸地位，不過由於當時發生許多寡婦與宗族的立繼糾紛，官方有必要重新審視該問題。乾隆四十年規定若「應繼」與寡婦素有嫌隙，寡婦可在昭穆相當者中，另擇一位「順寡婦之心」者充當繼承人，這可說是一種巧妙的折衷辦法。

[244] 《戶部則例（乾隆朝）》，卷2，〈戶口·八旗戶口下·繼嗣〉，頁3a：「旗人無嗣，許立同宗昭穆相當之姪承繼，先儘同父周親，次及五服之內，如俱無，方准擇立遠房及同姓為嗣。若繼子不得於所後之親，聽其告官別立，其或擇立賢能及所親愛者，於昭穆倫敘不失，不許宗族指以次序告爭。」

[245] 〈明清內閣大庫檔案〉，登錄號178989-001，兵部為已故世管佐領常興乏嗣過繼事移會稽察房，道光十六年九月日不詳。鑲藍旗官員曾將戶部裁示告知臺明阿等人，並透過說明相關規範再三開導，他們仍一味狡詐不願接受，導致最終均被送交刑部處置。

道光二十五年間，鑲紅旗世襲三等子爵兼佐領雙和病故無嗣，雙和之妻那徐氏呈請過繼第四房夫弟文祥之子閒散永恰布為嗣，由於昭穆相當，「闔族俱已畫押具結」，惟第二房已故馬甲札克丹、已故養育兵額林泰之子養育兵雙瑞等四人，始終以「房分不明」為由拒絕畫押。此案送交戶部後，戶部表示該孀婦愛繼與例相符，要求雙瑞等人儘速畫押具結。不料雙瑞等人仍堅持已見，甚至連雙瑞之母那蘇氏，亦呈稱將永恰布過繼為嗣「房分不明」。那徐氏的立繼雖遭受諸多阻撓，卻得到官方的最終支持。戶部指出那蘇氏「係婦人不諳定例」，「未便因其攔阻致令孀婦絕嗣」，永恰布遂被允許過繼給雙和為嗣。[246]

　　即使國家努力在寡婦與宗族間的立繼權尋求平衡，但利益當前眾人很難不出手相爭。此外看似兼容並蓄的規定實則模稜兩可，更讓這類糾紛難以完全消失。乾隆四十年頒布的條例為「無子立嗣，若應繼之人，平日先有嫌隙，則於昭穆相當親族內，擇賢擇愛，聽從其便」[247]，「應繼」與「愛繼」間實存有一定順序關係；然「平日先有嫌隙」乃自由心證，該條件的設計反而可能助長糾紛發生。

　　如同前述旗人戶絕立嗣案件所示，孀婦立繼還需全族成員畫押同意才可成立，在官方規範存有模糊空間的情況下，雙方都有機會在法律條文中巧妙遊走。不過從結果來看，孀婦的選擇似乎較容易得到官方支持。值得注意的是，官員在上述兩案的處理過程中，均提及乾隆四十年的一則上諭，其中特別強調這類糾紛須以孀婦意見

---

[246] 〈軍機處檔・月摺包〉，文獻編號072728，鑲紅旗滿洲都統宗室敬徵・奏請將奴才等所管旗分佐領雙和之妻那徐氏交刑部審辦由，道光二十五年正月二十九日。那蘇氏等人最終仍不服，「以出缺在先，過繼在後，呈請徹底究辦」。承審官員認為雙瑞等人與雙和同輩，昭穆倫次並不相當，此外那徐氏屢次興訟，「非徹底究辦，不足以折服其心」，奏請將其送交刑部以平紛爭。

[247] 〔清〕黃恩彤編，《大清律例按語》，卷37，〈戶律・戶役・立嫡子違法〉，頁38a-38b。

為依歸，[248]可見官員支持孀婦應是遵循皇帝旨意，未必完全是個人意志的展現。旗人戶絕立繼糾紛一般來說均先在旗內協調，若無法解決才送至戶部。[249]本書第三章第一節曾指出旗人的土地糾紛，是由戶部的八旗司（後改為現審處）處理，旗人關於立繼、分產之類的糾紛亦是交付該單位。相關人等若始終不服官方裁定，多會被視為頑劣分子，難逃遣送刑部處置的命運。

旗人戶絕立嗣方面的規範雖與民人極為相似，但受到旗人特殊戶籍制度影響，國家對旗人的立繼行為仍設有專屬規範，最明顯者當屬嚴禁旗人抱養民人或家奴之子為嗣。為了避免造成宗族失序，清律一向不允人們立異姓義子為繼承人，[250]惟清政府在現實中常從寬處理。[251]不過該態度是針對一般民人而言，旗人完全無法相提並論。[252]皇帝不願旗人立異姓為嗣的最大考量，乃擔心此舉將造成大量民人或家奴紊亂旗籍。

---

[248] 《清高宗純皇帝實錄》，卷995，頁301-302，乾隆四十年閏十月己巳條：「但立繼一事，專為承祧奉養，固當按昭穆之序，亦宜順孀婦之心，所以例載嗣子不得於所後之親，准其另立，實準乎情理之宜也。……嗣後遇有孀婦應行立繼之事，除照例依昭穆倫次冊當外，應聽孀婦擇其屬意之人，并聞之本房，是否願繼，取有合族甘結，即獨子亦准出繼。庶窮婺得以母子相安，而立繼亦不致以成例阻格。」該上諭明確指出若有立繼糾紛，當以孀婦的意見為依歸，不過此精神並未完全展現於乾隆四十年的新修條例。有些論者僅留意乾隆四十年例，忽略同年上諭的價值，故認為官方立場仍將「應繼」置於優先地位。詳可參見阿風，《明清時代婦女的地位與權利——以明清契約文書、訴訟檔案為中心》（北京：社會科學文獻出版社，2009），頁20-21。

[249] 八旗分產案件交由戶部審理，似乎自清初以來即是如此，參見〈明清內閣大庫檔案〉，登錄號117511-001，大學士刑部尚書圖海·刑部為卮益兔告爭家財事，順治十二年八月初十日：「爭家財，例該戶部應聽，戶部審理，緣係爭家財事理，未敢擅便，謹題請旨。」

[250] 田濤等點校，《大清律例》，卷10，〈戶律·戶役·立嫡子違法〉，頁178：「其乞養異姓義子以亂宗族者，杖六十。若以子與異姓人為嗣者，罪同，其子歸宗。」

[251] 相關討論詳可參見呂寬慶，《清代立嗣繼承制度研究》，頁213-247。呂寬慶指出民間窮苦之人，基於「養兒防老」的現實考量多不顧禁令立異姓為嗣，而官方處理這類案件時，亦會根據情理法審慎裁斷。

[252] 〔清〕薛允升著，黃靜嘉編校，《讀例存疑重刊本》，卷9，〈戶律·戶口·立嫡子違法〉，頁250：「《戶部則例》八旗與民人繼嗣，分別兩門，可知辦理自有區別也。即以民人而論，如有孤單零戶，本宗及遠房無人可以承繼者，取外姓親屬之人承繼，似亦可行。古來名人以異姓承繼者，不知凡幾，亦王道本乎人情之意也。」

鑲紅旗滿洲修善佐領下披甲德善，原有一子福森太但不幸病故。乾隆二十六年十二月間，德善被派往綏遠城駐防，「因無子欲承繼一子」，「又因無人送去」，向姊夫法保商討對策。法保隨即和熟識民人柱兒說明此事，請求柱兒護送德善前往綏遠城，並將其子八歲的三兒過繼給德善，直接頂替福森太之名。德善擔心柱兒無法隨他走出口外，建議柱兒暫時充當其白契家人，「一併造入冊內」，柱兒則因懼怕日後弄假成真被德善使喚不願答應，德善見狀只好隨手立個簡單的契約作為證明。當他們抵達綏遠城後，德善竟罔顧協議視柱兒為旗下家奴，難以忍受的柱兒向將軍衙門告發此事，他們一干人等遂被解送刑部受審。[253]

上述這起案件反映清政府對旗人過繼民人之事極為慎重，完全沒有手下留情的空間。德善深知自己行為違法，才讓三兒直接頂替福森太之名，不敢明目張膽將其過繼。如同前文所述，皇帝對保持旗籍的穩定始終念茲在茲，民人因過繼成為正身旗人之舉，自然有必要嚴加禁止。[254]乾隆五十三年（1788）間，清政府更是透過編修條例，提高相關刑度以達到恫嚇之效。[255]

---

[253] 此案內容詳可參見〈明清內閣大庫檔案〉，登錄號078116-001，兵部移會稽察房，乾隆二十七年七月日不詳、〈明清內閣大庫檔案〉，登錄號152978-001，刑部為披甲過繼民人之子為嗣由移會稽察房，乾隆二十七年十月日不詳、〈明清內閣大庫檔案〉，登錄號094020-001，兵部移會稽察房，乾隆二十七年十一月日不詳。德善最終依律被問擬「杖六十加枷號一個月」，「係旗人滿日鞭六十，遞交綏遠城將軍衙門管束」。

[254] 不過清政府在這方面仍保留一些彈性，參見〔清〕吳壇著，馬建石等編，《大清律例通考校注》，卷8，〈戶律·戶役·立嫡子違法第五條例文〉，頁410：「旗人義子必該在領具保，實係自襁褓撫養成丁以繼其後者，准其另記檔案。不許將民間成丁子弟，改隨本姓。」此例的入律時間為乾隆五年。

[255] 乾隆五十三年間刑部曾指出：「臣部遇有此等案件，雖皆從嚴辦理，但與其輾轉比附，莫若明立專條，以資引用。查律載，世職將異姓人乞養為子，詐冒承襲者，杖一百發邊遠充軍等語。是旗人抱養民間子弟、戶下家奴，查係有世職之家，詐冒承襲世職者，自應照例擬軍；若無世職之家，立令為嗣者，應酌議於軍罪上，量減一等，杖一百徒三年，分別旗、民發落。若有冒領錢糧情弊，毋論所繼者，係異姓旗人、民間子弟、戶下家奴，亦應比照管軍官吏冒支軍糧，計所冒支之贓，准竊盜律，從重科罪，其名下先後所得銀米，照數著追，倘本犯力不能完，於歷任參、佐領名下賠補，以昭平允。」詳可參見〔清〕黃恩彤編，《大清律例按語》，卷37，

旗下家奴既然屬於八旗成員，為何也被排除於旗人承繼資格外？其中關鍵應該仍與維護旗籍有關。旗下家奴因地位低下，過繼給正身旗人等於是提高身分，與旗籍內部的階層嚴密性不合。此外民人充當旗下家奴並不困難，一旦開放旗下家奴的入繼資格，民人即可使用類似柱兒虛晃一招的策略，先假裝入旗為奴再將其子過繼給旗人。皇帝對此取巧方式或許已了然於胸，才未雨綢繆地禁止旗下家奴入繼，徹底杜絕民人任意紊亂旗籍之歪風。

〈戶律・戶役・立嫡子違法〉，頁41a-41b。不過該新例的出現，卻與前述乾隆五年例，即民人「實係自襁褓撫養成丁以繼其後者，准其另記檔案」的規定相抵觸，故乾隆五年例最終在嘉慶六年被刪除，詳可參見〔清〕黃恩彤編，《大清律例按語》，卷76，〈戶律・戶役・立嫡子違法〉，頁21a-21b。

第四章
旗人的行政規範與行政制裁

　　現代法學中的行政法顧名思義，是指關於行政權組織與作用之法。在國家各項公權力中，行政權佔有主要地位，其涵蓋範圍與適用對象之複雜，遠非其他權力可相匹敵。[1]不過在「依法行政」準則下，與行政組織、作用相關的法律非常繁雜，導致行政法除了救濟程序方面外，其餘實體事項始終缺乏統一的法典，具有多樣性、高變動性與體系龐大等特點。[2]

　　傳統中國在特殊時空背景下，專制集權政府起源甚早，隨著國家規模的日益擴張，一個龐大健全的官僚機構逐漸成熟，與其相輔相成的行政法亦有長足發展。傳統中國早期的行政法部分融入刑法典中，有些則以單行法令的形式問世。唐朝是傳統中國行政法發展的重要階段，《唐六典》的出現象徵已局部打破諸法合體的混合編纂法典模式。[3]日本著名學者織田萬曾表示「支那刑法、行政二大

---

[1] 王海南等著，《法學入門》，頁214。

[2] 詳可參見蘇嘉宏等著，《行政法概要——行政法的基本概念、行政作用法、行政組織法》（臺北：永然文化出版公司，1999），頁55-56。現代法學中的行政法，一般又可歸類為三大範疇：行政組織法、行政作用法與行政爭訟法。相關介紹詳可參見蘇嘉宏等著，《行政法概要——行政法的基本概念、行政作用法、行政組織法》，頁140-142、248-250。鄭玉波，《法學緒論》，頁156-159。

[3] 張晉藩，〈中國古代的行政管理與行政法〉，收錄於氏著，《張晉藩文選》，頁152-178。張晉藩認為傳統中國的行政法發展，可分為三大階段：奠基階段——秦、漢；發展階段——唐；完備階段——明、清。此外傳統中國的行政法具有下列特色：一、規範詳密、自成體系；二、以職官為綱引制定行政法典；三、引禮入法，禮法結合；四、體現專制主義精神；五、通過監察機關對國家行政管理，進行廣泛

法典之由來已久矣」，[4]足見傳統中國行政法確實淵遠流長。不過現代行政法為「三權分立」、「主權在民」原則的產物，其意義為調整法律與行政間的關係以實現「依法行政」，傳統中國行政法則單純為協助國家機器運轉而生，並未存有該現代精神。[5]若以行政法概念展開歷史研究，是為討論方便起見，絕非貿然以今論古或直接將其劃上等號。[6]

本書於前兩章已分別討論旗人的刑事與民事規範，本章將繼續分析與旗人相關的行政法內涵。由於相關內容十分龐雜，幾乎所有典章制度皆可納入討論，受限於篇幅與避免拾人牙慧，本章將僅聚焦於八旗官員規範、八旗兵丁規範與八旗人身自由限制規範三面向上。這些雖然僅屬旗人行政規範的冰山一隅，但都格外能展現旗人特殊的法律地位，對該議題而言具有一定代表性。值得注意的是，討論行政規範時難以忽略「行政制裁」，即違反行政法規或行政處分所加之責罰，[7]故本章各節亦將一併探究相關行政制裁的內涵與意義。

第一節　旗人的政治參與和官員處分制度

一、清朝國家官制的出現與轉變

清太祖創建八旗制度後，許多部落首領被收編進入八旗中，

監督；六、行政處分與刑罰制裁交互為用。

[4] 織田萬，《清國行政法汎論》（臺北：華世出版社，1979），頁84。

[5] 這方面的討論詳可參見余英時，〈君尊臣卑下的君權與相權──「反智論與中國政治傳統」餘論〉，收錄於氏著，《歷史與思想》（臺北：聯經出版社，1976），頁47-75。余英時強調傳統中國的官僚制度，雖具有一定符合現代性的理性發展，但控制官僚體系的君權，卻未有相同的理性基礎。在這種背景下，傳統中國的行政法即便再發達，也迥異於現代社會中的行政法。

[6] 相關討論詳可參見陳國平，《明代行政法研究》（北京：法律出版社，1998），頁1-3。

[7] 相關介紹詳可參見鄭玉波，《法學緒論》，頁85-96。

一改傳統女真社會部落林立的狀態。這些強族豪酋儘管仍有部分特權，但他們進入八旗等於是被清太祖納入麾下。當時雖然尚未出現完整的國家機構，清太祖卻藉由自女真傳統組織改造而來的八旗制度管理部眾。八旗制度在滿洲政權由部落通往國家的過度階段，確實扮演了重要的角色。

然肩負著組織部眾重任的八旗制度，本身卻具有強烈侷限性，不利於滿洲政權向正式國家之途邁進。清太祖曾為配合現實社會發展的需要，試圖建立一個跳脫八旗制度綜理全國行政、財經和司法的官僚機構，但在八旗制度的制約下，這種頗有前瞻性之舉終究只是曇花一現。[8]清太祖握有絕對大權，基本上只要清太祖有心為之，滿洲政權很有機會蛻變為正式國家。不過清太祖最終在決定繼承人一事上，仍根據傳統實行「八王議政」，促使滿洲政權重返昔日「多頭政治」，喪失擺脫部落共議特質的重要契機。[9]

清太宗即位以後，很快對自己權力處處受限感到不耐，採取許多打擊其他領旗貝勒之政策。其中相當重要者即仿照漢制實施部院制度。清太宗在天聰三年（1628）成立書房，天聰五年（1631）設置六部，崇德元年（1636）與三年（1638）分別設置都察院與理藩院，滿洲政權的中央官制逐漸完備。[10]清太宗利用部院制度限制八旗的用意非常明顯，由於部院職官直接向其負責，清太宗可在不被八旗掣肘下插手部分公共事務。中央部院制度出現後，象徵著滿洲

8　相關討論詳可參見姚念慈，《清初政治史探微》，頁97-110。

9　有些學者認為清太祖選擇「八王共治」，可能是清太祖立儲屢受挫折被迫採取的權宜之計，劉小萌則指出該構想其實未脫女真政治傳統軌跡。詳可參見劉小萌，《滿族從部落到國家的發展》，頁186。

10　張晉藩、郭成康，《清入關前國家法律制度史》，頁54-56、79-99。文館在關外時期其實應稱為「書房」（bithei boo），文館是乾隆朝重修太宗實錄時所取的雅稱。文館在清太祖時代已略有雛形，但直到天聰三年才有較正式的名稱。文館在天聰十年改名為內三院，其性質雖與漢制的內閣頗為相似，掌有的權力卻相當微小，兩者難以相提並論。理藩院則於崇德三年由蒙古衙門更名而來，蒙古衙門的成立時間並不確定，僅知最晚在天聰八年已有相關記載。

政權距離正式國家模式更為接近，過去完全「以旗統人」的局面開始改觀。

以八旗立國的滿洲政權，自從實施部院制度後呈現一種新氣象。國家事務原本多在八旗中運作，部院設立後則逐漸從八旗過度到國家機構，此舉無疑有利於清太宗掌握大權。由於國家新設立的機構亟需官員才能運作，是故滿洲政權再度出現國家官僚組織，而且漸成定制未如天命朝般稍縱即逝。不過清朝關外時期的部院制度，與八旗制度的關係實為並存，兩者可說是矛盾的統一體，國內所有成員幾乎皆擁有雙重身分，既轄於中央政府又身屬於各旗分。[11]這種情形亦反映於部院職官的任命上，當時部院內部組織架構為一名貝勒主政，下設承政（aliha amban）、參政（ashan i amban）、啟心郎（mujilen bahabukū）等職官，除啟心郎外多由八旗的貝勒與官員兼任。[12]此舉完全是配合時勢的折衷辦法，因為清太宗不可能完全不顧八旗傳統任命部院官員。重要任務仍交由八旗官員兼理，一方面有助於減輕八旗固有勢力的反彈，另一方面則可盡量減少八旗與部院不同制度間的衝突。

八旗、部院官制互相重疊導致後者無法獨立發展的情形，直到清朝入關後才宣告解決。八旗勢力入關後已經大不如前，大幅增加統治者強化中央集權的空間；此外面對廣大的新征服領土，八旗制度明顯左支右絀，惟有建立新制度才能有效管理漢地。在關外時期

---

[11] 相關討論詳可參見王景澤，《清朝開國時期八旗研究（1583-1661）》（長春：吉林文史出版社，2002），頁153-163。

[12] 詳可參見張晉藩、郭成康，《清入關前國家法律制度史》，頁54-71。啟心郎的來源主要有二：其一為清太宗身邊的滿洲文臣，其二則是透過選才考試脫穎而出的漢官。啟心郎職務主要為糾舉、勸諫、監督部院官員，詳可參見《清太宗文皇帝實錄》，卷16，頁213-214，天聰七年十月己巳條：「啟心郎不得干預部事，但坐於各貝勒之後，儻有差謬，則啟其心。……至爾等既任啟心郎之職，遇本部貝勒有過，言之不從，遂默而不言，可乎？當再三言之，終不見從，方可奏朕。」另六部貝勒多領有旗分，轄下職官亦多由八旗官員兼任，六部承政平時在部理事，戰時則有帶兵之責，詳可參見劉小萌，《滿族從部落到國家的發展》，頁257。

已模仿漢制建立部院制度的清政府，入關後很快選擇繼受明制，在既有國家架構下局部調整與推動政令。此舉不但讓清朝成為中國的新王朝，也讓八旗逐漸轉變為管理旗人的特殊組織，基本上不再與皇權或是國家公權力相抵觸。

當清政府建立一套嶄新的國家機構後，過去僅由八旗官員兼任部院職官的狀況勢必要有所改變，畢竟在避免漢人反感以及借重漢人能力的考量下，必須讓漢人擁有機會參與政治，不能將所有職官壟斷於八旗官員。對於清政府而言，職官任命如何既能滿、漢共治，另一方面又可以維持政權穩定，是個有別過往的重大考驗。這個問題主要涉及官缺設計和入仕途徑兩方面，以下將分別討論之。

清政府為在政治上維持本民族優勢，於官缺設計上格外保障旗人，該情形又可分為下列兩種。其一為中央重要部院缺，通常一個位置為滿、漢複職，藉此形塑滿、漢平等之象徵；其二則將官缺細分為六類，不同身分者在任官上各有所分：

> 凡內、外官之缺，有宗室缺、有滿洲缺、有蒙古缺、有漢軍缺、有內務府包衣缺、有漢缺。凡宗室京堂而上，得用滿洲缺，蒙古亦如之，內務府包衣亦如之。漢軍司官而上，得用漢缺，京堂而上，兼得用滿洲缺。凡外官，蒙古得用滿洲缺，滿洲、蒙古、漢軍、包衣，皆得用漢缺。滿洲、蒙古無微員，宗室無外任。[13]

這些官缺雖然分為六類，但仔細檢視即可發現前五類廣義來說都是旗人缺。旗、民的官缺分配看似公平，但旗人在某些狀況下可以擔

---

[13] 《欽定大清會典（光緒朝）》，卷7，〈吏部・文選司〉，頁8a-9a。所謂「滿洲、蒙古無微員」，是指「從六品首領、佐貳以下官，不授滿洲、蒙古」；所謂「宗室無外任」，則為「外任道以下官不授宗室，其督、撫、藩、臬，由特旨簡放者，不在此例。」

任漢缺，在選官機會上仍有優勢。陳文石曾將清朝中央官員分為四級，第一級為各機關長官，第二級為擬訂和負責推動計畫的官員，第三級屬於日常事務與書辦工作官員，第四級則是使役性質工作者，然後再根據官書統計各級官員中滿缺、蒙古缺、漢軍缺與漢缺的比例。如果單純從旗、民角度來看，旗、民在第一級上差距不大，但旗人在第二級和第三級都擁有人數優勢。陳文石分析統計數據時表示，旗人在第三級人數眾多乃因筆帖式缺額緣故，[14]在第二級員缺甚多則反映清政府統治策略之高明。在中國官僚體系中，第二級官員即使地位不如第一級官員，但在事務的推動與擬議上，反而比第一級官員重要許多。清政府在第一級官員上令旗、民缺額幾乎相同，有助於宣傳其「不分滿、漢」的一面；在第二級官員上令旗人擁有優勢，則有效掌握機構運作的最為關鍵處。[15]總之人口於全國位居少數的旗人，任官機會似乎較民人來得多。[16]

　　上述主要為中央官缺情形，地方官缺的編制則沒有如此明確，基本上「外省官員，不分滿漢，惟擇賢而任」，[17]上至總督巡撫、下至知州知縣均「不拘滿漢」，「以重慎憲保釐之任」。[18]然旗人外任官員時仍擁有較多機會，在一些邊疆地區或是鹽政、關稅等差使多交由旗人充當，[19]即使號稱「不分滿漢」的地方督撫大員，也

---

[14] 關於筆帖式（bithesi）的介紹，詳可參見陳文石，〈清代的筆帖式〉，收錄於氏著，《明清政治社會史論‧下冊》，頁599-621。

[15] 詳可參見陳文石，〈清代滿人的政治參與〉，收錄於氏著《明清政治社會史論‧下冊》，頁679-718。陳文石文中統計的機構為內閣、軍機處、六部、都察院、理藩院、通政司、大理寺、翰林院、詹事府、太常寺、光祿寺、太僕寺、鴻臚寺、國子監。宗人府、內務府、太常寺與太僕寺等機構，因與國家事務關係較少，故不納入統計範圍。

[16] 該現象主要是指中央文官層面。此外八旗因具有濃厚軍事特質，於中央武官自成系統，例如前鋒營、護軍營、火器營、健銳營、三旗虎槍營和步軍統領衙門等，相關員缺自然全由旗人出任。上述機構的官缺數量，詳可參見李洵等點校，《欽定八旗通志》，卷47，〈職官志六〉，頁875-886。

[17] 〔清〕福格著，汪北平點校，《聽雨叢談》，卷3，〈八旗直省督撫大臣考〉，頁57。

[18] 李洵等點校，《欽定八旗通志》，卷48，〈職官志七〉，頁906。

[19] 相關討論詳可參見杜家驥，《八旗與清朝政治論稿》，頁420。

可能因該地事務緊要專設滿缺。[20]清政府對地方官的設置充滿了彈性，基本上對外宣示「滿漢一家」，但為維持政權的穩定，重要職官仍多交由旗人出任，導致旗人在外任官的機會較民人來得多。[21]不過清政府這方面的作為並未無限上綱，地方官員專限滿缺尚有節制。乾隆三十年（1765）七月間，貴州布政使恒光認為黔省需要熟稔清文之員，請求皇帝「將貴陽府通判一員嗣後定為滿缺」，如此則「一切俸工養廉與論俸陞調悉如舊制，庶於地方機務有裨而官制並無增改」。清高宗接到此奏後不置可否，沒有同意恆光的請求，可見清政府在地方專設滿缺官員並非隨性所致。[22]

---

[20] 〔清〕福格著，汪北平點校，《聽雨叢談》，卷2，〈外省文職旗缺〉，頁51：「嗣又定山西、陝西、甘肅之督撫藩臬，及霸昌道、口北道、歸綏道、鎮迪道、各省理事同知通判，均用旗人」、〔清〕福格著，汪北平點校，《聽雨叢談》，卷3，〈直省滿缺巡撫考〉，頁76：「謹按康熙七年，欽定川陝、甘肅、山西督撫為滿缺。至乾隆年間，仍遵其制。今各滿缺已多用漢員，未詳從何年所改，有無明降諭旨，應俟考訂增入。查《通志》所載，滿缺各員皆無旗分，而年羹堯、石文焯、范時[捷]、盧詢皆漢軍人，似是專用旗人，即為滿缺，不必泥於專用滿洲也。」上述史料反映以下重要現象：一、康熙年間已規定部分官員為滿缺，但清中葉以降未必完全遵行；二、有時漢軍亦能擔任滿缺，與會典的規定並不一致。

[21] 此處討論主要也是針對地方文官。在武官方面，部分地區設有駐防八旗，官缺均由旗人擔任，相關員缺可參見李洵等點校，《欽定八旗通志》，卷48，〈職官志七〉，頁892-905。另綠營地方武官提都、總兵、副將等職，旗人亦有機會擔任，詳可參見李洵等點校，《欽定八旗通志》，卷48，〈職官志七〉，頁906-907。不過旗人挑補綠營武官者，在清初似乎數量較少，參見《清代起居注冊·康熙朝（臺北版）·第11冊》，頁5812-5813，康熙三十六年七月初四日條：「黃巖總兵官徐九如陛辭，恭請訓旨，上曰：『前任總兵官趙弘燦，居官甚善，爾凡事如其所行，可無失錯。南北形勢、人情不同，操演兵丁，各隨地土之宜，不可拘泥以北方操演之法為善。且旗下人為總兵官者甚少，爾赴任須盡心效力，不可貽羞於旗人也。』」當八旗生計問題出現後，旗人挑補綠營武官的情形才逐漸增多，詳可參見定宜庄，〈清代綠營中的八旗官兵〉，收錄於王鍾翰主編，《滿族歷史與文化》（北京：中央民族大學出版社，1996），頁83-101。

[22] 《宮中檔乾隆朝奏摺·第25輯》，頁575-576，〈貴州布政使恒光·奏為請定滿缺通判並司繙譯以昭慎重事〉，乾隆三十年七月二十日。透過該奏亦可得知早在乾隆十五年間，貴州巡撫愛必達已題請將貴陽通判定為滿缺，但當時遭到部駁，主因為「理事同知、通判，專設滿員，其餘通判，從無專用滿員之例，議駁在案」。清高宗在恒光奏摺上的硃批為「既經議駁，況從來亦未誤事，何必？」，推測恒光建議未被皇帝接受的理由應與此事相關。

二、旗人入仕與科舉制度

旗人不但擔任國家職官機會較多，入仕、陞轉之途更遠比漢人來得廣泛。清政府入關後於順治二年（1745）宣布恢復科舉考試，延續過往漢人王朝選才取仕的主要方法。旗人除了參加科舉外，還可透過世職世爵蔭官、官學生選官、挑選侍衛和拜唐阿等方式入仕，當官途徑明顯較漢人來得豐富。[23]此外旗人的陞轉過程，既不受「出身正途」限制又可「文武互轉」，[24]升遷的速度與機會完全令漢人望塵莫及。旗人的官缺額數與入仕途徑原本已頗有優勢，再配合陞轉便捷之助，難怪時人會大嘆「十年窗下讀，不及一聲嚎」。[25]

滿洲統治者將旗人視為國家根本，在入仕、陞轉之途提供保障確實合於情理，然清政府對此始終抱持相當謹慎的態度，這從旗人參加科舉一事即可看出端倪。清朝關外時期曾舉辦過三次科舉，不過從當時考試時間不定期、過程不分階段以及偏向語文測驗來看，只能算是考試選才而非傳統漢制科舉。[26]清朝真正推行科舉是在入關後，但旗人起初在「八旗以騎射為本，右武左文」的考量下，[27]被限制不准參加科舉考試，直到順治八年（1651）才解禁。[28]自從

---

[23] 杜家驥，《八旗與清朝政治論稿》，頁413-418。另官學生的選官情形，詳可參見同書，頁372-412。

[24] 清朝入仕途徑共有科甲、貢生、監生、蔭生、議敘、雜流、捐納、官學生和俊秀等方式，其中以科甲和恩、拔、副、歲、優貢生，以及蔭生與非俊秀之例貢生為正途，其餘皆為異途。出身於異途者的官職授與侷限較多，不過旗人則非如此。詳可參見艾永明，《清朝文官制度》（北京：商務印書館，2003），頁15-17。另明清時期基本規定文、武官陞轉異途，明朝國祚兩百六十餘年，僅十二人文武互轉。然而旗人在陞轉上，完全不受此限制。詳可參見陳文石，〈清代滿人的政治參與〉，收錄於氏著，《明清政治社會史論·下冊》，頁725-731。

[25] 〔清〕福格著，汪北平點校，《聽雨叢談》，卷11，〈贊禮郎〉，頁232。

[26] 葉高樹，《清朝前期的文化政策》，頁31-32。關外時期的科舉，曾於天聰八年、崇德三年與崇德六年舉行。另天聰三年時清太宗其實已透過考試甄別人才，不過這次並未授官，僅分賞布帛和免除差役。

[27] 清史稿校註編纂小組，《清史稿校註》，卷115，〈志90·選舉三〉，頁3181。

[28] 《清世祖章皇帝實錄》，卷55，頁441，順治八年三月丙午條：「吏部奏言：『各旗子弟，率多英才，可備循良之選，但學校未興，制科未行耳。先帝在盛京，愛養人

順治八年六月以來，八旗參與科舉的中試額數與考試方式逐漸確立，整體而言旗人並未完全與漢民一起競爭，而是呈現「八旗鄉試、會試、殿試，均以滿洲、蒙古共為一榜，漢軍與漢人共為一榜」的現象。[29]在「滿漢分榜」規定下，旗人正式擁有參與科舉的機會，但皇帝在實行兩科後，認為「八旗人民崇尚文學」，將導致旗人「怠於武事，以披甲為畏途」，下令停止八旗科舉。[30]限制旗人參與科舉的禁令，至康熙朝出現轉機。清政府首先在康熙二年（1663）間，「以八旗生員無上進之階，特准鄉試一次」，「未取中之生員悉除之，次年八旗亦無會試」。[31]康熙六年（1667）九月間，官方允許旗人重返科舉，但改與漢人同場一例考試，[32]「中試之額亦大減矣」。[33]八旗科舉雖於康熙十五年（1676）十月間再次停止，不過隨後又於康熙二十六年（1687）恢復，其內容仍是「同漢人一體考試」。[34]八旗科舉從此不再自成系統，完全融合於定期舉辦的國家科舉中。

科舉是傳統中國重要的選才制度，自隋朝初創以來歷經各種變化，至明清時期已發展成熟。非漢民族統治中國期間，恢復科舉

才，開科已有成例，今日正當舉行。臣等酌議滿洲、蒙古、漢軍各旗子弟，有通文義者，提學御史考試取入順天府學，鄉試作文一篇，會試作文二篇。優者，准其中式，照甲第除授官職。則人知向學，進取有階矣。」報可。」

29　相關內容詳可參見李洵等點校，《欽定八旗通志》，卷102，〈選舉志一〉，頁1615-1616。在錄取人數方面，順治八年六月規定鄉試滿洲取五十名、蒙古取二十名、漢軍取五十名；會試滿洲取二十五名、蒙古十名、漢軍二十五名。是年八月，「恩詔廣滿洲、蒙古、漢軍會試中額二十五名」。在考試內容方面，順治八年六月間規定鄉試為滿洲、蒙古通漢文者，翻譯漢文一篇，僅懂滿文者作滿文一篇，漢軍文字、篇數則如同漢人例；會試則為滿洲、蒙古通漢文者，翻譯漢文一篇、作漢文一篇，僅懂滿文者作滿文兩篇，漢軍文字、篇數亦如同漢人例。是年八月間，漢軍鄉、會試內容決定改採漸進方式，至順治十四年鄉試與十五年會試時，才令漢軍科考三場的文字、篇數與漢人一致。

30　《清世祖章皇帝實錄》，卷106，頁831-832，順治十四年正月甲子條。

31　〔清〕福格著，汪北平點校，《聽雨叢談》，卷4，〈科目〉，頁79。

32　《清聖祖仁皇帝實錄》，卷24，頁328，康熙六年九月丁未條。

33　〔清〕福格著，汪北平點校，《聽雨叢談》，卷7，〈八旗科目〉，頁151。

34　李洵等點校，《欽定八旗通志》，卷102，〈選舉志一〉，頁1616。

往往被視為接受漢制的重要象徵，但在維持本民族特色與利益的考量下，科舉制度即使重新舉行通常也與漢人王朝有所差異。[35]例如元朝入主中原後遲至延祐二年（1315）才舉辦科舉，而且主要採取民族分額分試的方法來進行，即蒙古與色目人合為右榜，漢人與南人合為左榜，兩榜錄取人數相同，但考試內容左榜較右榜來得困難。[36]元政府關於科舉的設計，具有保障蒙古、色目人的用意，他們雖在全國總人口中位居少數，科舉中額卻與漢人、南人相同，考試的題目也較為簡單，造成蒙古、色目人不至於在科舉競爭中處於劣勢。對於元政府而言，此舉確實發揮維護蒙古政治參與的作用，但同時也容易因諸多不公平，引發漢人、南人的不滿情緒。

　　同樣身為統一中國的非漢民族，清朝對本民族參與科舉的設計與元朝不盡相同，反映清朝在這敏感議題上別出心裁的一面。清政府最初於順治八年開放旗人參與科舉時，也採取類似元朝左、右榜之法，特別維護八旗中滿洲與蒙古的權利，但在相關細節上較元政府更為謹慎。首先旗人於順治八年參與科舉時，無論鄉試還是會試的中額數量都遠不如漢人，透過下列表4-1-1和4-1-2即可略知一二。

---

[35] 遼、金、元三朝科舉的考試內容和科目，都與宋代有很大不同，相關討論詳可參見王炳照、徐勇主編，《中國科舉制度研究》（石家莊：河北人民出版社，2002），頁142-145。

[36] 元朝科舉三年舉行一次，分為鄉試、會試與御試三層級。鄉試在全國十七處舉行，每處各族皆有一定的錄取配額，全國共錄取三百人，其中蒙古、色目、漢人與南人各七十五人。會試與御試皆在大都舉辦，四族類各錄取進士二十五人，合計一百人。然就實際情形來看，元朝前後十六科錄取的進士少則五十人多則九十餘人，蒙古、色目、漢人與南人所取之數亦不盡相同，惟元統元年取足百人。是科登科百人中，四族群確實各錄取二十五人。在考試內容方面，蒙古、色目人第一場考經問五條，從四書出題並以朱熹的章句集注為標準答案，第二場則考實務策一道。漢人、南人第一場考明經經疑二問，同樣是從四書內出題，並用朱熹章句集注加上己意回答，限三百字以上，另外還加經義一道；第二場是古賦、詔、誥、章、表內科一道；第三場是實務策一道。相關討論詳可參見蕭啟慶，〈元代科舉與菁英流動：以元統元年進士為中心〉，收錄於氏著，《內北國而外中國：蒙元史研究‧上冊》，頁189-190、王炳照、徐勇主編，《中國科舉制度研究》，頁144。

表4-1-1　順治二年、十七年各地鄉試錄取額數

地區名稱	順治二年		順治十七年	
	額數	百分比	額數	百分比
順天	168	11.76%	105	14.27%
江南	163	11.41%	63	8.56%
浙江	107	7.49%	54	7.34%
江西	113	7.91%	57	7.74%
湖廣	106	7.42%	53	7.20%
福建	105	7.35%	53	7.20%
河南	94	6.58%	47	6.39%
山東	90	6.30%	46	6.25%
廣東	86	6.02%	32	4.35%
四川	84	5.88%	42	5.71%
山西	79	5.53%	40	5.43%
陝西	79	5.53%	40	5.43%
廣西	60	4.20%	30	4.08%
雲南	54	3.78%	54	7.34%
貴州	40	2.80%	20	2.72%

資料來源：《欽定大清會典事例（光緒朝）》
附註：
1. 順治二年順天錄取的168名中，分別為直隸生員貝字號115名、北監生皿字號48名、宣鎮旦字號3名、奉天府學夾字號2名。江南錄取的163名中，還包括了南監生皿字號38名。
2. 順治十七年由於規定「鄉試照舊額減半」，導致各省錄取人數都減少，而原本江南額內的南皿字號併入順天額內。順天錄取的105名中，分別為貝字號58名、南北皿字號43名、旦字號2名、夾字號2名。

表4-1-2　順治九年會試北、中、南三卷額數

	涵蓋地區	額數	百分比
北卷	山東、山西、河南、陝西四省；順天、永平、保定、河閒、真定、順德、廣平、大名八府；延慶、保安二州；奉天、遼東、大寧、萬全諸處。	153	38.54%
中卷	四川、廣西、雲南、貴州四省；安慶、盧州、鳳陽三府；滁、徐、和三州。	14	3.53%

	涵蓋地區	額數	百分比
南卷	浙江、江西、福建、湖廣、廣東五省；江寧、蘇州、松江、常州、鎮江、徽州、寧國、池州、太平、淮安、揚州十一府；廣德一州。	230	57.93%

資料來源：《欽定大清會典事例（光緒朝）》

　　旗人在順治八年、順治十一年（1654）的鄉試錄取人數均為滿洲五十名、蒙古二十名以及漢軍五十名，會試則是滿洲三十五名、蒙古十五名以及漢軍三十五名。相對於漢人而言，旗人在鄉、會試的錄取人數並不多。雖然順治十七年（1660）各省額數大多減半，但八旗科舉亦已於順治十四年（1657）宣告結束。除在額數上無法與漢人相提並論，更重要的是旗人乃漢人定額外的加缺，未過度侵害漢人權益：

> 又題准，滿洲、蒙古、漢軍生員鄉試，於順天舉人定額外，取中滿洲五十名、蒙古二十名、漢軍五十名。[37]

> 又定，滿、漢分榜，於漢榜進士外，取中滿洲進士二十五名、蒙古進士十名、漢軍進士二十五名。又遵詔議定：加中滿洲進士十名、蒙古進士五名、漢軍進士十名。[38]

根據上述兩段史料，旗人錄取者均是原有定額外特別加開的名額，即使與漢人歸為一榜的漢軍亦是如此，並未壓縮到漢人原本的中額空間。清初的滿、漢兩榜制度，不能說沒有為旗人提供保障名額的意圖，但由於配套措施設計妥當，優待旗人之舉對漢人而言衝擊較小，與元朝的左、右榜制度可說是天壤之別。

---

[37]　《欽定大清會典事例（光緒朝）》，卷348，〈禮部・貢舉・鄉試中額〉，頁3b。
[38]　《欽定大清會典事例（光緒朝）》，卷350，〈禮部・貢舉・會試中額〉，頁1b-2a。

清朝科舉的滿、漢兩榜制度並未存在很久，實施兩次即走入歷史，康熙六年八旗科舉重新舉行時，旗人直接被納入一般科舉中，不再自成系統獨自運作。旗人此後在科舉中雖有專屬名額，仍不會太過突兀或完全損及漢人權益。旗人參與的是順天場鄉試，滿洲、蒙古編為滿字號共取十名，漢軍獨自編為合字號亦取十名；會試則是滿字號取四名，合字號取三名。[39]清朝各省鄉試皆在省城舉行，僅江南鄉試是江蘇與安徽兩省合闈，依例鄉試非本省人不能應考，否則會被視為冒籍。[40]鄉試中最特別者為順天鄉試，順天鄉試因為在京師舉行，參與者除直隸省籍生員外，還包括國子監貢監生與鄰近少數生員，分編字號保有名額參加順天鄉試。[41]順天鄉試應考人數多為全國之最，[42]複雜程度遠非其他考場可以比擬，旗人被編為滿、合字號參與其中，特殊性已大為降低。

　　綜觀順天鄉試的各種字號，滿、合字號在會試中存有保障錄取名額。旗人看似擁有一定優勢，不過由於人數沒有很多，已屬較不損及漢人利益的折衷辦法。此外在康熙五十一年（1712）間，清聖祖鑑於「直隸各省，考取進士額數，或一省偏多，一省偏少」，

---

[39] 該中額定於康熙八年七月間，參見李洵等點校，《欽定八旗通志》，卷102，〈選舉志一〉，頁1616。不過根據《八旗通志》中的歷科進士名單，可知康熙五十一年前的旗人錄取名額，似乎未必均是滿字號取四名、合字號取三名，其原因尚待日後繼續探索。

[40] 劉兆璸，《清代科舉》（臺北：三民書局，1979），頁27。

[41] 《欽定科場條例》，收錄於續修四庫全書編纂委員會編，《續修四庫全書‧第829-830冊》（上海：上海古籍出版社，2002），卷19，〈鄉會試中額‧各省鄉試定額〉，頁1a-1b：「順天鄉試，分編滿、合、夾、承、貝、南皿、北皿、中皿字號。滿字號（滿洲、蒙古）取中二十七名，合字號（漢軍）取中十二名，共加五經遺額二名。夾字號（奉天）取中四名，承字號（承德）取中三名。貝字號（直隸生員）取中一百一名，加五經遺額五名，共一百六名。南皿（江南、浙江、江西、福建、湖北、湖南貢監生）取中三十六名，北皿（奉天、直隸、山東、山西、河南、陝西、甘肅貢監生）取中三十六名，共加五經遺額四名。中皿（四川、廣東、廣西、雲南、貴州貢監生）無定額，每二十名取中一名，如零數過半，准其加中一名。」上述中額為清中葉的情形，但字號內涵應與清初制度相仿。

[42] 根據統計顯示，雍正十年壬子科以前的順天鄉試人數，約共七千至八千人，雍正十三年後逐漸激增至一萬一千餘人。詳可參見莊吉發，〈清高宗乾隆時代的鄉試〉，收錄於氏著，《清史論集‧3》（臺北：文史哲出版社，1998），頁204。

「皆因南、北卷中，未經分別省分，故取中人數甚屬不均」，下令取消會試的北、中、南三卷制度，改採分省設額的方式。新制另一重點在於「額數不必豫定」，每當會試完畢時，皇帝會考量「各省應試到部舉人實數，及八旗滿洲、蒙古、漢軍應考人數」以及「省之大小，人之多寡」後，欽定該科各省與八旗的錄取人數。[43]此後除了順天鄉試較為複雜外，基本上各省鄉試、會試中額都以省為單位，科舉打破區域惟才選用的本意已不復見。在官方重視保障每個地區中額的用意下，[44]八旗儼然可視為一種特殊「籍貫」，旗人擁有的加額不再屬於體制外產物，巧妙成為科舉各類中額的一部分。

　　科舉對漢人而言是進入廟堂的重要途徑，為避免漢人感受到旗人侵害自身權利，清政府雖允許旗人參加科舉，但在其中額分配上卻相當謹慎，無論滿、漢分榜還是與漢人一體應試，均儘量不損害漢人的既有利益。除此之外，自雍正元年（1723）推動的翻譯科舉也是種策略。翻譯科舉可說是專為旗人而設，起初僅有清文翻譯科，雍正九年（1731）又增加一門蒙古翻譯科。翻譯科舉不僅能吸收清、蒙文翻譯人才與鼓勵旗人學習國語，亦為旗人增加一條晉升之路。[45]清政府利用翻譯名目開設新科，不但為旗人提供更多參與

43　《欽定大清會典事例（光緒朝）》，卷350，〈禮部・貢舉・會試中額〉，頁4b-5a。
44　科舉制度最初目的為甄選人才，但在穩定政局的考量下，中國歷朝都必須小心處理地區中額問題。明洪武朝爆發「南、北榜」案後，明政府開始依地區劃分中額，相關討論詳可參見林麗月，〈科場競爭與天下之「公」：明代科舉區域配額問題的一些考察〉，收錄於邢義田、林麗月主編，《臺灣學者中國史研究論叢・社會變遷》（北京：中國大百科全書出版社，2005），頁319-348。清朝在科舉方面多承襲明制，亦常藉由保障名額獎勵學風，臺灣即為一個例子。參見《欽定科場條例》，卷22，〈鄉會試中額・會試中額〉，頁3a：「乾隆三年議准，將來臺灣士子，來京會試，果至十名以上之多，禮部再行奏請欽定中額，以示鼓勵。」
45　關於清朝翻譯科舉的演變與意義，詳可參見屈六生，〈論清代的翻譯科考試〉，收錄於慶祝王鍾翰先生八十壽辰學術論文集編輯委員會編，《慶祝王鍾翰先生八十壽辰學術論文集》，頁229-238、葉高樹，《清朝前期的文化政策》，頁375-380、葉高樹，〈清朝的繙譯科考制度〉，《臺灣師大歷史學報》，49（臺北，2013.06），頁47-136、葉高樹，〈繙譯考試與清朝旗人的入仕選擇〉，《臺灣師大歷史學報》，52（臺北，2014.12），頁95-132。

科舉的機會，同時能儘量避免漢人因中額被佔而心生不滿。

　　清政府對旗人參與科舉沒有給與太多保障，一方面是基於安撫漢人的考量，不願意見到旗人太過沉溺科舉進而喪失尚武精神，應為另一項重要因素。清政府為求化解問題，於康熙二十八年（1689）規定旗人參與鄉試、會試前，均先檢驗馬、步射箭，通過者才准入場考試；[46]除了鄉、會兩試外，八旗童生基本的歲考也是如此。[47]曾有官員認為此舉對旗人較不公平，「數年苦讀不得入場，才莫能展似屬可惜」，請求皇帝將旗、民一視同仁，「凡滿洲、蒙古、漢軍應文試人員，俱停其考試弓馬」，「與漢人一體即令入場考試文藝」。[48]但此建議並未得到清世宗首肯，可知皇帝始終認為參加科舉的旗人絕不能忘記騎射根本。該規定直到乾隆四十年（1775）才稍有轉圜空間，此後凡是近視或手有殘疾者，佐領出具保結後即可免試騎射。[49]不過這種網開一面的新制亦未實行太久，一日清高宗對「今考試者一百二十餘人，內報近視眼者，竟有七十餘人之多」深感痛恨，認為「此輩因不能騎射，遂藉口以圖僥倖，甚屬不堪」，下令「嗣後考試人內，若有似此不能騎射者，俱

---

[46] 李洵等點校，《欽定八旗通志》，卷102，〈選舉志一〉，頁1616：「二十八年覆准：滿洲、蒙古、漢軍應鄉試之監生、生員，均由兵部射馬步箭。能射者，准其移送順天府入場鄉試。」、《清聖祖仁皇帝實錄》，卷140，頁533，康熙二十八年三月丁亥條：「兵部議覆，兵科給事中能泰疏言：『考取滿洲生員，宜試騎射』，應如所請，上命如議。又諭曰：『滿洲以騎射為本，學習騎射，原不妨礙讀書。考試舉人、進士，亦令騎射，倘將不堪者取中，監試官及中式人，一併從重治罪。』」

[47] 《欽定八旗則例》，卷6，〈孝部·學政·考試童生〉，頁4b-5a：「考試八旗童生，禮部行文到日，各該旗行文翰詹衙門，咨取科甲出身滿官一員，先期擬定考試日期，在該旗公所，會同參領、佐領考試。……移送禮部，轉咨兵部考試騎射。」至於此例何時出現筆者尚未查出，但根據檔案推測此例確有執行，參見〈明清內閣大庫檔案〉，登錄號177364-001，兵部為考試馬步箭事，乾隆二十二年七月二十四日。

[48] 《雍正朝漢文硃批奏摺彙編·第33冊》，頁11-12，〈通政使司左參議張國棟·奏陳滿州蒙古漢軍文試人員應一體免試弓馬摺〉，雍正年月日不詳。

[49] 《欽定八旗則例》，卷6，〈孝部·學政·免考騎射〉，頁5a：「凡應試人等，先考馬步箭，有實在眼近視并手拐者，該佐領出具保結申明，免考馬步箭，准其應試。其十五歲以下，及五十五歲以上者，止考步箭，免考馬箭，准其應試，願考馬箭者聽。」會典中亦有類似記載，並明載是乾隆四十年議定之事，參見《欽定大清會典事例（光緒朝）》，卷720，〈兵部·武科·八旗考試騎射〉，頁20b-21a。

著停其考試，著為例」。[50]新制修正為患有手疾者才可免試騎射，其餘近視或殘疾者均不准參與科舉。[51]新例將無法騎射之人完全排除於科舉外，呈現清政府維護旗人騎射能力，以及避免旗人忘記根本的堅定立場。

旗人參與科舉須兼備騎射能力的規定並未如同具文，以下這起案件就是很好的佐證。道光十六年（1836）五月間，奉命監試朝考的宗室永桐，發現在三名身有殘疾的新科進士中，竟有一位為正白旗滿洲進士慶廉。宗室永桐對此深感疑惑，故向皇帝報告曰：

> 其一名係正白旗滿洲進士慶廉，例應於會試前期，考試馬、步箭，方准入場。今該進士既係身帶殘疾，其考試騎射時，恐有不盡不實之處，應請旨勅下兵部、正白旗滿洲都統，查明該進士慶廉考試騎射時，有無別項情弊，並請嗣後八旗士子，如有應文鄉、會試，及繙譯鄉、會試各場者，均應遵照定例，先行認真考試騎射，合式者方准入場，以符體制。[52]

清宣宗接到此奏後，亦對「形同殘廢、步履甚艱」的慶廉，能通過馬、步箭測驗一事感到匪夷所思，下令相關人等嚴加徹查。[53]兵部及該旗都統、監射王大臣很快回奏，表示此案完全依「患有手疾者得以免試馬步箭」之例辦理，然皇帝認為慶廉身體狀況「形同殘

50　《清高宗純皇帝實錄》，卷977，頁48，乾隆四十年二月丁酉條。

51　詳可參見《欽定武場條例》，收錄於四庫未收書輯刊編纂委員會編，《四庫未收書輯刊・第9輯第9冊》（北京：北京出版社，2000），卷16，〈八旗考試騎射・免考騎射〉，頁10a：「一、八旗考試騎射，考生年十五歲以下，及五十五歲以上者，止考步箭，免考馬箭。其有手疾者，該佐領出具保結，免考馬步箭。」、《欽定武場條例》，卷16，〈八旗考試騎射・殘疾近視不准送考〉，頁11a：「一、八旗士子應試，其有殘疾及近視眼不能騎射者，不准送考。」

52　〈軍機處檔・月摺包〉，文獻編號070961，掌浙江道監察御史宗室永桐・奏為八旗士子應文鄉會試及繙譯鄉會試各場均應照例先行認真考試騎射而昭核實由，道光十六年五月初六日。

53　《清宣宗成皇帝實錄》，卷283，頁359，道光十六年五月戊子條。

廢，尚不止於手疾」，該旗都統與監射王大臣的處理顯有瑕疵，「俱著交各該衙門嚴加議處」。[54]透過此案或能理解清政府相當重視旗人須先檢驗馬、步箭才可應考，而且設有清楚的免試條件，不許出現法律漏洞讓人有機可乘。[55]

　　皇帝惟恐埋首書堆的旗人喪失尚武精神，不僅增加赴考旗人的騎射測驗，遲遲不肯開放駐防旗人在地應試，可能也是基於同樣原因。旗人參與鄉試時如前所述，均歸入順天鄉試一體辦理，這對於駐防外地的旗人考生而言非常不便。早在康熙年間，廣州駐防將軍管源忠已表示該省欲參加科舉的八旗兵丁，常因「粵東赴京考試，路遠柒千餘里，往返盤費繁多，無從措辦」導致「上進無階」，懇求皇帝讓他們「就近在廣應考」，[56]這類建議直到雍正朝仍時有所聞。[57]除了鄉試以外，童生的一般歲、科兩試，[58]駐防旗人也須返京應試。鑲藍旗漢軍掌左司關防參領朱炯曾指出：

> 向例駐防各省八旗生童歲、科兩試，俱自駐防地方赴京，與在京之生童一體考試。奴才儤員左司，每逢報考之時，查閱

---

54 《清宣宗成皇帝實錄》，卷283，頁362，道光十六年五月辛卯條。

55 此案後續情形有些曲折。慶廉先前在道光十一年應試時，「曾經監射大臣覈駁扣除」，皇帝或許受到此案影響，認為當年的監射大臣奕繪、那清安「秉公持正」，「自應酌量加恩，以示平允」。此案最後甚至查出「本科進士慶廉，係兵部員外郎容恩胞姪，容恩為該部掌印司員，於胞姪應試，輒與伊齡安會同辦理通行，伊齡安以向無通行之例，輒因檢查慶廉圖片，改換例文，通行八旗，實屬有心舞弊。」此案要角慶廉最終被革去進士，「以為矇混倖進者戒」。詳可參見《清宣宗成皇帝實錄》，卷283，頁377，道光十六年五月壬子條、《清宣宗成皇帝實錄》，卷284，頁383-384，道光十六年六月庚申條。

56 《宮中檔康熙朝奏摺‧第4輯》，頁19-25，〈廣州將軍管源忠‧奏報駐防廣州八旗官兵監生等陳情明年萬壽恩科在廣州應試〉，康熙五十一年十月十二日。

57 例如《雍正朝滿文硃批奏摺全譯‧上冊》，頁432，〈正藍滿洲旗副都統和珅‧奏准旗人各在本省考試摺〉，雍正元年十月十三日、《雍正朝漢文硃批奏摺彙編‧第32冊》，頁515-516，〈在內閣學士列行走徐元夢‧奏請定就近考試之例以鼓舞旗下人才摺〉，雍正年月日不詳。

58 歲考是生員的例行性考試，所有生員皆須應考。科考則是生員的鄉試資格考，惟有通過科考者才能參加鄉試。詳可參見劉兆璸，《清代科舉》，頁15-16。

226　根本與世僕——清朝旗人的法律地位

生童名次，自駐防來京者甚少。伏思駐防外省，生齒日繁，豈乏讀書可造之材，蓋因在直隸者，尚屬附近，其餘各省駐防，或二、三千里，以致六、七千里不等，道途遙遠，資用費繁，不無畏難自阻，以隳其平日誦讀之志者。[59]

由此可知駐防生員的歲、科兩試在京舉行已屬定例，但因路途遙遠導致參與情形並不踴躍。官員面對該情況提出的對策，大多仍建議皇帝允許八旗生員就近應試。[60]

持平而論，駐防旗人前往京師考試確實相當辛苦，旗人應考意願不高在所難免。姑且不論自由參加的鄉試，該制對例行性童生歲試勢必衝擊甚巨。[61]然皇帝對於臣工的建議，不僅未表支持甚至嚴詞駁回。清世宗特別強調「國家設立駐防弁兵，原令其持戈荷戟，備干城之選」，「非令其攻習文墨，與文人學士，爭名場屋也」；「若悉准其在外考試，則伊等各從其便，競尚虛名而輕視武事」，「必至騎射生疏，操演怠忽，將來更有何人充駐防之用乎」。[62]清高宗亦持相同立場，堅定否決臣工這方面的提議。[63]皇帝的態度相

<hr>

59 《宮中檔雍正朝奏摺‧第23輯》，頁726-727，〈鑲藍旗漢軍掌左司關防參領朱炯‧奏請將駐防各省八旗生童歲科兩試請均敕令送往就近駐防地知府衙門考試不必赴京與在京生童一體考試以免道途跋涉之勞便鼓讀書上進之志由〉，雍正十二年十一月初九日。

60 例如《雍正朝滿文硃批奏摺全譯‧上冊》，頁410，〈河南道監察御史希祿‧奏請八旗生員在省考試摺〉，雍正元年十月初六日。

61 《雍正朝漢文硃批奏摺彙編‧第25冊》，頁847-848，〈順天學政吳應棻‧奏陳八旗歲考不到生員應核實除名以除錮弊摺〉，雍正十二年二月初四日：「復查雍正伍年、捌年兩次歲考，八旗生員與考者，仍不及其半，不到者亦並不申明緣由，學臣無從稽查。積習相沿，因循如故。今又屆歲試之期，如概行執法除名，則學校將去其大半；若任其規避，則學政幾等為具文。……滿學生員，除現在京師外，或駐防，或隨任遠隔他省，文移往來，勢有不及，所當格外體恤，不能與在京一例。似應令各本旗查明，行文知照學臣，抑或該旗飭發教官，令其造具清冊，某生駐某省，某生隨任某處，申明學臣，一目瞭然，則在京者不得借端規避，在外者亦可按冊稽查。……」該奏摺的皇帝硃批為「此奏甚屬可嘉，該部詳議具奏。」

62 《清世宗憲皇帝實錄》，卷121，頁592-593，雍正十年七月乙酉條。

63 乾隆三年七月間，參領金珩建議八旗駐防生員的科、歲兩試，先令將軍測驗馬、步箭，再送附近府院考試，不必前往京師應試。清高宗接獲此奏後，卻認為該建議「背謬已極」。詳可參見《清高宗純皇帝實錄》，卷72，頁156-157，乾隆三年七月壬戌條。

當明確，駐防八旗既有捍衛地方之責，就不該為他們在科舉上提供太多方便。此外旗人若在地方應試，無論同額還是加額競爭，都有可能增加漢人的壓力或不滿，該隱憂推測亦是皇帝不願輕易調整制度的重要考量。[64]

清朝入關後為贍養旗人與鞏固政權，令大量旗人參與政治勢在必行，但如何達成目的又不引起漢人激烈反彈，則是清政府必須面對的另一重要課題。清政府採取的策略為不鼓勵旗人參與科舉，以及大量運用科舉以外的方式讓旗人任官與陞轉，儘量不改變漢人最重視的科舉制度，避免漢人深感自身權益受損。在這些因素交錯下，旗人參與科舉擁有的優待並沒有想像中來得多。[65]

三、八旗官員的行政制裁

所謂八旗官員簡單來說可分為兩種：其一為旗人擔任國家官員者，其二則為旗人擔任八旗官員者。這兩者雖然都能簡稱為旗員，卻存在著不同意義。在清朝關外時期，這兩種身分並非截然劃分，同時擁有者大有人在；但隨著清政府入關繼受明制建立起完整的國家官僚制度後，國家官員與八旗官員間的區分日益擴大。該現象恰巧表明當清朝取代明朝統一中國時，八旗制度與國家的密切結合已經發生變化。

清太祖創立八旗制度後，一套與之相關的管理制度很快應運而生，由於八旗制度具有強烈的軍事集團色彩，其最初大多以軍事規

---

[64] 駐防八旗直到嘉慶朝才得以在地方應試，從童生歲、科試逐漸開放至鄉試。此例一開後，駐防旗人亦逐漸從「客民」走向「土著」。詳可參見潘洪鋼，〈由客居到土著──清代駐防八旗的民族關係問題研究〉，《黑龍江民族叢刊（雙月刊）》，2006：1（哈爾濱，2006.02），頁74-80。

[65] 本書這部分主要討論科舉文科情形，對旗人的武科挑選沒有著墨。旗人在武官方面自成體系，與文官狀況大不相同，本書受限於篇幅加上前人已有相關研究，於此暫不贅述。詳可參見雷炳炎，〈康熙時期八旗武官選任探論〉，《學習與探索》，2008：5（哈爾濱，2008.10），頁214-218。

範為主。[66]在這種背景之下，八旗官員的管理制度顯得較為簡單，官員等級主要以爵位形式呈現，官員升遷也主要以軍功為基準。[67]當清太宗於天聰年間設立六部時，漢式國家職官管理制度也逐漸成形。天聰八年（1634）即六部成立後的第三年，清政府首次進行官員考核，此後每逢三年舉行一次，與明制中的「考滿」與「考察」制度極為相似。[68]官員考核制度在實踐中不斷完備，從部院到八旗官員都一併納入考核範圍中。[69]除了以例行性考核決定官職升降外，官員平時若有行政疏失，還會面臨罰財產入官或是解任、革職削爵等處罰。[70]

清朝入關後為迅速穩定國家局勢，繼受明制建立完整官僚體系顯得較為妥當。然而關外舊制已行之有年，又與八旗制度密切相關，直接將其轉化為漢制似乎也不甚理想。清政府面臨該嚴峻局勢，只好暫時採取漢制與關外舊制並存運作的折衷方案。此舉雖然發揮了一定功效，但終究是權宜之計，清政府日後不得不著手調整兩者間的差異來化解危機。

在特殊時空背景的考量下，清朝關外舊制入關後未被立即拋棄，經歷一段演變過程才逐漸消失，該情形尤以行政疏失官員所受的行政制裁最為明顯。關外的行政制裁除了解任、革職削爵外，主要以財產刑為大宗，罪情較嚴重者多會籍沒其家或「盡奪俘獲」，[71]罪情輕微者則罰以一定錢財作為處罰。輕罪施以的罰銀處

---

[66] 詳可參見張晉藩、郭成康，《清入關前國家法律制度史》，頁223-263。

[67] 爵位在西周時期與官職具有一定關係，後續發展卻逐漸分離，可簡單分為皇族封爵、異姓封爵兩種形式。清太祖於天命五年，模仿明制創設滿洲世職制，此為清朝推行異姓封爵之始。不過當時職、爵尚未清楚區別，官員職任名稱與顯示其身分之爵等完全一致。清朝官、爵分途自天聰八年開始，至順治四年正式確立。詳可參見王彥章，《清代獎賞制度研究》（合肥：安徽人民出版社，2006），頁13-20。

[68] 關於「考滿」與「考察」的內容，詳可參見陳國平，《明代行政法研究》，頁143-150。

[69] 詳可參見張晉藩、郭成康，《清入關前國家法律制度史》，頁456-458。

[70] 詳可參見張晉藩、郭成康，《清入關前國家法律制度史》，頁531-548。

[71] 詳可參見張晉藩、郭成康，《清入關前國家法律制度史》，頁531-534。籍沒又可細

罰又名「土黑勒威勒」（tuhere weile），是清朝關外時期特殊的處
罰形式之一。「土黑勒威勒」是由滿文音譯而來，字面意義是指
「定擬之罪」或是「規定之罪」，其初創於天命朝中期，至清太宗
時代更為規範化。「土黑勒威勒」最特別處乃依世職世爵等級罰以
固定銀兩，等級越高者罰銀數量越多，未具備世職世爵者若為牛彔
章京以下的微官則改罰鞭。由於「土黑勒威勒」行之已久，官員在
判語中大多不會言及罰銀的數量，而是直接以「土黑勒威勒」稱
之。[72]除了上述各種財產刑模式的行政制裁外，具有濃厚刑罰色彩
的身體刑與死刑也佔有一席之地，但官員因身分特殊通常得以納銀
贖罪，當時分別稱為折贖與贖身。[73]清朝關外時期由於國家官制尚
未成熟，行政制裁多以世職世爵作為處置依據，其性質與明制大不
相同；[74]但就實際意義來看，「土黑勒威勒」也是世職世爵等級越

分為籍沒全部、籍沒一半與籍沒三分之一不等。

[72] 關於「土黑勒威勒」的意義，較早期的分析詳可參見鄭天挺，〈清史語解·土黑勒威勒〉，收錄於氏著，《探微集》（北京：中華書局，1980），頁137-140。張晉藩與郭成康兩人則利用《盛京刑部原檔》，解決很多「土黑勒威勒」懸宕已久的問題，詳可參見張晉藩、郭成康，〈由崇德三、四年刑部滿文原檔看清初的刑法〉，收錄於楊一凡主編，《中國法制史考證·乙編·第1卷》，頁569-574。「土黑勒威勒」的定例大致如下，皇族封爵者：和碩親王、多羅郡王罰銀二百兩；多羅貝勒罰銀一百五十兩；固山貝子、鎮國公、輔國公罰銀一百兩；鎮國將軍、輔國將軍、奉國將軍不詳。異姓封爵者：超品公罰銀九十兩；公罰銀七十五兩；昂邦章京罰銀六十兩；梅勒章京罰銀四十五兩；甲喇章京罰銀三十兩；牛彔章京罰銀十五兩。無世職世爵者：虛銜牛彔章京罰銀十兩；撥什庫、小撥什庫罰鞭三十；村撥什庫罰鞭三十或二十七。天聰年間投降的孔有德等人於崇德元年受封為王，他們適用「土黑勒威勒」時，比照和碩親王、多羅郡王處理。此外「土黑勒威勒」在現存官書中，多改寫為「應得之罪」。

[73] 張晉藩、郭成康，〈由崇德三、四年刑部滿文原檔看清初的刑法〉，頁588-592。折贖是指以罰銀贖身體刑，原則上銀一兩折贖三鞭，貫耳折銀六兩，貫耳鼻折銀九兩。贖身又稱為罰贖，與折贖意義不同，專指納銀以贖死罪。不過根據一些案例，可知贖身日後逐漸成為另一種刑罰模式，惟罰銀數量並不固定，該現象目前受限於資料不足，暫且無法準確解讀。

[74] 關外時期的官制較為混亂，天命朝主要為世職世爵的武爵系統與八旗官制系統，天聰朝則又增加部院官員系統。不過這三者間未必完全衝突或矛盾，天命朝武爵高者實際官職也高，清太宗則利用武爵重整各職官的地位高低，甚至連一些文官亦被授與武爵以提高地位。武爵在關外時期確實具有舉足輕重之作用，可說是當時官制的一大特色。詳可參見雷炳炎，《清代八旗世爵世職研究》（長沙：中南大學出版社，2006），頁1-21、108-113。

高者處罰越重，實與明制罰俸有異曲同工之妙。[75]

　　相較於清朝關外時期的行政制裁，明朝相關制度則顯得更為複雜。明制規定官員的行政制裁須先區分公、私罪，公罪是指官員因過失而非追求個人私利的行政疏失，私罪則指官員在執行公務中為謀求私利，或與職務無關違反道德的違法行為，一般來說公罪刑度較私罪來得輕。[76]值得注意的是，無論公罪還是私罪本質上均施以傳統的五刑，但因官員身分特殊，犯有公罪和輕微私罪，常可納銀再加上一些行政處分來換刑。[77]除此之外，明制中另一種常見的行政制裁為罰俸，不僅形式多樣施予對象亦相當廣泛。清朝入關後繼受明朝官僚體系的同時，也一併沿用過往明朝的行政制裁規範，但明朝舊制的適用對象似乎多為投降漢官，旗人官員並不受此約束。

　　清初行政制裁的二元化情形，常表現於臣工多次上奏中。順治十二年（1655）二月間，工科副理事官祁通格曾建議道：

> 國家設官，定為九品之制，非獨以辨等級之尊卑，實用以衡量功罪，而使賞罰確當也。臣謂滿、漢世官，及無世職流官，同為辦事之員，當立一體之法。今漢官有罪，或革、或

---

[75] 關於明代罰俸制度的介紹，詳可參見王興亞，〈明代罰俸制度述論〉，《中州學刊》，1993：2（鄭州，1993.03），頁100-104。

[76] 傳統中國官員處分制度中，自漢朝已有區分公、私罪之規定，相關討論詳可參見柏樺、葛荃，〈公罪與私罪──中國古代刑罰政治觀〉，《政治與法律》，2005：4（上海，2005.04），頁149-155。

[77] 明律相關條文參見黃彰健主編，《明代律例彙編‧上冊》，卷1，〈名例律‧文武官犯公罪〉，頁284：「凡內外大小軍民衙門官吏，犯公罪該笞者，官收贖，吏每季類決，不必附過。杖罪以上，明立文案，每年一考，紀錄罪名；九年一次，通考所犯次數重輕，以憑黜陟。」、黃彰健主編，《明代律例彙編‧上冊》，卷1，〈名例律‧文武官犯私罪〉，頁285-286：「凡文官犯私罪，笞四十以下，附過還職。五十，解見任別敘。杖六十，降一等。七十，降二等。八十，降三等。九十，降四等。俱解見任。流官於雜職內敘用，雜職於邊遠敘用。杖一百者，罷職不敘。若軍官有犯私罪，該笞者附過收贖；杖罪，解見任，降等敘用。該罷職不敘者，降充總旗。該徒流者，照依地里遠近，發各衛充軍。若建立事功，不次擢用。若未入流品官，及吏典，有犯私罪，笞四十者，附過，各還職役；五十，罷見役，別敘。杖罪，並罷職役不敘。」

降、或罰，其法甚備。滿官與漢官，其法不一。滿官之中，有世職而兼流官者，有無世職而止有流官者，宜斟酌畫一，以昭皇上賞罰大典。[78]

除了祁通格外，吏科副理事官彭長庚亦言：

凡八旗世胄之臣，在各衙門供職者，偶有過失，止應革其衙門職銜，在旗下犯事者，止應革其旗下職掌。近或因衙門小過，並革其世職，是以微瑕而累全瑜，似屬可惜。請今後凡陣前疎虞者，議革世職，其他一眚，止就職掌處分，庶賞罰克當。[79]

上述兩件奏疏皇帝都下令所屬部院討論，最後結果可惜無從得知。根據其中內容可知滿、漢官員的行政制裁並不一致，兩者差異主要表現於處置依據上，前者大多還是以世職世爵而非國家官員品級為標準。清政府入關後雖然迅速將世職世爵與八旗官制相區隔，[80]但這項改革似乎未在旗員行政制裁上發揮作用，導致八旗官員若有行政疏失，仍以世職世爵降革等懲處為主。

根據現存資料可知，八旗官員被革去或降等世職世爵者，大多屬於作戰方面的疏失，一般行政疏失比較少見；[81]不過從上述臣

---

[78] 《清世祖章皇帝實錄》，卷72，頁569，順治十年二月己亥條。

[79] 《清世祖章皇帝實錄》，卷79，頁626，順治十年十二月甲戌條。

[80] 相關內容詳可參見《清世祖章皇帝實錄》，卷35，頁287，順治四年十二月甲申條：「禮部遵諭，議定固山額真、昂邦章京、護軍統領、梅勒章京、甲喇章京、牛彔章京、前鋒統領、前鋒參領，皆係管兵職銜，不論世職大小有無，授此官者，即照此銜稱之。凡箭號等項，亦書此銜於上。其世職昂邦章京改為精奇尼哈番，梅勒章京改為阿思哈尼哈番，甲喇章京改為阿達哈哈番，牛彔章京改為拜他喇布勒哈番，半箇前程改為拖沙喇哈番。其在部院官員，及各直省駐防章京官銜，俱仍舊。」此舉似有助於強化爵與官間的區別。

[81] 根據目前所見資料，旗員作戰時若有過失，多遭受世職世爵被革除或降級之處分。由於武爵主要透過軍功取得，該懲處似乎不足為奇。相關案例參見《清世祖章皇帝

工建言來看，八旗官員因單純的行政疏失損及世職世爵者亦不乏其人。順治十一年正月間，祁通格再度為此上奏，更能證明這類事件確實存在：

> 漢官輕罪，皆議罰俸，滿官則有納贖之例，請自今滿官有緣事，應納贖者，照漢官例，改為罰俸。至滿官品職，皆由戰功而得，今或以一時一事之過，遂行褫革，血戰勤勞，頓歸烏有。請自今公侯以下大小臣工，除大貪大弊不赦外，其餘酌量處治，懇勿遽行革職。又漢官處分，悉歸吏部，而滿官小事，輒送刑部，亦非所以崇國體而勵臣節。請自今未經革職者，悉聽吏部議處，則體統全而名節勵矣。[82]

綜觀引文內容主要有三大重點：其一重申不可隨意革除八旗官員的世職世爵；其二為漢官的輕微行政制裁皆議罰俸，與八旗官員通行的納贖有別；其三是八旗官員不論罪情輕重均移送刑部，有違國家禮遇官員的政策。這三點建議中的第一點，與前一年祁通格與彭長庚兩人的建議可說是完全相同，反映該現象在當時仍時有所聞。由於第一點建議在前文已多有著墨，以下將著重分析後兩點建議的內容與意義。

祁通格在第二點建議中特別指出「漢官輕罪，皆議罰俸，滿官則有納贖之例」，罰俸與納贖間究竟分別代表何種意涵？若僅就字

實錄》，卷22，頁196，順治二年十二月乙巳條：「初甲喇章京格爾泰，從多羅英郡王阿濟格剿賊，棄兵敗走，至是部議，格爾泰應論死。平西王吳三桂下護軍統領巴克勇，以隨眾私逃，應革職。議上，得旨：『格爾泰非係大陣敗走，著削一世職，罰銀三百兩。巴克勇著免罪。』」、《清世祖章皇帝實錄》，卷48，頁382，順治七年三月壬戌條：「二等阿達哈哈番諾穆齊，坐違王令分兵，降為三等阿達哈哈番，罰銀一百兩；章京巴賽，坐徇庇阿喇善，隱其輕蔑王令之言，革一世職，罰銀一百兩。」另內國史院檔中，也有因作戰不力被革去前程的例子，詳可參見《清初內國史院滿文檔案譯編‧中》，頁63，順治六年十月二十四日條。

[82] 《清世祖章皇帝實錄》，卷80，頁629，順治十一年正月己亥條。

面意思來看，所強調者為漢官與旗員在行政制裁上的差異，然明制中對官員犯罪的規定，簡單來說亦包含罰俸與納贖兩方面。莫非這兩者時至清初，已分別成為漢官、旗員的行政制裁方式？根據實際案例該解讀方式似乎有誤，[83]此問題的費解應與官書記載不清有關。現存檔案中的祁通格用語，其實為「滿洲則有贖身之例」，僅有一字之差卻造成意義截然不同。如前所述，所謂「贖身」最初是指以錢換贖死罪，之後則轉變為一種特定的財產刑罰，祁通格主要是為突顯「贖身與罰俸其實一也」，建議將這兩者相統合而非各立名目。[84]祁通格的第三點建議，涉及行政制裁審判程序問題。傳統中國法律受到「刑不上大夫」觀念影響，官員犯法大多會受到一定禮遇。明制對違法官員先依文、武分送吏部與兵部，惟罪行重大者才送交刑部問擬。清朝入關後在漢官建議下，立即宣布繼受該制一體辦理，[85]但根據祁通格所言八旗官員似乎未在其適用範圍內。

透過祁通格上述奏疏，即可發現旗員除以世職世爵為降革基準外，在行政制裁其他層面上亦與漢官不盡相同。為解決臣工均不樂見之情形，清政府最終提出了對應之策：

---

[83] 清初八旗官員其實亦有被罰俸的紀錄。順治六年六月間，紫禁城內有人在紅衣礮繩堆上「吃煙遺火」，竟導致「焚繩三萬三千八百餘觔，延燒礮車二百餘輛，倉房一百二十餘間」。這場火災促使許多官員因疏失遭受處分，其中工部侍郎佟國允、啓心郎吳達禮與理事官星鼐等旗員，均被罰俸六個月。詳可參見《清世祖章皇帝實錄》，卷44，頁354-355，順治六年六月乙未條。此外清初漢官亦可折贖免除身體刑，參見《清世祖章皇帝實錄》，卷41，頁330，順治五年十一月辛未條：「內外問刑衙門，凡滿、漢官員，犯各項罪名，應鞭責、應板責者，以後俱依律折贖，免責。」

[84] 筆者幸運找到刑部議覆祁通格奏疏之檔案，其內容雖然頗為殘破，但關鍵文句尚可閱讀。參見〈明清內閣大庫檔案〉，登錄號106089-001，刑部左侍郎吳喇插·題覆滿洲蒙古烏金超哈武職犯罪先經兵部查據如罪不至革職竟行題結情罪重大者題請革職再下臣部擬罪等項，順治十一年四月十九日。

[85] 《清世祖章皇帝實錄》，卷7，頁74-75，順治元年八月丙辰條：「刑科給事中孫襄，條陳刑法四事。……一曰存國體：刑不上大夫，乃古者貴貴之義。請自今文官犯罪，先下吏部叅議，如所坐甚重，必請旨革職後，方送刑部問擬，武官隸兵部亦如之。……啓內各款，悉如議通行嚴飭。」

> 刑部奏言：「各旗滿洲、蒙古、漢軍武職官員犯罪，舊例交
> 刑部審理，今議將罪犯重大者，先送兵部，議革後，方下臣
> 部究擬。至緣事應贖身者，免其贖身名色，照漢官例，改為
> 罰俸一年，以全體統，勵名節。」報可。[86]

祁通格順治十一年的建議，看來確實發揮一定作用，不過許多官員
念茲在茲旗員易被降革世職世爵的問題，仍未得到清政府的關注與
回應。

順治十二年正月間，戶部尚書陳之遴也對漢官與旗員行政制裁
有別的議題發表己見：

> 滿洲官員有罪，多有籍家產、革世職者，實為太過。夫世職
> 皆由死難捐軀而得，世職既削，無祿何以養生？祈敕會議，
> 查照律條成例，以定籍沒之法，分別流衛、世職，以垂降革
> 之規，則感恩益深，而根本益固矣。[87]

陳之遴強調旗員的行政制裁，相較漢官明顯太過苛刻，除世職世爵
易被降革外，還指出前人較少留意的籍沒家產問題。

旗員僅因小罪被降革世職世爵，在清初頗受臣工關注卻始終未
徹底解決，下列這起夏玉案即清楚反映問題所在。夏玉本是明朝的
游擊，崇德七年隨叔父夏成德投降清朝並被編入旗下，[88]順治元年

---

[86] 《清世祖章皇帝實錄》，卷83，頁652，順治十一年四月戊寅條。該史料似乎只論及
八旗武官不直接送交刑部，但明清內閣大庫檔106089-001號中，卻提到文官亦如此
辦理，值得一併參看。

[87] 《清世祖章皇帝實錄》，卷88，頁696，順治十二年正月辛亥條。

[88] 夏玉投降後被編入正白旗漢軍，參見李洵等點校，《欽定八旗通志》，卷340，
〈八旗大臣題名二‧各省巡撫〉，頁8294。同時投降的夏姓人士如夏成德、夏國
柱和夏景梅等人，亦隸屬正白旗漢軍，詳可參見葉高樹，《降清明將研究（1618-
1683）》，頁47-48。

（1644）被授與世職三等甲喇章京，[89]之後陸續擔任兵部左侍郎、都察院右副都御史和巡撫天津提督軍務等職。順治六年（1649）夏玉奉命巡撫山東，[90]順治十年（1653）則因膠州總兵海時反叛被罰降一級但「照舊管事」。[91]順治十一年夏玉在中央甄別各省督撫時，被「降二級調外用」。[92]夏玉得知此事後，聲稱因「跌傷脇條，恐補官誤事」，奏請給假寬裕時日赴任，但經過其他官員驗看後，卻發現夏玉根本沒有受傷。夏玉雖連忙澄清毫無規避之心，承審官員仍認為夏玉意圖規避，根據律例「凡見任官員改除，不問遠近，託故不行者，杖一百，罷職不敘」之規定，判處夏玉「鞭壹百折贖，並世職俱革去，永不敘用」。[93]夏玉最後得到的懲罰，則是「革一拜他喇布勒哈番，仍照參議降二級」。[94]

　　刑部官員審理此案時，引用〈吏律・職制・大臣專擅選官〉進行裁斷。該律文乃繼受明律而來，其中「罷職不敘」當指國家官職而非世職世爵。[95]雖然夏玉在此案中最終未被完全革去世職與失去官職，但從刑部最初的判決來看，承審官員似乎未理解該規範的真正意義。世職世爵與國家官職畢竟無法混為一談，八旗官員的行政制裁若都藉由降革世職世爵來處理，容易導致刑度與漢官不一的不良後果。

　　旗員較容易被判處籍沒，則為陳之遴注意到的另一重要問題。

89　《清世祖章皇帝實錄》，卷3，頁47，順治元年二月丁卯條。
90　《清世祖章皇帝實錄》，卷46，頁366，順治六年九月丙寅條。
91　《清世祖章皇帝實錄》，卷79，頁622，順治十年十一月乙巳條。
92　《清世祖章皇帝實錄》，卷81，頁635，順治十一年二月庚午條。
93　〈明清內閣大庫檔案〉，登錄號121020-001，刑部尚書劉昌・刑部為夏玉規避補官，順治十二年三月二十五日。
94　《清世祖章皇帝實錄》，卷90，頁712，順治十二年三月庚戌條。
95　田濤等點校，《大清律例》，卷6，〈吏律・職制・大臣專擅選官〉，頁143：「其見任在朝官員，面諭差遣，及改除（外職），不問遠近，託故不行者，並杖一百，罷職不敘。」此律乃繼受明律而來，參見〔清〕薛允升著，黃靜嘉編校，《讀例存疑重刊本》，卷7，〈吏律・職制・大臣專擅選官〉，頁188：「此仍明律，其小註係順治三年添入。」

籍沒為關外舊俗中的常見刑罰，施用對象並未限於官員，清朝隨後亦把籍沒刑帶入關內，成為一般正刑外的附加刑。然而明律中並無籍沒相關條文，通常僅在謀反重案中附帶使用。臣工對清初籍沒刑的實施多有異議，例如刑部尚書劉餘謨曾表示「查律無籍沒字樣，且身甘為盜，安有厚家，常見籍來不過破缸、破碗數件」，[96]都察院左都御史金之俊亦指出「大清律開載，強盜無籍沒之條，近者刑部審擬，概行籍沒，以致地方簽解盜屬，株累無辜，自今以後，仍依律處斬，免其籍沒，以省苦累」。[97]根據這些奏議可知入關初期的籍沒，大多為強盜罪的附加刑，在運用上未必完全雜亂無章。皇帝面對這些建議都表示「下所司議」，其後續情形雖然無從得知，但從實錄別處記載可知籍沒確實不再用於強盜罪。[98]不過籍沒即使已限定為叛逆大罪的處罰方式，這項改革的適用範圍似乎僅限於漢民與漢官，故陳之遴才會提出「滿洲官員有罪多有籍家產」之觀察。

　　清世祖接到陳之遴奏議後，如同往常一般交由相關部院討論，刑部先於是年三月回應籍沒一事。禮科給事中劉餘謨在順治十年二月間，也曾提出類似建議，刑部在皇帝交辦商議下，指出「官、民犯法，應籍沒與不應籍沒者，俱載在律典，滿、漢一體，俱照律例問罪」，該建議隨即得到皇帝認可。在這個背景下，「今臣等議得，今後滿官犯事，俱照前旨，如律遵行可也」，[99]可見從此籍沒刑應皆依律裁斷，不再隨意加諸八旗官員身上。[100]兵部亦於十月間

96　《明清檔案》，卷冊A014-094，〈刑部尚書劉餘祐‧刑部為條陳處決斬絞罪犯等六款〉，順治九年四月二十六日。劉餘祐隔年再次具題重申己見，參見《清世祖章皇帝實錄》，卷72，頁570，順治十年二月丁未條：「至滿洲籍沒之法，查大清律，唯謀反重犯家產入官，其餘不在此例，並應一概除去，以昭恤下同仁之誼。」

97　《清世祖章皇帝實錄》，卷75，頁590，順治十年五月壬申條。

98　《清世祖章皇帝實錄》，卷80，頁633，順治十一年正月丁巳條：「兵部督捕右侍郎魏琯奏言：『籍沒止以處叛逆，強盜已無籍沒之條。』」

99　《明清檔案》，卷冊A022-117，〈刑部尚書劉昌‧刑部為滿官犯事一體如律遵行事〉，順治十二年三月二十六日。

100　不過值得注意的是，籍沒刑並未從此完全消失。籍沒其實就是人們耳熟能詳的「抄家」，常被當作一種政治性（例如懲處謀叛、排除異己、打擊政敵等），或是行政

回應八旗官員世職世爵降革之事，強調旗人以血汗換來的世職世爵，不該僅因小事即行降革，「今後世襲官員，如在軍前犯事，應照律例，議及世襲等官」，「其餘犯罪，應照流衙，酌議降革，無流衙者，亦照應降職衙住俸，若犯罪重大，另行題請」。皇帝對兵部的建議基本上表示同意，旗員的世職世爵不再輕易被降革，旗員與漢官行政制裁上的一大差異終於宣告弭平。[101]

　　八旗官員行政制裁的特殊性，於順治十二年後逐漸消退，制度二元化的情形已不多見。然而即使如此，部分關外行政制裁模式仍被執行，「土黑勒威勒」即為很好的例子。清朝入關後對官員施以「土黑勒威勒」可說是不勝枚舉，反映「土黑勒威勒」在當時仍很常見。「土黑勒威勒」一般而言主要用於旗員，漢官較少受到「土黑勒威勒」懲處。順治九年（1652）十月間，通政司官員布哈等人因「查時不到」，「布哈等應各罰壹個土黑勒威勒，張若麒等各罰俸壹月」；[102]另順治十七年四月間，工部諸官因難辭祭典遲延之咎，「漢官應各罰俸三月，滿官各罰以應得之罪」。[103]上述兩例清楚呈現旗員與漢官即使犯行相同，所受行政制裁卻有差別，不過由於這兩種行政制裁都是罰以錢財，仍具有一定雷同性。

　　清朝入關後實施好一段時間的「土黑勒威勒」，[104]之所以較少受到臣工非議，可能是因為「土黑勒威勒」與罰俸差異不大，對整

紀律性（例如懲處貪污、瀆職等）罪名的附帶刑。抄家的一大特點，是以家庭、家族而非犯罪者個人為單位，執行抄家的決定權，則主要掌握於皇帝手中。詳可參見韋慶遠，〈清代的抄家檔案和抄家案件〉，收錄於楊一凡主編，《中國法制史考證・甲編・第7卷》，頁377-389。

[101] 《清世祖章皇帝實錄》，卷94，頁740，順治十二年十月丁卯條。清世祖對於兵部的議奏表示：「滿洲大小官員，所得世襲職官，果係登城克敵、捐軀盡忠者，俱依議行。如係恩詔考滿，所得流衙，仍照舊例行。」

[102] 〈明清內閣大庫檔案〉，登錄號120794-001，刑部尚書藍拜・題報通政司布哈等人查時不到應分別罰土黑勒威勒或罰俸一個月，順治九年十月十四日。

[103] 《清世祖章皇帝實錄》，卷134，頁1041，順治十七年四月甲寅條。

[104] 〔清〕王士禎著，勒斯仁點校，《池北偶談》（北京：中華書局，1997），卷1，〈談故一・土黑勒威勒〉，頁20：「順治中，百官罰俸者有土黑勒威勒之名。康熙初尚沿舊制，未久停止。」

體的官僚體制衝擊較少所致。然「土黑勒威勒」始終存有一個棘手處，即其是以世職世爵等級為處罰標準，與根據官品而來的罰俸終究有別。隨著世職世爵逐漸與旗員一般行政制裁無關，「土黑勒威勒」最終也在順治十八年（1661）進行調整：

> 吏部尚書伊圖等題：「為本年三月，奉旨：『部院官員，罰土黑勒威勒者，不論有前程與白身，應照職任處罰。或任大罰少，或任小照前程罰多，似屬不均，爾部照依職任大小，分別議奏，欽此。』臣等謹遵旨議得，凡部院尚書有一品、二品者，侍郎有二品、三品者，郎中有三品、四品、五品者，員外郎有四品、五品者，主事有四品、五品、六品者。其品級先後所定之例雖異，俱因除授部院之職支俸，為部院事務罰土黑勒威勒，俱各照職俸，每十兩罰一兩。若此內除部院職任之外，有大任大前程者，除大任大前程之俸，亦照依部院職任，按俸罰處可也。」奉旨依議。[105]

引文所謂「前程」當指世職世爵，清聖祖即位之初已發現旗員任職部院，仍依世職世爵處分的不合理處。不過「土黑勒威勒」在這次改革中並未徹底消失，僅將原本根據世職世爵劃分不同等級的罰銀，改為罰取職官俸祿的十分之一。從此「土黑勒威勒」完全脫胎換骨，甚至漢官亦會被罰以「土黑勒威勒」，[106]該現象多少象徵

---

[105] 〔清〕蔣良騏著，鮑思陶等點校，《東華錄》（濟南：齊魯書社，2005），卷8，頁123，順治十八年四月條。

[106] 《明清檔案》，卷冊A037-060，〈禮部右侍郎黃機・禮部為自陳不職請旨罷斥事〉，順治十八年七月二十九日：「拾捌年參月，知貢舉事，肆月為工部鎖鑰壹案，蒙恩免罰，陸月為未請皇上陞殿，復蒙寬典，罰土黑勒威勒。」關於黃機的生平，參見清史稿校註編纂小組，《清史稿校註》，卷257，〈列傳37・黃機〉，頁8376：「黃機，字次辰，浙江錢塘人。順治四年進士，選庶吉士，授弘文院編修。」由此可知，黃機確實是漢官而非八旗官員。

「土黑勒威勒」不再與國家官僚體系格格不入。

不過「土黑勒威勒」即使經歷這次改革，清聖祖仍未忽視相關制度疊床架屋的問題：

> 諭宗人府、吏部、兵部：嗣後王以下，及文、武各官處分罰銀，及問以應得之罪，應否酌量其情罪，改為罰俸，著確議以聞。[107]

清聖祖希望利用罰俸整合「土黑勒威勒」等處罰形式，將官員的行政制裁規範一致化。上述機構接到皇帝命令後，自然不敢表示異議，行之已久的「土黑勒威勒」自康熙十年（1671）後步入歷史，改以罰俸「自一月遞增至一年」取而代之。[108]

綜觀八旗官員行政制裁制度從關外到順治朝的一系列變化，可以發現清朝入關後雖立即繼受明制，但對八旗官員仍施予部分關外舊制。該政策不易評斷是否存有特別優惠旗人的考量，畢竟透過一些官員的言論，可知旗員動輒因行政疏失丟掉世職世爵甚至籍沒家產，較漢官的降革官職或是罰俸嚴重得多。旗員特殊的行政制裁，自順治十年逐漸取消或是調整，「土黑勒威勒」的結束更正式宣告旗員與漢官在行政制裁制度上更為一致化。此後除了少數特例，八旗官員的行政制裁不再顯得獨樹一格。[109]

---

[107] 《清聖祖仁皇帝實錄》，卷36，頁482，康熙十年五月丙子條。

[108] 《清聖祖仁皇帝實錄》，卷36，頁484，康熙十年六月丁亥條。

[109] 八旗官員的特殊處罰方式，順治朝以降常被提及者即所謂入「辛者庫」（sin jeku）。「辛者庫」本意為「斗糧」、「斗米」，其實就是「渾拖和」（hontoho）（管領）的同意詞，屬於八旗中地位最低下的組織，其成員地位僅高於旗下家奴。「辛者庫」並非一專門刑罰機構，當旗員犯有貪污或重大案件時，皇帝多將其本人與家屬罰入「辛者庫」，成為八旗內部低下的服役人員。清高宗在乾隆二年認為罰入「辛者庫」之刑太過嚴厲，此外亦造成旗員與漢官處罰「輕重不同」，故下令取消該處罰方式。關於「辛者庫」的討論相當豐富，本書茲不贅述，相關內容詳可參見杜家驥，《八旗與清朝政治論稿》，頁493-511。

第二節　旗人的披甲當差與兵丁相關約束

一、八旗兵制的奠定與演變

八旗制度在關外時期，明顯具有「以旗統兵」、「軍民合一」等特點。當時散亂不堪的女真諸部，在八旗制度有效統合下逐漸凝聚，形成一股相當強悍的勢力。滿洲統治者在當時橫掃千軍的重要憑藉，就是這些號稱「其兵滿萬無敵」的八旗勁旅。[110]

八旗制度具有強烈軍事色彩，旗人基本上為兵民合一，遇有戰事便從八旗各佐領中抽調壯丁出征，人數隨著戰爭規模大小而不同。[111]清太祖起兵初期八旗兵制尚屬簡單，作戰人員僅有無甲、有甲與無馬、有馬之別，或是自由人與奴隸的不同。[112]然八旗兵制至天命時期已出現兵種細部劃分，最初僅有「擺牙喇」（bayara，精兵、護軍）與「營兵」兩大部分，時至天聰朝又進化為「擺牙喇」、「噶不什先超哈」（gabsihiyan cooha，前鋒）、「阿力哈超哈」（aliha cooha，騎兵）與「白七超哈」（beki cooha，步兵）四大兵種。這些兵種只有「阿力哈超哈」由各旗固山額真帶領，其餘兵種則另有專人管理，有時甚至會考量戰局臨時調派。[113]兵種增加

---

[110] 〔清〕張之洞，《張文襄公奏議》，收錄於續修四庫全書編纂委員會編，《續修四庫全書・第510-511冊》（上海：上海古籍出版社，2002），卷53，〈奏議〉，頁4a：「金太祖開國之初，地坐而謀，上馬而戰，以故其兵滿萬無敵，遂成大業。」類似說法還有：「女直滿萬，則不可敵。」參見〔明〕茅瑞徵，《東夷考略》，收錄於四庫禁燬書叢刊編纂委員會編，《四庫禁燬書叢刊補編・第17冊》（北京：北京出版社，2005），未分卷，〈女直通考〉，頁3b。

[111] 張晉藩、郭成康，《清入關前國家法律制度史》，頁215-216。當時主要是依「三丁抽一」之比例，從本牛彔三百名壯丁中，確定一百名精壯者為固定兵員。小戰役每個佐領不過抽丁一到兩名，一般則抽丁數十名，若有特殊情況也會抽丁超過一百多名。

[112] 王景澤，《清朝開國時期八旗研究（1583-1661）》，頁211。

[113] 張晉藩、郭成康，《清入關前國家法律制度史》，頁224-231。另根據《欽定八旗通志》的記載，「擺牙喇」又寫作「巴雅喇」，「噶个什先超哈」又寫作「噶佈什賢超哈」，「阿力哈超哈」又寫作「阿禮哈超哈」。詳可參見李洵等點校，《欽定八

反映受到戰爭經驗持續累積的影響，八旗的軍事分工已日益明確，對於兵力的提升頗有助益。除了軍事意義外，兵種細緻化亦蘊含些許政治意涵。雖然八旗兵丁名義上仍歸各領旗貝勒與固山額真管轄，但「擺牙喇」等特殊兵種卻被抽離交由他人帶領，此舉有助於統治者直接掌握這些精兵，避免各旗勢力坐大。[114]

八旗各兵種間的區分與歸屬，入關後配合當時皇權積極削弱諸貝勒勢力之政策變得更制度化。清政府於順治元年定鼎北京時，除將八旗分置於京城各處外，亦立即宣布八旗兵制的相關規定：

> 又定八旗都統所轄甲兵。滿洲、蒙古旗，每佐領下設親軍，上三旗隸領侍衛府，下五旗隸宗室王公。設前鋒，隸前鋒統領。設護軍，隸護軍統領。設步軍領催及步軍，隸步軍統領。其本營領催、驍騎及弓匠、鐵匠、鞍匠等，各隸本旗都統。漢軍旗，每佐領下設步軍領催及步軍，隸步軍統領。其本營領催、驍騎，各隸本旗都統。[115]

清朝入關後的八旗兵制，基本上繼承過往兵種分類，僅多增加親軍一種特殊軍種，還有弓匠、鐵匠和鞍匠等特殊技藝者。在各兵種歸屬上，「各旗之官員、兵丁其戶口屬籍」雖然「無不隸于都統」，但「簡用充補自驍騎營而外」，「則各該管大臣分領焉」，[116]可見各旗都統所掌兵丁如同昔日，侷限於驍騎營「馬甲」和各種匠役人員。[117]其餘各兵種最遲在順治朝初期，分別明確設立各級專管人

旗通志》，卷32，〈兵制志一‧八旗兵制〉，頁561。

[114] 王景澤，《清朝開國時期八旗研究（1583-1661）》，頁215-219。

[115] 李洵等點校，《欽定八旗通志》，卷32，〈兵制志一‧八旗兵制〉，頁563。

[116] 《清朝文獻通考》，卷179，〈兵考‧兵制〉，頁6392，順治元年。

[117] 八旗驍騎營之兵常稱為「馬甲」，即一般騎兵。不過部分漢軍馬甲額數，則被撥為藤牌兵，此外步軍營所轄守城門兵，「亦有額設馬甲」。參見《欽定大清會典（光緒朝）》，卷52，〈兵部‧武庫清吏司〉，頁1a。

員，[118]此外每佐領挑選擔任驍騎等營的兵丁額數亦漸趨制度化。[119]

　　自從清太祖創建八旗以來，八旗兵制經歷一段漫長的演變過程，順治元年相關規範的確立應為水到渠成，未必是當時偶然的創新舉措。綜觀清初政治氛圍，統治者與八旗領主間的權勢角力不斷開展，清太宗雖在即位之初一度權力受限，但他很快利用各種方法鞏固自身權威，進一步提高統治者地位。隨者滿洲政權日益走向中央集權，與八旗相關之軍事組織亦被重新調整，如此既有利於戰時調度，亦能將八旗軍隊逐漸從私人領有轉為國家化。然投鼠忌器的清太宗，不敢貿然從領旗貝勒手中奪取軍權，只能採取溫和漸進方式進行改革。清太宗這方面的持續努力，終於在入關局勢丕變下開花結果。清朝入關後因皇帝握有大部分國家資源，八旗勢力很快無法與之抗衡，必須接受國家的豢養才能生存。在此情勢下各領旗貝勒的權力大幅縮減，並陸續消失於歷史舞臺。[120]伴隨著領旗貝勒的失勢，八旗軍事職能自然轉交國家掌控，其中護軍營的變遷就是很好的例子。

---

[118] 例如《欽定大清會典事例（嘉慶朝）》，卷871，〈前鋒統領・建制・設官〉，頁1a：「順治元年定，噶布什賢超哈，滿洲、蒙古八旗分左右兩翼，每翼各設噶布什賢噶喇依昂邦一人，率京、侍衛、壯達等及所轄兵，備警蹕宿衛。」、《欽定大清會典事例（嘉慶朝）》，卷875，〈步軍統領・官制・設官〉，頁1a：「國初設步軍統領一人，總尉（後改名翼尉），左右翼各一人。步軍校，八旗滿洲、蒙古每參領下各四人，漢軍每參領下各二人。筆帖式四人，以統轄滿洲、蒙古、漢軍八旗步軍。」

[119] 詳可參見李洵等點校，《欽定八旗通志》，卷33，〈兵制志二・禁衛一〉，頁570-585、《欽定大清會典（光緒朝）》，卷87，頁1a-21a。基本上驍騎八旗滿洲、蒙古、漢軍每佐領二十名；前鋒八旗滿洲、蒙古每佐領兩名；護軍八旗滿洲、蒙古每佐領十七名；步軍八旗滿洲、蒙古每佐領十八名，漢軍每佐領十二名。值得注意的是，上述各軍種額數的演變歷程，史料中並未明言，尚待進一步查證。

[120] 許多論者認為清朝入關後，領旗貝勒不再明確存在，顯示過往八旗共治的傳統已經式微。孟森的觀點可說是頗有見地：「太祖於八固山，本以八家為言，指其所愛或所重，為八固山之主，而其餘子弟，固皆待八固山收恤之。特由各固山自優其所親，非其所親，則屬旗下為屬人而已。太祖之制，本不得為通法，太宗以來，刻刻改革，至睿王而固山之畛域，又加強固。英王內訌，仇敵得間，乃一舉而奉之朝廷，此八固山制之一大變革也。今檢嘉慶初所成之《重修八旗通志》，於其下五旗設立之包衣佐領，可見各旗之入而為主之王公，皆時君隨意指封，略無太祖八固山之遺意矣。」詳可參見孟森，〈八旗制度考實〉，頁64。相關討論亦可參見姚念慈，《清初政治史探微》，頁313-315。

護軍營是八旗兵制中較早出現的特殊兵種，不過即使護軍營很早從各旗抽調出來，戰時仍掌握在各領旗貝勒手中。[121]會典中關於護軍的描述，雖有「國初設巴雅喇營，統以巴雅喇纛額真，佐以巴雅喇甲喇額真」的記載，看似頗為自成體系，但當時每一旗均設有護軍營，[122]巴雅喇纛額真（護軍統領）應該還是如同各旗固山額真（都統）般，實際上仍屈從於各領旗貝勒。在當時八旗體制下，護軍或許在戰時才有機會獨立運作，平時一切事務仍歸各領旗貝勒管理。[123]然而當領旗貝勒入關後逐漸消失後，這種特殊二元從屬關係也宣告終結。少了領旗貝勒的約束，再加上各旗都統僅有掌管驍騎營之權，護軍營有機會成為國家直接管理的獨立軍事機構。

不過曾身為各領旗貝勒直接掌控的護軍營，想立即完全擺脫過往王公勢力的羈絆並不容易，論者常以下五旗護軍的職務為看守下五旗王公府邸，證明清初八旗王公仍有一定勢力。[124]這種說法除反映護軍的獨立性並非一蹴可幾外，其背後深意還有待進一步釐清。

---

[121] 若以天聰五年的大凌河之役為例，當時戰場上的部署為：「鑲黃旗固山額真額駙達爾哈，率本旗兵圍北面之東，貝勒阿巴泰，率護軍在後策應；正藍旗固山額真覺羅色勒，率本旗兵圍正南面，莽古爾泰、德格類兩貝勒，率護軍在後策應。……」以上雖僅舉兩旗為例，但當時八旗皆採這種陣形，即固山額真率領本旗兵（推測為驍騎營），各旗貝勒則率領護軍殿後策應。參見《清太宗文皇帝實錄》，卷9，頁127-128，天聰五年八月戊申條。類似情形亦可參見《清太宗文皇帝實錄》，卷43，頁569，崇德三年八月癸丑條：「野戰時，本旗大臣，率本旗軍，下馬立；王貝勒、貝子等，率護軍，乘馬立於後。」

[122] 根據史料推測護軍在關外時期已是一旗一營，參見《清太宗文皇帝實錄》，卷16，頁212，天聰七年十月丙寅條：「大閱，時滿洲行營兵未出，八旗護軍、舊漢人馬步軍、滿洲步軍俱集。分八旗護軍為左右翼，舊漢人馬步軍為一營，滿洲步軍為一營。」

[123] 這種狀況在八旗中相當常見，八旗漢軍的演化過程亦是如此。學界對漢軍何時獨立為單獨旗分爭論不休，但透過更多史料可知，漢軍自天聰五年的獨立為一旗僅屬戰時組織，並非已完全脫離領旗貝勒管轄。相關討論詳可參見鹿智鈞，〈近二十年來（1989-2009）八旗制度研究的回顧與討論〉，頁151-153。

[124] 例如杜家驥，《八旗與清朝政治論稿》，頁257-258。清人昭槤亦有類似觀察，參見〔清〕昭槤著，何英芳點校，《嘯亭雜錄》，卷1，〈禁抑宗藩〉，頁12：「國初入關時，諸王多著勞績，故酬庸錫類之典，甚為優厚，下五旗人員皆為王等僚屬，任其差遣。承平日久，諸王皆習尚驕慢，往往御下殘暴，任意貪縱。……上習知其弊，即位後禁抑宗藩，不許交通外吏，除歲時朝見外，不許私謁邸第。又將所屬值宿護軍，撤歸營伍，以殺其勢。」

從護軍營的發展來看，護軍區分為上三旗鎮守禁門、下五旗各守王公府門，最初應是順治朝初期領旗貝勒尚存下的規定，之後即使各旗王公權勢大不如前仍持續實施。[125]不過值得注意的是，此舉可能漸從領旗貝勒掌控護軍為其守門，轉變為國家交付下五旗護軍的特殊職務，兩者本質上不盡相同。[126]清世宗即位後，有鑑於上述狀況已不合時宜，再加上他始終希望終結下五旗王公與旗人的關連，[127]於是在雍正七年（1729）宣布八旗護軍「均司禁衛」，徹底斬斷下五旗護軍與王公間的藕斷絲連。[128]

　　根據上述護軍性質的變化過程，可知八旗制度在清朝入關後，當初旗內「軍政合一」的特徵不再明顯，軍事職能與日常庶務逐漸被劃分開來。隨著領旗貝勒的消逝，各旗分大權轉由八旗都統接手，不過他們除了日常庶務外，對護軍等營的兵政大多難以過問。護軍等營的操練、考核均由該營長官負責，[129]表現不佳者的懲處更

---

[125] 關於下五旗王公的勢力下滑，孟森的說明相當貼切：「蓋旗主之武力，已減削無餘，各旗自有固山額真，為天子任命之旗主，非宗藩世及之旗主。宗藩受封於旗，乃養尊處優之地，旗之行政，天子之吏掌之，則不啻有虛名之封也。」參見孟森，〈八旗制度考實〉，頁90。

[126] 《清朝文獻通考》，卷180，〈兵考二・禁衛兵一・八旗護軍營〉，頁6407：「順治初，詳定營制，初以上三旗護軍參領、護軍校、護軍等，守衛禁門，下五旗各守王公府門；遇行圍出征，則八旗一律分撥。雍正七年，始定八旗護軍，均司禁衛。」根據該規定推測清政府似乎主導護軍任務的分配。

[127] 馮爾康，《雍正傳》，頁347-352。

[128] 清世宗於雍正朝初年，已著手為八旗王公配置一定額數的披甲，其中又可細分為紅甲、白甲與藍甲以供護衛與差遣。相關討論詳可參見杜家驥，《清皇族與國政關係研究》（臺北：五南圖書出版公司，1998），頁216-219。上述改革符合現實所需，清世宗可能是在此基礎上，於雍正七年將下五旗護軍營的守衛區域，自下五旗王公府宅改為紫禁城。此外值得注意的是，下五旗王公所領兵丁，根據目前所見史料主要有護軍、親軍之別。所謂的親軍又稱為郭什哈巴雅拉（gocika bayara），清人奕賡曾指出：「惟上三旗有之，每佐領下二人，滿、蒙共一千七百七十八，漢軍不預也。領侍衛內大臣領之，以司禁門宿衛。其下五旗之親軍，惟王公之包衣佐領下有之，以之守衛府第者也。」參見〔清〕奕賡，《管見所及》，收錄於續修四庫全書編纂委員會編，《續修四庫全書・第1181冊》（上海：上海古籍出版社，2002），未分卷，頁16a。下五旗王公領有的佐領，亦有一般佐領和包衣佐領兩類，他們與護軍、親軍間的關係為何？親軍又與護軍有何關係？這些問題筆者目前尚未釐清，詳情還待日後繼續努力探索。

[129] 相關內容詳可參見《欽定大清會典事例（嘉慶朝）》，卷872，〈護軍統領・建制・

是透過長官上報中央。乾隆二十七年（1762）九月間，正黃旗護軍統領奏稱轄下護軍都楞，「平素不肖而又懶惰」，該管參領本打算將其革退，但都楞得知此事竟避不見面，甚至「同匪類人等，入曲館飲酒聽曲」。護軍統領認為若僅將都楞「仍照尋常治罪，不足儆眾」，奏請革退其護軍身分並解送刑部審理。[130]護軍統領身為護軍營最高長官，自然有責督促與約束營中人員，由此或能理解護軍等營，在兵政上獨立於八旗的一面。

　　然而從另一方面來看，八旗都統並非完全無權管理旗下部眾。八旗都統除直接管理驍騎營外，還具有「掌滿洲、蒙古、漢軍八旗之政令，稽其戶口，經其教養，序其官爵，簡其軍賦，以贊上理旗務」之責；[131]護軍等營的旗人即使另外成營，旗籍始終歸八旗都統掌管，他們的日常庶務也多由其負責。最明顯例證即護軍等人平時非關軍務的不法行為，八旗都統有權將其移送法辦。乾隆二十八年（1763）六月間，鑲黃旗滿洲護軍倭赫與慶福等人，因細故在營房鬥毆鬧事，鑲黃旗滿洲都統查拿一干人等後，認為他們「不吐實供，狡賴希圖脫罪，甚屬可惡」，直接移送刑部審訊。[132]乾隆三十二年（1767）十一月間，鑲黃旗蒙古護軍六十一向同旗滿洲護軍海成借錢四百五十文，海成事後多次催討，六十一都無力還清。乾隆三十三年（1768）三月間，雙方在營房東柵欄外遇見，終因債務問題發生衝突，海成被六十一打倒在地，滿洲護軍得楞額見狀前來勸架，竟一併被六十一打昏。鑲黃旗滿洲都統得知此案後，隨即奏請

考察〉，頁8b-9b、《欽定大清會典事例（嘉慶朝）》，卷872，〈護軍統領・建制・訓練〉，頁9b-12b。

[130] 〈明清內閣大庫檔案〉，登錄號177817-001，刑部為審訊護軍都楞由，乾隆二十七年九月日不詳。該都統完整建議如下：「請將都楞革退護軍，解送刑部，審出為匪情事，發往伊犁，以為護軍之儆戒。」

[131] 《欽定大清會典（光緒朝）》，卷84，〈八旗都統〉，1a。

[132] 〈明清內閣大庫檔案〉，登錄號079846-001，刑部為奏送鳥鎗護軍慶福等共毆布庫護軍倭赫事，乾隆二十八年七月日不詳。

「將此案之人，均交刑部嚴審，從重治罪」。[133]上述兩案均因護軍鬥毆而被解送刑部，護軍雖然身屬護軍營，但平時若有違法犯紀，八旗都統亦有將其呈報移送之權。透過分析護軍的犯罪行為，推測每旗只設有一人的護軍統領，主要職責為糾舉護軍營內違反軍紀者，而八旗都統則多出面處理護軍非關軍務的不法行為。由此當能理解護軍等營與八旗間，呈現一種既結合又分立的微妙關係。[134]

如果說護軍等營軍事獨立性的加強，導致八旗制度過往「軍政合一」的特徵發生變化，那駐防八旗制度的蓬勃發展更是衝擊甚大。清政府早在清太祖時期，已有利用八旗軍隊築城屯兵的習慣，清太宗隨著國勢日益增強亦將駐防範圍擴大。當時的駐防兵丁均由各旗佐領平均抽調，此舉既符合「八分」傳統，亦能避免傷亡過度集中於某一佐領。清朝入關後為穩定國家情勢，八旗的駐防常隨戰事轉移，此時駐防雖以臨時性質居多，但清政府在一些軍事要地仍有永久駐防的打算。清政府在順治二年分別於江寧與西安設置駐防，首開八旗固定駐防之先河，隨後在康熙、乾隆兩朝，又分別確立直省與邊疆駐防的設置。入關後的駐防八旗主要功能為鎮壓和預防各地反抗活動，[135]與關外時期抵抗外敵的任務有別。[136]駐防八旗

---

[133] 〈明清內閣大庫檔案〉，登錄號152143-001，刑部為奉送護軍六十一打傷海成等事，乾隆三十三年六月日不詳。

[134] 乾隆八年七月間，鑲黃旗漢軍副都統王進泰巡夜時，發現兩更時有一人仍在外行走，此人供稱為鑲黃旗滿洲下護軍喜奇，「因傳事夜行」。王進泰隨即查看喜奇的夜行執照，發現「紙片破舊，雖用有圖記，但字跡模糊，且係註寫本年正月至六月傳事夜行執照事樣」。王進泰惟恐此人假冒護軍，故令步軍校趙祚昌將其帶往護軍統領衙門查問。根據此案或可理解護軍統領衙門的獨立性，詳可參見〈明清內閣大庫檔案〉，登錄號097018-001，兵部為廂黃旗漢軍副都統王進泰奏夜間傳事移會典籍廳，乾隆八年七月二十日。

[135] 〔清〕昭槤著，何英芳點校，《嘯亭雜錄》，卷10，〈駐防〉，頁338：「故國家駐防之兵，最為良制。盡選虎賁勁旅，屯戍四方，督其操練，嚴其律令，使四方稍有不靖，自可驅除，不須遠方調撥以誤時日。」

[136] 關於駐防八旗的關外情形與關內建制，詳可參見定宜庄，《清代八旗駐防研究》（瀋陽：遼寧出版社，2002），〈第一章·八旗駐防制度的形成〉，頁8-116。此外，林承誌的碩士論文〈分鎮巖疆·駐衛內裏──清朝駐防八旗問題研究〉（臺中：東海大學歷史學研究所碩士論文，2007），亦值得一併參看。

制度入關後仍循關外舊制,駐防兵丁皆由各旗佐領抽調而來。不過較為不同的是,駐防制度一旦從臨時走向固定設置,這些來自不同旗分佐領之旗人,齊聚駐防地後將組成新的協領與佐領。這些駐防兵丁的數量也遠較關外時期來得多,幾乎超過全體旗人的半數,遍及大江南北的他們時間一久,自然與原屬都統關係疏離。因此,大量旗人脫離了八旗都統約束,無論兵政還是日常庶務皆轉交國家任命的駐防官員管理,八旗原有的軍事力量大半被皇帝收歸國有。[137]

由於八旗都統僅有管理驍騎營之權,一旦領旗貝勒宣告式微,八旗武力中最精銳的前鋒、護軍等營,即轉交國家直接控制。此外駐防八旗制度的固定化,亦剝奪各旗都統之兵力。[138]孟森對此曾指出:「所謂八旗,皆朝廷之所運用,天子特於六卿兵部之外,自為一積世之軍閥,而親貴則皆不得分焉,此清代特殊之養威居重之地也」[139],一語道破八旗兵制入關後的巨大變化。清世祖在順治十一年時,曾考慮仿效明制設立五軍督都府,最後礙於經費艱困沒有實現。[140]不過群臣仍多次提醒皇帝應設立五軍督都府,如此既能「為武臣內轉之地」,又有助於將八旗制度納入國家官僚體系中,但這些建議最終似乎都未獲皇帝首肯。[141]清世祖的考量其實不難理解,

---

[137] 關於駐防八旗制度強化皇權控制八旗兵力的討論,詳可參見定宜庄,《清代八旗駐防研究》,頁124-125、徐凱,〈清代八旗制度的變革與皇權集中〉,頁89-99、任桂淳,《清朝八旗駐防興衰史》(北京:三聯書店,1994),頁61-63。

[138] 這是因為駐防八旗兵丁,多由各旗都統專管的驍騎營抽調,詳可參見任桂淳,《清朝八旗駐防興衰史》,頁56-57。

[139] 孟森,〈八旗制度考實〉,頁90。

[140] 《清世祖章皇帝實錄》,卷86,頁679,順治十一年九月壬子條:「諭吏、兵二部:『朕見往代有五軍都督府衙門,我朝未曾設立。爾二部傳知議政王、貝勒、大臣,會同九卿、詹事、科道等官,詳究往代設立之意,確議應否踵行具奏。』尋議:『往代設立五軍都督府衙門,蓋欲文、武官員相對,理應設立。但近歲糧餉缺乏,修造衙署,及各官祿俸,所需實繁,應暫停止,從容議設。』報可。」

[141] 《清世祖章皇帝實錄》,卷104,頁811,順治十三年十月癸卯條:「吏科左給事中王益朋奏言:『我朝兵制,統以固山額真,分隸牛彔,有事抽調,無事歸旗,即唐制兵制也。考明初,在內設有五軍都督府,在外都司衛所,皆菬以勳舊;各鎮總兵,俱帶府銜,征剿有功者,則內陞五府。又設十二團營,以侯伯及戎政尚書領之,居重馭輕,內外維繫,幾三百年,無尾大不掉之患。今日八旗,即當日十二團

他既沒有讓八旗制度被取代的打算，更不希望漢人有機會掌控過多軍權。此外若從當時局勢來看，國家兵政已有兵部負責，京師一帶的治安則有八旗各營護衛在側，五軍督都府確實沒有存在的必要。更為重要的是，清世祖好不容易掌控部分八旗兵權，設置可能令自己掣肘的五軍督都府並無意義。八旗的軍事職能入關後，漸被分化為各自獨立運作之營伍，許多兵丁甚至駐防在外，關外時期一旗一勢力的景象已不復見。八旗武力被國家逐步轉化之現象，可說是清朝兵制的一大特色。

二、旗人披甲的挑選及其考核與約束

八旗因肩負保衛國家與鞏固政權之重任，成為統治者心中的「國家根本」。清朝皇帝普遍來說多有居安思危之感，[142]積極避免旗人武力消失殆盡。[143]有清一代旗人的主要任務即披甲當差，這對他們而言既是權利亦是義務。清政府提供許多機會讓旗人當兵，除希望充實國家軍力外，還蘊含照顧旗人生計的用意。旗人一旦當兵

營也，固山梅勒，即團營之提督、協理等官也。制與前代，不謀而合，獨五府之設，尚未議立，恐各鎮總兵，勤勞於外，將來無內陸之地。……』下所司議。」、《清世祖章皇帝實錄》，卷104，頁812-813，順治十三年十一月壬子條：「吏科右給事中嚴沆奏言：『漢人武職，立功投誠者，曾無在京職銜可以內轉，櫛風沐雨，戮力行間，不得一日寧息。仰睹天顏，非所以懋忠勤也。目閩海一帶，投順偽官，便授公侯之爵，儻日後立功，何以加之？目今五軍都督府之制，未便盡復，宜將鑾儀衛，崇其體貌，遇缺陞補；中後兩府，已經設官，或量增數員，以為武臣內轉之地。庶立功者知所勸，投誠者有所容。』……下所司議。」

[142] 例如清太宗改元稱帝不久，已表達很深的危機意識，詳可參見《清太宗文皇帝實錄》，卷32，頁404，崇德元年十一月癸丑條。葉高樹認為清太宗當時尚處關外，漢化傾向亦不明顯，卻能以史為鑑，可見清太宗對文化危機的警覺性，確實較前人更勝一籌。詳可參見葉高樹，《清朝前期的文化政策》，頁353。

[143] 清聖祖的一席話即是明證，參見《清代起居注冊·康熙朝（臺北版）·第20冊》，頁11202-11204，康熙五十一年正月二十八日條：「今天下承平日久，人多重文輕武，此乃一惡習。天下雖太平，武備斷不可廢。故朕補授武官，必視曾經效力，弓馬嫻熟者補授，以此人皆互相勸勉學習弓馬，不憚勞苦，黽勉效力。如滿洲身歷行間，隨圍行獵，素習勤苦，故能徒步服勞，若漢人即不能矣。雖由風土之不同，亦在人平日勞逸何如耳。朕幸寧夏，時三十日，即至幸西安，時二十七日，即至視扈從滿洲官兵，毫無難色，漢人即不能支矣。幸江南時亦如是，可見人於平日，不可安逸，太平之時，武備豈可廢耶？」

可領取固定錢糧，生活不致於陷入困頓。[144]不過另一方面，皇帝擔心旗人好逸惡勞不願當兵，進而導致國家武備匱乏，嚴禁旗人從事披甲以外的職業。旗人得以當兵報效國家整體來說似乎利弊參半，難以斷言為好處還是約束。

旗人的披甲機會主要有前鋒、護軍、驍騎（馬甲）、養育兵、步甲等類別，基本上順序越前面者越精銳，在挑選上自然有等級之分。透過以下關於前鋒、護軍揀選制度的簡單分析，有助於理解旗人披甲當差的一些細節。首先，前鋒的挑補規定如下：

> 康熙年間定，前鋒缺由該統領會同護軍統領，於親軍、護軍，及正身馬甲、執事人，閒散正身壯丁內遴選充補。雍正二年定，養育兵亦准選拔前鋒。[145]

護軍的挑補規定則是：

> 又定護軍缺，該統領會同本旗都統，於本佐領下馬甲、執事人、步軍、閒散壯丁內，均以正身選補，戶下人不准預選。……（雍正二年）又定，養育兵亦准選拔護軍。[146]

八旗兵丁的員缺主要集中於驍騎、前鋒、護軍等營，各營都會從每個佐領中抽調一定額數的旗人披甲當差。從上述引文來看旗人只要能力足夠，即有機會被揀選為更高階層之兵種。[147]在兵丁挑補流程

---

[144] 《清高宗純皇帝實錄》，卷1358，頁201，乾隆五十五年七月乙酉條：「更念旗人，俱賴錢糧度日。」

[145] 《欽定大清會典事例（嘉慶朝）》，卷871，〈前鋒統領・建制・兵制〉，頁4b。日後還有些微變化，有興趣者可自行參看。

[146] 《欽定大清會典事例（嘉慶朝）》，卷872，〈護軍統領・建制・挑補護軍〉，頁8a-8b。會典中並未說明該例源自何時，但從後文來看應是康熙朝以前之定例。

[147] 清政府很重視前鋒、護軍等營兵丁的挑補，旗員若將「騎射優嫻之人，隱匿不送揀

中，前鋒營是由前鋒統領與護軍統領負責，護軍營則是由護軍統領與八旗都統負責，表示前鋒、護軍兩營兵丁的挑選，乃該營與下一等級營伍的長官共同商議而來。此外在旗人身分方面，惟有正身旗人才得以挑補前鋒和護軍。驍騎營、養育兵和步軍等營的揀選規定則比較簡單，相關流程直接由八旗都統負責，亦未限定正身旗人才可出任。[148]

對於清朝皇帝而言，國語騎射因是旗人不可遺忘之根本，亦是旗人被揀選為各營兵丁的首要條件。[149]兵丁挑補乃國家大事，相關規範制定得非常嚴謹，然而縱使如此仍常發生所選非人之事。其中最常見的狀況當屬官員營私舞弊，正藍旗漢軍副都統朱之璉曾表示：

> 如兵丁之中，或病故，或年老告退，自必于壯丁內挑補。每遇有空缺，則不法之徒，百計鑽謀，多方請託，而該管佐領，祇知瞻徇情面，罔顧法紀。將弓馬嫻熟，漢仗健壯者，並不保送，其保送者，盡係鑽謀請託之輩。得甲之後，計一年所領之錢糧，尚不足償還酬謝之利債，往往將應領之米石，賤價糶賣，以補不敷之數。此乃相沿積弊，所當亟為釐

選」，也會受到一定懲處。詳可參見《欽定兵部處分則例（道光朝）》，收錄於《清代兵事典籍檔冊匯覽·38冊》（北京：學苑出版社，2005），卷25，〈八旗·營伍·各旗營挑補兵丁〉，頁1b-2a。

[148] 相關內容詳可參見《欽定八旗則例》，卷8，〈廉部·兵制·挑補馬甲〉，頁1a、《欽定八旗則例》，卷8，〈廉部·兵制·挑補養育兵〉，頁4a-4b、《欽定八旗則例》，卷8，〈廉部·兵制·挑補步甲〉，頁4b-5a。

[149] 相關規定最晚至雍正朝成為定制，參見《欽定大清會典事例（光緒朝）》，卷713，〈兵部·兵籍·八旗拔補兵缺〉，頁3a：「雍正元年議准，八旗選補馬甲，於滿洲壯丁內，視其能騎射者選補。如不敷選補，於開戶滿洲、戶下滿洲、家下舊人內選補。其得與充補之人，務選善於國語騎射者，方准披甲。如滿洲閒散人不能國語者，給限三年學習，三年後不能習熟者，不准選取。」值得一提的是，八旗步軍營中的步甲（步軍），是各兵種中少數未有騎射技能要求者。原因可能為步甲多由旗下家奴出任，職差較為低賤兵餉少少。詳可參見杜家驥，《八旗與清朝政治論稿》，頁482-484。

除，以肅法紀者也。[150]

鑲白旗漢軍都統楊宗義亦指出類似情形：

> 即如臣革退之甲，選擇養育兵頂補；養育兵缺，選擇壯丁頂
> 補。其帶來驗看者，俱係老幼，不能射箭放鎗之人。查壯丁
> 內，豈無窮苦壯健，可學鎗箭者，皆因該管官員，不帶伊等
> 來驗看，而本人又不敢自行舉報。[151]

綜合上述朱之璉與楊宗義兩人所言，八旗兵丁挑補之弊主要發生於
最基層處。佐領是管理旗人的第一線官員，旗人若想獲得挑補機
會，得先經過佐領核可再向上呈報。許多不法佐領會藉機勒索旗
人，導致八旗各營無法選到真正優秀的兵丁，行賄者亦深受高額賄
款之累。

除了基層旗員營私舞弊這類事件較常見外，[152]兵丁揀選未盡理
想尚存其他因素。鑲紅旗漢軍副都統張致指出漢軍兵丁中主要有另
戶甲兵、戶下甲兵和官下甲兵三種類別，前兩項「漢仗好者、弓馬
嫻熟者」甚多，官下甲兵卻呈現不同狀況：

> 至於官下甲兵，凡有職官員，向蒙皇恩，准其家人披甲，領
> 受錢糧，以助養馬當差之用。但其家人，內有漢仗好者，
> 行事好者，家長或留別項使用，所派披甲者，不過將漢仗平
> 常，以及行止不堪之人。況所領銀米，俱係家長食用，其頂

---

[150] 《雍正朝漢文硃批奏摺彙編‧第31冊》，頁688，〈正藍旗漢軍副都統朱之璉‧奏陳嚴格八旗兵丁補放以杜請託鑽謀之弊摺〉，雍正年月日不詳。

[151] 《雍正朝漢文硃批奏摺彙編‧第33冊》，頁367，〈鑲白旗漢軍都統楊宗義‧奏陳本旗旗務管見摺〉，雍正年月日不詳。

[152] 官方針對此弊亦有所回應，相關罰則詳可參見《欽定兵部處分則例（道光朝）》，卷25，〈八旗‧營伍‧各旗營挑補兵丁〉，頁1a-1b，

> 甲之人，所得不過些許，竟有全然不得者。彼實無心當差，
> 懶學弓馬，既經革退，而本家仍將此類之人頂補，實為虛費
> 錢糧。[153]

官下甲兵由於屬於官員的津貼補助，導致被挑補者往往表現不佳。此舉如實反映旗人披甲當差不完全是國家武力考量，兵丁錢糧也有照顧旗人生計的重要意義。伴隨旗人生計問題的日益惡化，類似狀況可說是層出不窮。道光二年（1822）十月間，陝西道監察御史楊九畹奏稱「近來每逢挑補，多有拘泥兵丁支領錢糧，賴以養家之見」，「專論戶口多寡，以定挑補」，導致貪得錢糧者，即使家中已有一人挑中兵丁，亦「隻身自行分戶」以「希圖再挑」。[154]當八旗各營的兵丁揀選已偏離初衷，八旗戰鬥力的下滑可想而知，其背後常存有人為舞弊營私與官方以照料旗人為先的雙重因素。

八旗兵丁的武備能力，除在挑補丁缺時極為關鍵，當選兵丁後騎射能力的維持與增進，更令皇帝念茲在茲。清初諸帝多次強調不可因天下底定就鬆懈武備，[155]即使至道光年間皇帝仍強調：

> 閱今百有餘年，承平日久，恐該兵丁等於騎射操演，漸涉因
> 循，廢弛疏失。分防駐守，講求武備之意，夫兵可百年不

---

153 《雍正朝漢文硃批奏摺彙編・第31冊》，頁688，〈鑲紅旗漢軍副都統張致・奏陳甲兵情弊摺〉，雍正年月日不詳。清世宗對張致的意見表示贊同，其硃批為：「此奏是，不但朕凡八旗人員皆悉知之事，此在爾等寔心任怨、相機料理之事，爾且協同爾本旗大人，將你一旗料理得當整齊後，他旗自然效法也，用心料理看。」
154 〈宮中檔道光朝奏摺〉，文獻編號405000185，陝西道監察御史楊九畹・奏為八旗挑補馬步甲及官學教習事宜請飭寔心辦理以敦教養而重根本事，道光二年十月十二日。
155 例如《清世祖章皇帝實錄》，卷48，頁385，順治七年三月戊寅條：「我朝原以武功開國，歷年征討不臣，所至克捷，皆資騎射。今仰荷天休，得成大業，雖天下一統，勿以太平而忘武備，尚其益習弓馬，務造精良。嗣後滿洲官民，不得沉湎嬉戲，耽娛絲竹，違者即拿送法司治罪。」、《清聖祖仁皇帝實錄》，卷127，頁352，康熙二十五年七月辛卯條：「駐防兵丁，關係緊要，歲月既久，恐致疏懈，必選嫺於騎射，膂力驍勇者，方准披甲。見任兵丁內，有庸弱不嫺騎射之人，應革退另補，不得虛充數目。著嚴飭該管將軍等知之。」

用，不可一日無備。所有此項駐防兵丁，該將軍、副都統
等，務當督飭所屬，隨時認真訓練，如有技藝生疎者，必應
革退另補，並揀選年力精壯，嫻習騎射，膂力驍勇者，方准
披甲，毋得以老弱充數，以期一兵得一兵之用。將來倘有徵
調，未能得力，惟該將軍、副都統等是問，勿謂詰誡之不早
也。[156]

皇帝對維持八旗武力的戒慎恐懼，由此可見一斑。皇帝為讓旗人永
保武力，常耳提面命各營旗員應嚴加訓練與稽查，表現不佳者立即
撤換絕不寬貸。[157]旗員既受此重任，勢必得定期回報校閱結果。例
如河南巡撫清安泰於嘉慶十三年（1808）四月間，奏報巡視開封駐
防之狀況。清安泰不僅觀看陣形與檢查兵器、馬匹，亦檢視旗人的
騎射成果。未達標準者「分別降補責革」，並「飭令各營官弁，勒
限訓練，另行考驗，以期一律精純」，表現優異者則「當場獎賞，
以示激勵」。[158]根據該奏可知官方對旗人的騎射表現，多採賞罰分
明之策略。[159]

---

[156] 〈宮中檔道光朝奏摺〉，文獻編號405011393，內閣奉上諭駐防兵丁關係緊要須揀
選年力精壯嫻習騎射驍勇者方准披甲欽此，道光十一年七月二十四日。

[157] 皇帝對八旗官員的提醒例證如下：《清代起居注冊‧康熙朝（北京版）‧第15
冊》，頁7261，康熙二十二年九月初十日條：「又諭杭州副都統洪尼喀曰：『杭
州駐防滿兵，漸染陋俗，日打馬吊為戲，不整齊束帶，而靸履行者，甚多。既為滿
洲，則當講習滿洲職業，勤於騎射。爾至之日，可勉力遵行。仍將此旨，傳諭該將
軍。』」、《清代起居注冊‧康熙朝（臺北版）‧第13冊》，頁7302-7304，康熙
三十八年閏七月十六日條：「又杭州副都統鄂齊爾、江寧副都統阿爾納等赴任，恭
請訓旨。上曰：『滿洲兵丁，駐防各省，以備不虞也。若平時怠惰，不加訓練，突
有不虞，兵豈堪用？朕此番巡幸南省，見浙江兵丁訓練頗佳，騎射亦優。江南之
兵，甚庸劣不堪，且不肖廝役甚多。今以爾等，皆優授以副都統之職，爾等到任，
親身率領兵丁，不時訓練，逐日習射。如有不肖廝役，及懦弱兵丁，即行革退，其
善射者錄用。如此則兵丁練習，而亦各相鼓勵。每見各省駐扎將軍、副都統等，以
為身係大臣，妄自尊大，習於安逸，不肯親身訓練軍士者甚多。爾等到任，須親率
士卒，善為訓練。』」

[158] 〈宮中檔道光朝奏摺〉，文獻編號404010471，河南巡撫清安泰‧敬陳校閱省城駐
防暨標營官兵情形，嘉慶十三年四月十二日。

[159] 值得注意的是，這類觀看營伍狀況的奏摺很多，有些或許為隱惡揚善的官樣文章，

清政府積極強化旗人騎射能力之餘，並未忽略維護兵器的重要性。八旗兵丁入關後的軍事裝備多由官方提供，[160]旗員平時不僅定期稽查兵丁的軍事技能，亦會檢閱兵器是否完善。[161]不過隨著八旗生計問題的日益嚴重，許多旗人為籌措生活費竟將兵器典當換錢。雍正元年九月間，鑲藍旗滿洲副都統達爾瑪與正白旗漢軍都統觀音保，不約而同奏報旗人私典兵器之情形。達爾瑪首先指出有些兵丁因急需用錢典當兵器，沉重的利息卻讓他們難以短時間贖回，若不巧遭遇例行性兵器檢閱，只能再借高利貸補充裝備，成為一種難以逃脫的惡性循環。[162]觀音保在檢查兵器時，亦赫然發現「不肖兵丁稍遇窘乏，即將軍器質當，實屬不合」，懇請「嗣後將質當盔甲、撒袋、腰刀、鳥鎗等物之處，嚴行嚴止」，「倘有仍行質當者，將本人及開當舖之人，一併嚴加治罪」，其直屬長官也必須送部議處。皇帝在觀音保奏摺上批示「此奏甚是，著嚴行禁止」，可見清世宗查緝旗人典當兵器的決心。[163]此後「八旗以軍器質當者」，

但皇帝對此多少已有留意。清宣宗曾告誡臣工：「盡心訓練，不可徒壯觀瞻，務期用之得力，勉之。」參見〈宮中檔道光朝奏摺〉，文獻編號405004298，岳興阿‧奏報查閱江寧京口駐防滿洲蒙古官兵及水師營操演各情形，道光二十五年十月初三日。此外皇帝亦會透過其他官員的觀察，得知八旗各營的確實狀況，藉此平衡官員們的自我陳述。例如護軍統領訥親奉命率領江寧、杭州與荊州滿兵入藏征戰時，因發現部分兵丁騎射不佳，推論其管官平時訓練不力。參見《雍正朝滿文硃批奏摺全譯‧上冊》，頁284，〈護軍統領訥親‧奏報滿洲兵丁騎射生疏摺〉，雍正元年八月十三日。筆者並未忽視檔案中的「虛構」，在此僅想強調官方常根據八旗兵丁的騎射技能，施予獎勵或懲處。

160 《欽定大清會典事例（光緒朝）》，卷710，〈兵部‧軍器‧發給軍器〉，頁12a：「順治五年題准，馬兵每名各給甲一、冑一、撒袋一、弓一、箭四十、腰刀一；步兵每名各給甲一、冑一、腰刀一。其步兵、弓箭兵，各給弓一、箭三十，長槍兵各給長槍一，鳥槍兵各給鳥槍一。直省兵丁器械，照此例給發。」、《欽定大清會典事例（光緒朝）》，卷1122，〈八旗都統‧兵制‧軍器〉，頁2b：「順治五年覆准，八旗甲兵需用盔甲軍器，均移文工部造給，或給銀令其自製，務須整齊，每年秋季點驗軍器。」

161 例如《雍正朝滿文硃批奏摺全譯‧上冊》，頁624，〈鑲紅滿洲旗副都統齊穆布等‧奏報旗屬二十四佐領兵器情形摺〉，雍正二年正月二十二日。

162 《雍正朝滿文硃批奏摺全譯‧上冊》，頁379，〈鑲藍滿洲旗副都統達爾瑪‧奏陳嚴禁兵丁典當兵器摺〉，雍正元年九月二十四日。

163 此奏原件應為滿文奏摺，參見《雍正朝滿文硃批奏摺全譯‧上冊》，頁395，〈正白旗漢軍都統觀音保‧奏請嚴禁典當兵器摺〉，雍正元年九月二十九日。漢文抄件

「官革職，兵鞭一百革退，軍器追繳」，而且不僅當事人受罰，該管官亦因失察罰俸一年。[164]

如同本書先前所述，旗人受制於生計問題常被迫向民人舉債度日。典當軍器雖然屬於其中一環，但官方發給的兵器畢竟為國有財產，八旗兵丁將其擅自典當已非單純的民事案件。因此，旗人將兵器私下典當者，都會遭受革退、鞭一百與繳還兵器之行政制裁。不過官方雖已制定相關罰則，仍無法完全遏止這股歪風，兵丁除以「互相借用應點」之法躲避稽查外，[165]官方法律對收受典當兵器的當鋪沒有嚇阻力，更是問題的重要關鍵。縱然清世宗曾公開宣示這類違法當鋪將「一併嚴加治罪」，但法律似乎未明文規定相應之罰則。

乾隆十七年（1752）十二月間，巡視東城戶科給事中特吞岱等人，查獲回民李二鬍子引誘旗人典當兵器牟取重利。特吞岱等人主張應嚴懲當鋪負責人李二鬍子以端正風氣。不料該案移交刑部後，竟只將李二鬍子照違制律杖一百，特吞岱等人對該判決深感不滿，請求皇帝命刑部覆審此案。[166]刑部接到重審之令後，表示原始判決完全合乎律例：

> 查律內私放錢債，及典當財物違禁取利者，罪止滿杖；其私買軍器律內，亦係擬笞折責發落。該犯近在輦轂之下，將軍器私行留押，雖本利無多，取利未曾到手，僅予笞責，不足示儆，將李二鬍子加等，照違制律擬杖一百。……此案經該巡城給事中特吞岱等送部之時，意在將李二鬍子重處示儆，

參見〈明清內閣大庫檔案〉，登錄號185003-001，都統觀音保・都統奏為質當軍器事，年月日不詳。

[164] 《欽定大清會典事例（光緒朝）》，卷1122，〈八旗都統・兵制・軍器〉，頁3a。

[165] 《雍正朝漢文硃批奏摺彙編・第17冊》，頁778-779，〈鑲白旗漢軍副都統匡名世・奏陳八旗兵丁盔甲應壓用佐領圖記以防互借等弊摺〉，雍正八年正月二十六日。

[166] 〈明清內閣大庫檔案〉，登錄號100503-001，巡視東城戶科給事中特吞岱等奏回民李二鬍子私開典押擅當軍器盤算旗人移會稽察房，乾隆十八年三月十三日。

不准留住京師。其原文引王大臣議發拉林之條，與民人無涉。臣部司員，將該犯違禁取利及押當軍器之罪，加至滿杖，於法不為輕縱。但此等利徒，究非善良，即不准其留住京師，亦不為屈抑。該給事中等，既奏請定地發遣，應將李三鬍子，杖一百流三千里，交與順天府定地發遣，以為違禁網利者戒。[167]

　　藉由刑部回覆可知，問題關鍵在於清世宗「嚴加治罪」之令，並未明文表現於法律中，導致適用此案的法條仍不脫〈違禁取利〉與〈私買軍器〉律。[168]李二鬍子雖「將軍器私行留押」，但因「本利無多，取利未曾到手」，依法不至於受到太嚴重處罰。承審官員有鑑於此舉「不足示儆」，已轉引〈違制律〉改判杖一百以加重其刑。刑部並未輕縱李二鬍子，杖一百的判決完全依法辦理，特吞岱等人提出的建議反而於法無據。

　　清政府雖然早已留意兵器典當的問題，也提出相關懲處辦法，但對民間經營兵器典當者的處罰，卻顯得雷聲大雨點小。此外八旗兵丁私自典當兵器僅被革退與鞭一百，似乎也稍嫌寬鬆故成效不彰。清政府為加強管制軍事裝備，自乾隆二十六年（1761）開始增修相關條例，[169]其演變過程可參見表4-2-1。

---

[167] 〈明清內閣大庫檔案〉，登錄號100502-001，刑部奏回民李二鬍子私開典押擅當軍器盤算旗人應將其杖流交順天府定地發遣移會稽察房，乾隆十八年三月二十八日。該案另一爭議為原呈「盤算旗人」字樣，後來被刑部刪去「旗人」二字，刑部則表示「典當財物、私買軍器律內，並不分別旗、民，是以未將該城原文全載，稿內仍將原文及坊詳供詞粘連稿尾，呈堂有卷可查。」

[168] 田濤等點校，《大清律例》，卷14，〈戶律・錢債・違禁取利〉，頁263：「凡私放錢債及典當財物，每月取利，並不得過三分，年月雖多，不過一本一利。違者，笞四十，以餘利計贓，重（於笞四十者），坐贓論，罪止杖一百。」、田濤等點校，《大清律例》，卷14，〈軍律・軍政・私賣軍器〉，頁318：「凡軍人（將自己）關給衣甲、刀鎗、旗幟，一應軍器，私下貨賣（與常人）者，杖一百，發邊遠充軍；軍官（私）賣者，罪同，罷職，（附近）充軍。買者，笞四十。」

[169] 關於乾隆二十六年新增條例的過程，詳可參見〈明清內閣大庫檔案〉，登錄號230442-001，刑部為收當軍器治罪事，乾隆二十六年十二月日不詳。此外清末北京

表4-2-1　〈軍律・軍政・私賣軍器〉條例之演變

年分	條例修訂內容	備註
乾隆二十六年 （1761）	軍人軍官，私當關給衣甲、旗幟、應禁軍器，照私賣律減一等，杖一百徒三年。至收當之人，照私有軍器律減一等，杖七十，每一件加一等，罪止杖一百徒三年。	此例來自乾隆二十六年刑部議覆福州將軍祉圖肯之奏。
乾隆三十七年 （1772）	軍人軍官，私當關給衣甲、旗幟、應禁軍器，照私賣律減一等，杖一百徒三年。至收當之人，照私有軍器律減一等，杖七十，每一件加一等，罪止杖一百徒三年。如有結夥盤踞，加倍重利，收當軍器者，枷號三個月，發黑龍江等處為奴，軍器當本，照例入官，其非應禁者，不在此限。失察之地方將領、各官，交部議處。	此例與乾隆三十七年刑部審擬之楊成兒等一案有關。
嘉慶十七年 （1812）	軍人軍官，私當關給衣甲、旗幟應禁軍器，照私賣律減一等，杖一百徒三年。至收當之人，照私有軍器律減一等，杖七十，每一件加一等，罪止杖一百徒三年。如有結夥盤踞，加倍重利，收當軍器者，枷號三個月，發極邊足四千里充軍，軍器當本，照例入官，其非應禁者，不在此限。失察之地方將領、各官，交部議處。	此例來自嘉慶十七年刑部議覆給事中西琅阿之奏。

資料來源：《大清律例按語》、《讀例存疑重刊本》、《欽定大清會典事例（光緒朝）》、《大清律例通考校注》

綜上所論，旗人一旦成為國家兵丁，就必須參與定期舉行的武備稽查，其中大致可以分為兩類：其一是兵丁騎射等戰鬥力的校閱，其二為軍事裝備的檢核。八旗兵丁若在武備稽查中出現差錯，輕則懲戒重則鞭責革退，若有公器私用諸如典當兵器等嚴重不法行為，將直接移送刑部。除了武備方面的要求外，官方為維持八旗各營的行伍紀律，八旗兵丁的平時舉止亦多有約束，例如嚴禁賭博、涉足聲色場所與過度奢靡等事。部分行為雖看似無傷大雅，但八旗

地區的當鋪中，多有寫著「軍器不當」之招幌，可見這些當鋪了解相關法令內容。詳可參見參見韋慶遠，〈論八旗生計〉，頁88。

兵丁礙於身分特殊，若違反禁令將承受一定處置。[170]

三、八旗兵丁的行政制裁

清朝皇帝為求鞏固政權，大量起用他最信賴的旗人子弟擔任軍職。在京八旗細分為各種營伍，除遭逢戰事奉命集結出征外，平時分別擁有不同工作內容。[171]駐防八旗則與在京八旗相當類似，承平時期鎮守於地方，一旦發生戰事即聽候中央調派支援前線。簡單來說，八旗兵丁的職務包含作戰與日常守衛兩種形式，他們行使職務時若有疏失或是不法，勢必難逃刑度大小不一的行政制裁，以下將從八旗兵丁出征在外的情形開始談起。

滿洲政權以軍事組織起家，對於軍律與軍令格外重視。自從清太祖朝開始，凡軍隊出征前都會先申明軍律，違反相關規定者將施以處分。這些規範主要涉及行軍與宿營時的秩序，例如嚴禁喧嘩、擅自離營、偷竊兵器、臨陣脫逃，此外還有善待戰俘、分配戰利品等規定。[172]在刑罰形式方面，有論者主張由於關外時期兵員有限，軍事方面的行政制裁以財產刑為主；[173]然從現實案例來看，這主要是針對領兵將領而言，兵丁的相關處分仍以身體刑甚至是死刑為主。清政府入關後的軍律大多繼受明律，其內容與關外舊制差異不大，惟在形式上更制度化。

---

[170] 關於這方面的討論，詳可參見葉高樹，〈深維根本之重：雍正皇帝整飭旗務初探〉，頁110-117、葉高樹，〈清雍乾時期的旗務問題：以雍正十三年滿、漢文「條陳奏摺」為中心〉，頁128-139。

[171] 在京八旗的各種營伍，除前文論及較基本的驍騎、前鋒、護軍、步軍等營外，自三旗虎槍營於康熙二十三年成立後，又陸續成立諸如火器、圓明園八旗護軍等營，這些營伍通常人數不多。關於在京八旗各營伍的成立時間與任務內容，詳可參見李洵等點校，《欽定八旗通志》，卷32，〈兵制志一·八旗兵制〉，頁565-566、李洵等點校，《欽定八旗通志》，卷33，〈兵制志二·禁衛一〉，頁567-586、李洵等點校，《欽定八旗通志》，〈兵制志三·禁衛二〉，頁587-605。

[172] 張晉藩、郭成康，《清入關前國家法律制度史》，頁248-263。

[173] 馬社香，〈試論滿洲軍事賞罰制〉，《江漢論壇》，1982：11（武漢，1982.11），頁64。

兵丁在外行軍布陣，相當忌諱不聽從長官號令恣意而為，其中又以抗命私逃者最為嚴重。清初這方面的行政制裁，為清律中的〈從征守禦官軍逃〉條，從字面意思來看八旗與綠營均在該律適用範圍內。[174]不過八旗兵丁因身分特殊，清政府對其約束也較強，順治十三年（1656）規定：「隨征前鋒、護軍、領催、馬甲、跟役等私自逃回，初次鞭一百，遞發軍前，二次正法」，[175]相較於律文規定的「初犯杖一百，仍發出征，再犯者絞監候」，旗人逃兵的處罰明顯較嚴厲。除了抗令私逃者外，兵丁若不遵守指揮胡作非為亦屬不法，然清初並未存有相關罰則，可能與當時習慣交由帶兵將領「便宜從事」有關。[176]直到康熙十一年（1672）間，官方才針對八旗兵丁不服從調度者，特別規定「出兵之處，不遵號令妄行者，為首人正法，餘各枷三月鞭一百，該管官罰俸一年」。[177]藉由上述兩個例子可知官方相當重視八旗兵丁的紀律，常以特別立法的方式強化管理。[178]

---

[174] 清律之〈從征守禦官軍逃〉條乃繼受明律而來，惟在其中加上註解。明律內容詳可參見黃彰健主編，《明代律例彙編・下冊》，卷14，〈兵律二・軍政・從征守禦官軍逃〉，頁666。沈之奇對此曾言：「軍官、軍人，隨從大軍征討，正為國報效之時，而私行逃遁，或還家，或往他所，初犯杖一百，仍發出征，寬之以望其奮也；再犯則絞，嚴之以警其餘也。」，參見〔清〕沈之奇著，懷效鋒等點校，《大清律輯注》，卷14，〈兵律・軍政・從征守禦官軍逃〉，頁477。此外因「此律內軍官、軍人，及各衛軍人等語，皆係明時衛官之例，又在京各衛，見今俱以奉裁，應行刪改」，該律雍正三年時曾被修訂，詳可參見〔清〕黃恩彤編，《大清律例按語》，卷14，〈兵律・軍政・從征守禦官軍逃〉，頁48a-51b。

[175] 《欽定大清會典事例（光緒朝）》，卷581，〈兵部・出征・軍令〉，頁8b。

[176] 這類用語常出現於皇帝告誡出征大軍的場合，授予將領便宜行事之權。詳可參見《清世祖章皇帝實錄》，卷44，頁352，順治六年五月丁丑條、《清世祖章皇帝實錄》，卷60，頁475，順治八年九月壬午條。

[177] 《欽定大清會典事例（光緒朝）》，卷581，〈兵部・出征・軍令〉，頁8b-9a。

[178] 康熙十一年例起初專門針對旗人而設，但雍正三年修入清律後，從刑罰內容來看，無論八旗還是綠營均一體適用。參見〔清〕吳壇著，馬建石等編，《大清律例通考校注》，卷19，〈兵律・軍政・從征違期例文〉，頁585-586：「凡官兵從征，無故起程違期者，官革職，兵杖一百，仍發出征。在外違期者，官革職拿問，兵杖一百，將所俘獲人口入官。出征處所，兵丁藐視該管官，干犯號令，違法亂行者，將為首之人正法；為從者，俱枷號三個月，杖一百。該管官，仍交該部議處。謹按：此條係雍正三年，律例館查照康熙年間《兵部現行則例》纂入，至今仍之。」

不過即使國家針對八旗兵丁，制定嚴格的軍事行政制裁，現實案例的處理仍存有一些彈性。例如三藩之亂期間，不聽將領號令之護軍札木，「於別路散去」，被判處絞立決。清聖祖問曰：「此人應免死否」？明珠回答：「前有此等罪犯，概行寬免」，清聖祖於是裁定「札木素從寬免死，著給與本主為奴」。[179]此外兵部亦題報：「自東湖地方分散，前鋒桑保擬絞，驍騎烏薩納等三人，俱枷號三個月鞭一百。自保寧分散，苦獨勒回子四人，亦枷號三個月鞭一百」。清聖祖對此則表示：「桑保著免死，減等發落，餘依議」。[180]上述兩例均屬兵丁抗令案件，為首者原本都應當論死，最後卻獲得寬免。皇帝可能基於愛惜人才的考量，不忍對旗人子弟施予重刑，但這並非表示軍律的重要性全被忽略。清聖祖於康熙二十二年（1683）八月間，曾言「我朝軍法，從來嚴明，雖承平時，不少寬假，然尚有未盡處」，[181]隨後又於康熙三十七年（1698）十一月間，處理狗色出兵規避案時強調：「凡用兵賞罰，須極嚴明，若此等不正法，何以用眾。朕三次出師，愈知軍紀不可不肅，狗色罪當死」。[182]在清聖祖看待軍律剛柔並濟的態度下，八旗軍律的發展

---

[179] 《清代起居注冊・康熙朝（北京版）・第10冊》，頁4835-4836，康熙二十年五月十五日條。

[180] 《清代起居注冊・康熙朝（北京版）・第10冊》，頁4851，康熙二十年五月二十日條。

[181] 《清代起居注冊・康熙朝（北京版）・第15冊》，頁7178，康熙二十二年八月二十二日條。清聖祖接著指出戰場上常見的一些問題：「因定例內，擊敗賊寇，凡受傷回營之人，俱准論功。又我軍退卻，凡受傷退回者，亦得免罪。於是不肖之徒，怯於戰鬥，故將伊身，自作傷痕，希圖規避者，不無其人。更有甚者，因一人受傷，即數十人扶擁送回，規避不前。」該問題促使另一新規定的出現，參見《欽定大清會典事例（光緒朝）》，卷581，〈兵部・出征・軍令〉，頁11a：「（康熙）二十三年議准，官兵被傷退回者，若係一、二等傷痕免議，三等以下傷痕，仍與失利者同罪。如未經被傷，冒作傷痕退回者，照規避例治罪。若係官員重傷，止許親隨人等送出，無親隨人，令兵丁一、二名護送。兵丁重傷，亦止令兵丁一、二名護送，多差者將差撥各官治罪。」

[182] 《清代起居注冊・康熙朝（臺北版）・第12冊》，頁6670-6671，康熙三十七年十一月十四日條。

日益完整，相關制度越來越明確。[183]

　　八旗兵丁除遭逢戰事奉命出征外，平時工作主要為鎮守重要據點。在京的驍騎、護軍等營負責守衛宮禁與京師內外大小城門，駐防八旗則是守衛駐地的滿城、滿營與重要關口。八旗兵丁若在執行守衛職務中有所疏失，亦依情節施予輕重不等的行政制裁。順治十年十一月間，鑲黃旗步兵甲喇達克勒等人，率領兵丁黑子、敦大巴等人看守皇城後門，夜間忽有多名賊人搶劫當鋪，達克勒等人「俱在百步之內」，卻聲稱不知情以致未能擒賊，克勒等官與黑子等兵丁最終均受嚴懲以示懲戒。[184]康熙十九年（1680）六月間，民人三兒擅入神武門直趨景運門，被景運門護軍執送刑部，失職的守衛護軍被求處鞭七十，清聖祖表示「守門護軍，職司緊要，理應責懲」。[185]康熙二十二年六月間，兵部議奏三等侍衛哈喇扣，「寅夜擅出入皇城禁門」應行革職。清聖祖了解此事後，裁示「哈喇扣非守分之人，曠誤班直，寅夜喚開皇城禁門，私自出入，情屬可惡。著革職，交刑部嚴加議處。」[186]透過上述幾案可知八旗兵丁若有職務疏失，皆會遭受行政制裁，罪情重大者甚至先革職再送交刑部加重處分。

　　有別於一般行政疏失，八旗兵丁若假借職務之便營私牟利，相關懲處將更為嚴厲。嘉慶十九年（1814）六月十九日，安集延之蘇勒坦拜等人，正自哈薩克行經伊蘭瓦斯卡倫外約四里處，他們決定先紮營過夜，明日再過卡倫。巡卡滿兵關凌見狀，告知另一名卡兵

---

[183] 相關內容詳可參見《欽定大清會典事例（光緒朝）》，卷581，〈兵部‧出征‧軍令〉，頁530-537，康熙二十九年、雍正元年、乾隆十四年諸條。清政府自康熙中期以來，軍律的制定多同時針對八旗與綠營，較少僅適用八旗的專門規範。

[184] 〈明清內閣大庫檔案〉，登錄號117483-001，刑部左侍郎吳喇插‧刑部為處分看守皇門疏防官兵事，順治十一年四月十日。

[185] 《清代起居注冊‧康熙朝（北京版）‧第8冊》，頁3955，康熙十九年六月二十日條。

[186] 《清代起居注冊‧康熙朝（北京版）‧第14冊》，頁6946，康熙二十二年六月二十三日條。

隆祥此事，隆祥「一時起意詐取錢文」，偷帶回人翻譯沙木西特前往勒索。隆祥命沙米西向蘇勒坦拜等人說明目前卡倫規定婦女不得入內，若想順利過卡必須送交一串普爾錢，蘇勒坦拜等人央求能否只給五百文，雙方最終以七百文成交。隆祥先帶一些人入卡，要求其餘之人明日赴卡交錢領人。蘇勒坦拜等人隔天依約向隆祥要人，不料隆祥改口說這些婦女是哈薩克人必須扣留。隆祥隨即向章京福通阿通報日前發現蘇勒坦拜等人，「用給錢保送之語」，誘騙兩名哈薩克婦女入卡。此事上呈至喀什噶爾參贊大臣恩長處時，被認為不合常理故展開調查，當地兵丁普遍利用職權違法犯紀之惡行就此揭發。

恩長很快著手審理隆祥一案，他指出安集延之蘇勒坦拜等人，並未違例更無偷渡之心，隆祥的作為實屬違法：

> 隆祥身充卡兵，膽敢越界詐索，用言誘騙，私帶進卡。雖贓未入手，教誘索詐已實。應照守把之人知情故縱律，杖一百徒三年，係旗人照例枷責。副護軍參領福通阿，係專管卡倫之員，於所屬兵丁越界詐索，雖未允准，但隆祥既將索詐實情告知，仍徇情不據實揭報，希圖朦混，實屬知情故縱，應請旨革職。

隆祥主要被依〈私越冒度關津〉律加以處置，[187]長官福通阿則是連帶遭受革職的行政制裁。此案除了隆祥與福通阿外，相關人等也各自受到輕重不一的處分。此外恩長在審理過程中，意外發現更多驚人內幕。隆祥接受訊問時供出一本帳冊，聲稱「平日大家舞弊分

---

[187] 田濤等點校，《大清律例》，卷20，〈兵律‧關津‧私越冒度關津〉，頁327：「凡無文引，私度關津者，杖八十。若關不由門、津不由渡，（別從間道），而越度者，杖九十。若越度緣邊關塞者，杖一百徒三年，因而（潛）出（交通）外境者，絞（監候）。守把之人，知而故縱者，同罪（至死減一等）。」

錢，今日向我一人推卸，心實不甘」。恩長翻閱這本帳冊，赫然發現當地兵丁常勒索過卡之人，如此不法之事相沿已久，官員不僅未約束兵丁甚至參與其中。恩長根據帳冊將不法官員與兵丁，依收受銀兩多寡分別從嚴定擬。[188]清仁宗了解此事原委後，基本上同意恩長的判決，並嚴詞告誡兵丁不許再犯。[189]八旗兵丁利用職務之便為非作歹，不僅發生於邊疆地區，直省駐防處亦是不勝枚舉。[190]

綜觀前述八旗兵丁違反軍律與行政疏失案例，清政府多根據案情輕重施予處分。八旗兵丁若罪情嚴重，甚至無法再披甲當差，相關規定最遲於乾隆初年確立：

> 乾隆五年覆准，兵丁犯罪，由部審擬，除部文內聲明革退者，照部文革退外，其未經聲明者，如犯竊之案，及一切公、私罪名，在鞭一百以上者，皆革退。罪止鞭一百，及一百以下者，仍准當差。[191]

---

[188] 關於這起案件的來龍去脈，詳可參見〈宮中檔嘉慶朝奏摺〉，文獻編號404016004，恩長等‧奏為審明越界詐錢之滿兵扶同捏稟之章京分別定擬恭摺奏聞，嘉慶十九年七月十五日、〈宮中檔嘉慶朝奏摺〉，文獻編號404016005，恩長等‧奏為卡倫官兵通同舞弊審明分別定擬恭摺奏聞，嘉慶十九年七月十五日。恩長查閱帳冊後的判決為：「該官兵等，藉此索詐，與法雖未枉，與理殊不合，自應照例，從嚴定擬，以示懲警。查律載，官吏受財者，計贓科斷，無祿人各減一等；又律載，不枉法贓，各主者通算折半科罪等語。查副護軍參領福通阿任內，索取過普爾錢共二十串五百七十一文，合銀九十三兩五錢零，照折半銀四十六兩七錢零科斷杖一百律，應杖一百。……隆祥、巴圖魯、吉祿得，在碩凌阿、福通阿任內，共隨同索取過錢二十四串四百六十三文，合銀一百一十一兩一錢零，照折半科斷無祿人減一等杖一百律，杖一百。……」

[189] 《清仁宗睿皇帝實錄》，卷295，頁1045，嘉慶十九年八月丁丑條。

[190] 相關案例詳可參見賴惠敏，〈從杭州看清代的滿漢關係〉，頁60-61、許富翔，〈清代江寧滿城的研究〉（臺北：東吳大學歷史學研究所碩士論文，2008），頁107-108。

[191] 《欽定大清會典事例（光緒朝）》，卷1121，〈八旗都統‧兵制‧革退官兵挑補護軍馬甲〉，頁13a-13b。此外亦可參見《欽定兵部處分則例（道光朝）》，卷31，〈八旗‧雜犯‧兵丁犯罪〉，頁64a：「八旗兵丁犯罪，由部審擬鞭責，送回該旗，除部文內聲明革退者，照部咨革退外，其文內未經聲明者，查係行竊、逃走之案，無論罪名輕重，概行革退，係一切公罪在鞭一百，並私罪在鞭一百以下者，仍准當差。如所犯係私罪，應鞭一百者，即行革退。」

八旗兵丁惟犯有鞭一百以下的公罪與未滿鞭一百的私罪，並且未涉及偷竊、逃走之事者，才有機會被處分後繼續當差。旗員若未及時將依法應革退者革退，亦會連帶遭受行政制裁。[192]持平而論，八旗兵丁被施以鞭一百以上之刑，即表示行為曾嚴重不檢，將其革退對國家兵政實有裨益。

因罪革退的八旗兵丁因不再稱職，理論上即使服刑期滿也不該將其開復，不過值得注意的是，因罪革退的八旗兵丁並不代表永遠告別軍旅生涯。鑲紅旗滿洲副都統公元於雍正十三年（1735）十一月間，奏稱兵丁錢糧為旗人生計的重要支柱，不少旗人被革退後立即出現嚴重的生計問題。公元認為未犯重罪的革退八旗兵丁，若有知錯能改並且騎射可觀者，應再給予一次重新效力的機會。[193]該建議在獲得清高宗的同意後成為定制：

> 又覆准，革退兵丁後除犯十惡，及因軍機獲罪、殺傷人命、帶軍器脫逃外，有情願充補護軍、馬甲者，驗看騎射，亦准選補。如果改過行走勤慎者，有應升之處，准其列名。[194]

---

[192] 〈明清內閣大庫檔案〉，登錄號170410-001，兵部為佐領將逃走披甲不行革退事，乾隆三十三年五月日不詳。

[193] 《宮中檔雍正朝奏摺・第32輯》，頁244-248，〈鑲紅旗滿洲副都統公元・奏請將非惡意為過輕罪之人酌量復用事〉，乾隆十三年十一月二十四日。該滿文奏摺的主要內容翻譯如下：「hujufi baicaci, nakabuha, weile araha ursei dorgi turgun ujen weihuken adali akū be dahame,（伏查，因革退治罪兵丁內情節輕重不一）baitalara waliyara be inu ilgame faksalaci acambi.（用捨也應有所區別）tere anggala, esei dorgi ememu faššan bisire se asigan, niyalma giltukan urse,（況且這些人內有些是勤奮年少，為人俊秀者）ini beye nakabuha weile arabuha be korsome aliyame,（懊悔其被革退治罪）nenehe endebuku be halafi,（改正先前的過失）beyebe icemleme dasame bayara uksin de dosifi weile be sume faššame yabuki sere（想要洗心革面，再度擔任護軍、馬甲效力贖罪）urse be aika dasame bayara uksin de gaici（若令這些人重新擔任護軍、馬甲）ese bahafi gūnin de acabume faššame yabumbime,（既能合其效力之意）inu enduringge ejen i kesi de bahafi ciyanliyang jeme booi anggala be ujimbi（亦能蒙受聖主之恩食錢糧撫養家口）」漢文翻譯亦可參見《雍正朝滿文硃批奏摺全譯・下冊》，頁2467-2468，〈鑲紅旗滿洲副都統襲元・奏請八旗獲罪兵丁給以出路摺〉，乾隆十三年十一月二十四日。

[194] 《欽定大清會典事例（光緒朝）》，卷713，〈兵部・兵籍・八旗拔補兵缺〉，頁6b-7a。

從此八旗兵丁因罪革退者，如果誠心悔改又精於騎射，只要往昔罪情未太嚴重，仍有機會再度披甲當差。該例原本僅適用於在京八旗，乾隆十六年（1751）七月間，福州將軍新柱奏稱「此例雖專指在京官兵而設，臣思在內在外均屬旗人，合無仰懇皇上天恩，一視同仁」，[195]日後遂連駐防八旗也一體均霑。[196]

第三節　旗人的人身與遷徙自由限制規範

一、正身旗人的自由約束與相關罰則

　　由於時空背景的不同，傳統中國法律當然無法簡單與現代法學相提並論。不過古今法律概念也未必全然涇渭分明，基本上仍可將傳統中國法律，概略分為刑法、民法與行政法三層面。在官僚制度與中央集權早熟的影響下，傳統中國行政法的發展格外突出，時至明清時期更是到達高峰，官方多次編修的會典，或可視為一架構完整的行政法法典。[197]回到本章主軸，清朝為有效管理旗人，亦專門為其設置一些行政法規，其中最特殊者當屬旗人的人身與遷徙自由限制規範。

　　八旗制度在關外時期的一大特色乃「以旗領人」，旗人普遍被視為領旗貝勒的私屬。[198]當時各旗丁口嚴禁相混，領旗貝勒除非

---

[195] 《宮中檔乾隆朝奏摺・第1輯》，頁252-253，〈福州將軍兼管閩海關事新柱・奏為駐防革退官兵請援例准補甲缺摺〉，乾隆十六年七月二十五日。皇帝硃批為「該部議奏」。

[196] 《清高宗純皇帝實錄》，卷399，頁245，乾隆十六年九月己卯條：「兵部議覆：『福州將軍兼管閩海關事務新柱奏稱，閩省駐防官兵內，有緣事革退者，因外省向無復准挑補甲缺之例，終身淪棄，無計資生。請援在京八旗例，無論官、兵，凡罪犯軍流以下，其有家計窘迫，願補披甲缺者，驗看年力強壯，弓馬嫻熟，俱准挑補。應如所請，通行各省駐防處，一體遵照。』從之。」

[197] 相關討論詳可參見林乾，〈五朝《清會典》纂修論述〉，收錄於故宮博物院國家清史編纂委員會編，《故宮博物院八十華誕暨國際清史學術研討會論文集》，頁469-482。

[198] 杜家驥，《八旗與清朝政治論稿》，頁84-92。

犯罪受懲，否則其佐領難以被奪。旗人在八旗制度約束下，人身自由被統治者或領旗貝勒牢牢掌控。清朝入關後縱使各領旗貝勒相繼失勢，但這種人身依附的傳統仍被保留，惟漸從領旗貝勒過渡至皇帝手中。八旗制度入關後雖然歷經不少變革，但其約束特質仍持續發揮作用。皇帝對旗人始終嚴格控管，旗人不僅失去自由遷徙的權利，擅自脫離旗籍更不被允許。

旗人在人身自由上，無論官員、兵丁還是一般旗人均深受束縛。若暫且撇開東北旗人不論，「從龍入關」的任何旗人除非得到官方允許，例如前往外地當官、作戰或駐防，否則皆不准擅自離京。旗人即使合法前往外地，仍受到國家嚴密監控，不僅多被要求居於獨立的滿城或滿營，[199]任務結束後亦不可隨意在外逗留。[200]此舉應是基於下列考量：其一旗人是國家賴以維生之根本，不能輕易散失於眾多漢民中；其二將旗人與漢民相區隔，有助於避免旗人失去滿洲本色或是擾害地方。

旗人若擅自離開北京或是駐地即屬私下逃旗，[201]官方對這些私逃旗人設置一定罰則，無論旗員還是兵丁均有專屬的行政制裁。目

---

[199] 關於滿城的意義與作用，詳可參見馬協弟，〈清代滿城考〉，《滿族研究》，1990：1（瀋陽，1990.03），頁29-34、朱永杰，〈「滿城」特徵探析〉，《清史研究》，2005：4（北京，2005.11），頁78-84、黃平，〈滿城興建與規劃建設研究〉（成都：四川大學歷史學研究所碩士論文，2006）。

[200] 「歸旗」為清政府管理旗人的重要制度，詳可參見孫靜，《「滿洲」民族共同體形成歷程》，頁155-165。

[201] 傳統中國政府為維持社會安定，多採取限制百姓遷徙自由之政策，該情形至清代卻發生變化。清律原本亦有限制人民遷徙自由之規定，其內容為：「若軍民出百里之外，不給引者，軍以逃軍論，民以私度關津論」。該規定應是繼受明制，明會典有載：「凡軍民人等往來，但出百里者，即驗文引」。不過該規定時至雍正三年，即因「今民人各省行走貿易，並無禁止之事；營兵出百里外，亦無給與路引之例」之緣由被刪，由此亦可得知該規範早已如同具文，清初百姓的遷徙自由似乎已被放寬。上述內容參見〔清〕黃恩彤編，《大清律例按語》，卷15，〈兵律‧關津‧詐冒給路引〉，頁7b-8a、《大明會典》，卷139，〈兵部‧職方清吏司‧關津二〉，頁39b。清人擁有較多遷徙自由，或與賦役制度的改革有關。自官方推行「丁隨地起」政策後，丁徭取之於地糧，人口稅的徵收宣告結束，人身依附於土地的關係隨之減輕。當丁額與賦稅無關後，編審之法漸成虛文，更不利於官方掌握地方人口額數。相關討論詳可參見莊吉發，《清世宗與賦役制度的改革》（臺北：臺灣學生書局，1985），頁89-

前關於清朝「逃人」現象與相關規範的討論相當豐富，不過這些著作論及的「逃人」，多為旗下家奴而非正身旗人。一般旗人逃旗未受同等矚目的原因，或與清末律學家薛允升的觀察有關：

> 《督捕則例》係專為旗下家人而設，觀順治年間所奉諭旨可知。正身旗人原不在內，蓋旗人有犯，原有犯罪免發遣之律，故間有逃者，亦不過十百分之一耳。乾隆十八年續纂之例，則專指正身旗人言之矣，入於此門，殊與原定督捕之意未符。[202]

薛允升討論《督捕則例》時，強調該例本是針對旗下家奴而設，日後卻「又添入另戶旗人逃走各條，大非定例之本意矣」。[203]許多論者根據薛允升見解，認為清初逃人問題限於旗下家奴，然從規範的演變來看，一般正身旗人私逃的罰責並非自乾隆朝才出現。[204]

根據現存史料的記載，清初正身旗人逃走受懲的案例確實不多，但這並不表示當時絕無此事。清聖祖曾於康熙十二年（1673）諭曰：「凡護軍兵丁，及另戶閒散人逃走者，免刺字，鞭一百，如係奴僕兵丁，照例鞭、刺」，[205]皇帝既在規範上將正身旗人與旗下家奴相區別，可知當時已有正身旗人逃旗。若比較正身旗人與旗下家奴的相關罰則，不難發現兩者刑度幾乎一致，差別僅在於刺字與否。[206]

94。透過上述內容，即能理解旗人相較於一般民人，擁有較少人身與遷徙自由。

[202] 〔清〕薛允升著，黃靜嘉編校，《讀例存疑重刊本》，卷53，〈督捕則例卷上・另戶旗人逃走〉，頁1318-1319。

[203] 〔清〕薛允升著，黃靜嘉編校，《讀例存疑重刊本》，卷53，〈督捕則例卷上〉，頁1317。

[204] 〔清〕薛允升著，黃靜嘉編校，《讀例存疑重刊本》，卷53，〈督捕則例卷上・八旗家人逃走分別次數治罪〉，頁1335：「查正身旗人因逃走治罪之例，始於乾隆十八年，即本門第一條之原例是也。」

[205] 《欽定大清會典事例（光緒朝）》，卷855，〈刑部・督捕例・另戶人不刺字〉，頁10b。

[206] 當時旗下家奴逃人的處罰，為初逃者左面刺字鞭一百，二次逃者右面刺字鞭一百，三次逃者絞監候，詳可參見吳志鏗，〈清代的逃人法與滿洲本位政策・附錄〉，頁128-130。

雍正年間的一起正身旗人逃旗案例，亦透露出一些線索，該案原委大致如下：

> 刑部議奏：「熱審案內，旗人沈國良等，久經在逃，今自投回，應照律發遣。」得旨：「逃人自行投回，而該旗送部發遣，部內即議以發遣，均屬錯誤。似此投回之逃人，仍擬以發遣，則在逃人等，孰肯自行投回？嗣後將逃人在外，曾否為非，并伊在逃月日、次數之多寡，應如何酌量分別治罪之處，著刑部會同旗下大臣，詳議定例，永遠遵行。」[207]

清世宗對刑部將自行投回的逃人依律發遣深感不滿，要求刑部會同八旗大臣重新討論。臣工商議後的內容值得留意：

> 查定例，逃人初次逃走者，左面刺字，鞭一百；二次逃走者，右面刺字，鞭一百。三次逃人，發往寧古塔、烏拉，給披甲人為奴，若另戶著當差；內務府所管另戶人，發遣打牲烏拉為打牲人。又定例，凡逃人逃走，十日內拿獲者，免刺字，鞭一百，不算逃走次數；過十日者，鞭、刺。另戶護軍兵丁，及閒散人逃走者，免刺字，鞭一百。又逃人自行投回者，免其鞭、刺等語。[208]

上述引文呈現康熙年間的「定例」，已有關於正身人逃旗的處分規定，其內容恰與前述康熙十二年的上諭相仿。[209]除了前述兩例外，

---

[207] 《清世宗憲皇帝實錄》，卷70，頁1051，雍正六年六月丙戌條。

[208] 《上諭旗務議覆》（臺北：臺灣學生書局，1976），未分卷，〈雍正六年〉，頁23a。

[209] 較不相同處在於「三次逃人，發往寧古塔、烏拉，給披甲人為奴，若另戶著當差」。正身旗人逃走三次者被發遣當差，符合旗人因罪發遣的相關規定，詳可參見本書第二章第二節。

薛允升所謂最早的正身旗人逃旗罰則,即乾隆十八年(1753)例中明言:「凡在京旗人逃走,於一月內拏獲,及自行投回,仍照舊例治罪,交旗管束」。[210]在此之前若未有相關規範,何來「舊例」可憑?綜觀這些例證,或可說明薛允升之看法略有誤解。

薛允升認為正身旗人的私逃罰則,始於乾隆年間雖不甚準確,但不可忽略的是,相關條例於乾隆朝的增修明顯多於過往,詳細情形可參見表4-3-1。

表4-3-1 《督捕則例》中〈另戶旗人逃走〉乾隆朝以後
條例之演變

年分	條例修訂內容	備註
乾隆五年(1740)	旗人聘娶民婦為妻,其婦人逃走,免刺鞭一百,逃至三次,正法。窩家地方官功過,照常究議。	
乾隆八年(1743)	旗人家下婦女,初次逃走者,鞭一百,有犯按次科斷,鞭責的決,餘罪照例收贖,均免其刺字。窩家照留逃走婦女例,分別知情、不知情治罪。地方官功過,照常究議。	此例為乾隆五年例修改而成。
乾隆十八年(1753)	凡在京旗人逃走,於一月內拿獲,及自行投回,仍照舊例治罪,交旗管束外,其在一月以外,不論投回被獲,查係滿洲、蒙古,僉妻發黑龍江等處當差,有子女願隨者聽,該將軍嚴加約束。歲底將該犯等,曾否改悔之處彙奏,如知儆懼改悔者,即入於本地丁冊,一體食糧當差;怙惡不悛者,將該犯及隨帶子女,改發雲、貴、川、廣邊遠地方,聽其自行生理,令地方官與民人,一體約束,旗冊除名。係漢軍,照民人犯流罪例,分別次數,按三流道里,安撫為民。一次流二千里,二次流二千五百里,三次流三千里,同妻一併銷除旗檔。其在逃匿類,雖在一月內投回,而該旗奏明,送部發遣者,係滿洲、蒙古,發往拉林;漢軍仍照民人例,分發各省。至汗閭迷路在逃,年在十五歲以下者,仍照舊例辦理;若在十六歲以上,亦與逃人同罪。該管參佐領等。均交兵部議處,刑部於歲終,將報逃人數,彙疏以聞。	

---

[210] 《欽定大清會典事例(光緒朝)》,卷855,〈刑部・督捕例・另戶旗人逃走〉,頁2b。

年分	條例修訂內容	備註
乾隆二十四年（1759）	凡各省駐防兵丁、閒散人等，初次逃走，無論被獲、自首，俱鞭一百，枷號一月，交與該旗佐領官員等，嚴加管束，充當苦差。半年後，果能安分，仍准披甲當差。二次逃走，無論被獲、自回，即發黑龍江等處，折磨當差。再綏遠城，有從熱河所撥駐防兵丁，右衞所撥駐防蒙古兵丁內逃走者，亦照此例辦理。其逃走兵丁，至三名者，將失察之該管佐領、防禦、驍騎校，罰俸一年；至五名者，該管協領，罰俸六月；至十名者，將軍副都統等，罰俸三月。	
乾隆二十八年（1763）	著八旗都統等，將乾隆十八年以後，另戶滿洲、蒙古逃走，在一月內，投回及拿獲者，俱查明，連家屬一併派往伊犁，賞給步甲錢糧，當差行走。如賞給錢糧後，仍不悛改，復致逃走，此則匪劣成性，終身不能改悔者，竟不必派人查拿，即拿獲，亦不必照軍逃例，即行正法。著於滿洲、蒙古檔冊，即將伊等名籍刪除，任其所之，毋庸辦理。	此例為乾隆十八年例之補充。
乾隆三十二年（1767）	滿洲、蒙古逃走一月外，投回被獲，應發黑龍江之犯，不必僉妻，其妻妾子女，願隨者聽。漢軍一月內，投回免罪；拿獲者，初次鞭一百，二次枷號一月，鞭一百。如逃至三次，及在一月以外，不論投回被獲，即照民人犯流罪例，分別次數治罪。至在逃匪類，一月內投回，除滿洲、蒙古，仍照例發伊犁外，如係漢軍，亦照民人例，分發各省。	此例為乾隆十八年例之補充。
乾隆三十三年（1768）	另戶滿洲、蒙古發伊犁，賞給錢糧後，復行逃走者，如自行投回，用重枷枷號六月，痛加責懲，折磨差使。拿獲者，即行正法。	此例為乾隆二十八年例之補充。
乾隆四十一年（1776）	另戶滿洲、蒙古逃走，一月以內，投回及拿獲，應發伊犁之犯，如於刑部審結，交旗起程時，復犯逃走，被獲者，擬絞監候；投回者，枷號三月，仍發伊犁，交該管官，嚴行管束。	
乾隆四十二年（1777）	另戶滿洲、蒙古，派往伊犁，賞給步甲錢糧，當差行走之人，如於脫逃投回，枷號五月，痛加責懲，折磨差使之後，復犯逃走，自行投回，擬斬監候，入於秋審辦理。若奉旨免勾，將該犯永遠監禁，遇赦不准援免。	
	又定，失察駐防兵丁逃走之該管各官，不必按名計算，交兵部分別議處。	此例為乾隆二十四年例之補充。

年分	條例修訂內容	備註
嘉慶六年 （1801）	在京另戶滿洲、蒙古、漢軍，初次逃走，被獲者鞭一百，一年內，自行投回免罪；一年以外，投回鞭六十。二次逃走，被獲者，枷號一月，鞭一百，六個月內，投回免罪；六個月以外，投回鞭八十。三次逃走，被獲者，發黑龍江等處當差，三個月內，投回免罪；三個月以外，投回者鞭一百。被獲不與投回併算，投回不與被獲併算。投回三次後復逃走，雖係自行投回，不計年月，即照初次逃走例，鞭一百，交旗管束，仍俱准其挑補差使。其罪應發遣者，妻妾子女願隨者聽，該將軍嚴加約束。歲底將該犯等，曾否改悔之處彙奏，如果安靜守法，亦即准其挑補差使。儻怙惡不悛，及逃走者，削除旗檔，改發雲貴兩廣邊遠地方，聽其自謀生理，令地方官與民人，一體嚴加約束。刑部於歲終，將報逃人數，彙疏以聞。至盛京等處，並各省駐防，及屯居旗人，有犯逃走，俱照此例，分別次數辦理。其各省駐防，失察逃走兵丁之該管各官，交部分別議處。至在京及各處旗下，另戶婦女，及旗下家人婦女，有犯逃走，亦照此科斷，按律收贖。	以雍正六年例為基礎結合上述條例而成。
道光五年 （1825）	在京旗下官員逃走，一次者革職，銷除旗檔。其另戶滿洲、蒙古、漢軍閒散旗人，初次逃走，或實因病迷，一月以內，投回者免罪，被獲者鞭一百，俱仍准挑差；如已逾一月，無論投回拿獲，及二次逃走者，均銷除旗檔為民，聽其自謀生理。刑部於歲終，將報逃人數，彙疏以聞。若盛京並各省駐防，及屯居旗人，有犯逃走，俱照此例，分別辦理。其各省駐防，失察逃走兵丁之該管各官，交部分別議處。在京及各處旗下，另戶婦女，有犯逃走，亦照此科斷。	
道光十四年 （1834）	至吉林、黑龍江所屬旗人，初次逃走，被獲者鞭一百，一年以內，自行投回者，免罪；一年以外，投回者鞭六十。二次逃走者，無論投回拿獲，俱銷除旗檔為民。	

資料來源：《讀例存疑重刊本》、《欽定大清會典事例（光緒朝）》

　　透過這些條例演變，不難發現清政府對正身旗人私逃者的處罰，自乾隆十八年起日益嚴格。原本初次逃走者，一年內投回免罪，超過一年投回鞭六十，[211]乾隆十八年例則提高刑度：「其在一

---

[211] 《上諭旗務議覆》（臺北：臺灣學生書局，1976），末分卷，〈雍正六年〉，頁23b。

月以外，不論投回、被獲，查係滿洲、蒙古，僉妻發黑龍江等處當差」，「係漢軍，照民人犯流罪例，分別次數，按三流道里安撫為民」。在後續幾次罰則調整中，甚至出現「銷除旗檔」之規定。皇帝對正身旗人逃旗者施予重罰，應是希望藉此產生恫嚇效果，但從條例屢屢修訂的情形來看，成效可能沒有想像中得大。本節接下來將分析眾多正身旗人，違反人身與遷徙自由限制規範之案例。

二、八旗官員的回旗與告假

　　居住於京師的眾多旗人，除隨軍出征或是移地駐防外，擔任地方官員者也有機會離開北京。[212]不過他們遠赴外地當官只是一種臨時性職務，任期屆滿或是任務結束後，旗員必須連同家眷舉家返回北京。旗員與其家眷的回旗有一定時限，[213]違反規定或無故逗留者，將根據情節輕重加以處分。[214]清政府如此嚴格管制旗員，與旗人特殊的身分密切相關。漢官雖然自康熙二十九年（1690）亦規定「革

---

[212] 官員離京赴任亦有一定期限，詳可參見《欽定吏部處分則例（乾隆朝）》（香港：蝠池書院出版公司，2004），卷5，〈吏・赴任・憑限〉，頁1a-12b。

[213] 目前所見最早的規定出現於康熙二十六年，參見《欽定大清會典事例（光緒朝）》，卷93，〈吏部・處分例・旗員歸旗〉，頁1a：「康熙二十六年奉旨，歸旗人員，皆令該督撫嚴行催促，限五月內回旗。」

[214] 相關罰則參見《欽定大清會典事例（光緒朝）》，卷93，〈吏部・處分例・旗員歸旗〉，頁1a-2a：「二十九年題准，凡應歸旗人員，無故不速起程，逾限一月以上；或已起程，中途逗遛；或不進京，在他處居住；或本身已來，而家口在他處居住。有官者，革職，已革職者，交該衙門治罪。其該管州縣官、同城知府，不速催起程，容留一人者，降一級留任，二人者，降一級，三人者，降二級，四人者，降三級，五人者，降四級，皆調用；六人以上者，革職。道員及不同城知府所屬地方，容留一、二人者，罰俸一年，三、四人者，降一級留任，五人以上者，降一級，十人以上者，降二級，皆調用。督撫所屬地方，容留一二人者，罰俸三月，四人者，罰俸六月，五人以上者，罰俸一年，十人以上者，降一級留任。儻歸旗人員，已經起程，該地方官，不將起程日期申報，或已申報，而督撫不行咨明該部、該旗，以致逗遛生事者，亦照此例議處。如歸旗人員，於原任地方，起程逾限，不及一月，或實因患病，及有不得已情由，難以起程；或已起程，中途患病難行，阻滯情實者，取具該地方正印官印結報部，概行免議。如並無事故，妄藉事端，謊取印結，其地方官不將此等情由申報，濫給印結，一經察覺，將謊取印結之員，仍照逗遛逾限例處分，出結之地方官，照容留例處分。」根據規定可知除違限八旗官員本身外，其餘未盡職責令其回旗的官員也會一併懲處。

職離任者，照旗員之例勒限回籍」，[215]不過「其餘解任、休致、丁憂各官，懇免驅逐，聽其自便」，相較於旗員仍有些彈性。[216]

旗員回旗常因所費不貲而得到官方一些補助，例如雍正十三年七月間，廣州駐防的鑲紅旗協領于永世，奉命補授正白旗漢軍副都統，皇帝乃令廣東督、撫協助于永世返京。兩廣總督鄂彌達隨即奏稱：

> （臣等）隨經咨明廣州將軍張正興、副都統安華，查造于永世在廣家口清冊，擬定啟程日期，并行廣東糧驛道，撥給驛站船隻，送至南雄度嶺，所需進京夫船食用等項，約計盤費銀一千兩，方足敷用。臣與撫臣楊永斌，各資助銀五百兩，共一千兩，發交于永世之子于宗珮、于宗理收領。[217]

從鄂彌達的奏摺可知旗員歸旗非同小可，往往需要妥善的規劃與大量資助。乾隆五十四年（1789）十二月間，清高宗因福建陣亡游擊延山之子六十三尚未回旗，擔心他可能缺乏盤費或遭逢事故，下令「浙江、江南、山東各督撫，於六十三入境時，即照料催令迅速回旗，毋得再住延緩」。[218]清政府嚴密監控旗員儘速回旗，當是基於國家利益的考量，官方在該政策執行過程中亦不忘積極從旁協助，

---

[215] 《欽定大清會典事例（光緒朝）》，卷94，〈吏部・處分例・漢員回籍〉，頁1a。

[216] 該制起因於刑科給事中鄭昱之奏：「自今以後，革職拿問官員，必限定日期，發回原籍。其餘解任、休致、告病、丁憂、告假等官，請停其勒催回籍，聽從自便。」上曰：「這本說得是，著九卿詹事科道，會同詳議具奏。」參見《清代起居注冊・康熙朝（臺北版）・第2冊》，頁633，康熙三十年二月初八日條。該奏商議結果詳可參見《清聖祖仁皇帝實錄》，卷150，頁665，康熙三十年二月丁丑條，皇帝對此的表示為「奉天、四川，回籍官員，仍照見行例行，餘依議。」

[217] 《雍正朝漢文硃批奏摺彙編・第28冊》，頁795，〈兩廣總督鄂彌達・奏報遵旨料理新授正白旗漢軍副都統于永世家口進京及起程日期摺〉，雍正十三年七月十九日。亦可同時參見《雍正朝漢文硃批奏摺彙編・第28冊》，頁924，〈廣東巡撫楊永斌・奏報料理資助正白旗漢軍副都統于永世家口起程回京日期摺〉，雍正十三年八月初六日。

[218] 〈軍機處檔・月摺包〉，文獻編號042817，山東巡撫長麟・覆奏福建陣亡遊擊延山之子六十三回旗由，乾隆五十四年十二月十一日。

未讓這些旗人身陷困境。

　　旗員及其眷屬在回旗制度的約束下，沒有在外逗留的權利，然而有時若遭遇一些特殊狀況，可能無法立即動身返京。嘉慶年間鑲黃旗漢軍之張永宗，在署單縣知縣任內病故，其隨任之子張貽謀與張貽福兩人屢被催促回旗未果。張氏兄弟並非蓄意在外逗留，實因接任其父的知縣馬冠三，查出張永宗「有短交銀九千餘兩」。由於這筆款項牽涉甚廣，山東省藩司只能先行扣留張氏兄弟，「俟結算交楚，再行給咨回旗，以清庫項」。[219]嘉慶四年（1799）五月間，署雲南武定州知州王序端病故，其子貴敏、榮敏也因父親名下虧空始終無法順利回旗。清仁宗於嘉慶六年（1801）十月二十四日針對此事諭曰：

> 已故知州王序端，攤賠應賠銀兩，自應在伊子名下著追，但王序端係四年五月內，在滇病故，其隨任家屬，例當即行回旗，何以伊子貴敏、榮敏，至今尚在滇省？或係挾有重資，逗留不返，或係赤貧，無力回京，該督撫即應據實查辦。若有別情，早應參辦，若實在無力回旗，滯留滇省，該督撫亦當設法送京，豈有旗員家屬，任其在邊遠逗留之理？[220]……一面即令回京，所有王序端名下，應行查追官項，俟伊子貴敏、榮敏到京時，再行核辦。

皇帝的態度非常清楚，旗員的虧空縱然應由其子承擔，仍不構成他們無法回旗的原因，足見皇帝對掌控旗人一事始終念茲在茲。

---

[219] 《宮中檔嘉慶朝奏摺》，文獻編號404013958，山東巡撫吉綸．奏為遵旨查明張貽謀等因伊父任內交代未完延未回旗緣由覆奏，嘉慶十四年四月二十二日。

[220] 《宮中檔嘉慶朝奏摺》，文獻編號404007266，雲南巡撫孫曰秉等．奏為遵旨查明旂員家屬因追項未清在滇眈延並無資財隱寄現已設法遣令回旂緣由，嘉慶七年正月二十八日。

在回旗相關規定中，旗員隨任子弟的回旗則有些特別。雍正三年（1725）清世宗下令：「外任旗員子弟，至十八歲以上者，不令帶赴任所。其未至十八歲者，具呈該都統存案，至十八歲悉令歸旗。」[221]旗員外任一般均會攜家帶眷，不過其子年過十八就必須回旗，清世宗認為此舉一來可避免旗員子弟因久隨外任而「安逸遊蕩，荒廢無成」，或是「在署干預地方之事」，二來旗員子弟回旗後「或讀書肄業，或披甲食糧」，「使之各有成就，不至廢棄」，可謂一兩全其美之策。[222]該制度再次展現皇帝積極控管旗人的意圖，每位旗人一旦成年就應準備為國效力。

不過從現實狀況來看，旗員隨任子弟的回旗制度並非完全沒有彈性。旗員若有特殊原因，常會自行或透過長官懇求皇帝讓子弟留在身邊，而皇帝面對這些請求多是欣然同意。雍正十一年（1733）七月間，署理陝西總督印務之劉於義，為其標下之游擊王輔代為上奏。王輔為正紅旗漢軍人，自雍正七年「發陝署理督標左營游擊事務」，全家人均寓居西安。王輔長子王文極現年十八歲理應回旗，但因王輔目前出征在外，屢為其父「製辦軍裝」的王文極，還肩負照顧體弱母親與幼小弟妹之責，實在無法返回北京。[223]雍正十二年（1734）六月間，陝西巡撫史貽直奏稱身屬正黃旗漢軍的張毓珂久赴軍前，其八十七歲的父親交由弟弟張毓璋侍奉；年滿十八歲的張毓璋如今必須回旗，但他念及父親老邁多病，盼待張毓珂回任時再行返京。[224]除了照顧家人緣由外，還有其他特殊因素。例如雍正十一年間，四川省富順縣知縣包洪謀稟稱其子包懋祥，「自幼病發不

---

[221] 《欽定大清會典事例（光緒朝）》，卷1149，〈八旗都統・公式・外任歸旗〉，頁1b。

[222] 《清世宗憲皇帝實錄》，卷126，頁660，雍正十年十二月丁丑條。

[223] 《雍正朝漢文硃批奏摺彙編・第24冊》，頁795-796，〈署陝西總督劉於義・奏代出征軍前遊擊王輔懇請准其長子留居西安暫免歸旗摺〉，雍正十一年七月十二日。皇帝硃批為：「著留西安，咨明該旗知道。」

[224] 《宮中檔雍正朝奏摺・第23輯》，頁240，史貽直、碩色・奏報旗員張毓璋不能歸旗摺，雍正十二年六月二十五日。皇帝硃批為：「准其留任，可咨明該旗知道。」

能語言行走」，長年隨其赴任就近照料，望能奏請聖恩令包懋祥免於回旗。[225]雍正十三年正月間，江南總督趙弘恩奏稱其次子「例應歸旗」，但考量「年輕之人，性情不定」，若無人在旁督責容易誤入歧途，「可否仰懇聖恩，勅下管旗大臣，准其隨任學習」。[226]皇帝面對旗員不願子弟回旗的要求幾乎未斷然拒絕，大多允許其子弟暫緩回旗。

旗員隨任子弟的回旗制度，象徵皇帝對每位旗人的掌控均很嚴密，不過一些問題亦隨該制不斷實施逐漸浮現。內閣侍讀學士祖尚志即指出回旗子弟「年甫十八」，「正介於可成可敗之間，全賴父兄時時提撕警策」，許多人回旗後反而無人就近看管，「以致放縱自由，踰閑蕩檢，貽誤於終身」。[227]正藍旗漢軍都統朱震則強調「數年以來，隨任子弟歸旗者不少」，「而披甲當差者，仍屬無幾」，一些回旗者「既無父兄管束，又無產業可贍」，終日「游手閒惰，反至流蕩」。[228]鑲藍旗滿洲副都統雅爾圖亦表示旗員雖可透過長官，向皇帝提出子弟免於回旗之請求，但「州縣佐貳等官」若亦有「不能相離之情」，「督撫未必即照府、道之例，為之代奏」。[229]根據這些奏議可知旗員隨任子弟的回旗積弊已多，不過皇帝似乎仍無動於衷，上述諸奏都未有下文。[230]畢竟對於皇帝而言，

---

[225] 《雍正朝漢文硃批奏摺彙編・第25冊》，頁590，〈四川總督黃廷桂・奏代富順縣知縣包洪謀陳明其子有病不能歸旗情由摺〉，雍正十一年十二月初五日。皇帝硃批為：「著准留任，咨明該旗知道。」

[226] 《雍正朝漢文硃批奏摺彙編・第27冊》，頁532，〈江南總督趙弘恩・奏請敕管旗大人准令次子趙松雲隨任學習摺〉，雍正十三年正月十二日。皇帝硃批為：「是。」

[227] 《雍正朝漢文硃批奏摺彙編・第29冊》，頁805，〈內閣侍讀學士祖尚志・奏陳嗣後外省旗員子弟應仍照舊例准予帶往任所摺〉，雍正十三年十一月初九日。

[228] 《雍正朝漢文硃批奏摺彙編・第30冊》，頁209，〈正藍旗漢軍都統朱震・奏請嗣後外任旗員子弟情願隨任讀書學習者無庸勒令歸旗摺〉，雍正十三年十二月初八日。

[229] 《雍正朝漢文硃批奏摺彙編・第30冊》，頁271-272，〈鑲藍旗滿洲副都統雅爾圖・奏請嗣後獨子准從父任等事摺〉，雍正十三年十二月十五日。

[230] 乾隆朝以降，旗員若未依規定將年滿十八歲的子弟送回旗下，仍會受到一定懲處，推測該制並未完全停止運作。相關案例可參見〈明清內閣大庫檔案〉，登錄號205152-001，刑部為張肇祥解京治罪由，乾隆五十六年十一月初九日。

確實掌控旗人至關重要，絕不可顧此失彼或因噎廢食。[231]

　　一般來說，身有公務的旗員通常會被允許離京，不過任務結束後自當盡速回旗。旗員若因私事請求離京，則須經正式程序告假。[232]道光二十四年（1844）三月間，鑲黃旗漢軍世襲三等靖海侯施得霖，奏稱欲前往福建省晉江縣修理祖墳，皇帝隨即特別賞假三個月。施得霖抵達福建後，因想再前往臺灣祭掃宗祠，奏請聖裁又得假三個月。不過施得霖返臺完成祭掃時，受到「冬間風帆不順，不能渡臺」，與「至本年春間，復因海面受風，延醫調治」等事影響，耽誤了回程時間，這也使得他不斷被官方「催令歸旗」。[233]由此可知旗員預計因私事離京，必須先請假才能成行，並一定要在期限內回旗。

　　旗員若未請假擅自離開北京，將會遭受一定處分。乾隆五十一年（1786）十一月十二日，鑲白旗舉人候補助教傅嵩安，前往浙江省歸安縣知縣彥圖處投拜。彥圖接見傅嵩安時心生疑竇，他與傅嵩安雖屬同旗但交情普通，不知傅嵩安為何忽然前來。彥圖令典吏到傅嵩安船上盤問，赫然發現傅嵩安乃私自出京，彥圖於是拘捕傅嵩安及其家人百授，並立即向上呈報。傅嵩安被浙江巡撫提訊時，

---

[231] 值得注意的是，相關規定日後仍有部分放鬆，參見《清高宗純皇帝實錄》，卷158，頁1-2，乾隆七年正月甲子條：「向來旗員子弟隨任在外，年至十八歲者，例應來京，若有欲留任所協辦家務者，准督撫代為題請，聽候部議。其新授外任之員，子弟在京長養，年過十八歲以上者，非奉特旨，不得隨任，此舊例也。朕思旗員子弟，不許擅隨任所者，一則恐在地方滋事，一則留京以備該旗當差。如外任旗員，能嚴加約束，為督、撫者，又不時稽查，則皆知守分循理，可無慮其多事。至該旗佐領，若本有可以當差之人，而父兄外任者，將子弟帶往，則本人既可省兩處之食用，該佐領間散之人，又得當差，支領錢糧，以資養贍，洵為兩便之道。嗣後外任旗員子弟，年至十八歲以上者，在外仍令該督撫題請，在內著呈明該部統查奏，俱准其隨任，其不願隨任者，亦聽之。若隨任之後，或出署交遊，及干與地方之事，著該督撫即行查參，從重議處。」
[232] 具體情形或可參見《宮中檔雍正朝奏摺‧第2輯》，頁112-113，〈正黃旗漢軍副都統李林森‧奏請嚴定告假違限旗員處分以免在外生事〉，雍正元年十二月初二日：「旗下官員，有為省親、遷葬、修墳、坐湯等事告假者，移咨兵部，或給假四十日，或兩個月，或八十日，或一百日，俱有定例。」
[233] 〈軍機處檔‧月摺包〉，文獻編號075644，春山等‧奏報催令告假回籍修墓之侯爵施得霖作速歸旗緣由，道光二十五年九月二十六日。

聲稱因家貧困頓，欲向舊識山東聊城縣知縣王鴻借貸，故偷帶家人百授出京拜訪。由於王鴻已前往他處當官，未見到王鴻的傅嵩安決定改赴揚州，向其父過往長隨馬順文求助，不料最後仍撲了個空。盤纏用盡的傅嵩安無計可施下，想起當年同旗考試認識的彥圖正在附近當官，乃動身拜會彥圖以期借到路費返京。[234]清高宗得知此事後，認為傅嵩安很有可能在外惹事生非，命令相關官員嚴加徹查。[235]此案後續牽連甚廣，反映皇帝對這類事件的高度重視。[236]

　　旗員在回旗制度下，任務結束後勢必得返回北京，但官員若在任內私自返京亦不被允許。康熙三十一年五月間，江寧駐防佐領昂琦未告假擅自京控，導致昂琦被「革職拿送江寧」，「著該將軍會同總督，審擬具奏」。[237]道光七年（1827）正月間，浙江省署橫浦場鹽大使金世旺，忽然帶領家人返京，金世旺之父五達色問說為何來京，以及「有無該省上憲咨文」，金世旺均含糊其辭，似乎患有疾病。五達色最終發現金世旺竟是「率行來京」，迅速向上呈報不敢隱瞞。[238]五達色或許已知其子違反規定，才主動向官方揭發此事。根據上述一系列討論，可以發現官方對旗員的人身掌控非常嚴格。

---

[234] 《宮中檔乾隆朝奏摺・第62輯》，頁473，〈浙江巡撫覺羅琅玕・奏為拿獲私自出京之旗員傅嵩安主僕緣由〉，乾隆五十一年十二月初四日。

[235] 《清高宗純皇帝實錄》，卷1271，頁1135，乾隆五十一年十二月戊午條：「據琅玕奏，拿獲私自山京之旗員傅嵩安，及家人百綬，解送刑部審辦一摺，所奏是。傅嵩安身係旗人，因家貧，輒敢違例私自出京，希圖向伊同年借貸，並找尋伊父舊日長隨，望其資助，殊屬可惡，恐此外尚有招搖生事情節，著琅玕，派員小心解送。至傅嵩安，先赴山東聊城縣知縣王鴻任所，因王鴻陞任平州，未及會面，前赴揚州，尋伊父舊日長隨。沿途逗留，已非一日，東省地方官，及兩淮鹽政、揚州府，豈竟毫無聞見？何以並不查拿，均有失察之咎。著傳諭李世傑、閔鶚元、明興，一併查明，據實參奏。」

[236] 許多官員因此案被「交部議處」，詳可參見《宮中檔乾隆朝奏摺・第63輯》，頁431-432，〈徵瑞・奏為准咨查明旗員傅嵩安私自出京赴揚州找尋伊父舊日長隨事並參奏失職之運司倉聖裔等員事〉，乾隆五十二年二月二十三日、《宮中檔乾隆朝奏摺・第63輯》，頁569-570，〈李世傑、閔鶚元・奏為旗人傅嵩安違例私自出京沿途失察各職名恒豫孔繼檊趙增等請旨交部議處〉，乾隆五十二年三月初九日。

[237] 《清代起居注冊・康熙朝（臺北版）・第3冊》，頁1454，康熙三十一年五月二十四日條。

[238] 〈軍機處檔・月摺包〉，文獻編號054539，管理正白旗漢軍都統事綿愷・奏為浙江龍頭場鹽大使金世旺私自回旗請交刑部審辦由，道光七年正月二十三日。

三、當差、閒散旗人的逃旗與脫籍

　　除了地位較高的旗員深受人身自由限制外，皇帝對一般當差與身無職務的「閒散」旗人亦持相同態度。[239]透過雍正年間正黃旗漢軍副都統李林森的上奏，即可略知一二：

　　　臣竊思廣東、福建兩省駐防兵丁，俱係三藩舊屬，蒙聖主不殺之恩，仍賞給錢糧，在彼處披甲防守。凡有病故，及革退者，除有弟男子姪現披甲外，俱照別省定例，差官護送來京。歸旗之後，更著伊佐領安插，令其得所。皇上之弘恩，同於天地，而此輩俱當仰體聖心，安居樂業，乃竟不知弘恩，私自逃回者，十有八九。[240]

　　福建、廣東的駐防兵丁多屬三藩舊部，他們依例回旗後反而遠離了故鄉。這種與一般旗人有別的特殊狀況，導致許多人從北京私自逃回閩、粵兩省，李林森之奏即希望解決該問題。根據引文中的「俱照別省定例，差官護送來京」，可知駐防旗人的歸旗在當時已屬常態。[241]

　　除了前述東南省分的特殊情形外，在京與其他八旗駐防亦常發生逃旗事件。乾隆三十六年（1771）十月二十八日，在潮州府附近

---

[239] 閒散旗人即無官職或未披甲者，滿文稱為「蘇拉」（sula）。關於「蘇拉」之意，詳可參見〔清〕沈啓亮，《大清全書》，卷7，頁21b。

[240] 《宮中檔雍正朝奏摺・第26輯》，頁478，〈正黃旗漢軍副都統李林森・奏請查解歸旗仍復逃回之壯丁之重防守摺〉，雍正年月日不詳。

[241] 駐防兵丁病故後，除非家中有其他成員擔任披甲，否則家屬必須立刻返京。此外父、兄身故後，其子弟未必能直接補缺，詳可參見《清代起居注冊・康熙朝（北京版）・第20冊》，頁10193-10194，康熙二十五年七月初九日條：「又兵部題：『西安等處，兵丁骸骨回京之時，其子弟有願留彼處者，令其披甲留駐，願回京者，令隨骸骨進京。』上曰：『駐防兵丁，關係最為緊要。歲月既久，恐致疎懈，必選嫻於騎射驍勇之人，方可披甲。見在兵丁內，有庸弱不嫻於騎射者，革退另補，不得虛充兵數。著嚴飭該管將軍知之。』」由此可見清政府為了維持駐防武力，對於披甲的挑選相當嚴格。

的東關稅口附近，一名有「旗人聲音」並「形跡可疑」之人被官府查獲。此人為山東青州駐防馬甲隆寶，乾隆三十一年（1766）七月間因酒醉不敢進城在外逗留，三十三年（1768）正月間自行投回被枷責革退。三十五年（1770）二月間，隆寶又因積欠某位民人賭債怕被問罪，不得不再度離城，一路從臺兒莊、揚州輾轉抵達福建，沿途均倚賴賣字為生。乾隆五十四年（1789）十一月間，鑲紅旗漢軍馬甲祝致廊因缺錢無法生活，請病假私自出京向親友求援，當他抵達淮安城守營參將鄭敏處時，由於沒有路引被鄭敏解縣審訊。[242]嘉慶二十年（1815）十月間，正黃旗漢軍傲勒布（olbo，漢軍中的撞鹿角兵）孟喆斌因未選上馬甲，心中愧忿不平，竟於二十一年（1816）二月間擅自離京，最後在徐州沛縣處被汛兵盤獲。[243]總之無論在京還是駐防八旗，[244]逃旗之案可說是時有所聞，相關動機則難以一概而論。

無論旗人基於何種因素選擇私逃，終究得面對官方不會等閒視之的共同結果。畢竟這些私自在外的旗人實屬脫離官方掌控，此景自然不為清政府所樂見。在穩定旗籍的考量下，清政府不僅嚴格掌控何人得以入旗，亦不允許旗人隨意脫離旗籍。此舉令旗人身分某方面來說成為一種約束，以下列舉的幾起案例或能提供更多說明。

雍正十三年正月十五日，有一名叫劉獻祥之人，聲稱奉主之命至永綏營副將張鶴處投帖請安。在張鶴的詢問下，劉獻祥說明其主為原任江西巡撫佟國勷之弟佟國忠，在四川平茶司楊土官家入贅

---

[242] 〈軍機處檔·月摺包〉，文獻編號042655，漕運總督管幹珍·奏聞鑲紅旗漢軍下馬甲祝致廊來至淮署查無告假路引等由，乾隆五十四年十一月二十四日。

[243] 〈軍機處檔·月摺包〉，文獻編號048069，百齡·奏聞審訊逃旗孟喆斌緣由，嘉慶二十一年閏六月十三日。

[244] 關於駐防八旗地區的逃旗事件，亦可參見〈軍機處檔·月摺包〉，文獻編號028845，直隸總督袁守侗·奏報拏獲脫逃之駐防旗人薩哈歡，乾隆四十五年十一月十八日、〈軍機處檔·月摺包〉，文獻編號030931，署理陝西巡撫畢沅·奏覆遵旨拿獲涼州守城逃兵鑲白旗馬甲七齡緣由，乾隆四十六年閏五月初五日。

多年。張鶴心想佟國忠既為旗人，理應無法入贅土司，頓時覺得事有蹊蹺，遂將劉獻祥連同名帖移送永綏同知梁璨審理。經過梁璨的進一步訊問，得知入贅楊家的佟國忠現年六十歲，「身中、面麻、微鬚，係正藍旗人」，居於平茶司客寨已二十餘載。今年正月初八日，佟國忠因與張鶴之姪素有交情，差遣劉獻祥前往張鶴處向其請安。清世宗接獲奏報後，認為此案「必有不法之情」，要求官員「嚴審定擬」。[245]

佟國忠隨後很快被捉拿到案，供稱他身屬正藍旗漢軍，從小生長於江南，自十六歲開始經營銅、綢緞、杉板等生意，遍遊兩江、湖廣、雲南、四川各地，康熙四十四年（1705）時入贅土司楊昌朗家，並未生育子女。一日在家人劉獻祥預計赴永綏營前夕，佟國忠告知他有一位曾在雲南當過千總的張姓「拈香弟兄」，目前似乎為該營副將，可寫手本向其請安。劉獻祥到達該處後，未打聽清楚就向張鶴呈遞名帖，但佟國忠先前所言的張副將，其實是張鶴之姪而非張鶴。佟國忠脫離旗籍多年，竟在此陰錯陽差下被人發覺。[246]佟國忠雖然沒有嚴重違法犯紀行為，但其入贅土司等同逃旗，導致此案始終受到高度重視。

嘉慶二十一年（1816）間，河南省寧陵縣捕役查獲一位形跡可疑的遊方僧，經追查後發現這位法號緒山的和尚原先竟是旗人。更令人驚訝的是，緒山承認曾入白蓮教，並在嘉慶十八年（1813）隨其父在京滋事。[247]由於此事關係重大，緒山隨即被押往省城、刑部

---

[245] 《宮中檔雍正朝奏摺・第24輯》，頁293-294，〈湖廣總督邁柱・奏報旗人佟國忠脫籍潛藏事〉，雍正十三年三月二十四日。

[246] 本案詳可參閱《宮中檔雍正朝奏摺・第24輯》，頁436，〈湖廣總督邁柱・奏報脫旗潛逃之佟國忠已拿獲並已批飭解部〉，雍正十三年四月二十四日。皇帝硃批為：「必有緣由，使無故亦甚屬可惡，應徹底嚴究者，不可疎縱。」、《宮中檔雍正朝奏摺・第24輯》，頁730-731，〈禮部右侍郎署理湖南巡撫印務鍾保・奏為正藍旗漢軍佟國忠違法入贅土司家緣由〉，雍正十三年五月二十五日。

[247] 〈軍機處檔・月摺包〉，文獻編號047603，河南巡撫方受疇・奏報盤獲遊僧即逃旗人犯吉順請解部審辦事，嘉慶二十一年五月二十一日。

等處受審，事情真相也逐漸浮現。本名吉順的緒山，原是正黃旗蒙古崇福佐領下人，自幼父母雙亡，吉順與其胞兄富順皆隨堂兄永柱一起生活。吉順十四、十五歲時，某天出門玩耍，遇見名叫廣文的化緣僧人，吉順向廣文謊稱被兄嫂責罵而出走，如今恰有出家之念，請求廣文收他為徒。信以為真的廣文便幫吉順剃度與改名緒山，從此這對師徒四處遊方化緣，先後前往山東、河南、安徽等地。嘉慶十八年間，廣文圓寂於安徽省靈壁縣的聖壽寺，緒山改拜聖壽寺僧人明道為師，多在寺內幫忙化緣。二十年正月間，緒山離開聖壽寺至別處化緣，二十一年四月間在寧陵縣被捕役查獲。面對衙門典吏再三訊問是否曾入教滋事，緒山始終矢口否認，但在典吏的嚴刑逼供下，緒山只能假意認罪以求自保。伴隨諸多證人的傳喚與深入調查，刑部最終接受緒山的說詞，並提出下列判決：「吉順即緒山，應依另戶旗人初次逃走被獲者鞭一百例，鞭一百，勒令還俗，交旗領回，嚴加管束，無許復出滋事」。[248]

旗人除逃旗剃度出家外，亦有成為道士的類似案例。道光十三年（1833）三月初二日，直隸省青縣巡役在興濟鎮地方，盤獲形跡可疑之道士舒義振，訊問後得知這位道士本名舒興泰，現年三十六歲，為正藍旗蒙古德東佐領下人。舒興泰原在健銳營當差，道光六年時被選為驍騎校，六年後因病告退，隨即前往陝西華山出家。直隸總督琦善認為曾屬旗員的舒義振竟擅自出家改名，種種言行「甚為詭秘」，建議將其移送旗下查辦，[249]之後此案由於受到皇帝重視又轉交刑部。舒興泰在刑部受審時，進一步供稱在十二年二月

---

[248] 刑部針對此案的審訊內容，詳可參見〈軍機處檔‧月摺包〉，文獻編號047808，董誥‧奏為遵旨審訊河南所盤獲逃旗吉順一名緣由先將供詞附摺奏聞，嘉慶年月日不詳、〈軍機處檔‧月摺包〉，文獻編號049759，董誥‧奏報審擬逃旗為僧吉順情形，嘉慶二十一年十一月二十九日。

[249] 〈軍機處檔‧月摺包〉，文獻編號063440，直隸總督琦善‧奏為盤獲道士舒義振經訊明係正藍旗蒙古德東佐領下人尚無不法情由經委員解本旗查辦由，道光十二年四月二十八日。

間患有吐血病症，曾向都統請兩次假休養，隨後一方面因擔心病體虛弱無法騎射被參劾，另一方面亦打算外出就醫，決定辭退驍騎校職務。舒興泰未待兵部覆准就瞞著母、兄擅自離京，舒興泰在尋訪醫生途中暗自許願，「病如就癒即出家，參拜三山五嶽，以十年為期」。舒興泰沿途賣卜測字賺取旅費，遇見江湖醫生即請治病。是年七月間，舒興泰行經陝西華山時病癒，遂隱瞞旗人身分，至附近雷祖廟拜鞏仁潮為師，改名舒義振出家還願。是年十一月間，舒義振回京返家向母拜壽，並將出家之事告知家人，其兄托金泰亦告知舒義振已被銷除旗籍，連同母親極力勸其留下。舒義振則向家人說道：「業已出家，斷無還俗之理，況經革職銷檔，正可任我雲遊」，婉拒了家人的好意。舒義振離京後繼續四處參拜，十三年三月初二日行經青縣興濟鎮時，在藥鋪與人發生衝突，故被巡檢拿獲到案。[250]

由於刑部難以盡信舒義振之供詞，此案再度轉交陝西巡撫史譜協助調查。史譜奏稱經實地調查與傳喚相關人證，應可確認舒義振所言屬實，但舒義振曾為旗員不便繼續在外為道，建議令其還俗並交家人領回管束；至於鞏仁潮雖無不法行為，擅收來歷不明者為徒仍有疏失，應照不應為輕律，笞四十可以納贖。[251]刑部大致認可史譜的判決，僅指出舒義振既已銷檔，應交順天府轉飭宛平縣編入民籍而非返家，此案最終在皇帝同意刑部見解下宣告結束。[252]

綜觀前述三起案件，佟國忠、吉順與舒義振三人被懲處的主因均屬擅自脫離旗籍。[253]或許對於皇帝而言，身為「國家根本」的旗

---

[250] 〈軍機處檔・月摺包〉，文獻編號063730，戶部尚書管刑部事務・奏聞遵旨審訊已革驍騎校舒興泰請交陝撫查訊由，道光十三年五月二十二日。

[251] 〈軍機處檔・月摺包〉，文獻編號064599，陝西巡撫史譜・奏為遵旨查明已革旗員私至華山出家拜師並無不法別情情形，道光十三年七月二十日。此摺的硃批為：「刑部議奏。」

[252] 《清宣宗成皇帝實錄》，卷237，頁554，道光十三年五月壬辰條。

[253] 值得補充的是，吉順與舒義振兩人可能亦犯非法出家之罪，只是官方對此不甚重視。一般人若想出家，依法須向官府領取度牒，乾隆年間的相關流程為：「其現在受戒僧人、全真道士，素守清規，具有保結者，均應頒給度牒。若經僧道等官之手，易滋

人，既擁有優於民人的官方照料，自然不能將此身分任意卸除。職是之故，皇帝不准旗人擅自脫離旗籍，縱然自願亦不被允許。值得注意的是，清政府並未完全禁止旗人轉換身分，自乾隆年間開始實施的出旗政策即為明證，但該政策的設置初衷，應在於解決旗人生計問題，而非提供改籍的自由。[254]整體而言，旗人的出旗如同民人成為正身旗人一般，決定權掌握於皇帝手中，而非個人的自由意志可以左右。

除了前述這類心甘情願的逃旗案例外，有些旗人則是迫於生計壓力，才被迫掩飾旗人身分。乾隆五十五年（1790）六月間，山東巡撫覺羅長麟命家人赴京購買僕婦數名。長麟因擔心其中有來路不明之人，親自逐一詢問，竟發現這批僕婦中有兩名旗人。其一為謊稱宛平縣民籍的趙氏，本屬正紅旗漢軍，其二則是謊稱大興縣民籍的佟氏，本屬正紅旗包衣管領。長麟對此大感詫異，不僅奏請將相關人等解送刑部，還強調自己「誤買旗人，實難辭咎」，「應請交部查議」。[255]透過長麟對此事的反應，推測旗人逃旗賣身為奴並非小事，故長麟立即上奏自請處分。旗人趙氏與佟氏違禁賣身的原因並不清楚，但根據其他案件可知旗人若被賣為奴僕，其背後或許存有諸多辛酸無奈，以下案件即為很好的例子。

需索擾累，應行令順天府、奉天府、直省督撫，轉飭該地方官，將各僧道年貌、籍貫，並焚修所在，繕造清冊，取具互結，加具印結，申送該督、撫彙齊報部，照冊給發度牒。」參見《欽定大清會典事例（光緒朝）》，卷501，〈禮部・方技・僧道〉，頁11b。這些規範某方面來說常如同具文，清中葉以降官方對僧道人數的掌控已大不如前，造成許多未經登記的僧道遊走各地，他們也常被視為社會問題之淵藪。相關討論詳可參見孔復禮（Philip Kuhn）著，陳兼等譯，《叫魂：乾隆盛世的妖術大恐慌》（臺北：時英出版社，2000），頁57-61、152-160。

[254] 出旗政策主要是為了減少旗人數量，以解決眾多旗人無差可當的窘境。然該政策其實僅意圖將漢軍與階級較低的旗人排除在外，八旗滿洲、蒙古皆不在出旗之列，八旗從此亦成為帶有濃厚滿洲色彩的新集團。詳可參見孫靜，〈乾隆朝八旗漢軍身份變化述論〉，頁59-64。

[255] 〈軍機處檔・月摺包〉，文獻編號044683，山東巡撫覺羅長麟・奏為誤買旗人恭摺檢舉事，乾隆五十五年六月十八日。皇帝硃批為：「此何過，可寬也。」

乾隆二十九年（1764）間，鑲藍旗漢軍馬甲張義去世，其妻林氏則於三十五年間，改嫁民人屈二之家奴王玉，張義夫妻留下的一子一女從此相依為命。張義之子七十兒撫養妹妹三哥兒不易，遂於隔年七月將三哥兒送至王玉處寄養。此時王玉與林氏已改投兵部筆帖式寧太家為奴，王玉擔心其主不願收留三哥兒，故將三哥兒送至熟識之媒人謝氏處，「托其尋覓與人童養為媳」。三哥兒隨即被送往趙大家當童養媳，三十七年正月間因其不聽管教又被送回。王玉、林氏與七十兒三人商議後，決定將被謊稱為民女的三哥兒，賣給鑲白旗滿洲文舉人燕圖家為婢，所得身價銀二十兩，再由王玉、七十兒與代為說合的謝氏分用。

　　此事至此似乎暫告一個段落，沒想到是年七月間，佐領向七十兒詢問其妹下落，七十兒立即請母親將三哥兒告假接出，供佐領驗看後再送回燕圖家。王玉得知此事後擔心東窗事發，令林氏前往燕圖家告知三哥兒實為旗人，希望將其贖身帶回。燕圖認為王玉等人可能使詐，直接將此案報官處理。[256]此案要角三哥兒身世坎坷，逃旗與否全非她能主導，由此或能理解這類案件的複雜性。由於旗人一旦成為奴僕，將隱入他人戶口脫離原有旗籍，官方為避免此事發生，多嚴格要求旗員精準掌控旗下戶口。[257]

　　旗人群體入關後雖然逐漸脫離領旗貝勒掌控，但他們之於國家仍有強烈的人身依附性。在清政府多方面政策的管制下，旗人上至

---

[256] 〈軍機處檔‧月摺包〉，文獻編號018064，英廉‧奏為鑲白旗滿洲訥清額佐領下文舉人燕圖家契買婢女一案請旨將該婢女之兄及該買賣之媒人等俱交與刑部審明定擬，乾隆三十七年八月三十日。此案爆發後，承審官員英廉認為「王玉明知三哥兒，係漢軍正身之女，膽敢圖利，賣銀分肥，迨後向燕圖家明言之意，未必不欲白手訛出，另行嫁賣，又可輾轉得銀，情由深為可惡。」英廉推測王玉應不懷好意，意圖利用三哥兒的旗人身分，威脅燕圖家無償送回，再故技重施牟取暴利。

[257] 三哥兒案中的八旗佐領，對揭發此案應具有一定效果，不過英廉仍認為「該旗參佐領、驍騎校、領催人等，於三哥兒賣出半載，毫無覺察，殊屬不合，應俟刑部，將此案審明定擬後，分別議處辦理。」此外關於旗人賣身的討論，亦可參見賴惠敏，〈從法律看清朝的旗籍政策〉，頁47。

官員下至閒散，均無法自由遷徙或脫離旗籍。有些論者認為駐防兵丁的歸旗制度於乾隆二十一年廢除後，部分旗人開始離散於中央，甚至有逐漸地方化的趨勢。[258]不過即使聯繫駐防八旗與京師關係的歸旗制度宣告瓦解，國家嚴密監控旗人的舉措並未減少，無論在京還是駐防八旗的逃旗者皆難逃制裁。隨著旗人數量逐漸增多，不少旗人為了生計或其他理由擅自脫離八旗管束。嘉慶朝以前這類事件中的旗人受懲後，還會被發回旗下管束。道光朝以後，配合旗人刑罰制度與國家政策的轉變，旗人若任意逃旗大多直接銷除旗檔。此舉看似為一種嚴厲處分，但對於那些已不想在旗者而言，或許也是一種解脫。

---

[258] 詳可參見孫靜，《「滿洲」民族共同體形成歷程》，頁155-165。

第五章
皇帝對旗人擾民事件的態度

　　透過前三章的討論，應能對旗人在刑事、民事與行政規範上的特殊性有所了解。旗人的法律地位雖未與民人截然不同，但不可否認的是兩者還是有別。身為「國家根本」的旗人，因是皇帝極為仰賴的武裝力量，他們在法律制度中自然與眾不同。不過此舉縱然有助於皇帝統治帝國，亦蘊藏一種潛在危機。「旗民分治」政策有如雙面刃，一方面能凝聚「征服者集團」為國所用，[1]另一方面卻無法掩蓋旗人與民人身分不同的事實。清朝皇帝或許已將元朝視為前車之鑑，[2]對維持帝國中各成員間的和諧始終不遺餘力，不僅入關之初便疾呼「滿漢一體」、「旗民一家」等口號，甚至常把握特殊時機強調自身政權的合法性。[3]然而無論清政府如何積極展現一視同仁的態度，隨著「旗民分治」政策的實施，旗、民間存有差異仍是不爭的事實。[4]

---

[1]　根據管東貴的推算，清朝入關前的人口約在七十五萬到八十萬間，詳可參見管東貴，〈入關前滿族兵數與人口問題的探討〉，頁179-194。

[2]　蕭啟慶認為元朝覆亡的眾多因素中，族群關係的惡化扮演關鍵角色。朱元璋起兵之初雖無族群意識，但在至正十八年已豎立「山河奄有中華地，日月重開大宋天」之旗幟，至正二十七年遣軍北伐時，更是直接宣示「驅逐韃虜，恢復中華」之目標。相關內容詳可參見蕭啟慶，〈內北國而外中國：元朝的族群政策與族群關係〉，頁474-475。

[3]　最著名的例子為清世宗藉由審理「曾靜案」，對外宣傳滿洲政權統治中國的合法性。詳可參見馮爾康，《雍正傳》，頁276-277。

[4]　歐立德認為所謂「滿漢一家」並不存在，應屬一種統治者刻意塑造之產物，詳可參見Mark C. Elliott, *The Manchu Way: The Eight Banners and Ethnic Identity in Late Imperial China.* (Stanford: Stanford University Press, 2001), pp.214-216.

對於清朝皇帝而言，如何在「滿漢一體」與「旗民分治」間取得平衡確實頗費思量，他們在這方面亦做出不少努力。除了降低旗人在法律上的特權外，另一策略則是儘量將旗人與民人相隔離，[5]減少旗、民互動以免發生衝突。然而即使清朝皇帝如此努力規劃，現實終究是事與願違。人數居於劣勢的旗人一旦被投入廣大漢地，很難不與民人發生互動，[6]兩者若發生衝突很可能觸及旗、民法律地位有別的敏感神經。此外更嚴重的是，身屬「征服者集團」的旗人在旗、民衝突中多是欺壓者，此舉容易助長民人對清政府的不滿，進一步影響政權穩定性。總而言之，如何妥善處理旗人擾民衝突，並努力淡化旗、民在法律上的差異，無疑為皇帝的重要課題。

　　不同於前三章藉由現代法學的分類方法，探討旗人的法律特殊性，本章將具體分析清政府面對旗人擾民案件的態度與策略。「旗民分治」雖有利於政權穩定，但該政策若未妥善運作，不僅可能造成許多漢民的反感，也易導致旗人在國家保護下日益腐化，這些現象勢必為清朝皇帝所不樂見。官方對旗人法律地位的規劃，已經可說是別出心裁，並非沒有留意旗、民矛盾的問題，但現實中的旗、民互動或許才是一大嚴峻考驗。透過大量檔案不難發現，旗、民平日時常交流互動，其中雖不乏族群融洽相處之正面情形，卻也存在不少衝突事件。本章將以這些旗人擾民案件為中心，一探清政府對這類問題的處理過程及其意義。

5　清朝定鼎北京之初，在城內強行實施旗、民分居制度。經順治五年至六年間的大規模整頓，原本於內城居住的漢人，無論官民一律遷居外城，內城則為清朝皇室、八旗王公貴族和官兵聚居之處。詳可參見劉小萌，《清代北京旗人社會》，頁54。京師外的駐防地區，亦採取旗、民隔離政策。早期駐防乃旗、民雜處，之後則是修築滿城以區別旗、民。從順治初年到乾隆朝末葉，清政府依序建立二十個滿城：太原、江寧、杭州、德州、廣州、荊州、成都、開封、寧夏、青州、潼關、綏遠、涼州、莊浪、惠遠、惠寧、會寧、鞏寧、孚遠、廣安，福州駐防僅畫福州府城一塊區域為駐地而未築城。相關討論詳可參見馬協弟，〈清代滿城考〉，頁29-34。

6　若以北京城為例，劉小萌認為內城與外城雖然隔離，兩者卻未完全隔絕，旗、民雜居的情形反而越來越明顯。詳可參見劉小萌，〈清代北京旗人社會中的民人〉，頁93-107。

第一節　八旗軍隊擾民事件及其相關處理

一、清初八旗軍隊擾民事件

　　順治元年（1644）清朝甫入關之際，有鑑於整體局勢尚未安定，主要採取恩威並重的統治策略。清政府這次入關顯然已有長居中原的決心，[7]不如過往掠奪資源後即返回東北。[8]多爾袞入京之初為安定民心，曾迅速作出以下宣示：

　　　予至此四月以來，無日不與諸臣竭盡心力，以圖國治民安。
　　　但寇賊倡亂之後，眾心驚懼，六月間流言蜂起，隨經頒示
　　　曉諭，民心乃寧。向傳有八月屠民之語，今八月已終，毫未
　　　驚擾，則流言之不足信也，明矣。今聞訛傳，九月內聖駕至
　　　京，東兵俱來，放搶三日，盡殺老壯，止存孩赤等語。民
　　　乃國之本，爾等兵民老幼，既已誠心歸服，復以何罪而戮
　　　之？……且予不忍山陝百姓，受賊殘害，既已發兵進剿，猶
　　　恨不能速行平定，救民水火之中，豈有不愛京城軍民，而反
　　　行殺戮之理耶？此皆眾所目擊之事，餘復何言。[9]

---

[7]　滿洲政權決定長期居於關內的重要象徵，即將根據地從盛京遷往北京。清世祖自
　　順治元年八月二十日從盛京啟程，於九月十九日抵達北京。參見《清世祖章皇帝
　　實錄》，卷7，頁81，順治元年八月乙亥條：「上自盛京遷都燕京，是日，車駕啟
　　行。」、《清世祖章皇帝實錄》，卷8，頁87，順治元年九月甲辰條：「未刻，上自
　　正陽門入宮。」

[8]　詳可參見李光濤，〈清入關前之真象〉，《中央研究院歷史語言研究所集刊》，12
　　（臺北，1947.04），頁129-171。多爾袞的相關言論亦值得注意，例如《清初內國
　　史院滿文檔案譯編・中》，頁7，順治元年四月二十三日條：「我等此次進兵，與前
　　三次伐明不同。此次不殺無辜，惟恃天恩圖大業，招降民人，以定國家。……勿犯
　　民人財物，勿殺閒人，不拿俘兵，不搶衣物，不毀盧舍，不掠器皿。」、《清初內
　　國史院滿文檔案譯編・中》，頁9，順治元年四月二十五日條：「我軍此次進兵，非
　　為殺人掠財，而特為肇基立業，拯民救國而來。」

[9]　《清世祖章皇帝實錄》，卷8，頁83-84，順治元年九月丁亥條。

多爾袞強調清軍乃救民於水火的正義之師，不可能在京師燒殺擄掠，這些無稽謠言應來自有心人的操弄。清政府為避免屠民傳聞造成民心騷動，不但主動聲明以正視聽，甚至下令捉拿「散布流言之人」。[10] 然而這些舉措似乎難以終結民間的流言蜚語，順治六年（1649）正月間清政府再度澄清：

> 朕意邇年以來，多有不軌之徒，捏作洗民訛言，煽惑愚眾，以致無知之民，輕信惶惑，逃散作亂者，往往有之。夫君民一體，上下交孚，則治臻上理，若愚民疑心未釋，天下何時太平？……自元年以來，洗民謠言，無時不有，今將六年矣，無故而屠戮者為誰？民肯從此回想，疑心必然冰釋。[11]

上述這番言論可見清世祖之無奈，亦反映這類屠民傳言的時有所聞。

清政府深知自己無法完全憑藉優勢武力統一中國，故除了在入關初期延續關外時期的「招降納叛」政策外，[12] 還努力形塑「救民塗炭」的正面形象，[13] 在此背景下確實難以想像當時官兵會大規模屠民。[14] 然而這類流言在清初為何不斷甚囂塵上，亦相當耐人尋

---

10. 《清世祖章皇帝實錄》，卷8，頁84，順治元年九月丁亥條：「仍諭各部嚴緝姦細，及煽惑百姓者，儻有散布流言之人，知即出首，以便從重治罪。若見聞不首者，與散布流言之人，一體治罪。」
11. 《清世祖章皇帝實錄》，卷42，頁336，順治六年正月戊辰條。
12. 孟森，《清史講義》（北京：中華書局，2008），頁128：「自今以前，武力勁矣，招降納叛之道得矣，惟要結關內之人心，殊未留意。所留意者在鈔掠，自不能恤人疾苦。自今乃以救民水火為言，多爾袞深納之，此為王業之第一步。」
13. 清世祖在繼位詔書中表示：「迨朕嗣服，雖冲齡，締念紹庭，永綏厥位。頃緣賊氛洊熾，極明朝，是用托重親賢，救民塗炭，乃方馳金鼓，旋奏澄清，既解倒懸，非富天下，而王公列辟、文武群臣，暨軍民耆老，合詞勸進，懇切再三，乃於今年十月初一日，祗告天地宗廟社稷，即皇帝位。……」其中雖有美化清朝入關之意圖，仍可看出皇帝以蒼生為念的公開論述。參見《明清檔案》，卷冊A002-012，〈順治帝登極詔書〉，順治十年十月初十日。
14. 若以「揚州十日」為例，論者多以清人王秀楚的《揚州十日記》為討論重點，但除此史料外似乎沒有其他旁證。金寶森指出根據揚州並非主戰場、揚州府城當時的人口估算、清軍投入的兵力、清初江南對滿語的辨識與翻譯等情況，認為《揚州十日

味。官方多將該問題歸因於有心人的刻意操縱，但問題似乎不是如此單純。首先清政府縱使努力宣傳自身正義形象，仍無法掩蓋其屬於非漢民族的事實，由於漢人對「異族入侵」總心懷恐懼，屠民流言想必格外具有渲染力。此外一些八旗兵丁來到漢地後，並未完全聽從國家善待百姓之令，騷擾漢民的行為依然時有所聞，導致官方刻意強化的「救民於水火」形象大打折扣，進而造成屠民流言的廣泛傳播。

清朝入關後花了多年時間，才將流寇與南明勢力消滅一統天下，這段長期用兵各地的戰時歲月，八旗軍隊常處於行軍與待命狀態。官方基於穩定民心的考量，多次強調「用兵以安民為主」，軍隊渡江必「秋毫無犯」，[15]嚴格要求領兵將領妥善約束官兵，[16]「凡係歸順軍民，不得肆行搶掠，務體朕以仁義定天下之意」[17]，「民間之物，毋許秋毫侵犯，不時遣官稽察，如有搶奪害民者，即時察出，治以重罪，該管者連坐」。[18]然清政府的這些努力不可能完全發揮功效，[19]透過現存資料可知八旗兵丁擾害民間的案例仍層出不窮。

記》不能盡信。此書被後人大量引用，應與這方面史料相對缺乏，以及清末革命分子的宣傳有關。詳可參見金寶森，〈揚州十日記證訛〉，《滿族研究》，1989：4（瀋陽，1989.10），頁19-30。

[15] 《清世祖章皇帝實錄》，卷17，頁151，順治二年六月辛酉條。

[16] 《清世祖章皇帝實錄》，卷19，頁167，順治二年七月壬子條：「賜招撫南方內院大學士洪承疇敕曰：『……凡滿洲大兵，直省官兵，各有統領，卿宜會同固山額真葉臣，及督撫鎮等官，調遣約束，其有不法擾民，在各旗旗下者，即移文咨會，依法處治，毋使困民。……』」

[17] 《清世祖章皇帝實錄》，卷24，頁208，順治三年二月丙午條。

[18] 《清世祖章皇帝實錄》，卷44，頁350，順治六年五月壬申條。該令執行細節為：「今後行軍，不論多寡，其領兵主將，可嚴飭將士等，糧豆草束，悉照部定之數支用，不得分外多取。其鍋、蓆、鍘刀、馬槽等物，須委幹員，親自看驗，酌量取用。牧馬完日，令各旗庫京親驗，照數發還。」

[19] 透過當時傳教士的觀察，清政府在這方面確實相當積極，參見帕萊福（Juan de Palafox y Mendoza）等著，何高濟等譯，《韃靼征服中國史·韃靼中國史·韃靼戰紀》，頁173：「可以肯定的是，犯下搶劫殺人罪的士兵都受到嚴懲，如果各地的盜賊都受到這樣的懲罰，那麼天下將會很快無賊。」

清初八旗兵丁的擾民行為，以掠奪百姓財物最為常見。例如順治三年（1646）十一月間，漢民海色舉報自家馬匹，被宗室巴金都旗下護軍校齊音偷竊隱匿。[20]順治八年（1651）十二月間，有漢民向正黃旗固山額真與理藩院訴稱，家中三堆草被在村落附近紮營的兵丁奪去餵馬，經查此事為鑲白旗前鋒侍衛依瑪喇所為。[21]除了掠奪財物外，旗人亦會捉拿民人收為己有。順治二年（1645）六月間，陝西總督標下都司張國賢呈訴其妻妾、女兒在戰亂中走失，經明查暗訪後最終在鑲黃旗尋獲妻妾，在鑲白旗找到女兒。張國賢懇請皇帝議定贖身價，讓他們一家人得以團聚。[22]陝西省高陵縣生員鄉民陳嘉章等人也遭遇類似事件，他們想贖回落入鑲紅等旗的妻女時卻被索取高價，故亦懇求皇帝確立贖價以「保全骨肉」。[23]許多民人在戰亂中與家人走失並被旗人俘虜，造成許多家庭破碎的悲劇。[24]上述旗人搶奪民人及其資產的行為已令人難以接受，有些更為惡劣的旗人甚至會傷害民人。順治元年五月間，正黃旗尼雅翰牛彔下三人欲殺民家之犬，該犬之主出面阻止卻中箭受傷，[25]當時除這類傷害人身案件外，亦曾發生旗人姦淫民女之惡行。[26]

　　清政府為了籠絡民心，屢屢嚴禁八旗兵丁騷擾民人，信誓旦旦一切以安民為上。面對這些不聽管教的旗人兵丁，清政府多會積極處理避免事端擴大。順治二年九月間，三十名泗州縣漢民呈訴村

20　《清初內國史院滿文檔案譯編・中》，頁325-326，順治三年十一月初二日條。

21　《清初內國史院滿文檔案譯編・下》，頁255-256，順治八年十二月二十九日條。

22　〈明清內閣大庫檔案〉，登錄號185042-040，陝西總督標下都司張國賢・都司奏為臣家誤曀軍中叩天允贖事，順治二年六月十一日。

23　〈明清內閣大庫檔案〉，登錄號185042-072，陝西高陵縣生員鄉民等・奏臣民共迎王師事，順治二年六月二十七日。

24　河南道監察御史毛九華的觀察亦為明證，參見《清世祖章皇帝實錄》，卷17，頁151，順治二年六月辛酉條：「乞敕諭江南大兵，所過諸省，專以安民為主。其有前此被人劫掠隱匿者，地方官嚴查，俾妻還其夫，子歸其父；無主者，責令親戚領養，則仁恩廣被，大化翔洽矣。」

25　《清世祖章皇帝實錄》，卷5，頁58，順治元年五月癸巳條。

26　《清世祖章皇帝實錄》，卷5，頁65，順治元年六月乙酉條。

中共有四十頭驢子被兵丁搶走，各旗固山額真得知此事後，派遣諸章京前往軍營搜查，最後在馬爾楚、明安和安珠魯三人處查獲部分驢子。馬爾楚等三人經訊問後坦承犯行，各罰鞭一百與貫耳鼻，梅勒章京明阿圖因查禁怠惰，被罰以「土黑勒威勒」，甲喇章京西特庫、恩特西巴圖魯，則各被罰鞭五十。[27]順治二年十一月間，鑲黃旗多鐸和牛錄下巴爾海，因搶奪涿州三十里外漢民村莊的一頭驢子而被求處斬刑，多鐸和則因管教不嚴被問擬鞭八十得以折贖；此案最終結果為巴爾海罰鞭一百與貫耳鼻，多鐸和改罰鞭五十得以折贖。[28]順治八年十二月間，三泰營附近有一老婦，因其家門及兩頭小豬被奪，跪請聖上主持公道。皇帝先給予老婦銀七兩，並令護軍營、前鋒營章京嚴加徹查，之後在旗人布達利之跟役孟健等人處找到遺失家門，並在內大臣索尼跟役巴勒哈孫處尋獲小豬。這些跟役均被求處鞭一百，跟役之主亦因疏於管教，皆被擬罰「土黑勒威勒」。此案最後除了索尼被赦免外，其餘一干人等皆依原擬之罪處罰。[29]綜觀上述幾起案件，可知清政府對旗人擾民惡行並未視而不見，不僅違法旗人難逃懲處，其長官通常也會連坐處分。

如果仔細觀察上述不法旗人所受懲處，會發現刑罰內容相當多元，從死刑、貫耳鼻至各種數目鞭責不等，該情形實與清初的特殊局勢有關。清朝入關初期因尚處於兵馬倥傯，無法立即頒布完整法典。當時漢民主要仍依明律管理，旗人適用的規範則較豐富，除部分繼受關外舊制外，有些則為臨時宣布，[30]例如多爾袞曾在順治元年五月間表示：「凡強取民間一切細物者，鞭八十貫耳」。[31]不過隨著順治三年貫耳鼻刑的取消，以及順治四年（1647）清律

---

[27] 《清初內國史院滿文檔案譯編‧中》，頁170，順治二年九月二十二日。
[28] 《清初內國史院滿文檔案譯編‧中》，頁186，順治二年十一月初四日條。
[29] 《清初內國史院滿文檔案譯編‧下》，頁248-249，順治八年十二月二十三日條。
[30] 這方面的詳細探討，詳可參見本書第二章第一節。
[31] 《清世祖章皇帝實錄》，卷5，頁58，順治元年五月癸巳條。

的頒布，旗人擾民的相關罰則逐漸轉以清律為依據。順治十一年（1654）十月間，鑲白旗朱馬喇固山下蘇喇蝦（sula hiya，閒散侍衛）郭拜等四名旗人，因欠債甚多無法償還而「起意做賊」。他們先於本月初八日，在京師外薊州大路上搶得馬一匹，隨後又犯下多起劫案。郭拜等人被捕後所受判決如下：

> 郭拜、大虎、胡十八、大漢，雖白晝搶奪而未傷人，合依白晝搶奪人財物律，大虎、胡十八、大漢，應鞭壹百，係滿人免徒，其郭拜係狀達之職，應交兵部議處，□有銀馬等物，各給原主。[32]

郭拜等人主要依清律〈白晝搶奪〉條定罪，[33]惟當時旗人可以免除徒、流之刑。由此可知官方處理旗人擾民案件，不再完全根據臨時性軍令，有時亦會參考清律加以定奪。

根據現存檔案資料可知，清初八旗軍隊的擾民行為具有一定複雜性，這也連帶影響清政府的處理方式。上述案例多屬兵丁個人行為，官方多透過清律或是特別命令，將這些不法旗人繩之以法。除此之外，不能忽略有些情形實屬八旗兵丁集體行為，無法僅以懲治少數旗人來解決，例如山西巡按御史劉嗣美曾上疏表示：

---

[32] 〈明清內閣大庫檔案〉，登錄號086762-001，刑部尚書任濬·題報鑲白旗朱馬喇固山交羅何尼牛彔下蘇喇蝦郭拜兵丁火虎等肆人結夥搶馬及銀兩，順治十一年十月二十日。此案嚴格來說不算是單純旗人擾民案件，因為郭拜等人亦掠奪旗人財物，但從中仍能得知不法旗人被依律處置。此外，由於郭拜身屬狀達（juwan i da，護軍校），故須先送兵部議處，導致郭拜與其他人的處分可能不盡相同。

[33] 王宏治等點校，《大清律集解附例》，卷18，〈刑律·賊盜·白晝搶奪〉，頁308：「凡白晝搶奪（人少而無兇器，搶奪也；人多而有兇器，強劫也）人財物者，（不計贓）杖一百、徒三年；計贓（併贓論）重者，加竊盜罪二等（罪止杖一百、流三千里）。傷人者，（首）斬（監候），為從，各減（為首）一等，並於右小臂膊上，刺『搶奪』二字。」

竊惟晉省自遭兵荒之後，千瘡百孔，積弊叢生，不可勝述。臣每巡歷所至，嘔心吐血，多方諮詢其害民者。……其一為滿兵放馬之害。太原設有住〔駐〕防滿兵，各有應給糧地，每歲秋間，又有放馬之例。民有晚田未經收完，被其踐踏者；或經收穫未及運歸，被其食毀者。在百姓受害而不敢言，在有司明知而不能問，已有如陸生蝗，率獸啖肉之謠矣。然小民終歲勤苦，所恃以養家口而辦國稅者，田也。若縱馬食毀，不為嚴禁，害將何止？臣請自今以後，每年拾月初壹日，方許放馬，違者許有司解部治罪。在滿兵，祇稍遲放馬之期，未嘗有損；在百姓，得盡耕耨之利，可免其害矣。[34]

劉嗣美在該疏中強調自己到任後，已努力解決許多旗人擾民事件，但有些情形非一己之力可以處理，八旗兵丁放馬之事即為一例。此舉為官方政策失當而非兵丁個人過失，惟有皇帝頒布禁令才能徹底解決。[35]由此可知若想徹底避免八旗兵丁擾害民間，從中央到基層都有其專屬責任。

綜觀清初八旗軍隊擾民事件，以掠奪生活資源最為常見，這與關外時期軍隊的作戰習慣密切相關。關外時期的八旗兵丁因無固定糧餉，往往利用戰爭獲得財富與資源，該情形直到他們入關後才為之一變。當清政府開始給予八旗兵丁固定糧餉，一方面既能加強八旗軍隊的國家化，另一方面亦有助於避免旗人擾民，對整體局勢而言可說是影響深遠。不過這種以國家全面照顧取代八旗兵丁自行劫

---

[34] 〈明清內閣大庫檔案〉，登錄號038572-001，山西巡按御史劉嗣美．題為詳陳滿兵放馬之害籠買草豆之累等民困事，順治年月日不詳。

[35] 清政府確實曾注意這類問題與頒布相關禁令，詳可參見《清世祖章皇帝實錄》，卷84，頁665，順治十一年六月庚辰條：「一、設兵原以衛民，近來各省兵丁，肆害無窮，或放馬傷稼，斫伐桑棗，拆毀廬舍，甚至城市刦掠，公為大盜。各弁毫無約束，故縱分肥，大干法紀。該督撫申飭管兵官，務嚴紀律，毋得再蹈前轍。如有徇庇容隱，不行糾參，事發，一併究罪。」

掠物資的轉變，終究無法一蹴可幾，大量旗人反而在入關後的頻繁征討中陷入困頓。許多有識之士目睹此狀，建議官方必須正視此問題，例如大理寺卿王爾祿於順治十二年（1655）正月間表示：

> 竊照國家強盛，全賴滿兵之精銳，無堅不摧，無敵不破，其為勞苦，百倍漢兵，更番發遣，往來跋涉，疲困道路，累歲無休。且南方汙濕，器甲易壞，馬匹難養，尤可憫恤。平時每兵月銀二兩、米四斛，尚可支吾。每一出征，器械、衣甲、馬匹，一一新購，所費不貲，設法購辦，勢必借貸，無可抵償。……不但不能自辦出征之費，并不能自養一家人口，每見旗下僕人，衣弊形癯，無聊之狀，不堪目睹。夫足兵必先足食，今雖不能於常支月糧之外，再議加增，但出征時之器械、馬匹，俱出之官，或亦可少恤其苦。[36]

透過引文可知國家給予旗人的補助並不充足，導致旗人征戰過程中常入不敷出。王爾祿雖未明言八旗兵丁因生活困頓而擾民，但根據清初許多搶奪漢民物資的相關案件，推測這兩者間應具有一定關連。因此，若想全面杜絕旗人的擾民行為，除採取嚴緝不法旗人之法外，儘量讓旗人衣食無缺或許也是一大關鍵。

如同本書第三章所述，國家為保障旗人生計，無論土地還是俸餉的提供均屬完備，然清初部分臣工似乎認為官方應給予旗人更多資助。禮科副理事官陳洪柱曾指出「昔我祖宗，以一隅物力，養八旗而有餘，今乃以四海供賦，八旗待養而不足」，相關財政問題實

---

[36] 〈明清內閣大庫檔案〉，登錄號117514-001，大理寺卿王爾祿・大理寺為征兵倍宜加恤滿兵不宜頻遣由，順治十二年正月日不詳。強調八旗兵丁於南方作戰辛苦的奏疏，亦可參見《明清檔案》，卷冊A021-143，〈戶科左給事中王廷諫・戶科揭為俯抒下悃事〉，順治十二年正月二十四日：「且南方濕氣最重，久居必壞馬匹，損器械，滿兵所以苦耳。」

有必要徹底檢討。[37]亦有官員指出「滿洲之家，大半費於養馬，蓋披甲一名，必須之馬多或柒、捌匹，少亦參、肆匹」，為減輕八旗兵丁的生活壓力，「宜肆、伍、陸、柒月，攢群設官，撥兵於近邊外水草茂盛處所牧養，秋盡回旗加料，馬既騰驤，滿兵亦可稍寬苦累。」[38]順治十二年三月間，欽差巡撫山東等處之耿焞則強調「治國必先庇其根本，今欲固封疆而資戰守，綿宗社於萬祀，實惟滿兵是賴」，旗人如今雖有旗地保障生計，但適逢「連年水澇，顆粒無收」，建議官方應積極採取補救措施，「庶滿人無衣食不足之憂，而根本自固矣」。[39]上述各類建議之目的，不外乎期許國家正視八旗兵丁的生活困境，進一步給予旗人更多照顧。

　　清朝入關初期面臨了嶄新局勢，如何在短時間內統治整個中國乃當務之急。皇帝除藉助八旗兵力掃蕩四方外，亦深知爭取人心的重要性，故特別嚴禁旗人擾民。官方不僅採取事先警告與事發嚴懲等方法，有時還儘量補助旗人的日常所需，避免他們因生計問題擾害民間。這些多管齊下的舉措，恰能反映官方對此問題的高度重視。雖然八旗軍隊行軍時的擾民行為不可能完全杜絕，[40]但清政府針對這類事件防患於未然的努力仍不容小覷。

37　〈明清內閣大庫檔案〉，登錄號117515-001，禮科副理事官陳洪柱・為陳言滿兵困苦緣由，順治十二年正月日不詳。

38　《明清檔案》，卷冊A022-017，〈不詳・揭陳軍政養馬等事〉，順治十二年正月日不詳。

39　〈明清內閣大庫檔案〉，登錄號006174-001，〈戶部尚書交（覺）羅郎丘・戶部題為遵諭陳言事〉，順治十二年三月十五日。該題本的批紅為「依議」。

40　順治十六年十月間，江南蘇松巡按馬騰陞奏稱：「前因京口失守，特遣固山額真駐防鎮江，誠慮之周也，而臣竊以為有不便者三。鎮江之民，瘡痍未復，傳聞大軍駐劄，惶懼竄徙，若果兵臨，勢必侵擾，民何能安處？」根據馬騰陞所言，百姓對八旗軍隊即將到來頗為驚恐，此奏或能反映縱然官方努力防範，大軍過境仍有可能擾害民間。值得一提的是，馬騰陞的上述建議卻被皇帝強力指責：「馬騰陞身為巡方，遠避他府，今乃借口為地方起見，妄行條奏，沽名市恩。且馬騰陞係何國之人，乃稱滿兵驕悍成習，是何意見，俱著作速明白回奏。」馬騰陞遭受皇帝訓斥之原因，相當耐人尋味。上述內容詳可參見《清世祖章皇帝實錄》，卷129，頁999，順治十六年十月丁酉條。另關於馬騰陞被議罪之事，詳可參見《清世祖章皇帝實錄》，卷132，頁1020，順治十七年二月庚子條。

二、盛清以降旗人出征、擔任扈從的擾民事件

　　八旗軍隊入關初期不斷南北征戰，直到直省地區陸續底定後，旗人才逐漸告別終日戎馬的軍旅歲月。有別於清初八旗軍隊常與民人接觸，盛清以降這類情形已大幅減少，八旗兵丁多因授命出征、擔任扈從與前往駐地等事而有機會在外行軍。不過縱然如此，皇帝對這些可能與民互動的八旗兵丁，始終抱持高度戒備態度，嚴格約束旗人的一舉一動。

　　清朝國勢大體而言至康熙年間已趨於穩定，但皇帝也未完全停下征服步伐。自康熙初年三藩之亂後，皇帝漸將目標從直省地區轉到西北邊疆地區，這也使得八旗軍隊仍有機會授命出征。[41]每當大軍出征之際，皇帝多再三叮嚀八旗兵丁不可擾民。康熙十四年（1675）八月間，清聖祖對即將出征的鎮安將軍都統噶爾漢諭曰：

> 爾所率蒙古兵丁，馬匹雖不甚肥健，今野多青草，師行必不致誤。聞前往蒙古兵卒，沿途頗行擾掠，此行爾其加意嚴禁，毋得侵奪民物。凡行軍駐營，俱令與滿洲兵馬相近，勿得遠離。[42]

噶爾漢領旨後奏言：「臣敬奉上命，當嚴行禁戢」，表示自己將不負使命。清聖祖不僅憂慮出征的八旗兵丁侵奪民物，還擔心百姓努力耕種的作物，被為數甚多的戰馬破壞殆盡。[43]清聖祖深知百姓

---

41 清政府平定三藩之亂後，漸將軍事重心從東南向西北地區轉移，此舉與漠西厄魯特蒙古勢力的崛起有關。由於噶爾丹汗聯合俄國多次騷擾，清政府不得不用兵於西北。因此，駐防八旗設置的重心自康熙朝開始，乃從東南沿海移向長城沿線。詳可參見定宜庄，《清代八旗駐防研究》，頁36-44。
42 《清代起居注冊・康熙朝（北京版）・第4冊》，頁1566，康熙十四年八月十四日條。
43 詳可參見〈明清內閣大庫檔案〉，登錄號059717-001，湖廣湖南布政使安世鼎・啓請再諭旗丁馬匹不許踏苗，康熙十七年四月二十日：「且係朝廷戰馬，誰敢阻擋？

「粒粒皆辛苦」，故格外約束八旗兵丁放馬傷穀之行為。例如康熙三十五年（1696）六月間，清聖祖親征噶爾丹班師回朝時表示：

> 朕親率大兵，進剿厄魯特噶爾丹，克奏膚功而還。進獨石口，見今歲麥禾，盡皆茂盛，朕心甚悅。現今大兵，陸續凱旋，民賴此田禾，為餬口之計，若行踐踏，偷放牲口，則民間生計，何所依賴？自獨石口至懷來，交與侍郎多奇，自懷來至京，交侍郎馬爾漢，著帶領地方官員，及伊等所帶部員，並隨朕部院衙門等官，沿途巡察，如有踐踏田禾，偷放馬匹牲口者，務期拿獲，即行題參。有踐踏田禾，偷放馬匹，既經拿獲，不行題參者，朕若聞之，必依軍法從事，決不姑貸。[44]

清聖祖因擔心八旗兵丁破壞作物影響百姓生計，令隨行官員嚴加控管查緝，藉此避免發生旗人擾民之舉。[45]

領兵將領在皇帝訓勉下，多會認真約束麾下的八旗兵丁，擔負起嚴格督導之責。例如雍正七年八月間，都統顎善率領滿兵五百名抵達山西，「因晉省舊有晉寺一所，地宇寬大，加之修理，以為兵丁居住之所」。顎善平時管理甚嚴，「除派守城門兵丁之外，每日止許每旗二人，往市採買食物，其餘兵丁，俱令在營操演，不許擅出寺口，以致生事」。[46]雍正十一年（1733）間，都統哈達哈等率

日則□心看守，夜則實難防禦。……切思最苦者，莫若農夫，蟻等更苦，晝夜沿田看護，焦頭爛額，分身難支。」

[44] 《清代起居注冊・康熙朝（臺北版）・第8冊》，頁4316-4318，康熙三十五年六月初五日條。

[45] 這類禁令亦可參見《清代起居注冊・康熙朝（北京版）・第4冊》，頁1554，康熙十四年八月初二日條：「次召統兵鎮守山東副都統額黑納，諭曰：『今當收穫未完之時，爾等宜嚴禁官兵，勿令踐踏田禾，騷擾百姓。』」

[46] 《宮中檔雍正朝奏摺・第16輯》，頁646-647，〈翰林院侍讀管理山西巡察事務勵宗萬・奏報派員管束駐晉滿兵摺〉，雍正八年六月十三日。

領八旗兵丁駐紮大同，總兵李如柏與哈達哈因擔心發生事端，決議共同派兵於城內巡街維護秩序，並約定「如有營兵與營兵鬥毆，則拿赴臣衙門，按法重處；如兵與百姓鬥毆，則送有司審理；如營兵與旗兵鬥毆，旗兵則送旗員訊究，營兵臣則法治」。[47]根據上述例子可知，將領一到駐地即著手安排各項事宜，盡力約束八旗兵丁的行為舉止。

八旗兵丁雖被嚴格管制，但擾民事件仍時有所聞，當這類事件發生後，清政府多會積極處理。康熙三十三年（1694）十月間，兵部將顯威將軍郎坦下不遵法紀之披甲人議罪具題，清聖祖對此表示：

> 朕意此事，甚宜從嚴，且頒給將軍等勅書內，首言勿得累民，凡行兵若無紀律，斷不能成事。觀前在南方用兵，若不擾民者，皆克成功，凡擾民之兵，無一能成功者。《易經》曰：「師出以律」，民豈可擾害乎？[48]

清聖祖將這些不守法紀的八旗兵丁嚴加處置，多少具有殺雞儆猴之效。雍正八年（1730）五月間，山西地區原由都統頡善管理之八旗兵丁，轉交山西巡撫覺羅石麟後卻「不能照前安靜」，「有聚飲酣醉，恃眾毆打民人者；有醉後白晝入民家，調戲婦女者；有看守城樓，攜帶爆竹，向行過婦女身邊擲放，以為戲笑者」。是年八月初二日，又有二十餘匹旗人之馬，在東門外損害民田，隔天當地百姓

---

47 《宮中檔雍正朝奏摺・第21輯》，頁199，〈暫署山西大同總兵官印務署太原鎮事直隸宣化副將充總兵官李如柏・奏報有鑲藍旗旗兵苦獨力張狗兒三兒與臣標中營馬兵王鎮海口角張狗兒用刀扎傷鎮海事〉，雍正十一年三月初三日。由於該摺為李如柏所奏，引文中的「臣」當指李如柏，「營兵」推測為李如柏之鎮標。

48 《清代起居注冊・康熙朝（臺北版）・第6冊》，頁2918-2919，康熙三十三年十月二十一日條。引文中所言「頒給將軍等勅書內，首言勿得累民」，相關事例詳可參見〈明清內閣大庫檔案〉，登錄號104988-001，〈四川成都副都統永寧坐名敕書〉，乾隆九年八月二十二日。

百餘人，遂前往覺羅石麟處抗議。管理山西巡察事務的勵宗萬目睹此情，指出問題癥結為平時政務繁忙的巡撫無暇親巡軍營，旗營章京亦未恪守職責，眼下應「特差武職大臣一員，前來晉地，專司彈壓」。[49]自此事爆發後，皇帝決定派遣護軍統領宗室哈爾吉前往太原府，一來主持當地八旗駐軍撤退事宜，二來連同山西巡撫覺羅石麟，協力將違法犯紀者「重加懲治」。[50]

覺羅石麟與宗室哈爾吉二人接到此令後，立即著手展開調查，除再次懲處曾與民人口角、鬥毆之關保住等八人外，另向皇帝報告一起案件。正藍旗滿洲傅齊保佐領下的傅海，因在街上被狗追咬，不得不持磚反擊，此時忽有一婦出門責罵，雙方發生激烈口角。若仔細分析該事原委，可知傅海實屬情有可原，但石麟認為「傅海身為兵丁，駐防地方，不思守分，乃與婦人角口相罵，情甚可惡」，故將傅海「重責枷號，於太原府南門內示眾」。[51]傅海因此小過遭受嚴懲，或與當時特殊氛圍有關。[52]皇帝為求儘速弭平八旗軍隊造成的民怨，自然會對擾亂秩序者嚴刑以待。根據傅海擾民案，亦能理解清政府對八旗兵丁出征在外的表現，常持有高標準要求。

八旗軍隊是否發生擾民事件，實與將領的管教密切相關，這也使得督導不周的將領幾乎都難逃處分。康熙二十九年（1690）十二月間，戶部奏稱由於已給予被都統宗室蘇努等人所領兵丁踐踏田禾

49　《宮中檔雍正朝奏摺‧第16輯》，頁646-647，〈翰林院侍讀管理山西巡察事務勵宗萬‧奏報派員管束駐晉滿兵摺〉，雍正八年六月十三日。

50　《清世宗憲皇帝實錄》，卷95，頁277，雍正八年六月己未條。皇帝在上諭中曾表示：「將生事不法之兵丁，一一查出，重加懲治，即於太原府通衢，枷號示眾。」根據下述傅海一案，該處罰方式確有執行。

51　《宮中檔雍正朝奏摺‧第18輯》，頁530-531，〈山西巡撫覺羅石麟‧奏報太原駐箚滿兵不遵法令肆行遊玩騷擾百姓摺〉，雍正九年七月初七日。傅海被枷號近一年，直到該摺才奉旨獲釋返京。

52　傅海自山西遣回後，失去了驍騎校資格，轉任較為低階的步甲，參見〈起居注冊‧雍正朝〉，雍正九年九月條：「又正藍旗滿洲都統奏，駐箚山西太原府驍騎校富海，擅入民人院內，與婦人角口一案，已經枷責，解回來京，請旨定奪一摺，奉諭旨：『富海著懲治，令其當步甲行走。』」

之主補償銀兩，[53]「應將此三路官員，免於察議」，清聖祖對此則有不同看法：

> 蘇努、彭春、海蘭等出兵時，朕再三面加訓諭，將兵丁嚴禁，勿踐踏民田。蘇努等亦言，臣等親身尾後督行，斷不至踐踏田禾，一力擔任。今將田禾踐踏，議為無罪，殊屬不合，著再嚴議具奏。[54]

清聖祖認為蘇努等人，既曾承諾盡心防範旗人行軍時傷害民間作物，就應確實承擔責任，故令臣工再行嚴議具奏。雍正三年（1725）四月間，奉命前往阿爾泰的八旗軍隊，被直隸總督李維鈞密奏沿途騷擾地方，許多兵丁違禁向民人徵收草束未果竟直接強搶，帶隊將軍木克登知情後，毫不約束甚至袒護麾下兵丁。當富倫布等不法兵丁被拿獲，木克登竟對知州梁永佑等民官怒言「擅拿伊人」，並脅迫管草老人李國正修改證詞，將「搶草參千餘斤」改為「買草被拿」，再強令他「甘結而去」。木克登未嚴格管教八旗兵丁與包庇護短，勢必難逃遭受懲處的命運。[55]

為減少民間被八旗軍隊騷擾之情形，清政府亦試圖透過制定新例約束旗人，康熙十八年（1679）頒布的條例即為一例，日後相關演變可參見表5-1-1。

---

[53] 官方對遭旗人擾害者的賠償實情，或可參見雍正七年的馬兵李天植擾民案。李天植被要求「至少給民人價值銀錢，奪取牛、羊等項，著照原數，一倍作十倍，速行催追，給還民人」，「倘犯人力不能完，著落領兵官員等，速行賠還」。詳可參見《明清檔案》，卷冊A093-023，〈正藍旗漢軍都統永興‧正藍旗漢軍都統為馬兵母老侄幼請准退差終養由〉，乾隆五年三月十七日。

[54] 《清代起居注冊‧康熙朝（臺北版）‧第1冊》，頁556-557，康熙二十九年十二月十三日條。

[55] 《宮中檔雍正朝奏摺‧第4輯》，頁375，〈直隸總督李維鈞‧奏報前往阿爾泰駐防兵丁搔擾路過之地方情形〉，雍正三年五月二十二日。該摺硃批為「此奏甚屬可嘉，該部嚴察議奏」。

表5-1-1　〈兵律・軍政・縱軍虜掠〉中與旗人相關條例之演變

年分	條例修訂內容	備註
康熙二十七年（1688）	凡領兵諸王、將軍，借通賊為名，將良民廬舍燒燬、擄掠子女、搶奪財物者，將領兵將軍、參贊大臣、夸蘭大等，俱革職；係諸王、貝勒等，交宗人府，從重治罪。如有兵主縱令擄掠良民，應將參領以下官員，免議。若分兵所往之處，私自搶劫良民者，將統領、頭目、領兩翼官員、領旗官員，亦革職。至官兵私自一二零星，燒燬良民廬舍、帶回子女、搶擄財物者，係官，革職；係護軍、領催、甲兵，鞭責一百；係苦獨力，正法。若苦獨力之主知情者，革職，不知者，降二級，係閒散人等，鞭責一百，所管參領、蘇喇章京、護軍校、驍騎校，各降四級，夸蘭大，各降二級，及擄掠男女人口仍追出，還給本家完聚。如有此項之事，該督撫隱匿不行具題，或被害之人控告，或係科官題參者，該督撫俱行革職。	此例最先出現於康熙十八年，但起初僅為則例，並未正式入律。例文中夸蘭大（kūwaran i da）為營總、營長，苦獨力（kutule）為旗人出征扈從奴僕，蘇喇章京（sula janggin）為王府下散騎郎。
雍正三年（1725）	凡領兵王、貝勒、將軍，借通賊為名，燒燬良民廬舍、搶掠子女財物者，領兵將軍、參贊大臣，及夸蘭大等，俱革職；係王、貝勒，交宗人府，從重治罪，參領以下官，免議。若分兵征進，有犯前項罪名者，統兵將領，及分管兩翼官，並管領旗分官，俱革職。至於官員、兵丁一二人，私自焚掠者，係官，革職；係護軍、領催、兵丁，鞭一百；係廝役，正法。若廝役之主知情者，鞭一百，係官革職，不知情，降二級，所管參領以下官員，各降四級，夸蘭大，降二級，其搶掠攜帶男婦人口，仍追出給還完聚。若該督撫隱匿不行題參，別經發覺者，該督撫俱行革職。	此例為康熙二十七年例修改而成。

年分	條例修訂內容	備註
乾隆五年 （1740）	凡領兵王、貝勒、將軍，借通賊為名，燒燬良民廬舍、搶掠子女財物者，領兵將軍、參贊大臣，及營總等，俱交部議處，係王、貝勒，交宗人府，從重治罪，參領以下官，免議。若分兵征進，有犯前項罪名者，統兵將領，及分管兩翼官，並管領旗分官，俱交部議處。至於官員、兵丁一二人，私自焚掠者，係官，交部議處；係護軍、領催、兵丁，鞭一百；係廝役，正法。若廝役之主知情者，鞭一百；係官交部，分別議處，所管參領以下官員及營總，均交部議處，其搶掠攜帶男婦人口，仍追出給還完聚。若該督撫隱匿，不行題參，別經發覺者，該督撫一併議處。	例內「革職降調」等內容，因類似《吏部處分則例》，故改為「交部議處」。

資料來源：《清聖祖仁皇帝實錄》、《欽定大清會典事例（光緒朝）》、《大清律例按語》、《讀例存疑重刊本》

　　八旗軍隊除授命出征時會行軍在外，另一常見情形則是擔任扈從。清朝皇帝平時雖在北京處理政務，離京出巡亦不少見，根據地區可簡單分為北巡與南巡。[56]由於皇帝離京非同小可，這些出巡活動免不了勞師動眾。在皇帝身邊的各種扈從中，八旗軍隊主要肩負保安工作，維護皇帝的出巡順利進行。

　　皇帝出巡時常向隨行八旗兵丁耳提面命不許擾民。例如康熙二十年（1681）八月間，清聖祖命一等侍衛溫達傳諭：「行幸所在扈從人眾，奪取民物者甚多。朕出遊幸，如此累民，可乎？今若有奪取民物一毫者，得獲定行從重治罪，決不饒恕。隨從各官人等，遍行傳

---

[56] 清朝皇帝的北巡常到塞外，一來為了避暑，二來藉機接見外藩各部領袖，三來舉行狩獵與練兵合一的秋獮大典。康熙四十二年間，避暑山莊即熱河行宮開始興建，此處日後亦成為清朝另一個政治中心。詳可參見莊吉發，〈清初諸帝的北巡及其政治活動〉，收錄於莊吉發，《清史論集・1》，頁235-275。清朝皇帝的南巡也具有多重目的，除督導黃、淮河道等工程外，在收撫民心、攏絡仕紳、整飭吏治與鼓勵文學等方面多有貢獻。詳可參見陳捷先，〈略論清帝南巡揚州及其功過〉，《故宮學術季刊》，15：4（臺北，1998夏），頁11-32。關於清朝皇帝出巡的系統性研究，詳可參見Michael G. Chang, *A Court on Horseback: Imperial Touring and the Construction of Qing Rule.* (Cambridge, Mass.: Harvard University Asia Center: Distributed by Harvard University Press, 2007)

知」。[57]康熙二十二年（1683）七月間，清聖祖亦向護軍統領等諭曰：「穀者，生民之命，一歲不登，則一歲乏食。今正秋收之時，田穀未穫，向恐擅放馬匹踐踏禾苗，屢降明諭傳飭。乃今觀隨從人等，尚有不遵法令，踐踏民田者，爾等其各嚴緝奏聞，從重治罪」。[58]是年九月間，清聖祖駐蹕劉家中王地方時，再度傳諭扈從官員：「凡經過地方，不許隨從人等，借名市物，擾害小民，爾等宜嚴加察訪，犯者並其本主，題參治罪」。[59]隔年六月間，清聖祖巡行途中因目睹田禾茂長有感而發：「小民賴穀以生，倘西成無收，必致凍餒，爾等宜嚴行約束，如人馬踐踏禾苗，定加重處」。[60]除了搶奪民物或放馬傷穀等事，清聖祖亦擔心旗、民商業交易時發生糾紛：

> 前來時，乃旗、民雜處之地，人俱習熟買賣，自此以往，皆係民地，跟隨人等，凡買一切物件，俱要從公市易。恐將民間物件，妄行搶奪，倘有搶奪妄行，事發之日，朕斷不寬宥。將此交與管轄各官，書寫告示，嚴加申飭，遍行曉諭。學士來都，率一、二章京尾其後，嚴行查察，如遇搶奪人等，即行參奏，如隱匿不行參奏，將伊等一併從重治罪。[61]

當巡行隊伍即將深入民地，清聖祖對旗人擾民之擔憂表露無遺，不忘事先叮嚀並要求官員嚴加查緝。

57　《清代起居注冊・康熙朝（北京版）・第11冊》，頁5161-5162，康熙二十年八月二十八日條。

58　《清代起居注冊・康熙朝（北京版）・第15冊》，頁7028，康熙二十二年七月二十二日條。

59　《清代起居注冊・康熙朝（北京版）・第15冊》，頁7266，康熙二十二年九月十三日條。

60　《清代起居注冊・康熙朝（北京版）・第16冊》，頁8052-8053，康熙二十三年六月初八日條。

61　《清代起居注冊・康熙朝（臺北版）・第17冊》，頁9224-9225，康熙四十一年二月十六日條。

皇帝出巡期間不僅嚴禁八旗兵丁搶奪民物，甚至要求地方官吏不可擅自提供物資。在嘉慶十四年（1809）至十八年（1813）期間，每當清仁宗巡幸熱河，密雲縣工房書辦金德清總會為他坦前站披甲人等先行打點，除了「搭造鍋臺十三個，並預備水桶；每個鍋臺，撥給燒火夫一名、挑水夫二名」外，還送上米、肉等食物與牲口草料。金德清雖然未有結交內監等犯行，仍因「送給前站披甲米肉麩草等物，殊屬不合」遭受處分。[62] 清政府之所以禁止地方上擅自提供八旗兵丁物資，一來可能是擔心地方官吏趁機結交內監舞弊營私，二來此事若成慣例，小民將因官吏借端科派苦累不已，這些情形絕非皇帝所樂見。

三、盛清以降旗人移駐的擾民行為

有別於前述授命出征與擔任扈從等類型，盛清以降八旗兵丁另一常見的在外行軍為移駐他處。這些駐防點並非臨時性營區，而是自清初以來逐漸建立的固定駐防據點。關外時期的駐防八旗制度，相當重視軍隊的調遣。然而清朝入關後，昔日輪調傳統的執行出現了難處，下列事件當可略為說明：

> 四川陝西總督葛思泰，請將陝西官兵駐防地方，酌時更調遷移，列款陳奏。上曰：「……今並無他故，忽即內怯，將久處官兵，輒行擾動，奏請移駐。各處兵丁，駐防年久，俱

---

[62] 〈宮中檔嘉慶朝奏摺〉，文獻編號404020035，不詳，奏報密雲縣知縣鄒濂任聽書吏金德清送給披甲人等米肉麵草等物未能覺查禁止究應請議處，嘉慶十九年八月初三日。金德清的懲處除了革職外，另「照于漢之例」，「擬杖一百徒三年，至配所折責四十板」。何謂「于漢之例」？目前尚未找到相關資料，有待日後繼續深究。此案不僅金德清遭罰，現任密雲縣知縣鄒濂，亦因「未能覺查禁止」此事被革職留任，「八年無過，方准開復」；「歷任失察之密雲縣知縣，并該管總督、藩、臬，另行查明職名，咨部分別議處」。牽連甚廣之處分，或可說明清政府對地方官違禁提供八旗扈從軍隊物資一事，確實是戒慎恐懼。

> 置有產業，驟然更調，往返遷移，必致苦累。且暫撥民房居
> 住，又必擾及閭閻，所損實多。兵、民為國家根本，久安長治
> 之道，惟在愛兵恤民，培養元氣。這所奏無益，不准行。」[63]

清聖祖否決此奏主要著眼於兩方面，其一為不願增加兵丁額外負擔，其二則是避免軍隊移駐過於擾民。入關後的嶄新局勢，促使駐防八旗的移調制度有必要加以調整。

駐防八旗入關後雖不再適合頻繁更換駐地，但為維繫駐防八旗制度的整體運作，仍有一些必要性移調。[64]官方對這些移調任務的細節安排，可說是格外斟酌。康熙二十二年（1683）三月間，清聖祖詢問臣工：「江寧、西安官兵，互相抽調駐箚，道路甚遠，恐致驛站擾累，兵民交困。爾等所見何如？」大學士明珠奏曰：「此荊州適中之地，應將江寧、西安官兵，各調一千駐箚荊州。其現自京城，發往荊州官兵內，應分撥一千名發往江寧，又一千名發往西安。如此則路途適均，兵民不致擾累矣」，清聖祖最終對此方案表示贊同。[65]清政府為減少八旗兵丁移駐的負面影響，只能盡力完善規劃，此舉不僅有助於降低行軍成本，亦可減少擾民事件的發生。[66]

---

[63] 《清代起居注冊・康熙朝（臺北版）・第2冊》，頁854-855，康熙三十年閏七月十二日條。

[64] 所謂必要性移調主要可分為兩種，其一為駐防地之間的調遣，其二則是從北京前往駐防地。第一種情形自康熙朝漸以西北地區駐防為多，因為隨著西北戰區的推進，清政府陸續建立右衛、寧夏、涼州、莊浪與伊犁等駐防點，其駐防兵丁主要從歸化城、太原和西安等地移調而來。西北一帶雖然軍事地位重要，但受限於環境荒涼貧瘠，無法如同南方各直省般，具備供養重兵的能力，所以部署常受限制，調動也較為頻繁。第二種情形則很常見，基本上大部分新設駐防點之駐兵皆來自北京。乾隆年間漢軍大量出旗時，許多八旗滿洲兵丁，亦從北京調往福州、廣州補充駐防兵額。相關內容詳可參見定宜庄，《清代八旗駐防研究》，頁39-44、234-235。

[65] 《清代起居注冊・康熙朝（北京版）・第14冊》，頁6654-6655，康熙二十二年三月二十三日條。

[66] 該事的後續發展，亦呈現皇帝避免八旗兵丁移調時可能擾民的苦心。康熙二十二年六月間，兵部題稱駐防荊州之滿兵，將於七月二十日起程，清聖祖對此表示：「此兵若令七月二十日起程，恐房屋尚未能造完，若房屋未完，大兵至彼，無樓止之所，必至暫取民房居住，如此則兵民兩困。著俟蓋造將完具報到日，再令起程」。

有時駐防八旗的移調距離甚遠，路程的安排並不容易，一般說來多以方便八旗兵丁儘速移動，以及避免破壞地方安寧為原則。例如乾隆二十九年（1764）四月間，有八旗滿洲兵丁兩百七十九名，奉命自北京前往福建駐防。兵部原規劃他們分江山、常山兩路行走，福州將軍卻咨稱前次滿兵赴閩時，因多達五百人才兵分兩路，如今既然人數不多，皆由江山、浦城一路進閩即可。暫署閩浙總督事之浙江巡撫熊學鵬為求慎重，親赴江山、常山一帶詳加考察。熊學鵬認為兵分兩路、一路「均無不可」，不過常山路線「乃係遶道」，又有一段水路適逢「盛夏水發之時」較為危險，建議該次赴閩駐防兵丁皆行走江山路線；此外因山區旅店較少，擬將三起入境人馬再各拆成三小隊，「分為三日過山」，如此一來「行走既得從容，而地方官亦易於照料」。[67]根據該複雜的行程規劃，可知安排駐防八旗兵丁的行軍細節並非易事，既要找出兼顧迅速與安全的路線，還要考量相關人等的食宿問題。清政府所做的這些努力，應是希望駐防隊伍有效率又不擾民地抵達目的地。

　　駐防八旗的調動因兵丁及其家眷人數甚多，所需費用通常相當可觀，如何在照顧旗人與保護民人間取得平衡，確實令官方頗費思量。康熙二十二年八月間，清朝君臣即針對西安駐防八旗的移調進行討論，其癥結主要為提供旗人車輛方便行走與否。明珠奏稱：

日後郎中圖爾宸，又題稱荊州民房足以供應駐防軍隊居住，不必再造新房，「其所占民房，著該督、撫，會同酌估，給與價值」，兵部對此意見表示贊同。清聖祖則諭曰：「圈占民房，與兵屯住，所關重大。著議政王、貝勒大臣、九卿、詹事、科、道，會議具奏。」上述內容詳可參見《清代起居注冊・康熙朝（北京版）・第14冊》，頁6920-6921，康熙二十二年六月初八日條、《清代起居注冊・康熙朝（北京版）・第15冊》，頁7024，康熙二十二年七月二十一日條。

[67]　《宮中檔乾隆朝奏摺・第21輯》，頁328-330，〈暫署閩浙總督事浙江巡撫熊學鵬・奏報由京派往福建駐防滿兵已經抵浙情形摺〉，乾隆二十九年四月二十八日。該摺硃批為「該部知道」。熊學鵬的這番規劃，最後應被皇帝接受，執行實況詳可參見《宮中檔乾隆朝奏摺・第21輯》，頁463，〈福建巡撫定長・奏報頭起滿兵將次抵境及辦理一路過山情形摺〉，乾隆二十九年五月十三日、《宮中檔乾隆朝奏摺・第21輯》，頁603-604，〈浙江巡撫熊學鵬・奏報派閩駐防滿兵過浙出境日期及安靜行走摺〉，乾隆二十九年五月二十八日。

「臣等公議，若給價值，令兵丁僱覓，恐窮兵不能足用。若取給於民，則兵丁所需車輛，計四千有餘，恐一時不能應付。兵丁攜妻子家口同往，不給車輛，必不能成行。臣等之意，似應分隊前往，不但兵得車輛之用，所過地方，不致久停，民亦不甚苦累。」清聖祖則表示：「因體恤兵丁，而取車輛於民，則民不堪其苦；欲軫惜百姓，而不措給兵丁車輛，則兵丁又不免重困。應責令地方官，務使設法兩便，乃為盡善。」[68]旗人縱然深受國家妥善照顧，但皇帝在盡心安排駐防旗人移駐之餘，仍努力保障民人權益，足見皇帝並未漠視民間疾苦一味祖護旗人。

上述為駐防兵丁籌備車輛之事，皇帝最終令地方官供應車輛，但嚴禁借端加派苦累小民。[69]此舉應為旗人移駐時的慣例，即要求地方官在不擾民前提下，為駐防兵丁妥善做好各種準備。[70]不過除了嚴禁擾民的原則外，符合現行定制亦是皇帝的關注重點。乾隆二十年（1755）五月間，南河總督富勒赫奏稱本批前往福建駐防之八旗兵丁，行經直隸、山東兩省俱為陸路，「每兵一名，給車一輛，沿途折給口糧，自行買食，夜則住宿店房，頗為稱便」。抵達江

---

[68] 《清代起居注冊·康熙朝（北京版）·第15冊》，頁7160-7161，康熙二十二年八月二十一日條。

[69] 此事曾有兩種應對方案：「一議，令沿途地方官員，設法捐助，雇覓車輛，送出本境，不得擾害百姓，苦累兵丁；一議，照部議，仍給車價銀兩。」明珠隨後在皇帝詢詢下奏稱：「前議因兵丁攜帶妻子，恐路途遙遠，車輛難得，以致困累，故議令捐助；後議恐地方官借端科派，小民受害，故議准給車價。臣等公議，似應仍勅議政王等，酌量至當，畫一具奏。」幾日後議政王等會議題稱：「西安駐防官兵，應令地方官供應車輛。」清聖祖則諭曰：「此事著依議政王大臣等議。但恐地方官，借端加派，苦累小民，可將此意票明，通行申飭。」根據此事可知官方想在旗、民間取得平衡並不容易，每種提案各有利弊，最後似乎也只能在嚴禁借端加派的前提下，將此重任轉交地方官。相關內容詳可參見《清代起居注冊·康熙朝（北京版）·第15冊》，頁7193-7194，康熙二十二年八月二十七日條、《清代起居注冊·康熙朝（北京版）·第15冊》，頁7213-7214，康熙二十二年九月初二日條。

[70] 例如《宮中檔乾隆朝奏摺·第33輯》，頁845-846，〈直隸按察使達爾吉善·奏聞由京派往西安等處駐防官兵全數出境事〉，乾隆三十八年十二月十八日：「奴才復督率沿途各地方官，將應需營盤店房，買賣街食物等項，俱令寬為預備，不致缺少貽誤。其經過橋樑道路，隨時修墊，平坦堅固，並無阻滯眈延。」

蘇一帶則改水路，「共撥號船二十隻，每兵五名，共坐船一隻」。除此安排令眾人乘船時感到擁擠外，各兵一日只得口糧米八合三勺，其餘「柴薪鹽菜」與日用品並未準備，導致這些兵丁「甚為拮据」。地方官員因同情過境旗人處境艱難，每名兵丁給錢十文供其使用。富勒赫了解此事後大感詫異，縱然官員是出於善意，捐給錢文「似於體制非宜」。[71]清高宗接到此奏後，亦懷疑「派往駐防兵丁等，本非安靜守分之人，在途日久，伊等以離京已遠，妄思借端多索，而地方官輒額外捐給，急圖了事，亦未可定」，令兩江總督尹繼善儘速查奏。[72]清高宗不僅要求尹繼善提出報告，還下令直隸、山東地方大員一併據實奏聞。[73]

尹繼善等人接到皇帝諭令後，紛紛具奏回覆相關情形。尹繼善奏稱據藩司彭家屏等官員稟報，這些八旗兵丁過境時極為安靜，並未借端勒索。他們均依規定領取口糧，但因「船中鹽菜柴薪，一無所有」，才酌量每人每站捐給鹽菜錢十文，每船每站另給柴錢八十至一百文不等。[74]直隸總督方觀承與山東巡撫郭一裕兩人，則強調八旗兵丁過境時俱照定例領取口糧，「此外並未多有需索，地方

---

71 《宮中檔乾隆朝奏摺·第11輯》，頁439-440，〈富勒赫·奏為吳嗣爵料理滿兵赴閩不宜聽地方官捐錢摺〉，乾隆二十年五月十七日。富勒赫於文末特別說明具奏原因：「今第一起滿官兵雖過，而後隊尚多，且自汀至浙，水路甚長，滿洲官兵食用維艱，殊為可憫。臣目擊情形，見其辦理實有未妥，不敢壅於上聞。」

72 《清高宗純皇帝實錄》，卷489，頁142，乾隆二十年五月戊戌條。清高宗的懷疑根據為「派往駐防兵丁，應給口糧，自有定例，何以兵丁等陸路行走，道經兩省，口糧並無不敷，獨至江省水路，忽致如此拮据之理。」此外在其上諭中，還特別告誡其他官員不可因循苟且：「再現在該兵等，不日即抵浙、閩，且此後起數尚多，著傳諭喀爾吉善，務飭派出專辦此事之同德等，妥協辦理，令兵丁等，共知節制，不得因循江南前轍，故為遷就。」

73 《清高宗純皇帝實錄》，卷489，頁142-143，乾隆二十年五月戊戌條：「此等派往駐防兵丁，多屬喜事之徒，沿途額外需索，事所不免。或直隸、山東，一路地方官，即已如此捐給，江南承照辦理，而前此無人奏出，亦未可定。可傳諭詢問方觀承、郭一裕等，此項兵丁，從前經過該省，是否照例支給，有無藉口不敷，額外捐給之處，據實查奏，不得因從前奏報兵丁出境摺內，已經聲明毫無需索，今復稍存迴護掩飾之見。」

74 《宮中檔乾隆朝奏摺·第11輯》，頁877-878，〈太子太保署理兩江總督尹繼善·奏報應付滿兵口糧事宜摺〉，乾隆二十年六月二十八日。

官亦無額外捐給」。不過方觀承進一步指出，這些兵丁自京師至良鄉首站，本「應照數換給車輛」，兵丁們卻表示彼此多為同旗親戚，可否多家共乘一車，「所有省出車輛，懇求照數折價，添補盤費」。直隸省司、道等官起初未答應，但考量此舉「於定例尚無違礙」，又可為兵丁「添助食用」，特別通融「每車每站，折銀七錢」，日後山東省似乎亦比照辦理。[75]

　　總而言之，這批八旗兵丁前往駐地時，應無需索地方之劣行。他們在直隸、山東兩省陸路獲得的額外補助，是自多餘車輛折價而來，算是分內所應得；他們在江蘇省水路所得錢文，則來自地方官員自發性捐給。清高宗曾不解這些兵丁為何至江蘇省才忽然陷入拮据，其關鍵應為八旗兵丁改行水路時，不再擁有車輛可供折價補貼，再加上陸路時的口糧亦換為現錢，較無「鹽菜柴薪」之負擔。[76]透過這起事件，不難發現清高宗非常在意八旗兵丁借端需索，以及地方官員的擅自捐助。皇帝之所以對此念茲在茲，當與這些行為最終很有可能連累無辜小民有關。清政府雖希望八旗兵丁在移駐過程中被良好照顧，但地方官員的一些善舉仍引起皇帝疑慮，可見避免擾民始終是皇帝心中的重要原則。

　　其實早在這批赴閩八旗兵丁路過山東省時，皇帝已展現不願地方過度照料過境旗人軍隊的態度。山東巡撫郭一裕曾於四月二十四日奏稱，當日他與布政使阿爾泰先至山東、直隸兩省邊境處接應，阿爾泰隨後伴隨第一起官兵繼續前行，同時「查看橋樑道路，並照

---

[75]　《宮中檔乾隆朝奏摺‧第11輯》，頁523-524，〈直隸總督方觀承‧奏報福建駐防滿兵過境無額外需索擾民之事摺〉，乾隆二十年五月二十七日、《宮中檔乾隆朝奏摺‧第11輯》，頁579，〈署理山東巡撫兼提督銜郭一裕‧奏覆福建駐防兵丁過境並無額外捐給之事摺〉，乾隆二十年六月初一日。

[76]　清高宗接到尹繼善之奏後，隨即諭曰：「水程與陸路，情形不同。兵丁雖給與口糧，而鹽菜柴薪，亦在所必需，自應酌量增給。嗣後派往駐防兵丁，行至江、浙等省，著該督撫等，即照所給錢文之數，動用公項給與，不必令地方官捐辦，該部即遵諭行。」參見《清高宗純皇帝實錄》，卷492，頁190，乾隆二十年七月癸未條。

料尖宿事務」。清高宗接到此奏後，卻對「查看橋梁道路」一事頗不以為然：

> 似此皆為過甚之語。不實固屬語誑，果實則派往駐防之兵，有何緊要而為之修治橋路乎？但查管毋令生事足矣，何致過為張揚？[77]

清高宗認為八旗移駐實屬平常，地方大員僅需約束兵丁，沒必要特別為其鋪張準備。[78]郭一裕等官員的實際作為，或許與清高宗所設想者不同，[79]但藉此仍可理解皇帝基於禁止擾民的立場，提醒地方大員處理八旗軍隊過境事宜應適可而止，切忌弄巧成拙。

清政府縱然已針對旗人移駐費心安排，但行軍過程是否擾民的關鍵仍在兵丁身上，這也使得皇帝常在大軍出發前特別叮嚀。例如康熙二十二年八月間，清聖祖向即將帶兵前往荊州駐防的將領諭曰：

---

[77] 《宮中檔乾隆朝奏摺·第11輯》，頁263，〈署理山東巡撫兼提督銜郭一裕·奏報接送赴閩滿兵過境情形摺〉，乾隆二十年四月二十四日。

[78] 清高宗除透過硃批外，甚至頒布上諭表明立場，參見《清高宗純皇帝實錄》，卷487，頁108，乾隆二十年四月庚午條：「此次派赴閩省滿兵，原係尋常駐防，非征調可比，嗣後按起陸續前往者尚多。朕前降旨，派出大員，專司其事，不過令其留心約束，使沿途安靜速行足矣，何必另為修治橋路？況東省德州一帶，乃南北行旅大道，豈因過此數百兵丁，一切橋梁，即須另行修治。看來該撫所奏，不過相沿外省地方官陋習，侈口鋪張，以見其盡心籌畫。及至辦理之時，究屬有名無實，徒以虛文故套，輾轉相蒙，此豈實心任事之道。現在自直隸至山東，經行江、浙，若所過地方，俱先事張皇，重煩民力，必致傳聞滋擾，尤非政體。郭一裕著傳旨申飭，並將此旨，傳諭沿途各該督撫知之。」

[79] 郭一裕遭皇帝訓誡後，具奏解釋德州一帶為南北通衢，橋、路等交通建設均屬完善；不過由於兗州城外有橋坍塌，另地勢較低的兩孔、滕嶧二縣，每逢雨天即泥濘不堪，這些情形均導致「客商往來，每多阻滯」。郭一裕擔心地方官未能妥善整頓，才令阿爾泰前往察看。詳可參見《宮中檔乾隆朝奏摺·第11輯》，頁318，〈署理山東巡撫兼提督銜郭一裕·奏報赴閩駐防兵丁過境及為修治道路原因摺〉，乾隆二十年五月初五日。

至爾等乘徃船隻，皆係雲南、廣西回京官兵，所坐之船。在
　　　船人夫，勞苦已極，爾等最宜體恤，勿加凌辱。聞船夫受兵
　　　丁凌辱不堪，皆棄船逃遁，深為可憫，爾等宜切戒。[80]

透過引文可知清聖祖告誡兵丁應善待船夫，千萬不可仗勢欺人。然
而根據現實案例，可以發現這類事件終究難以杜絕。乾隆二十一年
（1756）九月間，赴閩八旗兵丁乘船行經宿遷縣駱馬湖五花橋地方
時，某船因「與蘆柴船相遇」導致「柴稍戳入船艙」，船內兵丁喝
令水手徐三攔此蘆柴船理論，徐三卻未聽命行事。眾兵隨即以幼孩
受驚為由怒罵徐三，鑲紅旗下的明德、太平兩人甚至「將徐三毆打
兩下，逾時殞命」。[81]清高宗得知此事後，立即下令嚴加查辦：

　　　以滿洲官兵，如此恃強逞惡，若僅以尋常鬥毆殺人之例問
　　　擬，不足示懲。可傳諭該督，審明首從，除將從犯照例定擬
　　　外，其為首之犯，著即行正法，以為兵丁生事不法者戒。至
　　　該防禦、佐領等，管押兵丁，漫無約束，所司何事，著該部
　　　嚴察議奏。[82]

面對這起八旗兵丁毆斃民人船夫案件，清高宗認為若以清律鬥毆殺
人條問擬過於輕縱，[83]下令加重其刑將首犯正法。除兵丁明德與太

80　《清代起居注冊‧康熙朝（北京版）‧第15冊》，頁7156，康熙二十二年八月二十
　　日條。
81　《宮中檔乾隆朝奏摺‧第15輯》，頁463-464，〈太子太保署理兩江總督尹繼善‧奏
　　報發閩駐防滿兵過境日期摺〉，乾隆二十一年閏九月初二日。
82　《清高宗純皇帝實錄》，卷523，頁588，乾隆二十一年閏九月辛亥條。
83　田濤等點校，《大清律例》，卷26，〈刑律‧人命‧鬥毆及故殺人〉，頁430：「凡
　　鬥毆殺人者，不問手足、他物、金刃，並絞（監候）；故殺者，斬（監候）。若同
　　謀共毆人，因而致死者，以致命傷為重，下手（致命傷重）者，絞（監候）。原謀
　　者（不問共毆與否），杖一百、流三千里，餘人（不曾下手致命，又非原謀），各
　　杖一百（各兼人數多寡，及傷之輕重言）。」

平被嚴懲外，其長官亦因管教不力遭受連帶處分。[84]

　　從清高宗嚴懲毆斃民人之八旗兵丁一事來看，再次證明皇帝確實對移駐旗人的行軍紀律相當在意，深知上意的地方各級官員，時常將八旗兵丁過境時的表現密摺奏聞。例如乾隆二十年五月間，直隸總督方觀承奏稱赴閩八旗兵丁「沿途買用民間食物，曾未短給一文，實屬安靜」；[85]乾隆二十年七月間，江西布政使王興吾奏稱赴閩八旗兵丁「在江西境內，頗知守法，並無絲毫滋事」；[86]乾隆二十一年十二月間，江西按察使蘇崇阿奏稱赴粵八旗兵丁「俱甚安靜，毫無滋事」；[87]乾隆三十年（1765）十月間，浙江巡撫熊學鵬奏稱赴閩八旗兵丁「咸沐皇恩，行走安靜，毫無滋事」。[88]

　　地方各級官員並非只報喜不報憂，若有特殊狀況亦會如實上報。例如乾隆二十一年十一月間，安徽巡撫高晉奏稱赴粵八旗兵丁共分五起過境，前三起都很平常，「惟第四起，有滿兵丑格落水身死，第五起有失火燒船之事」。[89]乾隆五十一年（1786）九月間，直隸布政使梁肯堂奏稱，移駐莊浪的第四起八旗兵丁抵達正定縣時，佐領永祿、防禦明保發覺曾在新樂縣「下車小便」的正白旗蒙

---

[84] 〈明清內閣大庫檔案〉，登錄號228455-001，兵部為二次赴閩駐防滿兵明德將徐三毆斃緣由，乾隆二十一年十月□不詳：「隨經臣部行文該督，欽遵諭旨查辦，并移咨各該旗，查取防禦三達色、佐領定柱加級記錄，去後今准各該旗查明，三達色等，並無加級等因前來。查定例，兵丁生事不法，其約束不嚴之專管官，降一級調用等語。防禦三達色、佐領定柱，係派令沿途約束滿兵之員，理應沿途加意約束，毋致滋事。今滿兵明德、太平，生事不法，該員等漫無約束，甚屬不合，若僅照約束不嚴，專管官降一級調用例查議，未足以示懲。應將廂紅旗防禦三達色、廂藍旗佐領定柱，各降二級調用。」由此看來旗員的處分，亦較定例來得嚴重。

[85] 《宮中檔乾隆朝奏摺・第11輯》，頁523-524，〈直隸總督方觀承・奏報福建駐防滿兵過境無額外需索擾民之事摺〉，乾隆二十年五月二十七日。

[86] 《宮中檔乾隆朝奏摺・第12輯》，頁48-49，〈江西布政使王興吾・奏報自京至閩駐防官兵過境及途間所歷情形摺〉，乾隆二十年七月初六日。

[87] 《宮中檔乾隆朝奏摺・第16輯》，頁396-397，〈江西按察使蘇崇阿・奏報照料派撥廣州駐防官兵全數出境及奴才差竣回署摺〉，乾隆二十一年十二月二十日。

[88] 《宮中檔乾隆朝奏摺・第26輯》，頁388-389，〈浙江巡撫熊學鵬・奏聞由京發往福建駐防滿兵過浙日期及安靜行走緣由〉，乾隆三十年十月十九日。

[89] 《宮中檔乾隆朝奏摺・第16輯》，頁138-139，〈安徽巡撫高晉・奏報赴粵駐防滿洲官兵全數過境摺〉，乾隆二十一年十一月二十二日。

古馬甲戴明阿，直到晚上仍未歸隊，梁肯堂隨即派人搜索但毫無所獲；由於「新樂至正定，俱係衝途大路，行人往來如織」，若戴明阿迷失方向也很容易尋人問路，「顯係乘空潛匿，有意脫逃」。[90]透過地方各級官員的奏報，皇帝可以即時掌握八旗兵丁的移駐狀況，有效監控這些旗人的一舉一動，其目的不外乎是避免他們為非作歹擾害民間。

　　八旗兵丁身為「國家根本」，被皇帝所重視自是無庸置疑，但皇帝照顧旗人的同時，亦很重視地方秩序與民人感受。官方嚴禁旗人行軍時的各種擾民行為，一旦發生通常會嚴加處分。清政府處理八旗軍隊的行軍事務確實非常用心，此舉應有助於減少民間對於旗人的負面印象。

第二節　日常生活的旗民衝突與官方對策

一、平時旗、民衝突的司法審判程序

　　當大量旗人隨著清政府「從龍入關」，旗人群體不再侷限於東北老家的「龍興之地」，他們起初主要集中於京師地區，之後則在駐防八旗制度的建立下逐漸擴展至中國各地。清政府由於擔憂旗人與漢民混居不僅可能喪失純樸尚武的本色，還會增加旗、民衝突的發生機率，故旗人在日常生活中總是盡量被設計與民隔絕。[91]然而這種人為阻絕的硬性規定，終究很難完全發揮作用，旗人不可能完

---

[90]　《宮中檔乾隆朝奏摺・第61輯》，頁427-428，〈直隸布政使梁肯堂・奏報第四起移駐莊浪官兵內有馬甲戴明阿在新樂縣脫逃緣由〉，乾隆五十一年九月初七日。此事直隸總督劉峩亦有奏報，參見《宮中檔乾隆朝奏摺・第61輯》，頁493-494，〈直隸總督劉峩・奏為恭報駐防京兵全數出境日期事〉，乾隆五十一年九月十二日。

[91]　該情形主要分為兩種，其一為北京城的內、外城之別，其二為駐防八旗地區建立的滿城或滿營。相關內容本書前幾章已有論及，讀者可自行參考。

全與漢民沒有互動，[92]這也使得旗、民衝突在所難免。[93]有別於本章前一節探討八旗軍隊的行軍擾民事件，本節將著重旗人平時與漢民發生衝突的情形。

　　一般來說八旗軍隊行軍在外時，由於兵丁身分較為特殊，他們若有擾民行為多交由帶隊官員或就近負責彈壓的地方大員處置；相對於此，旗人日常生活中與漢民衝突的後續處理則較為複雜。清朝入關後利用不同的戶籍將旗、民相區隔，當旗、民因衝突進入司法程序時，象徵兩種迥異的體系即將相遇。不過該情形對京師地區而言衝擊不大，京師大小案件基本上均透過五城御史、步軍統領衙門與刑部的兩級司法審判程序處理，其中未有明顯旗、民之別。[94]旗、民衝突導致司法審判程序較複雜者，主要發生於駐防八旗地區。

　　清政府基於鞏固政權的考量，在直省與邊疆地區的重要據點，分別設置許多八旗駐防點。這些駐防兵丁均自在京八旗徵調而來，「無事則拱衛控制，隱然有虎豹在山之勢，有事則敵愾同仇，收干城腹心之用」。[95]清政府在駐防八旗處，設有將軍、都統等職，這些駐防旗員的任務除整飭武備與管教兵丁外，有時亦負責駐防旗人的司法事務。[96]

　　駐防八旗在國家軍事防禦體系中，無疑佔有重要地位，但這並不代表駐防旗員的權勢可以無限上綱。駐防旗員平時被嚴禁干預地

---

[92] 詳可參見汪利平，〈杭州旗人和他們的漢人鄰居：一個清代城市中民族關係的個案〉，頁188-200、潘洪鋼，〈由客居到土著——清代駐防八旗的民族關係問題研究〉，頁74-80、潘洪鋼，〈清代駐防八旗與當地文化習俗的互相影響——兼談駐防旗人的族群認同問題〉，《中南民族大學學報》，26：3（武漢，2006.05），頁59-63、Mark C. Elliot, "Bannerman and Townsman: Ethnic Tension in Nineteenth-century Jiangnan," *Late Imperial China*, 11:1(June, 1990), pp.36-74.

[93] 詳可參見賴惠敏，〈從杭州看清代的滿漢關係〉，頁37-89、潘洪鋼，〈清代駐防八旗的民族關係研究——從荊州旗、民的幾次鬥毆事件入手的探討〉，頁72-76。

[94] 那思陸，《清代中央司法審判制度》，頁150-151。這方面的討論亦可參見本書第二章第三節。

[95] 〔清〕希元等，《荊州駐防八旗志》（瀋陽：遼寧大學出版社，1990），〈荊州旗營駐防志序〉，頁3。

[96] 詳可參見定宜庄，《清代八旗駐防研究》，頁118-128。

方民事，地方督、撫以下各級官吏，亦無權過問駐防八旗事務，[97]完全符合旗、民分治政策之精神。此舉雖然具有正面意義，但在司法實務上仍產生一些問題，最明顯者即旗、民衝突一旦發生，將陷入無人能全權處理之窘境。

　　為有效解決駐防八旗地區的旗、民交涉案件，一種特殊的理事同知、通判制度焉然而生。同知、通判為知府佐貳官，依照職責分別具有不同名目。理事同知、通判主要負責審理旗、民交涉案件，為清朝旗、民分治政策下的特有官職，最初僅設立於直省駐防八旗地區，後來又分設於東北、內蒙一帶。理事同知、通判的體制相當特殊，他們雖然僅設於駐防八旗地區，卻為地方屬員而非旗員；此外其職掌因與旗務密切相關，康熙中葉後理事同知、通判一改原為漢缺之慣例，陸續以旗人選補。[98]理事同知、通判在分立的旗、民體系間，扮演居中斡旋的重要角色，其重要性不言而喻。[99]

　　理事同知、通判的特殊性格，確實有助於化解地方上的旗、民衝突，但也不意味著這類事件一旦發生，就僅由理事同知、通判單獨出面解決。每當旗、民衝突發生時，常由理事同知、通判與地方官一同會審。該現象其實有跡可循，順治十五年（1658）二月間，

---

[97] 定宜庄，《清代八旗駐防研究》，頁129-140。該情形主要專指直省、畿輔駐防地區。邊疆地區則因未設總督、巡撫等職官，駐防將軍於是成為最高長官，不過即使如此，邊疆駐防將軍仍難以簡單視為集軍事、民政於一身之地方大員。

[98] 關於理事同知、通判的討論，詳可參見鄭秦，〈清代旗人的司法審判制度〉，頁21-22、定宜庄，〈清代理事同知考略〉，頁263-274。值得一提的是，皇帝在旗、民雜處處，似乎喜歡任用滿人來管理。例如直隸巡撫一缺，清聖祖曾詢問大臣用何人較佳。大學士李蔚、馮溥奏稱：「但在得人，皇上不拘用何項人，無所不可。」大學士勒德洪則表示：「直隸地方，逼近京師，滿洲、人民雜處，宜用滿州。」最後皇帝諭曰：「直隸地方盜賊、逃人，向來甚多，若用滿州，事可漸少，著將滿洲官員，開列具奏。」顯然接受了勒德洪的建議。參見《清代起居注冊・康熙朝（北京版）・第12冊》，頁，康熙二十一年正月二十日條。

[99] 透過該例即可窺知一二，參見《清代起居注冊・康熙朝（臺北版）・第3冊》，頁1652，康熙三十一年十月三十日條：「又江寧理事同知石祿員缺，以中書科中書寶善擬正、司庫納林擬陪。上曰：『理事同知，乃審理旗下、民間相關事務，這員缺緊要，爾等會同吏部，選擇具奏。』」

兩江總督郎廷佐曾為在江寧新設官員一事題稱：

> 江寧地居省會，設有滿漢公衙門，凡拿獲叛逆，并緝解逃
> 人，及地方一切重大事務，職與滿漢提都、章京及司道諸
> 臣，皆於此公同會審，而承接理事者，向無定員，惟擇江
> 寧府佐中之練達者攝管。其事今見委該府管糧同知王永茂料
> 理，但官無專任則，責成不便，且府佐各官，皆有本衙門經
> 管之事，難以兼攝，終非長遠之計。……惟照同知王永茂，
> 既管公衙門事，而糧務實難兼管，但江寧原設有督鑄同知，
> 今鑄務已奉停止，則督鑄之缺可裁。合無令同知王永茂專管
> 公衙門事，其糧務即將應裁督鑄同知崔鹿鳴改補。[100]

郎庭佐所言是否被皇帝採納難以確定，但在其餘資料的佐證下，
推測理事同知一職在順治末年已經出現。[101]透過上述引文可知滿、
漢官員會審後的「承接理事」者，原本多從府佐練達之士中選拔兼
理，郎廷佐為求滿漢公衙門事務有人專管，建議調整江寧府的同知
任務。從該題本的內容來看，理事同知創設之初並非僅處理旗、民
交涉案件，凡「地方一切重大事務」亦需經手，該職務多元化之情
形，康熙朝以後似乎仍時有所聞。[102]不過理事同知漸以旗、民交涉

---

100 《明清檔案》，卷冊A032-024，〈兩江總督郎廷佐・兩江總督為江寧公衙門改設專
官等事〉，順治十五年二月日不詳。

101 在一件康熙元年的檔案中，已出現「江寧府理事同知」之官銜，參見〈明清內閣大
庫檔案〉，登錄號293007-001，〈江寧將軍哈哈木・江寧將軍題為鄭大典等許告劉
斌等謀叛俱虛事〉，康熙元年六月初二日。此外亦可參見定宜庄，〈清代理事同知
考略〉，頁264-265。定宜庄曾利用康熙朝起居注冊與《江寧府志》的相關記載，
推測理事同知一職在順治年間應已設置，詳可參見《清代起居注冊・康熙朝（北京
版）・第19冊》，頁9314-9315，康熙二十四年十一月初一日條：「吏部題覆浙江
巡撫趙士麟，請以通判靳襄改授理事同知，議不准行。上曰：『杭州滿漢錯處，此
官宜設，況江寧亦有此官，似可允行。』王熙奏曰：『趙士麟居官頗佳，凡事留心
地方。聖諭誠然。』上曰：『靳襄著照該撫所請，改補。』」

102 例如〈明清內閣大庫檔案〉，登錄號091288-001，江南總督阿席熙・題為江寧府理
事同知馮彎舒陞任所遺員缺，康熙十四年五月日不詳：「江寧府理事同知一官，承

案件的審理為主要職掌，應該也是個不爭的事實。

　　儘管理事同知、通判之性質隨時間有所轉變，但最初的官員「公同會審」精神，在旗、民交涉案件中仍依稀可見，惟逐漸出現兩點變化。其一為理事同知、通判親自參與會審，不再只是承接滿、漢大員會審後的理事者；其二為涉及旗、民衝突案件的會審參與者，日益成為理事同知、通判與地方民官，駐防旗員則被排除在外，有別過往地方滿、漢官員會審之情形。根據雍正朝以降陸續頒布的相關規範，即可證明上述兩點變化，詳細內容可參見表5-2-1。

表5-2-1　〈刑律・訴訟・軍民約會詞訟〉中與旗人
相關條例之演變

年分	條例修訂內容	備註
雍正三年 （1725）	凡旗人謀、故、鬥、毆殺等案，仍照例令地方官，會同理事同知審擬外，其自盡人命等案，即令地方官審理。如果情罪已明，供證已確，免其解犯，仍由同知衙門核轉。倘有恃旗狡賴，不吐實供，將案內無辜牽連人等，先行摘釋，止將要犯，解赴同知衙門審明。如該同知，事外苛駁，借應質名色，濫差提擾，該上司立即題參。	此例來自雍正元年刑部議覆直隸總督李維鈞之奏。
乾隆五年 （1740）	a. 凡各省理事廳員，除旗人犯命盜重案，仍照例會同州縣審理外，其一切田土、戶婚、債負細事，赴本州縣呈控審理。曲在民人，照常發落，曲在旗人，錄供加看，將案內要犯，審解該廳發落。至控告在官人犯，不論原、被，經州縣兩次拘傳，別無他故，抗不到案者，將情虛逃避之犯，嚴拿治罪。	雍正六年已有相關規定，乾隆五年才正式入律。

審江寧、京口兩將軍下逃人事宜，及遞檔、銷檔、註冊紛紜，更有滿洲旗下家人與民人爭訟一應事件。」、《明清檔案》，卷冊A069-005，〈廣東布政使薩哈諒・奏請廣州理事同知改以旗員補授〉，乾隆元年十一月十五日：「竊照廣州府城，駐箚八旗官兵，政務繁冗，設立理事同知一員，專司旗、民事件，提點軍器，火藥□□，□理七縣海防捕務，職任甚重。」、《宮中檔乾隆朝奏摺・第10輯》，頁97，〈閩浙總督喀爾吉善、浙江巡撫周人驥・奏請調補理事同知以收實效摺〉，乾隆十九年十一月十七日：「但查該同知一缺，管理杭州駐防、民事件，兼辦滿、漢旗營兵糧。」

年分	條例修訂內容	備註
乾隆五年 （1740）	b. 各處理事同知，遇有逃人案件，併旗人與民人爭角等事，俱行審理，不必與旗員會審。	雍正七年已有相關規定，乾隆五年才正式入律。

資料來源：《欽定大清會典（光緒朝）》、《欽定大清會典事例（光緒朝）》、《大清律例通考校注》、《讀例存疑重刊本》

　　根據表格內容可知，駐防旗員似乎已非旗、民交涉案件的會審成員。這些法律規範並非如同具文，透過現實案例多少能說明相關執行情形。乾隆二年（1737）二月間，西安駐防正白旗漢軍兵丁蔡有福，與咸寧縣民李鳳翔之妻党氏通姦，一日党氏被其夫斥責，蔡有福竟勒斃李鳳翔。此案審判程序是先交由西安理事同知鄂爾賽與咸寧縣知縣陳齊賢會審，再上呈至山西督、撫審核。[103]嘉慶十五年（1810）十二月間，涼州駐防鑲藍旗滿洲馬甲烏勒登額，與民人劉忠因借錢事情發生口角，劉忠被烏勒登額持鐵片毆斃。此案的審判程序，乃先交由涼州理事通判德慶與署武威縣知縣王世焯會審，再依序上呈至涼州府知府、甘肅按察使與陝甘總督。[104]藉由上述案件不難發現每當旗、民衝突案件發生時，都先交由理事同知、通判與基層民官會審，再根據審轉制度逐級上報，[105]駐防旗員通常未親身參與審判。

　　地方上的旗、民衝突，交由理事同知、通判與地方民官會審

---

[103] 《明清檔案》，卷冊A083-047，〈陝西巡撫張楷‧陝西巡撫為審兵丁蔡有福勒死李鳳翔案〉，乾隆三年七月初二日。

[104] 杜家驥主編，《清嘉慶朝刑科題本社會史料輯刊》（天津：天津古籍出版社，2008），第3冊，頁1623，〈甘肅涼州駐防旗兵烏勒登額因借錢起釁致死漢民劉忠案〉，嘉慶十五年十二月初二日。

[105] 透過這些案件不難發現地方旗、民衝突案件的審轉程序不盡相同，相關規定在各省間似乎不一致，詳可參見《清高宗純皇帝實錄》，卷92，頁414-415，乾隆四年五月丙辰條：「刑部議覆，甘肅巡撫元展成疏稱，涼州新駐防滿兵，遇旗、民互毆命案。或照西安，不由府轉；或照寧夏；由府審轉等語。查涼州駐防滿兵，雖由西安分撥，然地方命案，知府有督催稽查之責，未便越府，徑轉臬司，應照寧夏辦理。從之。」

確實有其道理。清聖祖曾多次表示「百姓與旗人訐訟，漢官必偏徇」，[106]「近來督撫，漢人則專庇漢官，旗人則專庇旗員」，[107]足見皇帝對旗員、漢官偏袒自己人的情形了然於胸。為了讓旗、民衝突的審理大公無私，採取旗、民官員會審或許比較恰當。康熙五十年（1711）六月間，左都御史趙申喬建議日後的旗、民互訟，直接交與地方民官審理即可，此奏雖得到刑部的同意，清聖祖卻是不以為然：

> 旗、民互相爭訟事情，照定例遵行，已經年久。從前直隸巡撫，亦曾用滿洲人。滿洲巡撫，則庇護旗人；漢巡撫，則庇護百姓。今照趙申喬所奏，凡關係旗、民事情，俱交與地方官員審結，不但于事無益，日後又必至于紛更。該部照趙申喬所奏，議准行，殊屬不合，著仍照舊例行。[108]

此處所謂「定例」，當指雙方官員會審的規定。清聖祖重申若將旗、民衝突交由單一官員處理，不但於事無益還徒增紛擾。從趙申喬的建議遭否決一事來看，清聖祖的立場可說是非常堅定。除擔心官員無法秉公審理的考量外，清政府於康熙九年（1670）規定地方民官不可將「旗下人擅行夾責」，[109]可能亦是旗、民衝突必須會審的一大原因。[110]

---

[106] 《清代起居注冊·康熙朝（臺北版）·第17冊》，頁9506，康熙四十一年七月二十五日條。

[107] 《清代起居注冊·康熙朝（臺北版）·第18冊》，頁10428，康熙四十二年十二月十九日條。

[108] 《清代起居注冊·康熙朝（臺北版）·第19冊》，頁10773，康熙五十年六月初六日條。

[109] 《欽定大清會典事例（光緒朝）》，卷851，〈刑部·刑律·斷獄·決罰不如法〉，頁26b：「凡官員將旗下人，擅行夾責者，降一級調用。」

[110] 馮爾康曾指出清世宗於雍正六年，處理良鄉縣知縣冉裕棐擅責旗人一案時，下令取消地方民官不得刑訊旗人之成例，參見馮爾康，《雍正傳》，頁366。閱讀相關史料後，或能發現馮爾康的見解，尚有些許補充空間。當冉裕棐因擅責旗人被題參時，

不過看似合乎情理的會審制度，為何漸漸看不到地方駐防旗員的身影？針對這個問題，或能從司法審判制度的角度來思索。首先值得注意的是，理事同知、通判在駐防八旗地區，並非只處理旗、民衝突案件，兩造均為旗人的案件也常見他們著手審理。嘉慶十三年（1808）五月間，莊浪駐防馬甲蘇琅阿嫁給涼州旗人明存為妻之女西他拉氏，身染霍亂病死，蘇琅阿閏五月抵達涼州辦理喪事時，發現女兒棺木停放於暗室，蘇琅阿想將棺木移至院中看視，卻被明存之父阿璞當阿阻止。蘇琅阿懷疑女兒的死因不單純，與阿璞當阿發生口角，阿璞當阿遂將此事呈報涼州副都統宗室富色鏗額。該案送交富色鏗額處後，立即轉交理事通判宜寧查訊，並會同協領富珠禮訊問眾供。[111]由於蘇琅阿與阿璞當阿兩人纏訟不休，富色鏗額特別向陝甘總督長齡請求派人協審此案，長齡雖然願意協助，仍表示「臣查涼州滿營命案，由理事通判審詳、副都統核定，向不由臣衙門審理」，一語道破駐防旗人案件的審理程序。[112]道光十七年（1837）六月間，福州駐防之正黃旗滿洲協領花連布，稟稱該旗馬甲廣春，與同旗無頂戴領催景慶發生口角，廣春用刀將景慶之子步

清世宗即令刑部徹查相關規定。當刑部回報確有此例時，清世宗諭曰：「朕不知向來有旗人，不准地方官杖責之例，故令該部，查明奏聞。今據該部查奏，因思當年定例，自有深意，且遵行已久，自應照舊。但例內開載，官員擅責旗人者，降一級調用。昨良鄉縣知縣冉裕栔，擅責烏雲珠一案，即按定例，亦不至於解任質審，而宜兆熊、劉師恕，將該縣特參前來，並請解任質審，甚屬不合。宜兆熊、劉師恕，所參直隸官員，往往遇於苛刻，似此類者甚多。封疆大臣，不為國家愛護人材，輒將可用之員，因細故微瑕，而致於擯棄，豈不可惜，著嚴飭行。」由此可知清世宗尊重過往成例，並未修改地方文官不得刑訊旗人之規定。上述史料參見《世宗憲皇帝上諭內閣》，收錄於臺灣商務印書館編審委員會主編，《景印文淵閣四庫全書‧第414-415冊》（臺北：臺灣商務印書館，1986），卷67，頁25a-25b，雍正六年三月二十四日。

[111] 關於此案詳可參見〈宮中檔嘉慶朝奏摺〉，文獻編號404012280，陝甘總督長齡‧奏為審明涼州滿營命案屍親抗延不結濫押平人致死分別定擬事，嘉慶十三年十月二十二日、〈宮中檔嘉慶朝奏摺〉，文獻編號404013268，護理陝甘總督印務甘肅布政使蔡廷衡‧奏聞涼州滿營告休佐領阿璞當阿之媳病故案遵駁覆訊定擬緣由，嘉慶十四年二月初六日。

[112] 〈宮中檔嘉慶朝奏摺〉，文獻編號404011750，陝甘總督長齡‧奏聞涼州駐防滿營命案准咨委員檢驗緣由，嘉慶十三年八月初十日。

甲富爾當阿戳傷。此案經花連布告發後，隨即交由福州理事同知烏什杭阿驗訊詳辦。[113]透過上述兩起案件可知，駐防地區的旗人庶務雖多由旗員全權處理，但在司法程序方面，無論驗傷、堂訊還是問擬罪名，則由理事同知、通判主導，旗員僅扮演在旁協助或是複核的角色。

駐防旗員若連單純的旗人案件都鮮少親身審理，他們未參與旗、民衝突之會審似乎也不足為奇。駐防旗員在司法案件中屢屢置身事外，或許因為他們帶有較重武職色彩，處理刑名之事本非所長。位居京師的步軍統領衙門，即因步軍統領「或從武職簡放」，「於一切刑名律例未及周知」，乃設「協理刑名部臣」一員協助處理司法事務。[114]雍正元年（1723）九月間，刑部尚書勵廷儀亦奏稱：

> 見古北口外等處命案，皆由本地武職詳解，臣部方派司官，前往相驗。口外至京，三、四百里，或五、六百里不等，自彼處拿解犯人到日，即委員速往，已逾旬日，或有遲至經月，始得檢視掩埋者。……臣愚似當於古北口外，適中之處，設理事同知或通判一員，或將保定府理事同知、通判移駐一員，專司口外命件。遇旗人命案，驗明取供，詳解臣部題結；若民人命案，驗明取供，詳解巡撫題結。自盡命案，審驗無傷，即掩埋報部完結。……臣更有請者，查口外地方盜案，係武職緝拿解部，嗣後應先交理事廳，審錄確供，再行解部，定擬具題。其詞訟細事，亦應令該衙門，自行審斷完結。[115]

---

[113] 〈宮中檔道光朝奏摺〉，文獻編號405012521，鍾祥、張仙保‧奏報從嚴懲辦旗兵鬥毆傷人案緣由，道光十七年六月初五日。

[114] 《欽定大清會典事例（光緒朝）》，卷22，〈吏部‧官制‧步軍統領衙門〉，頁13b-14a。步軍統領衙門的協理刑名部臣，初設於雍正七年。乾隆四十三年後規定，步軍統領若由尚書、侍郎簡放，不必派遣部臣協理刑名；若由都統、副都統等簡放，則仍依此例行。

[115] 《雍正朝漢文硃批奏摺彙編‧第2冊》，頁8-9，〈刑部尚書勵廷儀‧奏請於口外

由於口外僅有武職機關，沒有文職衙門可以處理司法事務，各種案件不得不送部審理。為解決口外司法審判時程拖延甚久的問題，勵廷儀建議在口外增設理事同知或通判。上述情形雖與駐防八旗沒有直接關係，仍反映武職機關處理刑名事務之困境。該情形或許是駐防旗人之司法案件，大多先交由理事同知、通判，而非旗員審理的重要原因。

下列這起發生於道光二十五年（1845）八月間的旗人案件，更清楚說明駐防八旗衙門不易單獨處理訟案的狀況。是年七月間，山海關駐防旗人倭什肯報稱其母楊葛氏死於井內，楊葛氏姊姊吳葛氏與胞弟明春皆認為楊葛氏被污身死，懇請山海關副都統富勒敦泰嚴查。由於「旗營凡有人命案件，例交地方官會同旗員審辦」，富勒敦泰因而「照抄吳葛氏等原呈，飭交臨榆縣知縣孔昭然，並派委左司協領塔清安、防禦伊經阿會同審訊」。富勒敦泰未將此案移送理事同知、通判，應與當地未設有專管理事同知、通判有關。山海關駐防屬於畿輔駐防的一部分，[116]畿輔駐防的特色為駐兵四散於直隸各處，每處兵額數目都不多，[117]不易每個據點均設置理事同知、通判。[118]清律規定駐防地區若發生旗人命案，旗員必須會同理

設理廳員以重命案摺〉，雍正元年九月二十二日。此奏硃批為「此奏是，該部議奏」，是年隔月清政府即設置熱河滿洲理事同知一員，參見《清世宗憲皇帝實錄》，卷12，頁220，雍正元年十月乙卯條。

[116] 關於山海關駐防的設置背景與詳情，詳可參見定宜庄，《清代八旗駐防制度》，頁103-109。

[117] 畿輔駐防為駐防八旗中設置最早，部署亦最周密，其範圍遠大於人們一般想像，是官方從順治朝到康熙朝初期設置駐防之首重地區。詳可參見定宜庄，《清代八旗駐防制度》，頁15-22。

[118] 此舉確實產生一些問題，例如《雍正朝滿文硃批奏摺全譯・上冊》，頁1031，〈刑科掌印給事中海壽・奏請保定等五府錄用滿洲進士等事摺〉，雍正三年正月十二日：「查得，直隸所屬保定、永平、河間、順天、宣化等府州縣，旗人與民雜居。州縣官員，因無刑訊旗人之例，故將命案等案件，俱送保定府理事同知衙門會審。其中永平、河間、宣化等府，相距保定府數百里，且五府之案件，僅一理事同知會審，凡提解犯人時，其沿途拖累，或久禁而中風病亡等情事，均難避免。」、《宮中檔雍正朝奏摺・第11輯》，頁174，〈直隸總督何世璂、協理直隸總督劉師恕・奏請敕授滿員改為永平理事同知仍兼糧捕遇旗民有命盜等案可就近審解以免往回之

事同知、通判一起驗屍，「如無理事同知、通判之處，即會同有司官公同檢驗，詳報審擬」。[119]由於山海關駐防一帶未有理事同知、通判，富勒敦泰只能命左司協領塔青安與防禦伊經阿二人，會同臨榆縣知縣處理此案。當此案因雙方各執一詞，地方民官又無權嚴審旗人而陷入僵局時，富勒敦泰隨即陷入兩難處境。他若將一干人等全部移送刑部，勢必會「殊滋拖累」，然而「奴才衙門既無設有刑訊，又兼不諳刑名」，難以順利解決此案。富勒敦泰最後建請直隸總督選派道、府官員前往山海關，「就近督同臨榆縣知縣孔昭然研加審訊」。此案完全屬於旗人間的衝突，但審訊嫌犯以釐清案清之事，駐防八旗衙門卻無法自行料理。由此可見駐防旗員處理刑名時頗有侷限，理事同知、通判的重要性更是可見一斑。[120]

身屬武職的駐防旗員既然不擅刑名，參與旗、民衝突的會審似乎意義不大。若理事同知、通判的特殊性，足以代替旗員執行司法職能，在司法審判程序有效運作的前提下，不難理解駐防旗員為何不再參與旗、民衝突的會審。基本上大部分旗、民混居處，均採行前述會審司法程序，惟乾隆朝中葉以降，一些地區旗、民交涉案件的審理漸有變化。例如直隸京畿一帶因旗、民雜處規模較大，雙方衝突屢見不鮮，[121]清政府自康熙年間已採取各種因應策略，可惜效果始終有限。[122]嘉慶十八年（1813）十月間，官方有鑑於京畿屯居漢軍旗人

煩〉，雍正六年八月二十四日：「竊照永平一府，旗、民事件，屬通州理事通判管理，遇有命盜等案，州縣帶犯，赴通會審之後，復解回永平，由府審轉。永平至通州，計程四百六十里，一往回間，程途九百餘里，倘情罪未符，勢必駁回復審，審後復解，又多一番往回。不惟人犯拖累，亦且事件遲滯，實為未便。」

[119] 田濤等點校，《大清律例》，卷37，〈刑律‧斷獄‧檢驗屍傷不以實〉，頁592。

[120] 此案情形詳可參見〈宮中檔道光朝奏摺〉，文獻編號405008054，山海關副都統富勒敦泰‧為孀婦輕生後牽涉旗員縣訊兩造供詞各執及被牽控佐領防校等官請旨先行一併解任事，道光二十五年八月十六日。

[121] 例如《清代起居注冊‧康熙朝（北京版）‧第17冊》，頁8299-8300，康熙二十三年九月十七日條：「直隸地方，旗下人與民雜處，爭訟繁多。爾先正己，俾軍、民和輯，此乃爾職分當然之事。至若皇莊，及諸王大臣家人，豪強擾害者甚眾，爾之盡力者，在此爾。」

[122] 詳可參見華立，〈從旗人編查保甲看清王朝「旗民分治」政策的變化〉，《民族研

「作奸犯科毫無約束」，決定修改其免受地方民官管轄的規定，從此這些漢軍旗人適用的司法審判程序，幾乎無異於一般漢民。不過此處之滿洲、蒙古旗人，仍保有過往特殊待遇。[123]除了京畿旗人屯居區域外，駐防八旗與民政體系高度重疊的東北奉天地區亦有類似改革。[124]為解決旗、民官員矛盾導致司法不公之困境，清高宗於乾隆四十四年（1779）下令「奉天所屬十二州縣，辦理旗、民事件，無分滿、漢，俱令自行審理」，[125]昔日會審制度從此為之一變。[126]

二、旗、民平時衝突的類型與審判

清政府入關之初深知穩定民心的重要性，格外留意旗、民間的相處情形，早在順治元年（1644）七月間，已強調「凡我黎民，無論新舊，同屬朝廷赤子」，嚴格規定日後旗人若有欺侮漢民者，

究》，1988：5（北京，1988.09），頁97-106、張建，〈從方志看清代直隸地區旗人社會之演進——以順天、保定二府為中心〉，《河北學刊》，29：4（石家莊，2009.07），頁105-110、張建，〈變革時代・近畿地域・特殊群體——清初三朝直隸旗人群體淺探〉，載常建華主編，《中國社會歷史評論・第11卷》（天津：天津古籍出版社，2010），頁84-97。

[123] 相關條例內容詳可參見《欽定大清會典事例（光緒朝）》，卷752，〈刑部・戶律・戶役・人戶以籍為定〉，頁12a-13b：「凡八旗漢軍人等，願在外省居住者，報明該旗，並呈明督撫，不拘遠近，任其隨便散處，即令所隸州縣，與民人一體，編查保甲。所在督撫，咨明該旗，每年彙奏一次，以便稽查，務令安靜營生，不得強橫生事。其有作奸犯科，及一切戶婚田土命盜案件，俱歸所隸州縣審辦，遇有失察之案，將該州縣，一例參處。各州縣與理事同知、通判，同駐一城者，令其會同審理，如駐非同城，即責令該州縣，自行審辦。罪止枷杖笞責者，詳報該管上司批結，照民人一體杖責發落，毋庸仍解理事同知、通判鞭責；犯該徒罪以上者，詳解該管上司，分別題咨報部，均移咨該旗都統查照。其住居附京之滿洲、蒙古旗人有犯，仍照旗人犯罪，各本律例辦理。」該例看似未僅針對京畿地區漢軍旗人，不過檢視與此相關之奏議後，可知該例適用對象應以「附京屯居漢軍旗人」為主，詳可參見〔清〕黃恩彤編，《大清律例按語》，卷76，〈戶律・戶役・人戶以籍為定〉，頁15a-16b。

[124] 相關討論詳可參見任玉雪，〈從八旗駐防到地方行政制度——以清代盛京八旗駐防制度的嬗變為中心〉，《中國歷史地理論叢》，22：3（西安，2007.07），頁103-112。

[125] 該命令之後被修入清律中，詳可參見《欽定大清會典事例（光緒朝）》，卷845，〈刑部・刑律・斷獄・有司決囚等第〉，頁6a。

[126] 關於奉天地區的二元行政管理體制，以及旗、民司法審判制度已有完整研究，筆者茲不贅述，詳可參見丁海斌，《清代陪都盛京研究》（北京：中國社會科學出版社，2007），頁89-103。

「定罟重典，決不輕宥」。[127]順治二年（1645）四月間，清政府再度宣示「我國家荷天休命，底定中原，滿、漢官民，俱為一家」，面對當時「各處莊頭人等輒違法禁」，「擅害鄉村，勒價強買，公行搶奪，踰房垣、毀倉廩，攘其衣服貲財，少不遂意，即恃強鞭撻」，要求刑部嚴格徹查，「如有不遵法紀者，俱行治罪」。[128]清政府為追求政權穩定，並未放任旗人擾害民間，這些旗人即使身為「國家根本」，一旦違反禁令仍難逃法律制裁。

　　旗人縱然被嚴格約束，仍無法保證旗、民間必定相安無事。旗、民在分而治之政策下已被儘量隔絕，但他們日常生活中必定會接觸，若有旗人仗勢欺人，旗、民衝突自是一觸即發。其中一種常見狀況，即旗人執行公務時易與民人發生衝突。雍正十二年（1734）十月間，負責看守鎮江府東門的鑲白旗副驍騎校寶啟琮，稟稱二十六日三更時分，東門附近忽有數十餘人手持火把，要求速開城門以便赴考，寶啟琮表示目前時間太早，需待五更才能前往將軍衙門拿取鑰匙。這些人聽聞此言非常不滿，不但將柵欄推倒，甚至毆打守門兵丁。寶啟琮立即捉拿幾名鬧事者，並將此事上報駐防將軍。不過部分考生被鎮江府知府審訊時，卻聲稱他們於五更打算前往府城應考，沒想到竟被守門兵丁勒索，他們因不願給錢反被綁弔毆打成傷。[129]受限於檔案不全難以得知這起案件的真相，但從中可知旗人不僅易因公務與民人發生衝突，有些旗人亦可能藉職任之便違法牟利。

　　部分旗人由於負責看守城門或是街道，大幅增加他們與民人接觸的機會，一些不法者常趁機向民人勒索。皇帝對此可說是深惡痛絕，清聖祖曾下令將這些擾民旗人嚴厲處置：

---

[127] 《清世祖章皇帝實錄》，卷6，頁69，順治元年七月壬寅條。
[128] 《清世祖章皇帝實錄》，卷15，頁140，順治二年四月辛巳條。
[129] 《雍正朝漢文硃批奏摺彙編·第27冊》，頁305-306，〈鎮海將軍三等伯王釴等·奏報金壇縣童生與鎮江府東門旗兵互鬨始末情形摺〉，雍正十二年十一月十六日。

又刑部等衙門題覆：「鎮守西安等處地方副都統阿蘭泰等，舉送訛詐民財兵丁鄂羅諾等，以惡棍嚇詐例，將鄂羅諾解部，應斬立決。」上曰：「各省駐防兵丁，詐害小民者有之，將軍、副都統等，察拿舉出者甚少。副都統阿蘭泰，將訛詐之鄂羅諾等察出，可嘉，鄂羅諾著即於彼地，處斬示眾。」[130]

清聖祖除感嘆少有旗員查拿這類「詐訛民財」的不法旗人外，還特別將不法旗人鄂羅諾斬首示眾。清聖祖應希望透過此舉達到殺雞儆猴之效，教導旗人不可貿然違法犯紀。[131]

　　旗人並非只有執行公務時才與民人相會，在旗、民生活圈緊密相鄰的情況下，旗、民間亦有諸多日常互動，這也使得雙方的衝突時有所聞。在眾多旗、民衝突中，尤以鬥毆案件最為常見，旗人很容易因為小事，就與民人拳腳相向甚至釀成命案。康熙三十年（1691）五月間，旗人賀二與高陽縣民馬虎山在酒館內飲酒，賀二認為馬虎山趁醉調戲其妻，憤而毆打馬虎山，幾天後馬虎山因傷身亡。[132]雍正十三年（1735）九月間，民人石管、石林兩兄弟一同趕車前往滿城作生意，城門附近有一旗人小孩在他們車上玩耍，石管因擔心車子被壓壞，手持鞭子加以驅趕。守門旗人佛保住見狀罵道「你是什麼人，敢把我滿城裡孩子喝打」，連同另一名旗人陸格出手打人，石管回家後傷重不治。[133]乾隆十年（1746）四月間，正白

---

[130] 《清代起居注冊・康熙朝（臺北版）・第3冊》，頁1467-1468，康熙三十一年六月初八日條。

[131] 透過許富翔的研究，可以發現這類事件至雍正、乾隆朝依然常見，詳可參見許富翔，〈清代的旗、民關係：以江寧駐防為例〉，收錄於中國社會科學院近代史研究所政治史研究室編，《清代滿漢關係研究》（北京：社會科學文獻出版社，2011），頁218-219。

[132] 〈明清內閣大庫檔案〉，登錄號091324-001，刑部尚書圖納・刑部為打死人命事，康熙三十年七月十九日。

[133] 〈明清內閣大庫檔案〉，登錄號120366-001，不詳・題覆正黃旗英岱佐領下披甲佛

旗三保牛彔下披甲任瑞，與民人高鳳在酒館中發生爭執，兩人之後在旁人勸說下各自返家。任瑞隔日想起昨天吵架之事心生不滿，攜帶刀子前往高鳳家中理論，兩人一見面立即扭打，高鳳最後被任瑞持刀戳傷頸部當場殞命。[134]

　　旗、民衝突除上述暴力事件外，另一常見型態為土地糾紛。乾隆八年（1743）時，旗人德保和吳麟控告密雲縣民人汪嗣盛等人霸地抗租。這起案件早已纏訟多年，康熙五十五年（1716）雙方即對簿公堂，此案難以完結的關鍵，在於旗地、民地間界線不明。[135]旗、民因地界不明引起的土地糾紛，亦發生於下列案件中。康熙四十八年（1709）時灤河發生水災，西岸李咸陽等人的土地被水淹沒，在他們「自願賠糧守候」的承諾下，土地並未被官府「報坍除糧」。雍正三年（1725）以降，過往被河水淹沒的土地開始乾涸，李咸陽等人繼續在此耕種，不料正藍旗宗室康寧管理旗地的家人裴君彥，卻向其主表示河水退卻後的淤地屬於旗地，應盡速告官奪回。[136]

　　旗、民間的土地糾紛不僅常見於耕地，墳地有時也成為雙方爭訟的焦點。乾隆四十二年（1777）三月間，正白旗漢軍都統范時綬派遣家人董國治等，控告民人杜懷成意圖佔據范家位於懷柔縣紅螺山的恩賞墳山，兩造各執一詞互不相讓。范時綬雖聲稱此墳山為恩賞所得，相關檔冊卻毫無記載，反而在民地糧冊內，找到杜懷成

保住等打死民人石管并勒折車價審實，雍正十三年日月不詳。

[134] 《明清檔案》，卷冊A142-009，〈刑部尚書盛安等・刑部為戳死人命事〉，乾隆十一年閏三月十五日。

[135] 《明清檔案》，卷冊A120-087，〈禮部尚書兼管戶部尚書事務徐本・奏報承辦旗民爭控地畝事〉，乾隆八年四月二十六日。此案最後交由戶部審理，「德保、吳麟情願不分界址，租與原佃民人，每年每畝議定租銀捌分，在縣收領，而承種民人，亦有闔莊情願在縣交租之請」，然戶部認為此舉無法根本解決問題，要求地方官員須「將旗、民地畝界址，分晰報部查核」，其餘則依所請辦理，此案才告一段落。

[136] 《宮中檔乾隆朝奏摺・第41輯》，頁457-459，〈直隸總督周元理・奏為遵旨勘議正藍旗宗室康寧呈控民人霸佔圈內淤地一案緣由〉，乾隆四十二年十二月十九日。康寧聽從家人裴君彥的建議，向宗人府投訴土地被霸佔，之後有賴地方官勘查地畝與比對糧冊，才釐清民人並無霸佔旗地。

擁有紅螺山部分土地之資料。刑部侍郎胡季堂認為此案纏訴已久，「是否該廳縣之祖護民人，抑或范時綬之家奴有心欺佔，非臣等親往查勘辦理，此案終難成信讞」，懇請皇帝欽派大臣一名連同自己前往詳查。[137]透過上述案件可知，旗、民雙方很容易因地權歸屬發生衝突，旗地的特殊性也令旗人在旗、民土地糾紛中，往往比較盛氣凌人。[138]

當旗、民衝突無可避免地發生時，清政府始終秉持依法審判的明確態度。順治四年（1647）六月間，官方在審理旗人阿爾代誣殺漢人張可材一案時特別表示：

> 朕出斯民於水火之中，統一天下，滿漢一家，同享昇平，豈有歧視之理。……嗣後被害漢人，遇彼不法之徒，須記其姓名，控告該地方官，即行申部，該部究其情之輕重，嚴行定罪，不得絲毫偏袒。至漢人，亦不得因朕此旨，反肆妄誣。著滿漢官員，悉體朕意，各將該管人等，嚴行曉諭。[139]

清政府要求司法機關處理旗人擾民案件時必須格外留心，既不能特別偏袒旗人，也不可矯枉過正讓漢民隨意誣告。清政府對旗、

---

[137] 相關案情詳可參見〈軍機處檔・月摺包〉（臺北：國立故宮博物院藏），文獻編號023210，胡季堂等・奏為正白旗漢軍都統范時綬與民人杜懷成呈控祖墳一案伏乞皇上欽派大臣一員會同臣等親詣該處細加履勘，乾隆四十二年三月二十九日、〈軍機處檔・月摺包〉，文獻編號023510，胡季堂等・咨呈軍機處查辦正白旗漢軍都統范時綬家人呈控懷柔縣民杜懷成等砍伐回墾數目致連墳地之爭訟案，乾隆四十二年四月初四日。
[138] 下列案件即為很好的例證，原本單純的民事糾紛，竟演變成刑事鬥毆重案。正藍旗漢軍舒試在乾隆十六年間，購買貝勒董常坐落於樂亭縣之土地，檔冊載有十八頃，實際上僅有十二頃。舒試曾向佃戶借錢九百餘串，因佃戶屢催還錢，舒試一怒之下，以各佃戶短交地租六頃為由，赴部具控。地方官著手調查時，舒試竟先帶人強制收回土地，「各佃一百六十餘戶，因係多年佃種之地，慮恐失業，男婦聚集懇求，舒試不允，致相爭毆」。詳可參見《宮中檔乾隆朝奏摺・第42輯》，頁106-109，〈直隸總督周元理・奏為訊明正藍旗包衣漢軍武舉舒誠呈控佃戶朱亮公等隱匿地畝案恭摺奏聞事〉，乾隆四十三年二月十三日。
[139] 《清世祖章皇帝實錄》，卷31，頁260，順治四年四月丁酉條。

民衝突案件的公正態度，下述例子更是表露無遺。乾隆五十六年（1791）十月間，民人李大因馬甲威靈阿欠錢不還，前往營房向其索討，威靈阿之妻見到李大後，告知丈夫並不在家，但李大仍一直吵嚷不願離去，驍騎校穆克登額和馬甲德通等人見狀，遂將李大捉拿並在官廳責打，導致李大傷重殞命。刑部審理此案時，將穆克登額問擬絞監候，清高宗對刑部的判決則有以下裁示：

> 刑部將穆克登額，擬以絞候，於罪名尚無錯誤，但摺內稱李大，係屬有罪之人，依擅殺罪人律定擬，則所引殊未允協。馬甲威靈阿賒欠李大錢文，許以十月初八日下晚清還，李大屆時往索，其理本直，並非有罪之人。穆克登額庇護馬甲，因李大出言頂撞，喝令疊加杖責斃命，自應按律擬抵。而刑部輒稱李大究屬有罪，是旗人欠負民人錢文，俱不應索討，勢必至益加橫恣，遇有錢債事件，民人竟不敢向其清理，何以示平允而昭公當？朕辦理庶務，於旗、民從不稍存歧視，如民人有應得之罪，固當按律懲治；若曲在旗人，亦必加以重懲，不少寬貸。惟期情真罪當，用法持平，絕無畸輕畸重於其間。[140]

清高宗並未完全否定刑部的判決，僅不認同刑部將李大稱為「有罪之人」。清高宗強調自己面對各種訟案時，必定抱持公正態度，無論旗、民皆一視同仁。清高宗針對罪名錙銖必較的言論，可見皇帝對旗、民衝突的審理確實大公無私，毫無偏袒旗人之意。

---

[140] 《清高宗純皇帝實錄》，卷1391，頁691，乾隆五十六年十一月甲午條、〈明清內閣大庫檔案〉，登錄號092344-001，移會稽察房奉上諭，乾隆五十六年十一月二十七日。清高宗進而表示：「刑部以索欠之李大，指為罪人，是該管官員袒庇於前，而刑部又袒庇於後，皆屬非是。刑部堂官著飭行，並將此旨，傳諭八旗幷各營房，一體刊刻張掛，俾各觸目警心，共知懲戒。此案穆克登額，著另擬絞監候秋後處決之罪，餘依議。」

綜觀清朝的旗、民衝突，官方幾乎都如同上述皇帝態度般，依照法律進行審理。[141]清政府並不因旗人身分之特殊而網開一面，旗人在旗、民衝突中並未佔有太多優勢，若旗人涉及嚴重旗、民衝突，甚至可能被從重處置，康熙三十一年（1692）的一起案件即說明該情形：

> 刑部題，和尚故殺王七，擬斬監候，秋後處決。助毆德爾、白代，及同謀往毆他布代、達爾渣、李三、鄭二，俱枷號三個月鞭一百。上曰：「和尚著三法司核擬具奏。德爾、白代等，俱係旗下人，不遵法紀，夥結黨類，將王七帶出城外毆死，殊屬可惡凶惡之徒，不可不懲，俱著充往黑龍江。」[142]

原本助毆的德爾、白代，僅需被枷號三個月鞭一百，但清聖祖認為該判決不足懲兇，決定將原本可以免於發遣的旗人發往黑龍江。旗人遭受嚴懲之情形，乾隆年間亦有類似案例。乾隆二十五年（1760）五月間，旗人化五因為細故，與包衣閒散人任老兒、民人陳四發生口角，隔天化五帶著端格等人將兩人毆成重傷。承審官員認為「化五、端格身係旗人，亦各立綽號，行同無藉，情尤可惡，若不嚴加懲治，何以綏靖地方」，建議將為首的化五和端格發往寧古塔充當苦差。清高宗大致認同該判決，僅將發遣地從寧古塔改為伊犁。[143]在清朝法律的設計中，不法旗人理論上均適用〈犯罪免

---

[141] 相關案件的處理情形，詳可參見〈明清內閣大庫檔案〉，登錄號120032-001，兵部尚書暫理直隸總督唐執玉·揭報熱河旗人蔡黑子強姦徐永德之妻趙氏致趙氏自縊身死，雍正八年十一月初五日、《明清檔案》，卷冊A69-147，〈刑部尚書徐本等·題覆旗人扎死人命情真律絞監候秋決〉，乾隆二年二月初三日、《明清檔案》，卷冊A214-085，〈刑部等衙門大學士管理部務劉統勳等·刑部奏提督衙門六達色搶奪錢文毆傷事主趙大由〉，乾隆三十七年四月二十一日。

[142] 《清代起居注冊·康熙朝（臺北版）·第3冊》，頁1621-1622，康熙三十一年十月二十日條。

[143] 《明清檔案》，卷冊A201-096，〈大學士兼署步軍統領事務傅恒·署步軍統領奏報

發遣〉律，這些被發遣外地無法折枷換刑者，無疑是被官方從重處置。

　　上述案件中的旗人之所以遭受嚴懲，或許是因為清政府想藉此恫嚇旗人，不許他們隨意擾害民間。官方這種積極處理的策略，在旗、民嚴重鬥毆案件中更是明顯。乾隆十八年（1753）十一月間，帽舖匠人翁岐周攜帶緞一丈五尺路過鐵線巷大街，巧遇酒醉的旗人七達兒和勒爾金。雙方偶然相撞後發生爭吵，勒爾金順手一推，翁岐周手上的燈和綢緞均掉落地上，翁岐周以為碰到匪徒於是高聲喊叫，一旁民人王殿臣等聞聲來救，雙方陷入一陣拉扯扭打。混亂中七達兒拿出小刀嚇阻他人，卻在黑暗中誤傷多人。審理此案的浙江巡撫覺羅雅爾哈善做出以下判決：

> 查刃傷人者，律應杖八十徒二年，係旗人折枷號一箇月；又律載手足毆人不成傷者，笞二十，係旗人鞭二十等語。七達兒雖因被眾誤拿情急，原非有意逞兇，但以小刀劃傷三人，不便輕縱，應將七達兒，枷號三箇月，遊示各門，滿日鞭一百。勒爾金不守營規，酗酒、將人推跌爭鬧，一笞不足蔽辜，應枷號一箇月，滿日鞭一百以儆。[144]

比較律文內容和雅爾哈善的判決，即可發現七達兒和勒爾金已被加重處罰，但清高宗仍不滿意，特別下旨要求再行加重：

> 各省駐防，旗、民皆同城居住，從未有爭忿互毆之事，惟杭州近年，屢經犯案，此風斷不可長。……七達兒等一案，該

旗人糾眾毆人重傷請旨發邊當差〉，乾隆二十五年六月初五日。
[144] 《宮中檔乾隆朝奏摺・第7輯》，頁32-33，〈浙江巡撫覺羅雅爾哈善・奏報審明辦理旗民爭毆案摺〉，乾隆十八年十二月初四日。

撫僅擬照常辦理，不足示懲。著將在場爭毆人犯，不論旗、
民，按名拘提，研訊確實，俱行發往吉林烏拉當苦差。嗣後
該處旗、民互毆之案，無分曲直，俱著照此辦理。[145]

由於杭州已發生多次旗、民鬥毆事件，[146]清高宗早就深感不滿，
故令不分旗、民均施予重懲。不過雅爾哈善則又奏稱該事件中的
旗、民雙方實屬無心之過，希望可以「將七達兒、勒爾金、翁岐
周、王殿臣，不分旗、民，各枷號三箇月，遊示城門，滿日各重責
四十板」，日後若再發生類似案件則依皇帝上諭辦理。雅爾哈善的
這番求情，最終得到皇帝同意。[147]清政府為徹底化解旗、民衝突，
試圖以嚴刑峻法防患於未然。在這起杭州鬥毆案件中，無論旗、民
皆被加重處罰，再次證明皇帝對旗、民雙方皆平等對待，旗人並未
得到太多特殊庇護。[148]

三、旗、民衝突中的旗員角色

面對為數眾多的旗、民衝突，皇帝深知事後嚴懲僅亡羊補牢
之策。皇帝認為有效減少旗、民衝突的關鍵，實存於駐防八旗官員
身上。旗員平時若能妥善教化與管理旗人，才可根本解決旗、民衝
突的層出不窮。每當駐防旗員臨行陛辭時，皇帝常不厭其煩叮嚀囑
咐，例如清聖祖曾有言：

---

[145] 《清高宗純皇帝實錄》，卷453，頁902-903，乾隆十八年十二月庚子條。
[146] 在乾隆十六年九月間，另有一起鑲白旗漢軍方國瓚和民人翁漢超，因買鞋衝突而起
的鬥毆案件。詳可參見〈軍機處檔·月摺包〉，文獻編號007290，閩浙總督喀爾吉
善·奏覆杭城旗兵互毆案，乾隆十六年九月十四日。
[147] 《宮中檔乾隆朝奏摺·第7輯》，頁478-480，〈浙江巡撫覺羅雅爾哈善·奏為遵旨
覆訊杭州駐防兵丁與民人互毆案摺〉，乾隆十九年正月二十五日。
[148] 旗、民鬥毆事件一直受到清政府關注，詳可參見潘洪鋼，〈清代駐防八旗的民族關
係研究——從荊州旗、民的幾次鬥毆事件入手的探討〉，頁72-76、林承誌，〈分鎮
嚴疆·駐衛內裏——清朝駐防八旗問題研究〉，頁234-241。

自將領以至兵丁，宜嚴行禁飭，凡市肆要地，毋得侵占。至秋成之後，爾等可親率兵丁，不時操練，務期隊伍整肅，紀律嚴明，毋得借端擾害百姓。凡爾等舉動，皆為兵丁表率，所行若正，不獨官兵有益，即地方亦受其福矣。[149]

清聖祖的類似言論可說是不勝枚舉，足見其對駐防旗員穩定地方秩序的期待。[150]清世宗亦常出言勉勵，例如雍正四年（1726）六月間，福州將軍宜兆熊接到皇帝下令整頓旗人風俗之旨後，隨即奏曰：「敬記聖訓，夙夜兢兢，時時訓誨，務使盡革故習，凜遵法度，以期管教到十分好處」，清世宗則以硃批訓勉曰：「朕在此竭力整飭訓誨，卿等當體朕之勤，加力訓練，無負朕之委任，朕非負大臣之主也，勉之再勉。」[151]雍正六年（1728）四月間，福州將軍蔡良上任後，奏稱時時刻刻都關心旗人風俗，並常透過明查暗訪了解旗人是否違法犯紀，清世宗在此奏摺硃批道：「嘉悅覽之，即照此奏實力行之，不可始勤終怠。凡事必待久長行之，方有實效。目前些微之革，不過暫時畏法之勢，不可為憑。移風易俗，非易事也，勉為之。」[152]針對教化與約束駐防旗人一事，清世宗再三勸勉

---

149 《清代起居注冊・康熙朝（北京版）・第15冊》，頁7155，康熙二十二年八月二十日條。

150 例如《清代起居注冊・康熙朝（北京版）・第13冊》，頁6009-6010，康熙二十一年八月初六日條：「朕聞杭州駐防官兵，將地方民人商賈，甚加刻害。官兵駐防省會，原以鎮守地方，使民生有益。今既無益，反行刻害，是何理也？今任爾為副都統，爾須留心此事，以副朕簡用，將官兵嚴加約束。如仍前恣行，決不輕恕。杭州猶可，鎮江更甚，爾今往，將朕諭傳與彼將軍、副都統等知之。」、《清代起居注冊・康熙朝（北京版）・第13冊》，頁6125-6126，康熙二十一年九月初五日條：「國家設立督撫、提鎮，原以為民。向來駐防鎮江、杭州、福建等處漢軍官兵，皆恣意妄為，侵霸廛市，擅放私債，多買人口。如哈喇庫、諾邁等，止知營私，罔遵法紀，買人至盈千百，此等匪人，用之何益？昔孟喬芳總督陝西，李率泰總督福建時，能潔己奉公，愛民恤士，秦、閩人至今思之。爾到地方，宜恪遵國憲，安戢兵民，毋負朕委任至意。」

151 《宮中檔雍正朝奏摺・第6輯》，頁329-330，〈福州將軍宜兆熊・奏為叩謝天恩特傳聖旨嘉勉〉，雍正四年七月二十一日。

152 《宮中檔雍正朝奏摺・第10輯》，頁238-239，〈福州將軍蔡良・奏報整飭地方駐防

旗員多加努力，不可辜負皇帝的苦心。

　　根據上述硃批內容，當能理解皇帝對旗員的寄予厚望，這也使得旗員如果不夠稱職，多被皇帝不留情面地指責。例如雍正七年（1729）三月間，清世宗曾訓斥噶爾泰怠忽職守：

> 汝省城內，正月初間，連日被盜，兼旗兵種種不法，今朕於他處聞之，你又何顏對朕也？如果不聞不見，乃尸位木偶，無耳目之人也；若有聞見而匿不奏朕，負恩無知，有過汝者呼？看此光景，似福盡矣，深為寒心。向後仍然一味欺隱沽譽，朕不用此等好好先生也，戒之，慎之。[153]

如此疾言厲色之言，不僅表現出清世宗對噶爾泰的失望，亦反映皇帝重視旗人在外擾亂秩序的一面。除了言語斥責外，未妥善管教旗人的旗員還有可能遭受懲處。康熙四十一年（1702）八月間，發生一起護軍姚保住打死太監趙進朝之案，刑部認為姚保住打死人時，該管官因不在身邊，得以豁免管教不嚴之罪。清聖祖對此判決卻持反對立場：

> 朕立此法之意，專欲令此輩，人人咸知畏懼，平日將賭錢、飲酒、妄為殺人之事，令其訓誡警省，庶使人命減少，全非為殺人時，必親身在傍，始與問罪而設。今該部以該管人員，殺人時不曾在旁，將他事托名開豁，此後雖有定例，與無例同，部議輒以無容議了之，嗣後誰肯於平日勤加訓飭？此議殊為不合。[154]

習氣〉，雍正六年四月十一日。

[153] 《宮中檔雍正朝奏摺‧第12輯》，頁718-719，〈噶爾泰‧奏報本城內屢次被盜兼旗兵種種不法事件奴才實係未曾聽聞今後當事事小心並敬遵聖訓〉，雍正七年三月二十日。

[154] 《清代起居注冊‧康熙朝（臺北版）‧第17冊》，頁9528-9529，康熙四十一年八

刑部原本不打算議處該旗員，但皇帝認為這種開脫行為，將產生日後旗員不願努力教化旗人之惡果，否決了刑部的判決。

地方旗員接到皇帝諭令與訓勉後，亦常回報自己的積極作為。福州將軍新柱上任之初，即下令旗人「無事不得輒往民街」，期待藉由隔絕減少雙方衝突。[155]廣州將軍蔡良則奏稱，如果旗、民間發生口角爭鬥，「凡屬兵壯人等，隨飭發該旗，無論孰是孰非，先即量其事之輕重，分別各加責懲，以儆其喜鬥樂爭之過惡，然後再定其理之曲直」，而此法確實收到不錯成效。[156]由此或可得知旗員平時若願花心思管教旗人，多少能減少旗、民衝突的發生。

在皇帝的嚴格要求與控管下，地位較高的旗員諸如駐防將軍、都統者，多會盡心留意旗人的風紀問題，然而這種君臣的上下一心，似乎難以貫徹始終。從一些實際案例來看，部分基層旗員不僅沒有擔負約束旗人之責，甚至還成為旗人擾害民間的重要因素。乾隆二十七年（1762）閏五月間，鑲白旗滿洲白福佐領下領催滿常巡街時，看到同旗的保明正因買針糾紛，和民人馬福廷店內的兩個夥計打架。滿常想起先前馬福廷不給賒帳，打算挾怨報復，立即向佐領阿明說起此事，並強調馬福廷在旁指使夥計打人。阿明及其上司城守尉圖壁赫兩人不明就裡，擅自拿問馬福廷及其夥計高文江，打了他們一百多鞭。此案最後白福和阿明兩人，因督導不嚴加上擅責民人，俱被革職處分。[157]

月二十二日條。

[155] 《宮中檔乾隆朝奏摺・第12輯》，頁302-304，〈福州將軍新柱等・奏報初次滿兵全數到閩並分別安頓管束情形摺〉，乾隆二十年八月初十日。

[156] 《雍正朝漢文硃批奏摺彙編・第16冊》，頁577，〈廣州將軍蔡良・奏報遵旨整頓駐防兵壯奢靡賭博鬥毆積習情形摺〉，雍正七年九月十一日。

[157] 皇帝針對此案特別表示：「凡駐防旗人，內有不安本分，妄生事端者，該管官自應責處懲。若民人自有地方官管理，即或犯罪，亦當交與地方官審明，按例查辦，旗員豈可即將民人拿往擅責？果爾，則旗人設遇鬥毆之案，地方官亦可拿往責治矣，成何事體？」由此可知皇帝嚴格執行旗、民分治之立場。此案諸多不法旗人，最後都被從重處置：「今滿常因挾向馬福廷賒不允微嫌，輒敢架詞誣稟，希圖報復，殊屬擾害。滿常改發黑龍江，交與該將軍，定地安插，充當苦差。保明身充披

基層旗員除藉由職權挾怨報復外，更令人詬病的惡劣行徑，就是徇私包庇擾民旗人。乾隆三十年（1765）十一月間，京畿良鄉縣駐防防禦八十六晚間酒醉外出，看見生員劉泰對牆便溺，八十六高聲斥責後動手毆打劉泰，甚至令當班兵丁成住德、克精厄一同鞭打，劉泰敵不過這群旗人，被打倒在地失去意識。劉泰未有明確犯行，但八十六的長官防守尉長祿呈報此案時，竟稱劉泰當時「信口糊說，似屬醉形，且欲與章京八十六毆打」，試圖將八十六的行為合理化。[158]防守尉長祿不僅未扮演好管教旗人的角色，事端發生後還為不法旗人掩飾與開脫，如此一來旗人風紀自然每下愈況。

　　旗員有時為了袒護旗人，在調查報告中多會避重就輕，儘量把過錯推到民人身上。乾隆二十六年（1761）六月間，發生一起民人孟蘭保與披甲田七保，在鑲藍旗新營房中鬥毆的案件，孟蘭保供稱他與披甲書德、額爾登布、田七保等人，因賭錢發生衝突，副都統宗室弘晌令章京烏靈阿等詳查此事。烏靈阿在調查報告中，強調事發經過乃「孟蘭保酒醉，進營房混行吵鬧，因我等親身拿獲，乃伊指稱賭錢，明係藉以圖賴」。然此案送交刑部審理時，發現孟蘭保與田七保等人當天實有聚賭行為。弘晌得知此事不禁對烏靈阿等人包庇旗人的行為大為光火：

> 章京烏靈阿等，理宜竭力約束兵丁，遇有賭博不肖之事，即
> 行嚴拿，何得僅將孟蘭保酒醉閙毆之處呈報？至孟蘭保擅入
> 營房，與書德、額爾登布、田七保等賭博，竟自隱匿未報，

甲，以買針細故，輒與人鬥毆，若僅照律擬笞，無以示儆，保明應照不應重律，杖八十，仍交與本處，再加枷號一個月示眾，係旗人滿日鞭八十，革去披甲。」參見《明清檔案》，卷冊A203-099，〈刑部尚書舒赫德等·刑部奏覆領催擾害良民照例發黑龍江當差〉，乾隆二十七年六月二十六日。
[158] 《宮中檔乾隆朝奏摺·第27輯》，頁53-55，〈直隸總督方觀承·奏為查審良鄉縣防禦八十六酒醉因細故喝令披甲人毆打生員劉泰致成重傷一案按律訊明定擬事〉，乾隆三十年十二月十九日。

迨至孟蘭保供出賭博，諭令復行查訊，而烏靈阿等，仍復希
圖免罪，故為掩飾，以書德、額爾登布等，並未賭博為詞，
謊捏呈報，情寔可惡。[159]

烏靈阿等人不惜將過錯全數加諸民人孟蘭保身上，藉此掩飾書德等
人劣行，若非刑部最後查明真相，他們捏造事實蒙蔽上司的計畫將
得逞，烏靈阿等人最終也為此付出輕重不一的懲處代價。[160]

旗員由於身隸武職，基本上無權處理刑名之事，然而基層旗員
有時為了袒護旗人，亦會嘗試運用各種機會介入審判程序，企圖扭
轉局勢讓旗人佔得上風。乾隆三十二年（1767）九月間，直隸霸州
的旗人阿林，前往民人王欽德所開當鋪典當羊皮馬掛，王德欽向其
表示過往曾有典當皮衣遭蛀賠錢之事，當鋪如今已不接受這類衣物
之典當。阿林對此相當不滿，不僅與王德欽發生激烈口角，還與王
德欽之子王發、店內夥計郝萬仁相毆，王德欽見狀馬上叫另名夥計
郝瑾前往防守尉衙門呈告。郝瑾抵達防守尉衙門時，守門兵丁吉德
轉告防守尉五德病重，不宜為此事驚動，他們會儘速將阿林帶回。
郝瑾返回當鋪途中，巧遇阿林、吉德等人，他們一見到郝瑾，不由
分說就是一陣猛打，昏迷倒地的郝瑾，最後被路過的披甲侉色等人
送回當鋪。

---

[159] 《明清檔案》，卷冊A202-087，〈署理督察院左都御史事務傅森‧都察院奏報驗看
革職驍騎校〉，乾隆二十六年十一月初六日。

[160] 烏靈阿等人所受之處分，均屬官員查賭不力的行政制裁，相關內容詳可參見《欽
定大清會典事例（光緒朝）》，卷612，〈兵部‧八旗處分例‧禁賭〉，頁22a：
「八旗凡有查拏賭博之責，若明知不即查拏，代為隱諱者，官降三級調用。」、
《欽定大清會典事例（光緒朝）》，卷131，〈吏部‧處分例‧賭博〉，頁11b：
「派出查拏賭博之員，如有失察者，每次罰俸一年。」、《欽定大清會典事例（光
緒朝）》，卷612，〈兵部‧八旗處分例‧禁賭〉，頁25a-25b：「又奏准，兵丁
犯賭，將失察之該管佐領、防禦、驍騎校，每一次罰俸三月；該參領、副參領、協
領、城守尉、總管，有失察三次者，罰俸三月；該參領都統、將軍、副都統，有失察
五次者，罰俸三月。又奏准，兵丁犯賭，該族長係官，每一次罰俸兩月，常人鞭二
十五，領催每次鞭五十。」

這起旗、民鬥毆事件發生後，旗員防守尉五德、防禦西蘭泰與驍騎校安泰，並未追究阿林等人刑責，反而策劃如何掩飾其犯行。五德向上報稱此案時，強調阿林先在當鋪被民人毆打，這些民人事後還前往防守尉衙門鬧事，五德迫不得已才令披甲用鞭驅逐喧鬧之人，過程中不慎將郝瑾毆打成傷。為了讓上述說詞毫無破綻，西蘭泰特別向鄰近綠營借了鞭子一根，與防守尉衙門內原有的兩根鞭子一起列為證物。吉德等人因涉及毆打民人，被解送至霸州知州衙門羈押，西蘭泰與安泰當晚便前往知州衙門要求放人，卻被知州李汝琬以保辜為由斷然拒絕。西蘭泰等人深感不滿，赴京控告李汝琬擅自鎖拿旗人。在旗員各種干預下，此案陷入嚴重膠著，縱然直隸總督方觀承親自審訊，西蘭泰等人仍不願供出實情。方觀承眼見無計可施，奏請皇帝將此案轉交刑部完結。[161]清高宗乃將西蘭泰等人革職，交給方觀承全權審理，[162]這才使得西蘭泰等人俯首認罪，一起旗人恃強毆打民人之案就此水落石出。[163]旗員在地方旗、民交涉案件中，雖然沒有太多司法權，但他們常透過身分特殊性，干預審判甚至設計案情瞞天過海，以達到包庇旗人之目的。[164]

　　旗員擅自影響司法審判的不法行為，在東北奉天地區格外嚴

---

[161] 本案情節詳可參見《宮中檔乾隆朝奏摺・第29輯》，頁169-174，〈直隸總督方觀承・奏為霸州防守處披甲阿寧保之子阿林因當羊皮馬褂與當鋪之人互毆一案經臣再三審究屈仰實難定案可否解交刑部審理完結事〉，乾隆三十二年十二月二十三日。西蘭泰等人在此案中，始終不願意配合調查，安泰甚至向方觀承說：「我年已老，要殺就殺了罷」，由此可見旗員之跋扈。

[162] 《清高宗純皇帝實錄》，卷801，頁804，乾隆三十二年十二月乙酉條。

[163] 《宮中檔乾隆朝奏摺・第29輯》，頁552-555，〈直隸總督方觀承・奏為遵旨審擬霸州披甲阿林在典鋪鬥毆滋事該管官員由曲為袒護一案茲將審擬緣由並供單恭呈御覽〉，乾隆三十三年二月初七日。除了「防守尉五德先經病故，毋庸議外」，方觀承對於這些不法旗人，皆提出輕重不一的處分。旗員西蘭泰、安泰與常德，均遭革職，其中西蘭泰還因「律載推按問事，報上不以實者，杖八十徒二年」，「照例折枷三十日，鞭八十」。

[164] 原本理應秉公審理旗、民衝突的理事同知、通判，有時亦會出現類似行為。由於理事同知、通判本有審理旗、民交涉案件之權，導致他們更容易在司法審判中包庇旗人。相關內容詳可參見〔清〕張集馨著，杜春和等點校，《道咸宦海見聞錄》（北京：中華書局，1993），未分卷，〈戊戌三十九歲（道光十八年1838年）〉，頁38。

重。當地旗、民參半雜處的人口結構，與直省或邊疆地區大不相同，八旗管理體制較其他地方更為繁複，旗員權勢也隨之水漲船高。康熙二十七年（1688）十月間，清聖祖在盛京刑部侍郎吳世巴陛辭時，指出當地長期存有「刑部審事，或別部官員，及旗下官員、閒散之人，與審事之人並坐，干預所審事情，又與堂官同坐，囑托事體」積弊，希望吳世巴赴任後「務於此項禁約，持正而行」。[165]由此可見東北奉天地區的旗員甚至是一般旗人，常藉機影響司法判決。

東北奉天地區另一常見相關問題，為民人居住旗地、旗人居住民地的劫盜案件，或是路旁出現無名屍時，旗、民官員多會推諉卸責。清政府曾規定一旦發生上述事件，旗、民官員必須會同處理。[166]然而現實中的旗員，大多不願遵守相關規定，甚至運用自身權勢祖護旗人。雍正十二年三月間，奉天府尹呂耀曾奏稱雍正十年（1732）十月間，有一山東民人周天蘭在旗地身故，當時旗員並未知會民官一同前往驗屍，直接「捏稱病死」。隔年四月間，周天蘭之兄周天芳私下特別調查後，驚覺其兄是被旗人景四等毆斃，於是向蓋平縣重提訴訟，不料旗員仍不願盡心協助審判。呂耀曾查閱相關案牘後，發現雍正九年（1731）六月間，另有一起義州瓦子營達子腦等人，謀財害死山東民人徐二之案，依規定交由盛京將軍衙門辦理卻至今未結。呂耀曾根據這兩起案件，推測這類案件在奉天地方應不勝枚舉。[167]東北奉天地區由於旗人眾多，旗員在審判程序中

---

[165] 《清代起居注冊・康熙朝（北京版）・第24冊》，頁12085-12086，康熙二十七年十月十一日條。

[166] 《雍正朝漢文硃批奏摺彙編・第22冊》，頁61-62，〈奉天府府尹楊超曾・奏請畫一辦案定例以便查處疏防旗民官員摺〉，雍正十年三月二十七日。楊超曾於此奏中，針對旗、民官員互相推諉提出了解決方式，清世宗的硃批則為「是，具題奏」，可見得到皇帝的認同。

[167] 《宮中檔雍正朝奏摺・第22輯》，頁721-723，〈奉天府府尹呂耀曾・奏報奉天地方檢驗屍傷事情應與旗員會同檢驗以禁弊端事〉，雍正十二年三月十五日。呂耀曾亦針對此事提出改革方案，他建議在奉天地區增設理事通判二員，其一駐奉天府之蓋

擁有更多運作空間，造成民人遭逢旗、民衝突時常居於劣勢。清政府並未漠視該狀況，而是透過多次當地司法制度改革，意圖徹底解決問題。[168]

　　清政府對旗、民平時衝突的處理，可說是經過縝密的思考與安排，無論會審制度的實施、依照法律秉公審判還是要求旗員嚴格管教旗人，均反映清政府對旗、民衝突的重視。然而清朝皇帝的一片苦心，常被基層旗員的違法包庇毀之殆盡，不僅導致旗、民衝突事件層出不窮，旗人逍遙法外的機會更是大幅增加。皇帝即使不斷勸諭旗人安分守己，無奈的是言者諄諄，聽者渺渺，皇帝心中旗、民和平共處的景象終究難以完全實現。

平縣，分管海、蓋、復、金四州縣；其二駐錦州府之錦縣，分管錦、寧、廣、義四州縣。

[168] 皇帝首先同意呂耀曾之建議，參見《清世宗憲皇帝實錄》，卷144，頁805-806，雍正十二年六月壬申條。除增設理事通判外，清政府於乾隆年間還下令「凡遇旗、民詞訟事件，悉歸州縣審理」，企圖減少旗員干預司法的機會。然而類似狀況在道光年間仍被提及，光緒年間甚至進一步為盛京州縣官加上理事銜，並再次強調「一切地方案件，全歸州縣審理」，足昪該問題之根深柢固。相關討論詳可參見丁海斌，《清代陪都盛京研究》，頁97-103。

第六章
結論

　　綜觀中國歷史上非漢民族建立的「征服王朝」，均有「社會、文化二元性」的共同特徵。這些「征服王朝」即使入主中原仍維持本民族特色，傳統的「夷狄入中國則中國之」概念未必盡符史實。魏復古提出的「征服王朝」理論，時至今日已成為研究遼、金、元與清四朝歷史的重要觀點。不過思考「征服王朝」的「社會、文化二元性」特徵時，有兩個面向值得留意。首先，所謂「社會、文化二元性」，或可再細分為社會與文化兩大範疇。「征服王朝」為了鞏固政權，常給予「征服者集團」一些特殊的權利與義務，並將他們納入專屬管理體系中，這種帶有濃厚制度屬性的分類方式，乃社會二元性的重要象徵。有別於此，文化二元性的主要特點則是「因俗而治」，即不同族群多能保有其生活習慣。另一重要面向為「征服王朝」的「社會、文化二元性」其實富有變化，不僅四個「征服王朝」的狀況不盡相同，某一「征服王朝」在不同時空下，其「社會、文化二元性」也難以一概而論。上述兩點反思，說明「二元統治」執行時的複雜性，值得繼續深入釐清。

　　本書基於上述脈絡，試圖探討清朝的「二元統治」，及其「社會、文化二元性」的特殊處。清朝統治中國長達兩百多年，無論關外崛起還是關內統治時期，清朝的「征服者集團」皆為旗人群體，

八旗組織可說與清朝相始相終。[1]關於帝國統治政策的分析，或可從其法律體系著手，因為這些規範是皇帝管理臣民的重要依據，具有一定參考價值。本書於是選擇以旗人的法律地位為題，藉此一探清朝「二元統治」的特徵與意義。

透過本書的綜合分析，可以發現清朝相較於其他「征服王朝」實存有一些特點。首先，清太祖建國之初，並未明確推行女真與其他族群相區隔的「二元統治」，此舉導致各族群成員很早即進入八旗組織。清朝入關後則採行「旗、民分治」，該策略無疑為一種「二元統治」。不過隨著皇權的日益上升，八旗制度亦發生變化，例如八旗原有的司法職能漸被調整，促使八旗與民政兩大體系間不再迥然不同。

其次，「征服王朝」入主漢地部分或全數地區時，常會面臨法律繼受與適應的問題。對此遼朝創建「南、北面官」制度，金、元兩朝則試圖將游牧民族法與漢法相融合，僅在一些民事習俗上「因俗而治」。清朝採取的策略與遼、金、元三朝不盡相同，其入關後曾短暫「因俗而治」，不過很快即選擇繼受傳統中國法律體系，關外時期規範漸被取消，法典一致化的情形較金、元兩朝更為徹底。[2]不過皇帝為鞏固政權，不可能將旗人與帝國其他成員完全一視同仁，最明顯處為不法旗人擁有換折枷刑的優待。不過此舉應是統治者巧妙運用漢法元素，為旗人量身訂做的特殊待遇，無法單純以「因俗而治」角度視之。

1　佟佳江則認為清朝滅亡時八旗制度尚未結束，直到國民黨北伐成功北洋政府宣告結束後，八旗制度才因清末南北議和的《優待條件》被廢止而消失。相關討論詳可參見佟佳江，〈清代八旗制度消亡時間新議〉，《民族研究》，1994：5（北京，1994.09），頁101-108。雖然八旗制度在民國時期沒有立即消失，但其存在大多是為保障既有旗人之生計，身隸旗籍者不再擁有過往的權利與義務，與昔日情境早已不同。由此觀之，或許仍可視八旗制度與清朝相始相終。

2　此處主要針對滿洲關外舊制與傳統漢制而言，若從更廣泛的角度來看，清帝國針對邊疆少數民族仍多採「因俗而治」。有鑑於南、北邊疆環境與文化的不同，相關政策又略有差異。相關討論詳可參見杜文忠，《邊疆的法律——對清代治邊法制的歷史考察》（北京：人民出版社，2004），頁1-14、72-78。

清朝早在關外時期已選擇放棄一些舊俗，收繼婚制的禁止當屬很好的例證。清朝入關後的民事規範也幾乎繼受明律，不同於金、元兩朝允許本民族成員仍行舊有婚嫁或繼承習俗。皇帝一方面雖對旗人呼籲應保有滿洲本色，另一方面卻又揚棄蘊含深厚文化色彩的習慣法，足見皇帝在官方文化政策中扮演重要的權衡角色，其中微妙的尺度拿捏，或許為皇帝鞏固政權之關鍵。當此全國通行一致的法律體系日益成熟時，不僅對帝國治理有所助益，亦能強化八旗內複雜群體的整合，令旗人宛若一種由制度塑造而生的特殊身分。[3]

　　在現代社會的法律體系中，「法律之前人人平等」為一基本要素，但十九世紀前的世界各國，根據身分區分法律地位的「身分法」才是主流思想。[4]在儒家文化格外以身分為重的影響下，「身分法」在傳統中國的實施不僅淵遠流長，[5]更出現重視家內身分及其相關規定嚴密，這兩種異於世界諸國之特色。[6]為維護儒家文化強調的「綱常名教」，家族主義與階級概念遂成為傳統中國法律的兩種基本精神。[7]

---

[3] 由於皇帝選擇放棄許多滿洲民事舊俗，大量繼受漢式民事規範，促使清朝「征服者集團」內部較無「因俗而治」，此舉應有助於強化旗人群體的一致性。另一方面，皇帝規定八旗成員均須擁有國語騎射技能，即使漢軍也不例外。如此一來無論社會待遇還是文化象徵，旗人間幾乎沒有差異，八旗組織亦變得更為緊密。關於皇帝對旗人國語騎射的要求，詳可參見葉高樹，《清朝前期的文化政策》，頁351-408。

[4] 郭建等著，《中國法制史》，頁125。

[5] 「身分法」強調「身分秩序」的等差性。由於傳統中國法律的基礎為禮教，特別重視社會中的人際關係，即使犯罪行為相同，法律常因加害人與被害人的身分、輩分、性別甚至職業之別，產生相異的處罰。傳統中國法律規定的幾種重要關係，主要為君臣關係、親子關係、夫妻關係和良賤等級。相關討論詳可參見黃源盛，〈從傳統身分等差到近代平權立法〉，收錄於氏著，《中國傳統法制與思想》（臺北：五南圖書出版公司，1998），頁372。

[6] 梁治平認為倫常為家庭關係的抽象化，是傳統中國身分社會的起點。此外，中國的階級規範較西方來得嚴格與廣泛，西方國家正因法律中的階級分野較不強烈，逐漸發展出城市平民社團。相關討論詳可參見梁治平，〈身分社會與倫理法律〉，《讀書》，1986：3（北京，1986.03），頁36-42。

[7] 瞿同祖，《中國法律與中國社會》（北京：中華書局，2005），頁353-354。

古今中外各個社會多根據一些特質將眾人分類，這些特質包括性別、年齡、種族、宗教、族群或教育等方面。諸多社會團體因地位不同形成社會不平等（social inequality），其若屬定型化或是穩定結構，則可稱為社會階層化（social stratification）。[8]上述社會學理論談到的社會團體，即人們的社會性身分，由於界定群體的標準相當多元，多種身分常同時存於一人身上。相較於現代社會，傳統中國因特別著重「身分法」，社會階層化情形甚為突出，此外在制度與身分的交錯互動下，身分之別變得更為複雜。部分身分乃因制度長時間實踐而穩固，有些身分則隨制度改革而消失。[9]然而身分的定義又非完全依循國家政策，民間也有與身分相關的共同「感覺」。[10]清朝入關後大量繼受明律，中國法律傳統中的「身分法」特質亦隨之延續。該背景或有助於皇帝強化旗人的制度性「身分」，藉此降低旗人的族群既定印象，令旗、民關係更為和睦。然而漢民們對此「身分」又會如何「感覺」，可能是另一個尚待細究的課題。

　　綜觀本書的多方面討論，可知旗人的法律地位確實特殊。旗人身為皇帝極為仰賴的群體，自然擁有許多特殊權利，但從另一層面來看，他們往往也被八旗制度所束縛。關注旗人「特權」的同時，亦需留意他們身負義務的一面。除此之外，皇帝靈活調整法律的手腕更是不容忽視。旗人的法律地位絕非一成不變，皇帝常敏銳地審

---

[8]　瞿海源等主編，《社會學與臺灣社會（精簡本）》（臺北：巨流圖書公司，2002），頁120。

[9]　制度與身分間的互動非常微妙，例如清朝的樂戶、墮民、漁戶、蜑戶和丐戶等區域性賤民，自雍正年間的豁賤為良令後陸續轉為良民。不過先前其實僅有樂戶被正式列為賤籍，其他群體則是在社會上被習慣性歧視。官方的一視同仁，或許存有將他們一起化為良民的美意，但此舉反而造成民間自行認定的賤民，從此被國家貼上賤民標籤。乾隆三十六年規定賤民轉為良民者，必須「下逮四世」方能應試，條文中提到的賤民，即以雍正年間豁賤為良令中，諸多被解放的群體為主。詳可參見經君健，《清代社會的賤民等級》（北京：中國人民大學出版社，2009），頁189-191。

[10]　無論國家還是社會，均有其對於身分的界定，但這兩者間有時無法完全吻合。例如明代法律定義的賤民群體，遠比社會上被視為者少得多。詳可參見岸本美緒，〈明代的應考資格和身分感覺〉，收錄於黃寬重主編，《基調與變奏：七至二十世紀的中國（1）》（臺北：國立政治大學歷史學系等，2008），頁257-281。

慎情勢，透過修法進一步保護與約束旗人，其中又以後者較常被忽視。皇帝對旗人風氣問題始終念茲在茲，多次增修條例改變旗人刑罰模式，部分行為惡劣之旗人，甚至會被皇帝加重其刑。此舉不僅讓不法旗人難以逍遙法外，尚有以示懲戒的積極作用。

由於旗人的法律地位一言難盡，本書最終選擇藉由「根本」與「世僕」兩詞加以詮釋。清朝皇帝提及八旗時，常稱其為國家的「根本」與「世僕」，[11]這兩個概念即使未必是八旗專屬，[12]仍可視為皇帝心中描述旗人身分的貼切用語。「根本」與「世僕」雖然主要意義不同，卻都隱含一種既受重視又被束縛之感，[13]兩者並存下的複雜性，或許正是旗人法律地位的最佳寫照。

近二十年來清史學界發生一件值得注意的大事，羅友枝（Evelyn S. Rawski）主張過去長期主導清史研究的「漢化」觀點有必要重新檢討，[14]一場關於滿人漢化與否的論爭就此展開。[15]當時的熱烈

---

[11] 關於皇帝視八旗或旗人為「國家根本」的言論，本書已多有舉證，此處不再贅述。另「世僕」指稱詳可參見《清高宗純皇帝實錄》，卷571，頁251，乾隆二十三年九月庚戌條：「伊等皆八旗世僕，沐國家豢養之恩，分當效力。」、《清仁宗睿皇帝實錄》，卷244，頁299，嘉慶十六年六月戊午條：「八旗子弟，國之世僕也。百有餘年，英才輩出，不可勝紀。」、《清宣宗成皇帝實錄》，卷390，頁1016，道光二十三年三月庚午條：「其八旗滿洲、蒙古、漢軍人等，均係世受國恩世僕。」

[12] 例如《清高宗純皇帝實錄》，卷10，頁338，乾隆元年正月丁酉條：「夫民之元氣，乃國家之根本也。」、《清高宗純皇帝實錄》，卷1296，頁410，乾隆五十三年正月己巳條：「哈密、吐魯番二部，皆國家世僕。」以上內容屬於皇帝言論，此外在民間某些地方，「世僕」乃一特殊群體，參見《清世宗憲皇帝實錄》，卷56，頁863，雍正五年四月癸丑條：「近聞江南徽州府，則有伴儅；寧國府，則有世僕。本地呼為細民，幾與樂戶惰民相同。」除了寧國府外，廣東珠江三角洲及其周邊地區，世僕制度亦很興盛，相關討論詳可參見黃淑娉、龔佩華，《廣東世僕制研究》（廣州：廣東高等教育出版社，2001）。

[13] 若根據簡單的字面理解，「根本」一詞具有關鍵基礎的意涵，「世僕」一詞則有較強的人身依附感。不過換個角度思考，身為「根本」者因為地位重要，時常也會受到約束，必要時當「忍人所不能忍」；「世僕」看似自由受限，卻因為身分特殊，有幸蒙受主子垂青看顧。「根本」與「世僕」各自的雙面性，可能值得仔細玩味。

[14] Evelyn S. Rawski, "Presidential Address: Reevisioning the Qing: The Significance of the Qing Period in Chinese History," *The Journal of Asian Studies*, 55:4(November, 1996), pp. 829-850.

[15] 羅友枝的看法雖受肯定，卻也得到一些非議，其中以何炳棣的反擊最為激烈，詳可參見Ping-Ti Ho, "In Defense of Sinicization: A Rebuttal of Evelyn Rawski's

討論最終並未達成共識，[16]至今依然頗受中外學者關注。關於這場「新清史」論爭，本書的一些淺見或許不失為一種思考方向。

　　根據八旗制度與相關法制的演變情形，可知入關後的特殊局勢，促使清朝選擇繼受明律，過往關外舊俗日益流逝不返。然而皇帝在運用漢制的過程中，不忘藉由保護「征服者集團」鞏固政權，始終努力維持旗人的諸多特殊性；惟皇帝在某些層面上，又儘量將八旗融入帝國體制中，令其特殊性不至於太過孤立與強勢，以免危害政權的穩定。若從上述角度來看，所謂「新清史」論爭似乎仍有融會貫通的空間。旗人法律地位的重要意涵，不僅陳述旗人在帝國中扮演的角色，亦如實反映清朝皇帝統治中國的成功策略。

'Reevisioning the Qing'," *The Journal of Asian Studies*, 57:1(February, 1998), pp. 123-155.

[16] 回顧當時的激烈討論，王成勉認為實屬「沒有交集的對話」，雙方都未對漢化先行定義就互相攻擊。華人學者雖強調漢化，但已少有人主張漢化的前提，為滿人完全失去自我族群認同。葉高樹則指出這兩種不同立場的論述看似沒有「交集」，雙方仍有共同關注焦點，即探究清朝統治中國的特徵及其成功原因。上述內容詳可參見王成勉，〈沒有交集的對話──近年來學界對「滿族漢化」之爭議〉，收錄於汪榮祖、林冠群主編，《胡人漢化與漢人胡化》（嘉義：國立中正大學臺灣人文研究中心，2006），頁57-81、葉高樹，〈「參漢酌金」：清朝統治中國成功原因的再思考〉，頁153-192。

▋後記

　　時間過得很快，這本書自草稿至正式出版，一轉眼已過了好幾個年頭。每當我回首此書從無到有的過程，內心總是充滿著各種感激。

　　由衷感謝師長們多年來的諄諄教誨，引導我逐步成長進而完成此書。感謝指導教授莊吉發老師不僅在學業上再三提點，每當我遭逢挫折時亦不吝給予鼓勵。莊老師常不厭其煩地叮嚀學生應嘗試查閱各類檔案，以及持續精進滿文翻譯能力，透過這種訓練方式打下的紮實基礎，至今仍令我受益無窮。感謝葉高樹老師與陳登武老師撥冗參與碩士論文口試，提出許多寶貴的修改建議，兩位老師平時即常關心我的生活與學業進度，對此我始終銘感於心。此外亦感謝林麗月老師、邱澎生老師、陳國棟老師、賴惠敏老師、陳惠馨老師與同窗好友們，在我撰寫碩士論文期間提供諸多重要啟發。最後還要感謝國立臺灣師範大學「郭廷以先生獎學金」惠賜出版機會，以及秀威資訊科技公司鄭編輯等人在出版作業上的大力協助。

　　本書是以碩士論文為基礎改寫而成，由於一些特殊緣故，我花費較多時日進行文字資料的校對與調整，整體章節架構則未有太大變動。歷經許久光陰才走完這最後一哩路，我深知完全是自己的問題，很抱歉讓長期關心我的師長朋友們失望，謹於此向您們致歉。

　　猶記得自從我決定以「八旗」為題撰寫論文時，許多人便好奇為何選擇這個題目，甚至有人根據我的外貌與較為特別的姓氏，

推測我是因為身屬旗人後裔才從事該研究。然而在我的印象裡，家中長輩從未提及家族曾經入旗之往事，我與「旗人法律地位」的相遇，或許只是基於單純的緣分吧！這個課題其實遠比我想像中來得複雜，我常因無數迎面而來的挑戰感到灰心，不過即使如此，我始終很珍惜這段緣分。因為我逐漸發現這個看似專注於昔日故事的研究，某方面來說帶給現實的自己很多收穫。我仔細體會如何從多元視角觀察事物，並從中經歷各種反思，這些感受提醒我應抱持更成熟的心態，面對日後的人生課題。

走筆至此，我想向外公、母親、父親、妹妹與女友致上最深的謝意。家人無疑是我最堅強的後盾，陪伴我經歷許多喜怒哀樂。雖然你們對於我的堅持未必了然於胸，卻總是相信我的決定，謝謝你們讓我毫無後顧之憂地自由揮灑。謝謝女友接受與包容我的特點，也願意花時間理解我的內心世界，並常在我身處逆境時伸出援手。非常感謝家人與女友的無私支持，助我一路走到今日。

或許是基於史學研究者的「日常習慣」，我這幾年常想起那兒時歲月。小時候因為父母工作忙碌，外公一肩擔起照顧我的責任。年幼的我沒有安全感很害怕上學，外公花了許多時間陪伴我，耐心等候我慢慢適應學校團體生活，這段相處時光對我而言始終歷歷在目。個性樂觀和善的外公，一直是我心中重要的安定力量，我很想與外公分享出書的喜悅，也希望藉此表達誠摯感激之情。

不知不覺，若從就讀大學開始算起，至今已有十多年。在這段時而快樂時而困頓的歲月裡，我既努力接近每個歷史現場，也積極面對眼前各種考驗。過去、現在與未來的糾結雖曾令我不知所措，卻也在不經意間，向我緩緩道出些許微妙義理。但願自己能感恩與珍惜身邊每段緣分，安於世間顛簸，常保平靜地「重返豔陽下」。

鹿智鈞

▎徵引書目

一、檔案資料

滿文老檔研究會譯註，《滿文老檔》，東京：東洋文庫，1955-1963。

中國人民大學清史研究所、中國第一歷史檔案館編譯，《盛京刑部原檔》，
　　北京：群眾出版社，1985。

羅振玉輯，《天聰朝臣工奏議》，收錄於潘喆等編，《清入關前史料選編‧
　　第2輯》，北京：中國人民大學出版社，1989。

中國第一歷史檔案館編，《清初內國史院滿文檔案譯編》，北京：光明日報
　　出版社，1989。

張偉仁主編，《明清檔案》，臺北：中央研究院歷史語言研究所，1986。

〈明清內閣大庫檔案〉，臺北：中央研究院歷史語言研究所藏。

《清代起居注冊‧康熙朝》，臺北：聯經出版公司，2009。

《清代起居注冊‧康熙朝》，北京：中華書局，2009。

國立故宮博物院編，《宮中檔康熙朝奏摺》，臺北：國立故宮博物院，1976-
　　1977。

中國第一歷史檔案館編，《康熙朝漢文硃批奏摺彙編》，北京：檔案出版
　　社，1985。

中國第一歷史檔案館編譯，《康熙朝滿文硃批奏摺全譯》，北京：中國社會
　　科學出版社，1996。

〈起居注冊‧雍正朝〉，臺北：國立故宮博物院藏。

國立故宮博物院編，《宮中檔雍正朝奏摺》，臺北：國立故宮博物院，1977-
　　1980。

中國第一歷史檔案館編，《雍正朝漢文硃批奏摺彙編》，南京：江蘇古籍出
　　版社，1991。

中國第一歷史檔案館編譯，《雍正朝滿文硃批奏摺全譯》，合肥：黃山書
　　社，1998。

國立故宮博物院編，《宮中檔乾隆朝奏摺》，臺北：國立故宮博物院，1982-
　　　1988。

中國第一歷史檔案館編，《乾隆朝上諭檔》，北京：檔案出版社，1989。

〈宮中檔嘉慶朝奏摺〉，臺北：國立故宮博物院藏。

杜家驥主編，《清嘉慶朝刑科題本社會史料輯刊》，天津：天津古籍出版
　　　社，2008。

〈宮中檔道光朝奏摺〉，臺北：國立故宮博物院藏。

中國第一歷史檔案館編，《嘉慶道光兩朝上諭檔》，桂林：廣西師範大學出
　　　版社，2000。

〈軍機處檔・月摺包〉，臺北：國立故宮博物院藏。

故宮博物院明清檔案部編，《清末籌備立憲檔案史料》，北京：中華書局，
　　　1979。

清史稿校註編纂小組編纂，《清史稿校註》，臺北：臺灣商務印書館，1999。

黃季陸主編，《民報》，臺北：中國國民黨中央委員會黨史史料編纂委員
　　　會，1969。

帕萊福（Juan de Palafox y Mendoza）等著，何高濟等譯，《韃靼征服中國史・
　　　韃靼中國史・韃靼戰紀》，北京：中華書局，2008。

二、官書典籍

《大清太祖武皇帝實錄》，奈良：天理時報社，1967。

《滿洲實錄》，北京：中華書局，1986。

《清太祖高皇帝實錄》，北京：中華書局，1986。

《清太宗實錄稿本》，收錄於遼寧大學歷史系編，《清初史料叢刊第3
　　　種》，遼寧：遼寧大學歷史系，1978。

《清太宗文皇帝實錄》，北京：中華書局，1985。

《清世祖章皇帝實錄》，北京：中華書局，1985。

《清聖祖仁皇帝實錄》，北京：中華書局，1985。

《清世宗憲皇帝實錄》，北京：中華書局，1985。

《清高宗純皇帝實錄》，北京：中華書局，1985。

《清仁宗睿皇帝實錄》，北京，中華書局，1986。

《清宣宗成皇帝實錄》，北京，中華書局，1986。

《大明會典》，臺北：新文豐出版公司，1976。

《大清會典（康熙朝）》，臺北：文海出版社，1992-1993。

《大清會典（雍正朝）》，臺北：文海出版社，1993。

《欽定大清會典事例（嘉慶朝）》，臺北：文海出版社，1991-1992。

《欽定大清會典（光緒朝）》，臺北：啟文出版社，1963。

《欽定大清會典事例（光緒朝）》，臺北：啟文出版社，1963。

《欽定吏部處分則例（乾隆朝）》，香港：蝠池書院出版公司，2004。

《欽定戶部則例（乾隆朝）》，香港：蝠池書院出版公司，2004。

《欽定戶部則例（同治朝）》，香港：蝠池書院出版公司，2004。

《刑部現行則例》，收錄於《六部則例全書》，臺北：國立國家圖書館藏。

《欽定八旗則例》，香港：蝠池書院出版公司，2004。

《欽定武場條例》，收錄於四庫未收書輯刊編纂委員會編，《四庫未收書輯刊・第9輯第9冊》，北京：北京出版社，2000。

《欽定兵部處分則例（道光朝）》，北京：學苑出版社，2005。

《欽定科場條例》，收錄於續修四庫全書編纂委員會編，《續修四庫全書・第829-830冊》，上海：上海古籍出版社，2002。

《世宗憲皇帝上諭內閣》，收錄於臺灣商務印書館編審委員會主編，《景印文淵閣四庫全書・第414-415冊》，臺北：臺灣商務印書館，1986。

《世宗憲皇帝上諭八旗》，收錄於臺灣商務印書館編審委員會主編，《景印文淵閣四庫全書・第413冊》，臺北：臺灣商務印書館，1986。

《上諭旗務議覆》，臺北：臺灣學生書局，1976。

《諭行旗務奏議》，臺北：臺灣學生書局，1976。

《清朝通志》，臺北：臺灣商務印書館，1987。

《清朝文獻通考》，臺北：新興書局，1963。

《八旗滿洲世族通譜》，瀋陽：遼海出版社，2002。

《八旗滿洲世族通譜（滿文本）》，臺北：國立故宮博物院藏。

田濤等點校，《大清律例》，北京：法律出版社，1998。

李洵等點校，《欽定八旗通志》，長春：吉林文史出版社，2002。

〔元〕胡祇遹，《雜著・紫山大全集》，杭州：浙江古籍出版社，1988。

〔元〕徐元端，《吏學指南》，收錄於續修四庫全書編纂委員會編，《續修四庫全書·第973冊》，上海：上海古籍出版社，2002。

〔明〕茅瑞徵，《東夷考略》，收錄於四庫禁燬書叢刊編纂委員會編，《四庫禁燬書叢刊補編·第17冊》，北京：北京出版社，2005。

〔明〕應檟，《大明律釋義》，收錄於續修四庫全書編纂委員會編，《續修四庫全書·第863冊》，上海：上海古籍出版社，2002。

〔清〕不著撰者，《新例要覽》，收錄於四庫未收書輯刊編纂委員會編，《四庫未收書輯刊·第1輯第26冊》，北京：北京出版社，2000。

〔清〕不著撰者，《州縣須知》，收錄於四庫未收書輯刊編纂委員會編，《四庫未收書輯刊·第4輯第19冊》，北京：北京出版社，2000。

〔清〕王士禎著，勒斯仁點校，《池北偶談》，北京：中華書局，1997。

〔清〕王明德著，何勤華等點校，《讀律佩觽》，北京：法律出版社，2000。

〔清〕李顒，《二曲集》，收錄於續修四庫全書編纂委員會編，《續修四庫全書·第1410冊》，上海：上海古籍出版社，2002。

〔清〕希元等著，馬協弟等點校，《荊州駐防八旗志》，瀋陽：遼寧大學出版社，1990。

〔清〕沈家本，《刑法分考》，收錄於氏著，鄧經元等點校，《歷代刑法考附寄簃文存》，北京：中華書局，2006。

〔清〕沈家本，《寄簃文存》，收錄於氏著，鄧經元等點校，《歷代刑法考附寄簃文存》，北京：中華書局，2006。

〔清〕沈家本，《漢律摭遺》，收錄於氏著，鄧經元等點校，《歷代刑法考附寄簃文存》，北京：中華書局，2006。

〔清〕沈家本，《充軍考》，收錄於氏著，鄧經元等點校，《歷代刑法考附寄簃文存》，北京：中華書局，2006。

〔清〕沈之奇著，懷效鋒等點校，《大清律輯註》，北京：法律出版社，2000。

〔清〕沈啟亮，《大清全書》，瀋陽：遼寧民族出版社，2008。

〔清〕沈書城，《則例便覽》，收錄於四庫未收書輯刊編纂委員會編，《四庫未收書輯刊·第2輯第27冊》，北京：北京出版社，2000。

〔清〕那彥成，《那文毅公奏議》，收錄於續修四庫全書編纂委員會編，《續修四庫全書·第495-497冊》，上海：上海古籍出版社，2002。

〔清〕長順纂修，《吉林通志（光緒）》，收錄於續修四庫全書編纂委員會編，《續修四庫全書・第647-648冊》，上海：上海古籍出版社，2002。

〔清〕林則徐，《林文忠公政書》，收錄於續修四庫全書編纂委員會編，《續修四庫全書・第500冊》，上海：上海古籍出版社，2002。

〔清〕吳壇著，馬建石等編，《大清律例通考校注》，北京：中國政法大學出版社，1992。

〔清〕吳振棫著，童正倫點校，《養吉齋叢錄》，北京：中華書局，2005。

〔清〕吳暻，《左司筆記》，收錄於四庫全書存目叢書編纂委員會編，《四庫全書存目叢書・史部第276冊》，臺南：莊嚴文化，1996。

〔清〕昭槤著，何英芳點校，《嘯亭雜錄》，北京：中華書局，2006。

〔清〕奕賡，《管見所及》，收錄於續修四庫全書編纂委員會編，《續修四庫全書・第1181冊》，上海：上海古籍出版社，2002。

〔清〕祝慶祺等編，史春風等點校，《刑案匯覽三編》，北京：北京古籍出版社，2000。

〔清〕姚文爕，《無異堂文集》，收錄於四庫未收書輯刊編纂委員會編，《四庫未收書輯刊・第8輯第23冊》，北京：北京出版社，2000。

〔清〕徐珂，《清稗類鈔》，北京：中華書局，1984-1986。

〔清〕賀長齡，《皇朝經世文編》，臺北：文海出版社，1972。

〔清〕黃恩彤編，《大清律例按語》，臺北：國立臺灣大學圖書館藏。

〔清〕張集馨著，杜春和等點校，《道咸宦海見聞錄》，北京：中華書局，1993。

〔清〕張之洞，《張文襄公奏議》，收錄於續修四庫全書編纂委員會編，《續修四庫全書・第510-511冊》，上海：上海古籍出版社，2002。

〔清〕楊錫紱，《漕運則例纂》，收錄於四庫未收書輯刊編纂委員會編，《四庫未收書輯刊・第1輯第23冊》，北京：北京出版社，2000。

〔清〕琴川居士編輯，《皇清奏議》，收錄於續修四庫全書編纂委員會編，《續修四庫全書・第473冊》，上海：上海古籍出版社，2002。

〔清〕蔣超伯，《爽鳩要錄》，收錄於高柯立等編，《明清法制史料輯刊・第2編・第22冊》，北京：國家圖書館出版社，2014。

〔清〕蔣良騏著，鮑思陶等點校，《東華錄》，濟南：齊魯書社，2005。

〔清〕福格著，汪北平點校，《聽雨叢談》，北京：中華書局，2007。

〔清〕談遷著，汪北平點校，《北游錄》，北京：中華書局，2006。

〔清〕薛允升著，黃靜嘉編校，《讀例存疑重刊本》，臺北：成文出版社，1970。

〔清〕魏源，《聖武記》，收錄於續修四庫全書編纂委員會編，《續修四庫全書‧第402冊》，上海：上海古籍出版社，2002。

金毓黻主編，《遼海叢書》，瀋陽：遼瀋書社，1985。

黃彰健編著，《明代律例彙編》，臺北：中央研究院歷史語言研究所，1994。

王宏治等點校，《大清律集解附例》，收錄於楊一凡等主編，《中國珍稀法律典籍續編‧第5冊》，哈爾濱：黑龍江人民出版社，2002。

三、專書著作

丁海斌，《清代陪都盛京研究》，北京：中國社會科學出版社，2007。

內蒙古典章法學與社會學研究所編，《《成吉思汗法典》及原論》，北京：商務印書館，2007。

王彥章，《清代獎賞制度研究》，合肥：安徽人民出版社，2006。

王景澤，《清朝開國時期八旗研究（1583-1661）》，長春：吉林文史出版社，2002。

王明珂，《華夏邊緣：歷史記憶與族群認同》，北京：社會科學文獻出版社，2006。

王明珂，《游牧者的抉擇：面對漢帝國的北亞游牧部族》，桂林：廣西師範大學出版社，2009。

王海南等著，《法學入門》，臺北：元照出版公司，1999。

王炳照、徐勇主編，《中國科舉制度研究》，石家莊：河北人民出版社，2002。

王戎生主編，《清代全史》，瀋陽：遼寧人民出版社，1995。

艾永明，《清朝文官制度》，北京：商務印書館，2003。

任桂淳，《清朝八旗駐防興衰史》，北京：三聯書店，1994。

李治安，《元代政治制度研究》，北京：人民出版社，2003。

李鳳鳴，《清代州縣官吏的司法責任》，上海：復旦大學出版社，2007。

杜文忠，《邊疆的法律——對清代治邊法制的歷史考察》，北京：人民出版社，2004。

杜家驥，《清皇族與國政關係研究》，臺北：五南圖書出版公司，1998。

杜家驥，《八旗與清朝政治論稿》，北京：人民出版社，2008。

那思陸，《明代中央司法審判制度》，北京：北京大學出版社，2004。

那思陸，《清代中央司法審判制度》，北京：北京大學出版社，2004。

沈大明，《《大清律例》與清代的社會控制》，上海：上海人民出版社，2007。

呂寬慶，《清代立嗣繼承制度研究》，鄭州：河南人民出版社，2008。

吳豔紅，《明代充軍研究》，北京：社會科學文獻出版社，2003。

阿風，《明清時代婦女的地位與權利——以明清契約文書、訴訟檔案為中心》，北京：社會科學文獻出版社，2009。

林乾，《中國古代權力與法律》，北京：中國政法大學出版社，2004。

林詮紹編著，《民法概要》，臺北：新文京開發出版公司，2005。

祁美琴，《清代內務府》，瀋陽：遼寧民族出版社，2008。

胡祥雨，《清代法律的常規化：族群與等級》，北京：社會科學文獻出版社，2016。

孟姝芳，《乾隆朝官員處分研究》，呼和浩特：內蒙古大學出版社，2009。

定宜庄，《清代八旗駐防研究》，瀋陽：遼寧出版社，2002。

定宜庄，《滿族的婦女生活與婚姻制度研究》，北京：北京大學出版社，1999。

定宜庄等著，《遼東移民中的旗人社會：歷史文獻、人口統計與田野調查》，上海：上海社會科學院出版社，2004。

邱澎生，《當法律遇上經濟：明清中國的商業法律》，臺北：五南圖書出版公司，2008。

袁閭琨等著，《清代前史》，瀋陽：瀋陽出版社，2004。

姚念慈，《清初政治史探微》，瀋陽：遼寧民族出版社，2008。

孫家紅，《清代的死刑監候》，北京：社會科學文獻出版社，2007。

孫靜，《「滿洲」民族共同體形成歷程》，瀋陽：遼寧民族出版社，2008。

烏廷玉等著，《清代滿洲土地制度研究》，吉林：吉林文史出版社，1992。

高中華，《清朝旗民法律關係研究》，北京：經濟管理出版社，2015。

陶晉生，《女真史論》，臺北：稻鄉出版社，2003。

郭建等著，《中國法制史》，上海：上海人民出版社，2006。

陳鋒，《清代軍費研究》，武漢：武漢大學出版社，1992。

陳國平，《明代行政法研究》，北京：法律出版社，1998。

張小也，《官、民與法：明清國家與基層社會》，北京：中華書局，2007。

張晉藩，《中國法律的傳統與近代轉型》，北京：法律出版社，2005。

張晉藩，《清代民法綜論》，北京：中國政法大學出版社，1998。

張晉藩、郭成康，《清入關前國家法律制度史》，瀋陽：遼寧人民出版社，
　　1988。

張中秋，《中西法律文化比較研究》，南京：南京大學出版社，1999。

張偉仁，《清代法制研究》，臺北：中央研究院歷史語言研究所，2007。

張德澤，《清代國家機關考略》，北京：學苑出版社，2001。

莊吉發，《清世宗與賦役制度的改革》，臺北：臺灣學生書局，1985。

黃淑娉、龔佩華，《廣東世僕制研究》，廣州：廣東高等教育出版社，2001。

黃仲夫，《刑法精義》，臺北：元照出版公司，2005。

梁治平，《尋求自然秩序中的和諧》，北京：中國政法大學出版社，1997。

馮爾康，《雍正傳》，臺北：臺灣商務印書館，1992。

葉高樹，《降清明將研究（1618-1683）》，臺北：國立臺灣師範大學歷史學
　　系，1993。

葉高樹，《清朝前期的文化政策》，臺北：稻鄉出版社，2002。

楊若薇，《契丹王朝政治軍事制度研究》，臺北：文津出版社，1992。

經君健，《清代社會的賤民等級》，北京：中國人民大學出版社，2009。

雷炳炎，《清代八旗世爵世職研究》，長沙：中南大學出版社，2006。

蒙思明，《元代社會階級制度》，上海：上海人民出版社，2006。

趙令志，《清前期八旗土地制度研究》，北京：民族出版社，2001。

劉小萌，《滿族從部落到國家的發展》，北京：中國社會科學出版社，2007。

劉小萌，《清代北京旗人社會》，北京：中國社會科學出版社，2008。

劉小萌，《清代八旗子弟》，瀋陽：遼寧民族出版社，2008。

劉景輝，《滿洲法律及制度之演變》，臺北：嘉新水泥公司文化基金會，
　　1968。

劉兆璸，《清代科舉》，臺北：三民書局，1979。

鄭玉波，《法學緒論》，臺北：三民書局，1973。

賴惠敏，《但問旗民：清代的法律與社會》，臺北：五南圖書出版公司，2007。

賴惠敏，《天潢貴胄──清皇族的階層結構與經濟生活》，臺北：中央研究院近代史研究所，2009。

韓忠謨，《法學緒論》，臺北：作者發行，1968。

瞿同祖，《中國法律與中國社會》，北京：中華書局，2005。

瞿海源等主編，《社會學與臺灣社會（精簡本）》，臺北：巨流圖書公司，2002。

魏道明，《始於兵而終於禮──中國古代族刑研究》，北京：中華書局，2006。

蘇亦工，《明清律典與條例》，北京：中國政法大學出版社，1999。

蘇嘉宏等著，《行政法概要──行政法的基本概念、行政作用法、行政組織法》，臺北：永然文化出版公司，1999。

織田萬，《清國行政法汎論》，臺北：華世出版社，1979。

艾馬克（Mark A. Allee）著，王興安譯，《十九世紀的北部臺灣：晚清中國的法律與地方社會》，臺北：播種者文化，2003。

白凱（Kathryn Bernhardt）著，劉昶譯，《中國的婦女與財產：960-1949年》，上海：上海書店出版社，2007。

孔復禮（Philip A. Kuhn）著，陳兼等譯，《叫魂：乾隆盛世的妖術大恐慌》，臺北：時英出版社，2000。

拉鐵摩爾（Owen Lattimore）著，唐曉峰譯，《中國的亞洲內陸邊疆》，南京：江蘇人民出版社，2005。

路康樂（Edward J. M. Rhoads）著，王琴等譯，《滿與漢：清末民初的族群關係與政治權力》，北京：中國人民大學出版社，2010。

司徒琳（Lynn A. Struve）著，李榮慶等譯，《南明史：1644-1662》，上海：上海書店出版社，2007。

Chang, Michael G. *A Court on Horseback: Imperial Touring and the Construction of Qing Rule.* Cambridge, Mass.: Harvard University Asia Center: Distributed by Harvard University Press, 2007.

Elliott, Mark C. *The Manchu Way: The Eight Banners and Ethnic Identity in Late Imperial China.* Stanford: Stanford University Press, 2001.

四、期刊與專書論文

刁書仁，〈略論清代東北旗界設置與管理〉，《吉林師範學院學報》，
　　1991：3‧4期（吉林，1991.07），頁84-89。

尤淑君，〈從朱昌祚之死看康熙初年的圈地問題〉，《政大史粹》，9（臺
　　北，2005.12），頁37-87。

王興亞，〈明代罰俸制度述論〉，《中州學刊》，1993：2（鄭州，
　　1993.03），頁100-104。

王景澤，〈關於穆昆與滿洲「前四旗」問題──兼析八固山的建立〉，《佳木
　　斯大學社會科學學報》，1998：4（佳木斯，1998.08），頁43-47。

王東平，〈元代回回人的宗教制度與伊斯蘭教法〉，《回族研究》，2002：4
　　（銀川，2002.11），頁44-50。

王志強，〈清代的喪娶、收繼及其法律實踐〉，收錄於氏著，《法律多元視
　　角下的清代國家法》，北京：北京大學出版社，2003，頁124-148。

王鍾翰，〈滿文老檔中計丁授田商榷〉，收錄於氏著，《王鍾翰清史論集‧
　　第1冊》，北京：中華書局，2004，頁588-608。

王鍾翰，〈關於滿族形成中的幾個問題〉，收錄於氏著，《王鍾翰清史論
　　集‧第1冊》，北京：中華書局，2004，頁124-140。

王成勉，〈沒有交集的對話──近年來學界對「滿族漢化」之爭議〉，收錄
　　於汪榮祖、林冠群主編，《胡人漢化與漢人胡化》，嘉義：國立中正大
　　學臺灣人文研究中心，2006，頁57-81。

田濤，〈虛假的材料與結論的虛假──從《崇德會典》到《戶部則例》〉，收
　　錄於倪正茂主編，《批判與重建：中國法律史研究反撥》，北京：法律
　　出版社，2002，頁203-234。

任玉雪，〈從八旗駐防到地方行政制度──以清代盛京八旗駐防制度的嬗變
　　為中心〉，《中國歷史地理論叢》，22：3（西安，2007.07），頁103-
　　112。

朱勇，〈清朝宗族法考〉，收錄於楊一凡主編，《中國法制史考證‧乙編‧
　　第1卷》，北京：中國社會科學出版社，2003，頁598-680。

朱永杰，〈「滿城」特徵探析〉，《清史研究》，2005：4（北京，2005.11），頁78-84。

衣保中，〈清代八項旗租地的形成、破壞與丈放〉，《史學集刊》，1993：4（長春，1993.11），頁28-34。

余英時，〈君尊臣卑下的君權與相權──「反智論與中國政治傳統」餘論〉，收錄於氏著，《歷史與思想》，臺北：聯經出版公司，1976，頁47-75。

吳志鏗，〈清代前期滿洲本位政策的擬定調整〉，《臺灣師大歷史學報》，22（臺北，1994.06），頁85-117。

吳志鏗，〈清代的逃人法與滿洲本位政策〉，《臺灣師大歷史學報》，24（臺北，1996.06），頁77-143。

吳志鏗，〈晚清有關清除滿漢畛域的討論──以光緒三十三年七月諭令建言為中心〉，收錄於李國祁教授八秩壽慶論文集編輯小組編，《近代國家的應變與圖新》，臺北：唐山出版社，2006，頁233-260。

李光濤，〈清入關前之真象〉，《中央研究院歷史語言研究所集刊》，12（臺北，1947.04），頁129-171。

李光濤，〈論建州與流賊相因亡明〉，《中央研究院歷史語言研究所集刊》，12（臺北，1947.04），頁193-236。

李典蓉，〈試論清太宗朝的「崇德會典」〉，《法制史研究》，4（臺北，2003.12），頁281-303。

李典蓉，〈由氏族到八旗──滿族民族認同中的矛盾現象〉，《黑龍江民族叢刊（雙月刊）》，2007：6（哈爾濱，2007.12），頁111-119。

杜家驥，〈清入關後的八旗奴僕兵與軍事職能〉，收錄於故宮博物院國家清史編纂委員會編，《故宮博物院八十華誕暨國際清史學術研討會論文集》，北京：紫禁城出版社，2006，頁47-55。

汪榮祖，〈論多民族中國的文化交融〉，收錄於汪榮祖、林冠群主編，《胡人漢化與漢人胡化》，嘉義：國立中正大學臺灣人文研究中心，2006，頁1-39。

汪利平，〈杭州旗人和他們的漢人鄰居：一個清代城市中民族關係的個案〉，《中國社會科學》，2007：6（北京，2007.11），頁188-200。

佟永功、關嘉祿，〈雍正皇帝整飭旗務述論〉，收錄於支運亭主編，《八旗制度與滿族文化》，瀋陽：遼寧民族出版社，2002，頁115-127。

周遠廉，〈八旗制度和八旗生計〉，收錄於閻崇年主編，《滿學研究・第七輯》，北京：民族出版社出版，2003，頁23-71。

孟森，〈八旗制度考實〉，收錄於氏著，《清史講義》，北京：中華書局，2008，頁20-113。

定宜庄，〈清代理事同知考略〉，收錄於慶祝王鍾翰先生八十壽辰學術論文集編輯委員會編，《慶祝王鍾翰先生八十壽辰學術論文集》，瀋陽：遼寧大學出版社，1993，頁263-274。

定宜庄，〈清代綠營中的八旗官兵〉，收錄於王鍾翰主編，《滿族歷史與文化》，北京：中央民族大學出版社，1996，頁83-101。

定宜庄，〈美國與臺灣學者近年來對滿族史與八旗制度史的研究簡述〉，收錄於支運亭主編，《八旗制度與滿族文化》，瀋陽，遼寧民族出版社，2001，頁51-56。

定宜庄，〈遼東旗人社會的基層組織：族與宗族〉，收錄於中國社會科學院歷史研究所學刊編委會編，《中國社會科學院歷史研究所學刊・第2冊》，北京：社會科學文獻出版社，2004，頁461-478。

屈六生，〈論清代的翻譯科考試〉，收錄於慶祝王鍾翰先生八十壽辰學術論文集編輯委員會編，《慶祝王鍾翰先生八十壽辰學術論文集》，瀋陽：遼寧大學出版社，1993，頁229-238。

林乾，〈清代旗、民法律關係的調整——以「犯罪免發遣」律為核心〉，《清史研究》，2004：1（北京，2004.02），頁39-50。

林乾，〈五朝《清會典》纂修論述〉，收錄於故宮博物院國家清史編纂委員會編，《故宮博物院八十華誕暨國際清史學術研討會論文集》，北京：紫禁城出版社，2006，頁469-482。

林麗月，〈科場競爭與天下之「公」：明代科舉區域配額問題的一些考察〉，收錄於邢義田、林麗月主編，《臺灣學者中國史研究論叢・社會變遷》，北京：中國大百科全書出版社，2005，頁319-348。

邱澎生，〈「動態制度史」研究如何可能？——評介《明代中央司法審判制度》〉，《明代研究通訊》，6（臺北，2003.12），頁129-142。

金寶森，〈揚州十日記證訛〉，《滿族研究》，1989：4（瀋陽，1989.10），頁19-30。

姚大力、郭曉航，〈金泰和律徒刑附加決杖考——附論元初的刑政〉，收

錄於柳立言編，《宋元時代的法律思想和社會》，臺北：國立編譯館，
　　2001，頁63-81。

姚大力，〈論元朝形法體系的形成〉，收錄於柳立言編，《宋元時代的法律
　　思想和社會》，臺北：國立編譯館，2001，頁83-128。

姚大力、孫靜，〈「滿洲」如何演變為民族──論清中葉前「滿洲」認同的
　　歷史變遷〉，《社會科學》，2006：7（上海，2006.07），頁5-28。

姚從吾，〈契丹漢化的分析──從契丹漢化看國史上東北草原文化與中原
　　農業文化的合流〉，收錄於韓復智編，《中國通史論文選輯・下》（臺
　　北：雙葉書廊，1973），頁151-174。

柏樺、葛荃，〈公罪與私罪──中國古代刑罰政治觀〉，《政治與法律》，
　　2005：4（上海，2005.04），頁149-155。

胡祥雨，〈清前期京師初級審判制度之變更〉，《歷史檔案》，2007：2（北
　　京，2007.05），頁42-52+60。

韋慶遠，〈康熙時期對「生息銀兩」制度的初創和運用──對清代「生息銀
　　兩」制度興衰過程研究之一〉，《中國社會經濟史研究》，1986：3（廈
　　門，1986.09），頁60-69。

韋慶遠，〈雍正時期對「生息銀兩」制度的整頓和政策演變──對清代「生息
　　銀兩」制度興衰研究之二〉，《中國社會經濟史研究》，1987：3（廈
　　門，1987.09），頁30-44。

韋慶遠，〈乾隆時期「生息銀兩」制度的衰敗和「收撤」──對清代「生息
　　銀兩」制度興衰研究之三〉，《中國社會經濟史研究》，1988：3（廈
　　門，1988.09），頁8-17。

韋慶遠，〈論「八旗生計」（續）〉，《社會科學輯刊》，1990：6（瀋陽，
　　1990.11），頁82-85。

韋慶遠，〈論「八旗生計」〉，《社會科學輯刊》，1990：5（瀋陽，
　　1990.09），頁85-90。

韋慶遠，〈《明清檔案》與順治朝官場〉，《社會科學輯刊》，1994：6（瀋
　　陽，1994.11），頁88-99。

韋慶遠，〈清代的抄家檔案和抄家案件〉，收錄於楊一凡主編，《中國法制
　　史考證・甲編・第7卷》，北京：中國社會科學出版社，2003，頁377-
　　389。

唐彥衛，〈清初步軍統領設立淵源考〉，《歷史檔案》，2015：2（北京，
　　2015.05），頁63-69。

孫靜，〈乾隆朝八旗漢軍身份變化述論〉，《黑龍江民族叢刊（雙月刊）》，
　　2005：2（哈爾濱，2005.04），頁59-64。

孫進己，〈蒙古族的多源多流〉，收錄於郝時遠、羅賢佑主編，《蒙元史暨
　　民族史論集》，北京：社會科學文獻出版社，2006，頁86-100。

徐凱，〈清代八旗制度的變革與皇權集中〉，《北京大學學報（哲學社會科
　　學版）》，1989：5（北京，1989.09），頁89-99。

徐忠明，〈關於中國古代「民法」問題：借題發揮──張晉藩《清代民法
　　綜論》讀後之隨想〉，收錄於朱勇主編，《《崇德會典》、《戶部則
　　例》及其他──張晉藩先生近期研究論著一瞥》，北京：法律出版社，
　　2003，頁218-243。

徐忠明，〈小事鬧大與大事化小：解讀一份清代民事調解的法庭記錄〉，
　　收錄於氏著，《案例、故事與明清時期的司法文化》，北京：法律出版
　　社，2006，頁22-70。

馬社香，〈試論滿洲軍事賞罰制〉，《江漢論壇》，1982：11（武漢，
　　1982.11），頁59-64。

馬協弟，〈清代滿城考〉，《滿族研究》，1990：1（瀋陽，1990.03），頁
　　29-34。

張建，〈從方志看清代直隸地區旗人社會之演進──以順天、保定二府為中
　　心〉，《河北學刊》，29：4（石家莊，2009.07），頁105-110。

張建，〈變革時代‧近畿地域‧特殊群體──清初三朝直隸旗人群體淺
　　探〉，收錄於常建華主編，《中國社會歷史評論‧第11卷》，天津：天
　　津古籍出版社，2010，頁84-97。

張佳生，〈八旗制度對滿洲的整合三論〉，收錄於氏著，《八旗十論》，瀋
　　陽：遼寧民族出版社，2008，頁126-229。

張佳生，〈八旗中「漢人滿化」現象論析〉，收錄於氏著《八旗十論》，瀋
　　陽：遼寧民族出版社，2008，頁230-249。

張晉藩，〈再論崇德會典〉，收錄於朱勇主編，《《崇德會典》、《戶部則
　　例》及其他──張晉藩先生近期研究論著一瞥》，北京：法律出版社，
　　2003，頁3-18。

張晉藩、郭成康，〈由崇德三、四年刑部滿文原檔看清初的刑法〉，收錄於楊一凡主編，《中國法制史考證‧乙編‧第1卷》，北京：中國社會科學出版社，2003，頁567-597。

張晉藩，〈中國古代的行政管理與行政法〉，收錄於氏著，《張晉藩文選》，北京：中華書局，2007，頁152-178。

張晉藩，〈論中國古代民法研究中的幾個問題〉，收錄於氏著，《張晉藩文選》，北京：中華書局，2007，頁179-203。

張建輝，〈關於清代生息銀兩制的興起問題——清代生息銀兩制度考論之一〉，《中國社會經濟史研究》，1995：1（廈門，1995.01），頁76-82。

張建輝，〈關於康熙對生息銀兩制的初步推廣及其在八旗軍隊中的運用〉，《清史研究》，1998：3（北京，1998.09），頁23-29。

張建輝，〈關於雍正對生息銀兩制的整頓及其在全國軍隊的推廣——清代生息銀兩制度考論之三〉，《清史研究》，2004：1（北京，2004.02），頁84-93。

張建輝，〈關於乾隆收撤「恩賞銀兩」與生息銀兩制的存廢問題——乾隆的生息銀兩理論和政策〉，《咸陽師範學院學報》，19：5（咸陽，2004.10），頁25-28。

張建輝，〈關於乾隆收撤「恩賞銀兩」與生息銀兩制的存廢問題——乾隆復行「公庫制」的失敗與清釐生息帑本的意圖〉，《咸陽師範學院學報》，20：1（咸陽，2005.02），頁23-26。

張建輝，〈關於乾隆收撤「恩賞銀兩」與生息銀兩制的存廢問題——乾隆收撤生息帑本的時間、條件及其善後〉，《西北大學學報（哲學社會科學版）》，39：5（西安，2009.09），頁41-46。

梁治平，〈身分社會與倫理法律〉，《讀書》，1986：3（北京，1986.03），頁36-42。

莊吉發，〈清初諸帝的北巡及其政治活動〉，收錄於氏著，《清史論集‧1》，臺北：文史哲出版社，1997，頁235-275。

莊吉發，〈清高宗乾隆時代的鄉試〉，收錄於氏著，《清史論集‧3》，臺北：文史哲出版社，1998，頁199-234。

許富翔，〈清代的旗、民關係：以江寧駐防為例〉，收錄於中國社會科學院近代史研究所政治史研究室編，《清代滿漢關係研究》，北京：社會科

學文獻出版社，2011，頁213-238。

陳鋒，〈清代八旗的戰時俸餉制度〉，收錄於明清史國際學術討論會論文集編輯組編，《第二屆明清史國際學術討論會論文集》，天津：天津人民出版社，1993，頁682-691。

陳文石，〈滿洲八旗的戶口名色〉，收錄於氏著，《明清政治社會史論・下冊》，臺北：臺灣學生書局，1991，頁553-578。

陳文石，〈清初的奴僕買賣〉，收錄於氏著，《明清政治社會史論・下冊》，臺北：臺灣學生書局，1991，頁579-597。

陳文石，〈清代的筆帖式〉，收錄於氏著，《明清政治社會史論・下冊》，臺北：臺灣學生書局，1991，頁599-621。

陳文石，〈清代滿人的政治參與〉，收錄於氏著，《明清政治社會史論・下冊》，臺北：臺灣學生書局，1991，頁651-754。

陳佳華，〈八旗制度研究述略〉，《社會科學輯刊》，1984：5（瀋陽，1984.09），頁109-116。

陳佳華，〈八旗制度研究述略（續）〉，《社會科學輯刊》，1984：6（瀋陽，1984.11），頁113-120。

陳昭揚，〈金代的杖刑、杖具與用杖規範〉，收錄於臺師大歷史系、中國法制史學會、唐律研讀會主編，《新史料・新觀點・新視角：天聖令論集》，臺北：元照出版公司，2011，頁73-93。

陳國棟，〈清代內務府包衣三旗人員的分類及其旗下組織——兼論一些有關包衣的問題〉，《食貨月刊》，12：9（臺北，1982.12），頁5-23。

陳捷先，〈從清初中央建置看滿洲漢化〉，收錄於氏著，《清史論集》，臺北：東大圖書公司，1997，頁119-135。

陳捷先，〈略論清帝南巡揚州及其功過〉，《故宮學術季刊》，15：4（臺北，1998夏），頁11-32。

陶晉生，〈金代的政治結構〉，《中央研究院歷史語言研究所集刊》，41：4（臺北，1969.12），頁567-594。

陶晉生，〈歷史上漢族與邊疆民族關係的幾種解釋〉，收錄於韓復智編，《中國通史論文選輯・下》，臺北：雙葉書廊，1973，頁175-180。

鹿智鈞，〈近二十年來（1989-2009）八旗制度研究的回顧與討論〉，《史耘》，14（臺北，2010.06），頁125-175。

傅克東，〈八旗戶籍制度初探〉，《民族研究》，1983：6（北京，1983.11），頁
　　34-43。

傅克東、陳佳華，〈八旗制度中的滿漢蒙關係〉，《民族研究》，1980：6
　　（北京，1980.11），頁24-39+56。

華立，〈從旗人編查保甲看清王朝「旗民分治」政策的變化〉，《民族研
　　究》，1988：5（北京，1988.09），頁97-106。

黃一農，〈紅夷大炮與皇太極創立的八旗漢軍〉，《歷史研究》，2004：4
　　（北京，2004.08），頁74-105。

黃源盛，〈從傳統身分等差到近代平權立法〉，收錄於氏著，《中國傳統法
　　制與思想》，臺北：五南圖書出版公司，1998，頁287-313。

黃源盛等著，〈薪傳五十年——臺灣法學院法史學碩博士論文〉，《法制史
　　研究》，14（臺北，2008.12），頁163-219。

葉高樹，〈滿洲統治中國的特徵：對「征服王朝」理論與「漢化」觀點的省
　　思〉，收錄於臺灣歷史學會編輯委員會編，《邁向21世紀的臺灣歷史學
　　論文集》，臺北：稻鄉出版社，2002，頁273-313。

葉高樹，〈深維根本之重：雍正皇帝整飭旗務初探〉，《臺灣師大歷史學
　　報》，32（臺北，2004.06），頁89-120。

葉高樹，〈各抒所見——雍正十三年滿、漢文「條陳奏摺」的分析〉，《故
　　宮學術季刊》，23：4（臺北，2006夏），頁75-127。

葉高樹，〈「參漢酌金」：清朝統治中國成功原因的再思考〉，《臺灣師大
　　歷史學報》，36（臺北，2006.12），頁153-192。

葉高樹，〈習染既深，風俗難移：清初旗人「漸染漢習」之風〉，收錄於國
　　立臺灣師範大學歷史學系編，《近世中國的社會與文化（960-1800）論
　　文集》，臺北：國立臺灣師範大學歷史學系，2007，頁247-275。

葉高樹，〈清雍乾時期的旗務問題：以雍正十三年滿、漢文「條陳奏摺」為
　　中心〉，《臺灣師大歷史學報》，38（臺北，2007.12），頁69-152。

葉高樹，〈清朝的繙譯科考制度〉，《臺灣師大歷史學報》，49（臺北，
　　2013.06），頁47-136。

葉高樹，〈繙譯考試與清朝旗人的入仕選擇〉，《臺灣師大歷史學報》，52
　　（臺北，2014.12），頁95-132。

雷炳炎，〈康熙時期八旗武官選任探論〉，《學習與探索》，2008：5（哈爾

濱，2008.10），頁214-218。

管東貴，〈滿族入關前的文化發展對他們後來漢化的影響〉，《中央研究院歷史語言研究所集刊》，40本上冊（臺北，1968.10），頁255-281。

管東貴，〈入關前滿族兵數與人口問題的探討〉，《中央研究院歷史語言研究所集刊》，41：2（臺北，1969.06），頁179-194。

趙綺娜，〈清初八旗漢軍研究〉，《故宮文獻》，4：2（臺北，1973.03），頁55-66。

趙秉忠、白新良，〈關於乾隆時期八旗政策的考察〉，《史學月刊》，1991：2（開封，1991.03），頁35-40+7。

趙文坦，〈元代的刑部和大宗正府〉，《歷史教學》，1995：8（天津，1995.08），頁19-22。

趙令志，〈清代直省駐防旗地淺探〉，《黑龍江民族叢刊》，2001：2（哈爾濱，2001.05），頁70-75。

劉曉，〈元代大宗正府考述〉，《內蒙古大學學報（哲學社會科學版）》，1996：2（呼和浩特，1996.03），頁6-15。

劉小萌，〈關於清代八旗中「開戶人」的身分問題〉，《社會科學戰線》，1987：2（長春，1987.02），頁176-181。

劉小萌，〈乾、嘉年間京畿旗人的土地交易——根據土地契書進行的考察〉，《清史研究》，1992：4（北京，1992.12），頁40-48+39。

劉小萌，〈從房契文書看清代北京城中的旗民交產〉，《歷史檔案》，1996：3（北京，1996.08），頁83-90。

劉小萌，〈清代北京內城居民的分布格局與變遷〉，《首都師範大學學報（社會科學版）》，1998：2（北京，1998.04）頁46-57。

劉小萌，〈八旗戶籍中的旗下人諸名稱考釋〉，收錄於氏著，《滿族的社會與生活》，北京：北京圖書館出版社，1998，頁152-162。

劉小萌，〈清前期北京旗人滿文房契研究〉，《民族研究》，2001：4（北京，2001.07），頁84-94。

劉小萌，〈近年來日本的八旗問題研究綜述〉，收錄於支運亭主編，《八旗制度與滿族文化》，瀋陽：遼寧民族出版社，2002，頁57-73。

劉小萌，〈清代北京旗人社會中的民人〉，收錄於故宮博物院國家清史編纂委員會編，《故宮博物院八十華誕暨國際清史學術研討會論文集》，北

京：紫禁城出版社，2006，頁93-107。

劉小萌，〈關於清代北京的俄羅斯人——八旗滿洲俄羅斯佐領歷史尋蹤〉，
　　《清史論叢》，2007年號（北京，2006.12），頁365-377。

劉小萌，〈清朝史中的八旗研究〉，《清史研究》，2010：2（北京，
　　2010.05），頁1-6。

劉鳳雲，〈清康熙朝漢軍旗人督撫簡論〉，收錄於閻崇年主編，《滿學研
　　究‧第7輯》，北京：民族出版社，2003，頁350-372。

潘洪鋼，〈清代駐防八旗的民族關係研究——從荊州旗、民的幾次鬥毆事件入
　　手的探討〉，《江漢論壇》，2005：2（武漢，2005.02），頁72-76。

潘洪鋼，〈由客居到土著——清代駐防八旗的民族關係問題研究〉，《黑龍
　　江民族叢刊（雙月刊）》，2006：1（哈爾濱，2006.02），頁74-80。

潘洪鋼，〈清代駐防八旗與當地文化習俗的互相影響——兼談駐防旗人的族
　　群認同問題〉，《中南民族大學學報》，26：3（武漢，2006.05），頁59-
　　63。

鄭秦，〈清代旗人的司法審判制度〉，《清史研究通訊》，1989：1（北京，
　　1989.03），頁21-25。

鄭秦，〈順治三年律考〉，收錄於氏著，《清代法律制度研究》，北京：中
　　國政法大學出版社，2000，頁1-21

鄭秦，〈康熙現行則例考〉，收錄於氏著，《清代法律制度研究》，北京：
　　中國政法大學出版社，2000，頁22-33。

鄭秦，〈雍正三年律考〉，收錄於氏著，《清代法律制度研究》，北京：中
　　國政法大學出版社，2000，頁34-47。

鄭秦，〈乾隆五年律考〉，收錄於氏著，《清代法律制度研究》，北京：中
　　國政法大學出版社，2000，頁48-72。

鄭秦，〈清代法制史研究綜評〉，收錄於氏著，《清代法律制度研究》，北
　　京：中國政法大學出版社，2000，頁410-474。

鄭天挺，〈清史語解‧土黑勒威勒〉，收錄於氏著，《探微集》，北京：中
　　華書局，1980，頁137-140。

蕭啟慶，〈說「大朝」：元朝建號前蒙古的漢文國號〉，收錄於氏著，《內北
　　國而外中國：蒙元史研究‧上冊》，北京：中華書局，2007，頁62-78。

蕭啟慶，〈忽必烈「潛邸舊侶」考〉，收錄於氏著，《內北國而外中國：蒙

元史研究・上冊》，北京：中華書局，2007，頁113-143。

蕭啟慶，〈元代科舉與菁英流動：以元統元年進士為中心〉，收錄於氏著，《內北國而外中國：蒙元史研究・上冊》，北京：中華書局，2007，頁185-215。

蕭啟慶，〈元代的宿衛制度〉，收錄於氏著，《內北國而外中國：蒙元史研究・上冊》，北京：中華書局，2007，頁216-255。

蕭啟慶，〈元代幾個漢軍事世家的仕宦與婚姻〉，收錄於氏著，《內北國而外中國：蒙元史研究・上冊》，北京：中華書局，2007，頁276-345。

蕭啟慶，〈內北國而外中國：元朝的族群政策與族群關係〉，收錄於氏著，《內北國而外中國：蒙元史研究・下冊》，北京：中華書局，2007，頁463-475。

賴惠敏，〈從契約文書看清前期的旗地政策與典賣（1644-1820）〉，《中央研究院近代史研究所集刊》，32（臺北，1999.12），頁127-163。

賴惠敏，〈從杭州看清代的滿漢關係〉，《兩岸發展史研究》，5（桃園，2008.06），頁37-89。

賴惠敏，〈從法律看清朝的旗籍政策〉，《清史研究》，2011：1（北京，2011.02），頁39-52。

謝景芳，〈八旗漢軍的名稱及含義沿革考釋〉，《北方文物》，1991：3（哈爾濱，1991.08），頁84-88。

謝景芳、趙洪剛，〈「三王」、續順公及所部「隸旗」考辦〉，收錄於氏著，《明清興替史事論考》，長春：吉林人民出版社，2007，頁180-190。

蘇欽，〈民族法規考〉，收錄於楊一凡主編，《中國法制史考證・甲編・第7卷》，北京：中國社會科學出版社，2003，頁285-309。

蘇亦工，〈法學所館藏《大清律》提要〉，《法律文獻信息與研究》，2007：4（北京，2007.12），頁7-9。

夫馬進著，范愉等譯，〈明清時代的訟師與訴訟制度〉，收錄於滋賀秀三等著，王亞新等編，《明清時期的民事審判與民間契約》，北京：法律出版社，1998，頁389-430。

杉山清彥著，陳仲丹譯，〈作為滿人王國的清帝國：八旗制的統治結構〉，收錄於國家清史編纂委員會編譯組主編，《清史譯叢・第8輯》，北京：中國人民大學出版社，2010，頁1-24。

吉田順一著，鄭欽仁譯，〈北亞的歷史發展與魏復古的征服王朝理論〉，收錄於鄭欽仁、李明仁等編譯，《征服王朝論文集》，臺北：稻鄉出版社，2002，頁171-184。

村上正二著，鄭欽仁譯，〈征服王朝〉，收錄於鄭欽仁、李明仁等編譯，《征服王朝論文集》，臺北：稻鄉出版社，2002，頁91-150。

村上正二著，李明仁譯，〈征服王朝論〉，收錄於鄭欽仁、李明仁等編譯，《征服王朝論文集》，臺北：稻鄉出版社，2002，頁185-197。

島田正郎著，姚榮濤譯，〈清律的成立〉，收錄於劉俊文主編，《日本學者研究中國史論著選譯・第8卷》，北京：中華書局，1992，頁461-521。

島田正郎著，李明仁譯，〈征服王朝乎？胡族國家乎？〉，收錄於鄭欽仁、李明仁等編譯，《征服王朝論文集》，臺北：稻鄉出版社，2002，頁226-234。

護雅夫著，鄭欽仁譯，〈內陸亞世界的展開總說〉，收錄於鄭欽仁、李明仁等編譯，《征服王朝論文集》，臺北：稻鄉出版社，2002，頁151-170。

護雅夫著，李明仁譯，〈再論征服王朝〉，收錄於鄭欽仁、李明仁等編譯，《征服王朝論文集》，臺北：稻鄉出版社，2002，頁198-212。

岸本美緒，〈明代的應考資格和身分感覺〉，收錄於黃寬重主編，《基調與變奏：七至二十世紀的中國（1）》，臺北：國立政治大學歷史學系等，2008，頁257-281。

滋賀秀三，〈中國法文化的考察──以訴訟的形態為素材〉，《比較法研究》，1998：3（北京，1998.05），頁18-26。

細谷良夫，〈清代八旗制度之演變〉，《故宮文獻》，3：3（臺北，1972.06），頁37-60。

柏清韻（Bettine Birge）著，蔡京玉譯，〈遼金元法律及其對中國法律傳統的影響〉，收錄於柳立言主編，《中國史新論・法律史分冊》，臺北：聯經出版公司，2008，頁141-191。

柏清韻（Bettine Birge）著，柳立言譯，〈元代的收繼婚與貞節觀的復興〉，收錄於柳立言編，《宋元時代的法律思想和社會》，臺北：國立編譯館，2001，頁387-428。

鞏濤（Jérôme Bourgon）著，黃世杰譯，〈地毯上的圖案：試論清代法律文化中的「習慣」與「契約」〉，收錄於邱澎生、陳熙遠編，《明清法律

運作中的權力與文化》，臺北：中央研究院、聯經出版公司，2009，頁
215-253。

歐立德（Mark C. Elliot）著，李仁淵譯，〈滿文檔案與新清史〉，《故宮學術
季刊》，24：2（臺北，2006冬），頁1-18。

魏復古（Karl A. Wittfogel）著，蘇國良等譯，〈中國遼代社會史（907-1125）總
述〉，收錄於鄭欽仁、李明仁等編譯，《征服王朝論文集》，臺北：稻鄉
出版社，2002，頁1-69。

Cosmo, Nicola Di. "State Formation and Periodization in Inner Asian History," *Journal of World History*, 10:1(Spring, 1999), pp. 1-40.

Elliot, Mark C. "Bannerman and Townsman: Ethnic Tension in Nineteenth-century Jiangnan,"*Late Imperial China*, 11:1(June, 1990), pp.36-74.

Ho, Ping-Ti. "In Defense of Sinicization: A Rebuttal of Evelyn Rawski's 'Reevisioning the Qing'," *The Journal of Asian Studies*, 57:1(February, 1998), pp. 123-155.

Rawski, Evelyn S. "Presidential Address: Reevisioning the Qing: The Significance of the Qing Period in Chinese History," *The Journal of Asian Studies*, 55:4(November, 1996), pp. 829-850.

五、學位論文

林承誌，〈分鎮巖疆・駐衛內裏——清朝駐防八旗問題研究〉，臺中：東海
大學歷史學系碩士論文，2007。

范傳南，〈乾隆朝八旗漢軍出旗述論〉，大連：遼寧師範大學歷史學系碩士
論文，2008。

吳佳玲，〈清代乾嘉時期遣犯發配新疆之研究〉，臺北：國立政治大學民族
研究所碩士論文，1992。

許富翔，〈清代江寧滿城的研究〉，臺北：東吳大學歷史學系碩士論文，
2008。

黃平，〈滿城興建與規劃建設研究〉，成都：四川大學歷史學系碩士論文，
2006。

劉炳濤，〈清代發遣制度研究〉，北京：中國政法大學碩士論文，2004。

六、工具書

周振想主編，《法學大辭典》，北京：團結出版社，1994。

浦法人編，《法律辭典》，上海：上海辭書出版社，2009。

孫文良主編，《滿族大辭典》，瀋陽：遼寧大學出版社，1990。

沃克（David M. Walker）著，北京社會與科技發展研究所組織譯，《牛津法律大辭典》，北京：光明日報出版社，1988。

史地傳記類　PC0670　國立臺灣師範大學歷史研究所專刊40

根本與世僕
——清朝旗人的法律地位

作　　者/鹿智鈞
責任編輯/鄭伊庭
圖文排版/楊家齊
封面設計/葉力安

發 行 人/宋政坤
法律顧問/毛國樑　律師
出　　版/國立臺灣師範大學歷史學系、秀威資訊科技股份有限公司
印製發行/秀威資訊科技股份有限公司
　　　　　114台北市內湖區瑞光路76巷65號1樓
　　　　　電話：+886-2-2796-3638　傳真：+886-2-2796-1377
　　　　　http://www.showwe.com.tw
劃撥帳號/19563868　戶名：秀威資訊科技股份有限公司
　　　　　讀者服務信箱：service@showwe.com.tw
展售門市/國家書店（松江門市）
　　　　　104台北市中山區松江路209號1樓
　　　　　電話：+886-2-2518-0207　傳真：+886-2-2518-0778
網路訂購/秀威網路書店：http://store.showwe.tw
　　　　　國家網路書店：http://www.govbooks.com.tw

2017年11月　BOD一版
定價：460元
版權所有　翻印必究
本書如有缺頁、破損或裝訂錯誤，請寄回更換

國家圖書館出版品預行編目

根本與世僕：清朝旗人的法律地位 / 鹿智鈞著. -- 一版.
-- 臺北市：秀威資訊科技, 2017.11
　　面；　公分. -- (史地傳記類；PC0670)(國立臺灣師
範大學歷史研究所專刊；40)
　　BOD版
　　ISBN 978-986-326-477-4(平裝)

　　1. 大清律例　2. 八旗制度

582.17　　　　　　　　　　　　　　　　106017904

讀 者 回 函 卡

感謝您購買本書，為提升服務品質，請填妥以下資料，將讀者回函卡直接寄
回或傳真本公司，收到您的寶貴意見後，我們會收藏記錄及檢討，謝謝！
如您需要了解本公司最新出版書目、購書優惠或企劃活動，歡迎您上網查詢
或下載相關資料：http:// www.showwe.com.tw

您購買的書名：_____

出生日期：_____年_____月_____日

學歷：□高中 (含) 以下　　□大專　　□研究所 (含) 以上

職業：□製造業　□金融業　□資訊業　□軍警　□傳播業　□自由業
　　　□服務業　□公務員　□教職　　□學生　□家管　　□其它_____

購書地點：□網路書店　□實體書店　□書展　□郵購　□贈閱　□其他

您從何得知本書的消息？

　　□網路書店　□實體書店　□網路搜尋　□電子報　□書訊　□雜誌

　　□傳播媒體　□親友推薦　□網站推薦　□部落格　□其他_____

您對本書的評價：(請填代號　1.非常滿意　2.滿意　3.尚可　4.再改進)

　　封面設計____　版面編排____　內容____　文／譯筆____　價格____

讀完書後您覺得：

　　□很有收穫　□有收穫　□收穫不多　□沒收穫

對我們的建議：_____

_____

_____

_____

11466
台北市內湖區瑞光路 76 巷 65 號 1 樓

秀威資訊科技股份有限公司　　　收

BOD 數位出版事業部

....

（請沿線對折寄回，謝謝！）

姓　　名：＿＿＿＿＿＿＿＿＿＿　年齡：＿＿＿＿　性別：□女　□男

郵遞區號：□□□□□

地　　址：＿＿＿＿＿＿＿＿＿＿＿＿＿＿＿＿＿＿＿＿＿＿＿＿

聯絡電話：(日) ＿＿＿＿＿＿＿＿＿＿＿＿(夜) ＿＿＿＿＿＿＿＿＿＿＿＿

E-mail：＿＿＿＿＿＿＿＿＿＿＿＿＿＿＿＿＿＿＿＿＿＿＿＿＿